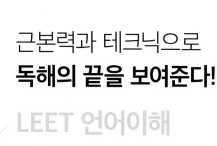

해커스 **LEET**

이재빈

언어이해

기출문제+해설집

🏛 **해커스**로스쿨

이재빈

이력

- 서울대학교 경제학부 졸업
- (현) 해커스로스쿨 언어이해 교수
- (전) 예섬학원 고등수학 강사
- 2022학년도 LEET 언어이해 백분위 99.1
- 대산대학문학상 수상
- 한국수학올림피아드 전국대회 수상

저서

- 해커스 LEET 이재빈 언어이해 기출문제+해설집(2023)
- 해커스 LEET 이재빈 언어이해 기초(2023)
- 해커스 LEET 이재빈 언어이해 기본(2023)
- 해커스 LEET 이재빈 언어이해 심화(2022)

LEET 언어이해 대비를 위한
『해커스 LEET 이재빈 언어이해 기출문제 + 해설집』을 내면서

LEET 언어이해라는 시험을 준비하는 데 있어서, 여러분께서 우선적으로 알아두어야 할 사항은 LEET 언어이해가 2019학년도를 기점으로 대폭 개편되었다는 점입니다. 2019학년도 개편 이후 LEET 언어이해는 70분 10지문 30문제 체제로 형식이 개편되어, 동일한 시험 형식이 유지되고 있습니다. 중요한 점은 개편 이후 LEET 언어이해의 난이도가 급격히 상승하였다는 점입니다. 형식적으로 지문당 소요되는 시험 시간이 그 이전보다 대폭 줄어들었을 뿐만 아니라, 내용적으로도 지문의 인지적 난이도가 급격히 상승하게 되었기 때문에, 2019학년도 이전과 그 이후의 언어이해 시험은 별개의 시험이라고 봐도 무방할 정도입니다. 또한 법학 2지문, 사회과학 2지문, 인문학 2지문, 철학 2지문, 과학 2지문을 출제하는 제재별 출제 비중이 2019학년도 개편 이후 확고하게 자리 잡았습니다.

따라서 LEET 언어이해 시험을 준비하는 수험생분들이 실전 정합적인 경험을 훈련할 수 있는 유일한 LEET 기출 문항은 2019학년도부터의 5개년 치가 될 것이기에, 5개년 치에 해당하는 기출 지문만을 엄선하여 교재를 구성하였습니다. 위 5개년 기출은 실전과 가장 유사한 환경에서 70분의 시간을 엄격하게 체크하고 풀어보는 것을 강력하게 권유 드립니다. 특히 해설에는 매해 기출문제의 시험으로서의 특성을 기술해 놓았으므로, 이를 참고한다면 더욱 효과적인 실전 경험을 해볼 수 있으실 것입니다. 2019학년도 이전의 기출문제는 시험 형식이나 내용 구성이 지금과는 크게 다르기 때문에, 실전 기출로 공부하기보다는 필요한 지문을 선별하여 재구성한 교재로 공부하는 편이 더욱 효율적일 것입니다. 또한 로스쿨의 입시 경쟁이 최근 몇 년간 급상승하였기 때문에, 상대적으로 경쟁이 덜 치열했던 시기인 2019학년도 이전의 기출을 푼 문항을 환산한 점수는 본인의 실력을 과대평가하도록 만들 수 있으므로 유의하여야 합니다.

LEET 언어이해를 공부하는 데 있어서 가장 중요한 학습 자료는 바로 기출문제입니다. 기출문제가 출제되었던 학문 영역의 근방에서 유사한 기출문제가 반복되어 출제되는 경향이 나타나고 있기 때문입니다. 따라서 기출문제는 한 번 시간을 재고 풀어보는 것만으로 학습을 그치는 것이 아니라, 그 지문의 내용과 선지의 구성 원리를 완벽하게 이해하는 수준에 이르도록 반복적인 학습을 하는 것이 요구됩니다. 또한 기출문제에 대한 풀이를 바탕으로 본인이 약점을 보이는 분야를 파악하는 것이 매우 중요합니다. 높은 난도의 지문이 아닌데 본인이 유독 많이 틀리는 제재가 있다면, 그 부분만큼은 반드시 보완을 하고 시험장에 들어가셔야 한다는 점을 명심하시기 바랍니다.

『해커스 LEET 이재빈 언어이해 기출문제+해설집』 교재는 LEET 언어이해 시험을 준비하는 여러분께 효율적인 도움을 제공할 수 있도록 가장 정확하고 집약적인 해설을 마련해 두었습니다. 또한, 단순히 풀이만을 기재하는 것이 아니라 문제에 접근하는 실마리를 보여드리는 데 해설의 초점을 두었습니다. 본 교재가 LEET라는 고난도 시험을 준비하는 데 가장 좋은 기출 교재가 되기를 바랍니다.
감사합니다.

이재빈

목차

❙ LEET 언어이해 고득점을 위한 이 책의 활용법

❙ 기간별 맞춤 학습 플랜

❙ LEET 언어이해 고득점 가이드

LEET 언어이해 기출문제

2023학년도 **기출문제**   16

2022학년도 **기출문제**   34

2021학년도 **기출문제**   52

2020학년도 **기출문제**   70

2019학년도 **기출문제**   88

📄 OMR 답안지   103

[책 속의 책]

정답 및 해설

2023학년도 **기출문제** 정답 및 해설   2

2022학년도 **기출문제** 정답 및 해설   12

2021학년도 **기출문제** 정답 및 해설   22

2020학년도 **기출문제** 정답 및 해설   34

2019학년도 **기출문제** 정답 및 해설   46

LEET 언어이해 고득점을 위한 **이 책의 활용법**

① **출제 경향 분석**으로 **최신 출제 경향을 파악**한다.

· 최근 5개년 기출문제에 대한 LEET 전문가의 상세한 출제 경향 분석으로 언어이해의 최신 출제 경향을 파악할 수 있습니다.

② **자신의 학습 기간에 맞는** 학습 플랜으로 전략적으로 학습한다.

· 학습 기간에 따른 두 가지 종류의 학습 플랜을 제공하여 자신의 상황에 맞는 학습 플랜을 선택하여 전략적으로 학습할 수 있습니다.

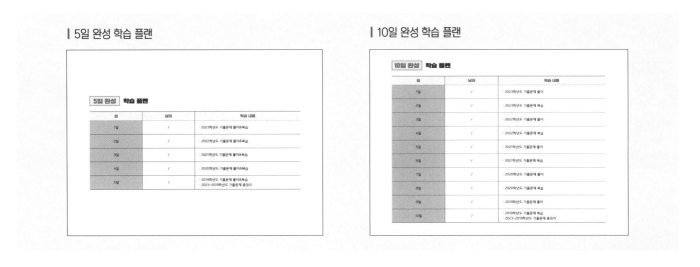

③ 기출문제 풀이로 실전 감각을 극대화한다.

· 최근 5개년 기출문제를 제한시간에 맞춰 풀어보면서 실전 감각을 기를 수 있습니다. 또한 OMR 답안지를 통해 실제 시험처럼 직접 답을 체크해보며 시간 안배를 연습하고 실전 감각을 극대화할 수 있습니다.

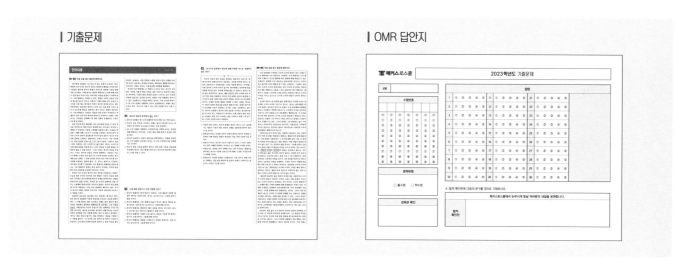

④ 총평과 상세한 해설로 완벽하게 정리하고, 효과적인 풀이법을 익힌다.

· LEET 전문가의 상세한 총평으로 연도별 출제경향과 각 지문별 제재 및 난이도를 파악할 수 있습니다. 또한 '분석 및 접근'을 통해 기출문제의 출제 의도와 효과적인 풀이법을 명확하게 이해할 수 있습니다.

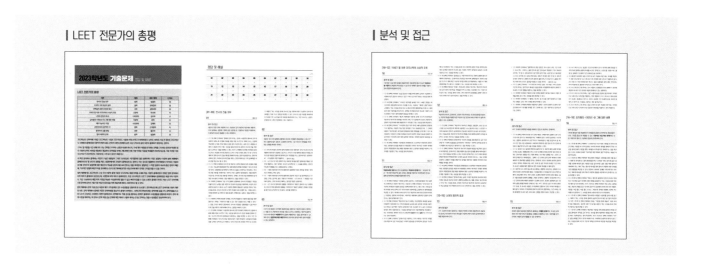

기간별 맞춤 학습 플랜

자신의 학습 기간에 맞는 학습 플랜을 선택하여 계획을 수립하고, 그날에 해당하는 분량을 공부합니다.

5일 완성 학습 플랜

일	날짜	학습 내용
1일	/	· 2023학년도 기출문제 풀이&복습
2일	/	· 2022학년도 기출문제 풀이&복습
3일	/	· 2021학년도 기출문제 풀이&복습
4일	/	· 2020학년도 기출문제 풀이&복습
5일	/	· 2019학년도 기출문제 풀이&복습 · 2023~2019학년도 기출문제 총정리

10일 완성 | 학습 플랜

일	날짜	학습 내용
1일	/	· 2023학년도 기출문제 풀이
2일	/	· 2023학년도 기출문제 복습
3일	/	· 2022학년도 기출문제 풀이
4일	/	· 2022학년도 기출문제 복습
5일	/	· 2021학년도 기출문제 풀이
6일	/	· 2021학년도 기출문제 복습
7일	/	· 2020학년도 기출문제 풀이
8일	/	· 2020학년도 기출문제 복습
9일	/	· 2019학년도 기출문제 풀이
10일	/	· 2019학년도 기출문제 복습 · 2023~2019학년도 기출문제 총정리

LEET 언어이해 고득점 가이드

■ LEET 소개

1) LEET란?

LEET(Legal Education Eligibility Test, 법학적성시험)는 법학전문대학원 교육을 이수하는 데 필요한 수학능력과 법조인으로서 지녀야 할 기본적 소양 및 잠재적인 적성을 가지고 있는지를 측정하는 시험을 말합니다. LEET는 법학전문대학원 입학전형에서 적격자 선발 기능을 제고하고 법학교육 발전을 도모하는데 그 목적이 있습니다.

2) 응시자격 및 시험성적 활용

LEET의 응시 자격에는 제한이 없으나, 법학전문대학원에 입학하기 위해서는『법학전문대학원 설치·운영에 관한 법률』제22조에 따라 학사학위를 가지고 있는 자 또는 법령에 의하여 이와 동등 이상 학력이 있다고 인정된 자, 해당년도 졸업예정자(학위취득 예정자 포함)이어야 합니다. 또한 LEET 성적은『법학전문대학원 설치·운영에 관한 법률』제23조에 따라 당해 학년도에 한하여 유효하며 개별 법학전문대학원에서 입학전형 필수요소 중 하나로 활용됩니다.

3) 시험영역 및 시험시간

언어이해와 추리논증 영역의 문제지는 홀수형과 짝수형으로 제작되며, 수험번호 끝자리가 홀수인 수험생에게는 홀수형, 짝수인 수험생에게는 짝수형 문제지가 배부됩니다. 한편 논술 영역의 문제지는 단일유형으로 제작됩니다.

교시	시험영역	문항 수	시험시간	문제형태
1	언어이해	30	09:00~10:10(70분)	5지선다형
2	추리논증	40	10:45~12:50(125분)	5지선다형
	점심시간		12:50~13:50(60분)	
3	논술	2	14:00~15:50(110분)	서답형
계	3개 영역	72문항	305분	

※ 출처: 법학전문대학원협의회 홈페이지

▉ 언어이해 알아보기

언어이해는 법학적성시험의 과목 중 하나로 인문, 사회, 과학·기술, 문학·예술 분야의 다양한 학문적 또는 학제적 소재를 활용하여 법학전문대학원 교육에 필요한 언어 이해 능력, 의사소통 능력 및 종합적인 사고 능력을 측정하는 시험을 말합니다.

1) 출제 방향

언어이해는 법학전문대학원 지원자들의 언어 소양과 통합적 언어 능력을 평가하는 것을 목표로 하고 있습니다. 이에 따라 여러 분야의 고차적이고도 다층적인 텍스트를 대상으로 수험생의 사실 이해와 재구성 능력, 그리고 추론과 적용 능력의 정도를 시험하는 데 출제의 기본 방향을 두고 있습니다.

2) 출제 범위

언어이해에서는 여러 분야의 고차적이고도 다층적인 글을 통해, 제시된 정보를 이해하는 능력, 제시된 정보를 재구성 또는 종합하여 주제를 파악하는 능력, 제시된 정보를 바탕으로 적절한 추론이나 비판을 이끌어 내는 능력, 글의 정보를 관련 상황에 적용하는 능력 등을 평가합니다. 이를 위해 다양한 학문 분야의 근본적이면서도 심화된 주제나 최신 연구 동향을 기본으로 삼되, 각 학문의 전문적인 지식 배경 없이도 풀 수 있는 범위에서 출제되고 있습니다.

3) 문제 구성

① 내용 영역

구분	내용
인문학	· 인간의 본질과 문화에 대한 탐구와 설명을 목적으로 하는 영역
사회과학	· 사회 현상에 대한 탐구와 설명을 목적으로 하는 영역
법학	· 법과 윤리에 대한 탐구와 설명을 목적으로 하는 영역
철학	· 철학에 대한 탐구와 설명을 목적으로 하는 영역
과학	· 자연 현상, 기술 공학에 대한 탐구와 설명을 목적으로 하는 영역

② 인지 활동 유형

인지 활동 유형	내용
주제, 요지, 구조 파악	· 지문 전체 또는 부분의 주제, 중심 생각과 요지를 파악할 수 있는지 묻는 유형
의도, 관점, 입장 파악	· 글쓴이 또는 지문에 소개된 인물이 가진 의도, 관점, 입장, 태도를 파악할 수 있는지 묻는 유형
정보의 확인과 재구성	· 지문에 나타난 정보 및 정보의 관계를 정확히 파악하여 다른 표현으로 재구성할 수 있는지 묻는 유형
정보의 추론과 해석	· 지문에 제시된 정보를 바탕으로 새로운 정보를 추론할 수 있는지 묻는 유형
정보의 평가와 적용	· 지문에 제시된 논증이나 설명의 타당성을 평가하거나 지문에 소개된 원리를 새로운 사례나 상황에 적용할 수 있는지 묻는 유형

■ 출제 경향 분석

1) 난이도

LEET 언어이해는 법학전문대학원 입학에 필요한 언어적 적성을 평가한다는 시험의 목적상 여러 전공의 석사 논문을 수월하게 읽고 이해할 수 있는 능력을 요구하기 때문에 내용을 파악하는 데 상당한 시간을 소요하도록 지문과 문제가 구성됩니다. 특히 2019학년도부터 풀이 시간 70분, 30문제(총 10개 지문) 체제로 개편됨에 따라 난이도는 이전에 비해 매우 어려워졌고, 2021학년도와 2022학년도 시험에서는 전체 30문제 중 절반에 해당하는 15문제를 기준으로 평균 점수가 형성될 정도의 어려운 난이도로 출제되었습니다.

2) 제재

최근 LEET 언어이해는 난이도와 일정한 비중을 정하여 다양한 제재가 출제되고 있습니다. LEET 언어이해에서 자주 출제되는 제재를 학문 영역, 세부 제재, 출제 비중, 난이도에 따라 분류하면 다음과 같습니다.

학문영역	세부 제재	출제 비중	난이도
인문학	역사학, 문학	2지문 출제	하~중
사회과학	경제학, 정치학	2지문 출제	중~상
법학	법철학, 법제사학	2지문 출제	중~상
철학	근대철학, 현대철학	2지문 출제	하~중
과학	물리학, 생명과학, 데이터과학	2지문 출제	상

▪ 대비 전략

① 언어이해 지문 독해에 요구되는 법학적 사고 능력을 훈련해야 합니다.

LEET 언어이해의 시험 성적을 좌우하는 것은 타고난 독해력보다는 그 시험 지문의 구성적 특성에 대한 친숙도입니다. LEET 언어이해 지문은 수능 국어 비문학 지문보다 한 차원 더 높은 단계의 논리적 사고 능력을 요구합니다. 따라서 유사한 논리적 구성의 지문들을 연결하여 학습함으로써 LEET 언어이해가 요구하는 법학적 사고 능력을 학습하여야 합니다.

② 언어이해의 세밀한 정오 판단 기준을 가늠할 수 있는 논리력을 갖추어야 합니다.

LEET 언어이해 시험을 접한 수험생들은 지문의 내용이 이해가 갔는데도 문제를 풀 수가 없었다고 토로하는 경우가 종종 있습니다. 이는 LEET 언어이해가 지문 자체의 난이도가 높을 뿐만 아니라 선지 구성의 난이도 또한 높기 때문입니다. 따라서 촘촘하고 세밀하게 구성된 LEET 언어이해 선지의 정오 판단을 수행할 수 있는 논리력을 학습하는 것이 필수적입니다.

③ 난이도가 쉬운 지문을 빠르고 정확하게 해결하는 연습을 해야 합니다.

LEET 언어이해는 난이도가 매우 어렵게 출제되기 때문에 만점을 목표로 하기 어렵습니다. 또한 LEET 시험은 원점수를 기준으로 표준점수를 산정하는 상대평가이기 때문에 다른 수험생보다 많은 문제를 맞히는 것이 더욱 중요합니다. 따라서 고득점을 위해서는 쉬운 지문은 모두 맞힌다는 전략으로 빠르고 정확하게 해결하여 점수를 확보함과 동시에, 어려운 제재의 지문을 해결할 시간을 확보해야 합니다.

④ 기출 학습을 통해 자신의 약점을 발견하고 이를 보강해야 합니다.

LEET 언어이해 기출 학습을 하는 주된 목적 중의 하나는 자신의 인지적 약점을 발견하는 것입니다. 특히 LEET 언어이해 시험에 출제되는 제재 중 특정 제재의 지문을 반복해서 틀리게 된다면, 그 제재에 대한 배경지식을 공부해 두는 것이 필요합니다. LEET 언어이해는 대학교 학부 수준의 배경지식은 수험생이 알고 있다고 전제한 뒤 지문을 전개해나가는 경우가 많기 때문입니다.

⑤ 실전과 같은 기출 풀이를 통해 자신만의 문제 풀이 전략을 마련해 두어야 합니다.

LEET 언어이해 기출을 실전과 최대한 유사한 조건에서 풀이해 봄으로써, 제한된 시간 안에 자신이 어느 정도 분량의 글을 읽을 수 있고, 어느 정도 분량의 문제를 풀 수 있는지를 냉철하게 확인해 두어야 합니다. 이를 바탕으로 자신의 목표 점수를 설정하고, 그 목표 점수를 효율적으로 달성할 수 있는 본인 맞춤형 문제 풀이 전략을 마련해 두어야 합니다.

2023학년도 기출문제

☑ 문제 풀이 시작과 종료 시각을 정한 후, 실전처럼 기출문제를 풀어보세요.

시 ___ 분 ~ 시 ___ 분(총 30문항 / 70분)

[01~03] 다음 글을 읽고 물음에 답하시오.

판사에게 진솔함이 요구되는가 하는 문제가 논의되고 있다. 현대의 민주국가는 판사가 내리는 판결에 강제력을 부여하지만, 사법권의 행사에 민주적 통제가 미치도록 판결에 이유를 밝힐 것을 요구한다. 이때 판사는 판결의 핵심적인 근거에 관해 허위나 감춤 없이 자신이 믿는 바와 판단 과정을 분명히 드러내야 한다. 이에 대해서는 '반대론'이 있다. 법원은 사회적 갈등과 긴장의 해소를 임무로 하므로 사형이나 낙태 문제와 같이 논란이 큰 사안을 다룰 때는 판사들의 의견이 일치된 것처럼 보이는 편이 바람직하며, 필요하면 내심의 근거와 다른 것을 판결 이유로 들거나 모호하게 핵심을 회피하는 편이 낫다는 견해가 대표적이다. 이런 반대론은 시민들이 진실을 다룰 능력이 부족하다고 전제하고 있어 민주주의 원리에 반하므로 동의하기 어렵다. 다만 판사도 거짓말을 선택해야 할 예외 상황이 존재한다는 주장은 검토해 볼 만하다.

법과 양심에 따라 재판해야 하는 판사에게 양심은 곧 법적 양심을 의미하므로 법과 양심이 충돌할 일은 거의 없다. 하지만 노예제도가 인정되던 시절에 노예제를 허용하지 않는 주(州)로 탈출한 노예에 대해 소유주가 소유권을 주장하는 것처럼 법적 권리와 도덕적 권리가 충돌할 뿐 아니라 법적 결론이 지극히 부정의한 결과를 초래하는 상황에서는 사정이 다르다. 이런 사안에서는 법적 권리를 무효로 할 근거는 찾기 어렵고, 그렇다고 법을 그대로 적용하는 것은 도덕적으로 옳지 않다. 판사는 도덕적 양심에 반해 법률을 적용하거나 도덕적 양심을 우선해 법률을 적용하지 않을 수 있을 것이다. 그러나 전자는 판사의 양심을 부정하고, 후자는 판사의 직업상 의무를 위반한다. 사임하는 것은 누구에게도 도움이 되지 않으므로 도덕적 권리를 지지하는 판사에게 남은 선택은 그 법적 권리를 자신이 믿는 바와 다르게 당사자에게 표명하는 것밖에 없다. 즉, 판사는 법적으로 인정되는 권리임을 부인할 수 없음에도 다른 합법적인 법해석을 만들어내고는 그런 법해석의 결과로 법적 권리가 부정되는 것처럼 판결함으로써 은밀하게 곤경에서 벗어나는 것이다.

하지만 이런 논의가 판사의 진술 의무를 부정하지는 못한다. 오늘날 법과 도덕의 극단적인 괴리 현상은 드물며, 진실을 분별하고 지지하는 민주사회라면 판사가 묘책을 찾아야 하는 상황을 만들어내지 않을 것이다. 하지만 법−도덕의 딜레마와 진술 의무는 노예제와 함께 완전히 사라지지 않았다. 판사가 특정 법률에 도덕적 저항감을 느끼는 일은 현대에도 계속되고 있다. 여기서 판사의 선택은 정의와 민주주의, 사법의 정당성에 지속적으로 영향을 미친다.

진솔함의 중요성은 최근에는 다른 차원에서 제기되고 있다. 먼저 판사의 진솔함은 사법의 정당성을 수호하는 중요한 방책이 된다. ⊙ 어떤 판사는 법이 모호하고 선례도 없어 판단이 매우 어려운 사안에서 창의적인 법해석을 한 경우에도 그런 사정을 감춘다. 이때 판사는 자신이 진정으로 믿는 법해석을 근거로 판결한 것이지만, 패소한 당사자를 설득하기 위해 판사들 사이의 상투적 표현법을 써서 이렇게 말하는 편이 더 좋다고 생각한다. "판사는 법을 만들지 않으며, 법을 발견하고, 법률을 기계적으로 적용할 뿐이다." 더 심각한 것은 판사가 법 외적인 사정에 무관심하고 오직 법의 문언에 충실한 결과인 듯 판결 이유를 제시

하지만, 실제로는 어떤 결과를 도출할 것인지 먼저 선택한 다음에 자신이 선호하는 결과를 보장하는 해석론을 개발해 제시하는 경우이다. 이때도 판사는 으레 동일한 표현법을 활용한다.

하지만 이런 방편에는 큰 위험이 도사리고 있다. 판사의 거짓말은 국민을 자율적 판단 능력을 갖춘 시민으로 존중하지 않음을 의미하며, 사법적 판단 과정의 실상이 드러나는 순간 사법의 권위와 정당성은 실추될 것이다. 법원이 이런 위험에서 벗어나는 길은 진솔함으로 국민을 대하는 것이다. 이런 인식을 바탕으로 법−도덕 딜레마 상황에서 거짓이 정당화된다는 견해도 재검토되고 있다. 거짓으로 이룰 수 있는 것은 진솔함으로도 이룰 수 있다.

01. 윗글의 내용과 일치하지 않는 것은?

① 판사의 진솔함은 법−도덕 딜레마와 민주주의를 서로 연결 짓는다.

② 판사의 진술 의무를 지지하는 견해는 판사가 판결에 이르는 과정에서 법 외적인 요소들을 고려하는 것을 허용한다.

③ 법−도덕 딜레마 상황에서 거짓말하기를 선택한 판사는 정의를 위해 행동하는 듯하지만, 사실은 법을 위해 법에 더 충실한 선택을 한다.

④ 판사의 진솔함이 사법의 정당성을 뒷받침한다는 견해에 의하면 법−도덕 딜레마 사안에서 판사는 더 이상 거짓말하기를 선택해서는 안 된다.

⑤ 판사가 판결 이유를 밝혀야 한다는 것과 판결 이유를 진술하게 작성해야 한다는 것은 별개이지만 모두 민주주의 원리에서 공통의 근거를 찾을 수 있다.

02. ⊙에 대한 설명으로 가장 적절한 것은?

① 판사의 법해석은 법적 판단이 어렵다는 사정 때문에 상당한 재량이 행사된 결과이지만, 판사는 공식적으로는 그렇게 말하지 않을 것이다.

② 판사의 법해석은 기존 판례의 답습이 아니라 새로운 해석을 통한 것이며, 또한 판사도 공식적으로 그렇게 말할 것이다.

③ 판사의 법해석은 합법적인 해석 권한을 벗어난 것이지만, 판사는 공식적으로는 벗어나지 않았다고 말할 것이다.

④ 판사의 법해석은 선례의 도움 없이도 충분히 가능한 법 발견이었으며, 또한 판사도 그렇게 말할 것이다.

⑤ 판사의 법해석은 법률을 기계적으로 적용한 결과이며, 또한 판사도 공식적으로 그렇게 말할 것이다.

03. 〈보기〉의 입장에서 윗글에 대해 추론한 것으로 적절하지 않은 것은?

<보 기>

미국의 사법적 판단 과정을 설명하는 대표적인 이론으로 '법형식주의'와 '법현실주의'가 거론된다. 전자에 의하면 판사는 중립적 심판자로서 사안에 법을 그대로 적용할 뿐이다. 여기에는 어떤 정치적 고려의 여지가 없으며, 판사에게는 엄격하게 법을 적용할 의무도 있다. 후자에 의하면 법은 곧 정치이고 판사는 법복 입은 정치인이다. 판사는 재판 중에 법 외적 고려에 따라 자신이 만든 법을 적용한다. 하지만 이런 표현은 판사가 판결에 이르기까지 실제 사법적 판단 과정의 양면을 극단적으로 단순화한 것이며, 실제의 과정을 제대로 설명할 수 없다. 문제는 판사들이 사법의 권위와 정당성을 중립적 재판기구라는 점에서 찾으면서 단순화된 이론이 표방하는 문구를 그대로 사용한다는 점이다. 판사의 진술함이 판사의 권력 남용을 저지하는 필수불가결한 요소라고 보는 '비판론자'는 판사들이 실제 사법적 판단 과정을 사실대로 말한 것이 아니라는 점을 지적하기 위해 그런 문구를 '고상한 거짓말'이라고 비판한다.

① 사법적 판단 과정도 민주적 통제의 대상이 된다고 보는 입장에서는 대중이 사법적 판단 과정의 실제를 정확하게 알아야 한다고 볼 것이다.

② 법현실주의자는 특정한 정치적 성향이 밝혀진 판사가 특정한 사건에서 어떤 판결을 내릴지 예상되는 것을 자연스럽게 여길 것이다.

③ 법형식주의자는 판사의 기본적 역할이자 임무는 도덕의 지배가 아닌 법의 지배를 관철하는 것이라고 보는 견해를 지지할 것이다.

④ 비판론자는 결과를 먼저 선택한 다음 이를 지지하는 법해석을 찾아내는 판사가 사용한 표현 문구에 대해 '고상한 거짓말'이라고 비판할 것이다.

⑤ 비판론자는 타당한 결과를 도출했더라도 이를 감추기 위해 거짓을 선택하는 것을 법의 왜곡과 법 발전의 정체가 초래되지는 않는다는 이유로 수긍할 것이다.

[04~06] 다음 글을 읽고 물음에 답하시오.

도덕 공동체의 구성원은 도덕적 고려의 대상이 되는 존재로서 도덕 행위자와 도덕 피동자로 구분된다. 도덕 행위자는 도덕 행위의 주체로서 자신의 행위에 따른 결과에 대해 책임질 수 있는 존재이다. 반면에 도덕 피동자는 영유아처럼 이성이나 자의식 등이 없기에 도덕적 행동을 할 수 없는 존재이다. 그럼에도 영유아는 도덕적 고려의 대상이라는 것이 우리의 상식인데, 영유아라고 해도 쾌락이나 고통을 느끼는 감응력이 있기 때문이다. 쾌락이나 고통을 느끼기에 그것을 좇거나 피하려고 한다는 도덕적 이익을 가지고 있으므로 도덕적 고려의 대상이 되어야 한다는 것이다.

싱어와 커루더스를 비롯한 많은 철학자들은 이러한 이유로 감응력을 도덕적 고려의 기준으로 삼는다. 싱어는 영유아뿐만 아니라 동물도 감응력이 있으므로 동물도 도덕 공동체에 포함해야 한다고 주장한다. 반면에 커루더스는 고차원적 의식을 감응력의 기준으로 보아 동물을 도덕 공동체에서 제외하는데, 이 주장을 따르게 되면 영유아도 도덕적 고려의 대상에서 제외되고 만다. 영유아는 언젠가 그런 의식이 나타날 것이므로 잠재적 구성원이라고 주장할 수도 있다. 그러나 문제는 그런 잠재성도 없는 지속적이고 비가역적인 식물인간의 경우이다. 식물인간은 고차원적 의식은 물론이고 감응력도 없다고 생각되는데 그렇다면 도덕적 공동체에서 제외되어야 하는가?

식물인간을 흔히 의식이 없는 상태라고 판단하는 것은 식물인간이 어떤 자극에도 반응하지 못한다는 행동주의적 관찰 때문이다. 이런 관찰은 식물인간이 그 자극에 대한 질적 느낌, 곧 현상적 의식을 가지지 않는다고 결론 내린다. 어떤 사람이 현상적 의식이 없는 경우 그는 감응력이 없을 것이다. 그런데 거꾸로 감응력이 없다고 해서 꼭 현상적 의식을 가지지 못하는 것은 아니다. 즉, 현상적 의식 과 감응력 의 개념은 일치하지 않는다. 외부 자극에 좋고 싫은 적극적인 의미가 없어도 어떠한 감각 정보가 접수된다는 수동적인 질적 느낌을 가질 수 있기 때문이다. 반면 감응력은 수동적인 측면을 넘어서 그런 정보를 바라거나 피하고 싶다는 능동적인 측면을 포함한다. 이것은 자신이 어떻게 취급받는지에 신경 쓸 수 있다는 뜻이므로, 감응력을 도덕적 고려의 기준으로 삼는 철학자들은 여기에 도덕적 고려를 해야 한다고 생각하는 것이다. 행동주의적 기준으로 포착되지 않는 심적 상태는 도덕적 고려의 대상으로 여기지 않는 것이다.

그렇다면 감응력이 없고 현상적 의식만 있는 식물인간은 도덕적 고려의 대상이 아닐까? 도덕적 고려는 어떤 존재가 가지고 있는 도덕적 속성으로 결정되는 것이 아니라, 도덕적 행위자가 그 존재와 맺는 구체적 관계에 의해 결정된다는 주장도 있다. 다양한 존재들은 일상에서 상호작용하는데, 도덕 공동체의 가입 여부는 그러한 관계에 따라 정해진다는 것이다. 그러나 이런 관계론적 접근은 우리와 더 밀접한 관계를 갖는 인종이나 성별을 우선해서 대우하는 차별주의를 옹호할 수 있다. 그리고 똑같은 식물인간이 구체적 관계의 여부에 따라 도덕 공동체에 속하기도 하고 속하지 않기도 하는 문제도 생긴다. 결국 식물인간을 도덕적으로 고려하려면 식물인간에게서 도덕적으로 의미 있는 속성을 찾아야 한다.

감응력이 전혀 없이 오직 현상적 의식의 수동적 측면만을 가진 사람, 즉 '감응력 마비자'를 상상해 보자. 그는 현상적 의식을 가지고 있기는 하지만 못에 발을 찔렸을 때 괴로워하거나 비명을 지르지는 않는다. 그러나 안전한 상황에서 걸을 때와는 달리 발에 무언가가 발생했다는 정보는 접수할 것이다. 이런 상태는 얼핏 도덕적 고려의 대상이 되기에 무언가 부족해 보인다. 하지만 감응력 마비자는 사실상 감응력이 있는 인간의 일상생활의 모습을 보여 준다. 예컨대 컴퓨터 자판을 오래 사용한 사람은 어느 자판에 어느 글자가 있는지를 보지 않고도 문서를 작성할 수 있다. 이 사람은 특별한 능동적인 주의력이 필요한 의식적 상태는 아니지만, 외부의 자극에 대한 정보가 최소한 접수되는 정도의 수동적인 의식적 상태에 있다고 해야 할 것이다. 정도가 미약하다는 이유만으로는 그 상태를 도덕적으로 고려할 수 없다는 주장은 설득력이 부족하다. ㉠ 이와 마찬가지로 식물인간이 고통은 느끼지 못하지만 여전히 주관적 의식 상태를 가질 수 있다면, 이는 도덕 공동체에 받아들일 수 있는 여지가 있다는 것을 보여 준다.

04. 윗글에 대한 이해로 적절하지 않은 것은?

① 도덕적 행위를 할 수 없는 존재도 도덕 공동체에 들어올 수 있다.

② 도덕 피동자는 능동적인 주의력은 없지만 수동적인 의식적 상태는 있다.

③ 관계론적 접근에서는 동물이 도덕적 고려의 대상이 아닐 수도 있다.

④ 식물인간이 고통을 느끼지 못한다고 판단하는 것은 자극에 반응이 없기 때문이다.

⑤ 식물인간은 도덕 공동체의 구성원이 되어도 스스로 책임질 수 있는 존재는 아니다.

05. 현상적 의식 과 감응력 에 대해 추론한 것으로 가장 적절한 것은?

① '감응력 마비자'는 현상적 의식을 가지고 있지 못하다.

② 감응력은 정보 접수적 측면은 없지만 능동적 측면은 있다.

③ 현상적 의식과 달리 감응력은 행동주의적 기준으로 포착되지 않는다.

④ 커루더스는 현상적 의식이 있지만 감응력이 없는 존재를 고차원적 의식이 없다고 생각한다.

⑤ 싱어는 감응력 없이 현상적 의식의 상태에 있는 대상에게 위해를 가하는 것을 비윤리적이라고 주장할 것이다.

06. ㉠에 대한 비판으로 가장 적절한 것은?

① 감응력이 있는 현상적 의식을 가진 존재만을 도덕적으로 고려하면 고통과 쾌락을 덜 느끼는 사람을 차별하게 되지 않을까?

② 도덕 피동자가 책임질 수 있는 도덕적 행동을 할 수 없더라도 도덕 행위자는 도덕 피동자에게 도덕적 의무를 져야 하는 것 아닐까?

③ 외부의 자극에 대한 수동적인 의식적 상태는 자신이 어떻게 취급받는지에 신경 쓰지 않는다는 뜻인데 여기에 도덕적 고려를 할 필요가 있을까?

④ 식물인간의 도덕적 고려 여부는 식물인간이 누구와 어떤 관계를 맺느냐가 아니라 어떤 도덕적 속성을 가지고 있느냐를 보고 판단해야 하지 않을까?

⑤ 일상에서 특별한 능동적인 주의력이 필요한 의식 상태라고 하는 것도 알고 보면 외부 자극에 대한 정보가 최소한 접수되는 정도의 의식적 상태가 아닐까?

[07~09] 다음 글을 읽고 물음에 답하시오.

세포는 현미경으로 관찰하면 작은 물방울처럼 보이지만 세포 내부는 기름 성분으로 이루어진 칸막이에 의해 여러 구획으로 나누어져 있다. 서랍 속의 칸막이가 없으면 물건이 뒤섞여 원하는 것을 찾기 힘들어지듯이 세포 안의 구획이 없으면 세포 안의 구성물, 특히 단백질이 마구 섞이게 되어 세포의 기능에 이상이 생길 수 있다. 그러므로 각각의 단백질은 저마다의 기능에 따라 세포 내 소기관들, 세포질, 세포 외부나 세포막 중 필요한 장소로 수송되어야 한다.

세포 외부로 분비된 단백질은 호르몬처럼 다른 세포에 신호를 전달하는 역할을 하고, 세포막에 고정되어 위치하는 단백질은 외부의 신호를 안테나처럼 받아들이는 수용체 역할을 하거나 물질을 세포 내부로 받아들이는 통로 역할을 수행한다. 반면 세포 내 소기관으로 수송되는 단백질이나 세포질에 존재하는 단백질은 각각 세포 내 소기관 또는 세포질에서 수행되는 생화학 반응을 빠르게 진행하도록 하는 촉매 역할을 주로 수행한다.

단백질은 mRNA의 정보에 의해 리보솜에서 합성된다. 리보솜은 세포 내부를 채우고 있는 세포질에 독립적으로 존재하다가 mRNA와 결합하여 단백질 합성이 개시되면 세포질에 머물면서 계속 단백질 합성을 진행하거나 세포 내부의 소기관인 소포체로 이동하여 소포체 위에 부착하여 단백질 합성을 계속한다. 리보솜이 이렇게 서로 다른 세포 내 두 장소에서 단백질 합성을 수행하는 이유는 합성이 끝난 단백질을 그 기능에 따라 서로 다른 곳으로 보내야 하기 때문이다. 세포질에서 독립적으로 존재하는 리보솜에서 완성된 단백질은 주로 세포질, 세포핵·미토콘드리아와 같은 세포 내 소기관으로 이동하여 기능을 수행한다. 반면 소포체 위의 리보솜에서 합성이 끝난 단백질은 세포 밖으로 분비되든지, 세포막에 위치하든지, 또는 세포 내 소기관들인 소포체나 골지체나 리소솜으로 이동하기도 한다. 소포체·골지체·리소솜은 모두 물리적으로 연결되어 있으므로 소포체 위의 리보솜에서 만들어진 단백질의 이동이 용이하다. 또한 세포막에 고정되어 위치하거나 세포막을 뚫고 분비되는 단백질은 소포체와 골지체를 거쳐 소낭에 싸여 세포막 쪽으로 이동한다.

소포체 위의 리보솜에서 완성된 단백질은 소포체와 근접한 거리에 있는 또 다른 세포 내 소기관인 골지체로 이동하여 골지체에서 추가로 변형된 후 최종 목적지로 향하기도 한다. 이 단백질 합성 후 추가 변형 과정은 아미노산이 연결되어서 만들어진 단백질에 탄수화물이나 지질 분자를 붙이는 과정으로서 아미노산만으로는 이루기 힘든 단백질의 독특한 기능을 부여해준다. 일부 소포체에서 기능하는 효소는 소포체 위의 리보솜에서 단백질 합성을 완료한 후 골지체로 이동하여 변형된 다음 소포체로 되돌아온 단백질이다.

과연 단백질은 어떻게 자기가 있어야 할 세포 내 위치를 찾아갈 수 있을까? 그것을 설명하는 것이 '신호서열 이론'이다. 어떤 단백질은 자기가 배송되어야 할 세포 내 위치를 나타내는 짧은 아미노산 서열로 이루어진 신호서열을 가지고 있다. 예를 들어 KDEL 신호서열은 소포체 위의 리보솜에서 합성된 후 골지체를 거쳐 추가 변형 과정을 거친 다음 소포체로 되돌아오는 단백질이 가지고 있는 신호서열이다. 또한 NLS는 세포질에 독립적으로 존재하는 리보솜에서 합성되어 세포핵으로 들어가는 단백질이 가지고 있는 신호서열이고 NES는 반대로 세포핵 안에 존재하다가 세포질로 나오는 단백질이 가지고 있는 신호서열이다. 그리고 세포질에 독립적으로 존재하는 리보솜에서 만들어진 단백질을 미토콘드리아로 수송하기 위한 신호서열인 MTS도 있다.

이러한 신호서열 이론을 증명하는 여러 실험이 수행되었다. ⊙ KDEL 신호서열을 인위적으로 붙여준 단백질은 원래 있어야 할 곳 대신 소포체에 위치하는 것으로 관찰되어 KDEL이 소포체로의 단백질 수송을 결정하는 신호서열이라는 결론이 내려졌다. ⓒ 소포체에 부착한 리보솜에서 만들어진 어떤 단백질이 특정한 신호서열이 있어서 세포 밖으로 분비되는 것인지, 아니면 그 단백질이 신호서열을 전혀 가지고 있지 않아서 세포 밖으로 분비되는 것인지 확인하는 실험도 수행되었는데 세포의 종류에 따라 각기 다르다는 결론이 내려졌다. ⓒ 세포 내 특정 장소로 가기 위한 신호서열을 가지고 있지 않은 단백질이 어떻게 특정 장소로 이동하는지를 확인하는 실험을 한 결과 특정 장소로 수송하기 위한 신호서열을 가지고 있는 단백질과의 결합을 통해 신호서열이 지정하는 특정 장소로 이동할 수 있다는 결론을 얻었다.

07. 윗글의 내용과 일치하지 <u>않는</u> 것은?

① 세포막에서 수용체 역할을 하는 단백질은 소포체 위의 리보솜에서 합성된 것이다.

② 세포질 안에서 사용되는 단백질은 세포질에 독립적으로 존재하는 리보솜에서 합성된 것이다.

③ 골지체에서 변형된 후 소포체로 돌아온 단백질은 소포체 위의 리보솜에서 합성된 것이다.

④ 세포핵으로 수송되는 단백질은 세포 밖으로 분비되는 단백질과 다른 곳에 위치한 리보솜에서 합성된 것이다.

⑤ 미토콘드리아로 수송되는 단백질과 세포막에 위치하는 단백질은 같은 곳에 위치한 리보솜에서 합성된 것이다.

08. 윗글을 바탕으로 추론한 것으로 적절하지 <u>않은</u> 것은?

① KDEL 신호서열을 가지고 있는 단백질은 NLS가 없을 것이다.

② KDEL 신호서열을 가지고 있는 소포체로 최종 수송된 단백질은 골지체에서 변형을 거쳤을 것이다.

③ NLS가 없는 세포핵 안에 존재하는 단백질은 NLS가 있는 다른 단백질과 결합하여 세포핵 안으로 수송되었을 것이다.

④ NLS가 있으나 NES가 없는 단백질은 합성 후 세포핵에 위치한 다음 NES가 있는 단백질과 결합하면 다시 세포핵 밖으로 나갈 수 있을 것이다.

⑤ NLS와 NES를 모두 가졌으나 세포 외부에서 발견되는 단백질은 세포질에 독립적으로 존재하는 리보솜에서 합성된 단백질과 결합하여 세포 외부로 이동하였을 것이다.

09. ㉠~㉢에 대한 평가로 적절한 것만을 <보기>에서 있는 대로 고른 것은?

<보 기>

a. KDEL 신호서열이 있는 어떤 단백질의 KDEL 신호서열을 인위적으로 제거하면 소포체로 이동하지 않는다는 실험 결과는 ㉠의 결론을 강화한다.

b. NLS를 가진 어떤 단백질의 NLS를 인위적으로 제거하면 세포 밖으로 분비된다는 실험 결과는 ㉡의 결론을 강화한다.

c. MTS가 없는 어떤 단백질이 MTS가 있는 단백질과 결합하여 미토콘드리아에서 발견된다는 실험 결과는 ㉢의 결론을 강화한다.

① a
② b
③ a, c
④ b, c
⑤ a, b, c

[10~12] 다음 글을 읽고 물음에 답하시오.

농업 중심의 사회를 벗어나면서 급속한 산업화와 도시화에 따른 갈등이 나타나고 있던 19세기 말 미국에서는 터너가 이끌었던 혁신주의 역사학이 대두했다. 혁신주의 역사학의 특징은 역사의 핵심을 갈등이라고 본 점에 있다. 예컨대, 야만과 문명이 공존하는 프런티어야말로 미국 발전의 근원이라고 주장한 터너는 산업이 발달한 북부와 농업이 지배적인 남부 사이의 갈등을 강조했다. 혁신주의 역사가 베커는 미국혁명이 과세를 둘러싼 아메리카 식민지와 모국 간의 투쟁임과 동시에 상층 상인과 지주를 비롯한 보수적이고 봉건적인 식민지 유력자와 하층 수공업자 및 노동자 사이에서 벌어진 권력 다툼이었다는 사실을 밝혀냄으로써 이중혁명론을 제시했다. 혁신주의 역사학은 헌법을 금융업자, 상인 등으로 구성된 동산소유집단과 채무에 시달리던 소농 출신의 부동산 소유집단 사이의 싸움에서 전자가 승리하면서 만들어진 비민주적 문서로 파악하였다. 혁신주의 역사학은 1940년대까지 미국 역사학의 주류를 이루었다.

제2차 세계대전 이후에 나치 독일의 인권 탄압과 공산주의의 팽창에 놀란 보수적 미국인들은 혁신주의 역사학이 비판했던 미국적 가치, 즉 사유재산의 신성시, 개인주의, 경제적 자유주의에 대해 재평가하기 시작했다. 게다가 냉전질서에서 미국의 정체성을 보존하기 위해서는 국민적 단결이 필요했다. 이러한 배경에서 합의사학이 등장했는데, 그것의 특징은 미국사를 합의와 연속성의 시각에서 이해했다는 점이다. 혁신주의 역사가는 보수적인 유산자들과 하층민 간의 극적인 투쟁으로 미국혁명을 파악했으나, 합의사학을 대변하는 호프스태터는 미국적 가치를 공동이념으로 삼은 미국인들은 사회적 동질성을 유지하면서 갈등을 극소화했다고 주장했다. 이처럼 미국사는 기본적으로 혁명으로 인한 단절이나 중단 없이 연속성을 보여주었다는 데 합의사학은 주목하였다. 그러므로 미국혁명은 상당히 제한적인 것이라고 평가되었다. 하츠가 미국에는 봉건적 과거가 없다는 토크빌의 지적에 공감하면서 주장하듯이, 구세계의 봉건적 압제로부터 도피한 사람들은 자유롭게 태어난 사람들이기에 자유로운 세계를 만들기 위해 굳이 혁명을 일으킬 필요는 없었기 때문이다. 비어드와 같은 혁신주의 역사가가 헌법의 제정을 계급적인 갈등으로 파악했다면, 합의사학은 헌법 제정이 중산층의 합의를 통해 이루어졌다는 데 보다 많은 주의를 기울였다. 합의사학은 제헌의회에 참가한 대표들의 경제적 이해관계보다는 그들의 합의를 강조한 셈이다. 부어스틴은 미국인의 관대함과 타협의 정신을 프런티어에서 찾기도 했다. 개혁 사상에 대해 비판적인 태도를 유지하면서 미국의 자유주의적 전통과 국민적 합의를 강조한 합의사학은 50~60년대 미국 사학계를 주도했다.

1960년대 중반 이후 미국은 베트남전쟁과 민권운동으로 대변되는 이념적 격동기를 맞이했다. 이 같은 현실은 합의사학이 제시했던 미국의 밝은 과거상과 현재상에 대해 회의심을 갖게 했다. 합의사학과는 달리, 하지만 혁신주의 역사학과 마찬가지로 갈등과 빈곤에 주목한 경향이 등장했는데, 이를 신좌파 역사학이라고 한다. 이러한 움직임을 선도한 역사가로는 외교사가 윌리엄스를 꼽을 수 있다. 합의사학은 정책 결정자들이 19세기 말엽 이후에는 제국주의적 팽창정책으로부터 거리를 두었다고 보면서 1898년 식민지를 둘러싼 미국-스페인 전쟁을 "거대한 일탈"이라고 규정했다. 윌리엄스는 이런 해석을 비판하며 정치인들이 국내의 분열을 호도하기 위해 혹은 자본의 이익을 위해 문호개방이라는 이름으로 해외 팽창정책을 주도했다고 주장했다. 하워드 진과 같은 신좌파 역사가는 혁신주의 역사학에 동조하면서 역사학을 이데올로기적 요구에도 부응해야 하는 학문으로 보았다. 하지만 혁신주의 역사학과 달리 신좌파 역사학은 역사를 물질적인 조건이나 계급 갈등으로 환원시키지는 않았다. 미국혁명과 헌법에 대한 연구에서 다수의 신좌파 역사가들은 유산계급과 무산계급 사이의 갈등 이외에도 민중의 역사와 권력관계에 주목했다. 흑인들의 민권운동과 소수민족인 아메리카 원주민, 여성, 빈민들의 운동을 배경으로 태동했던 신좌파 역사학은 이러한 피지배집단이 혁명전쟁과 헌법 제정 과정에서 행한 능동적인 행위를 복원하는 데 주의를 기울였다.

10. 윗글의 내용과 일치하지 않는 것은?

① 19세기 후반 미국은 농업 중심의 사회에서 산업화 사회로의 이행이 진행되고 있었다.

② 19세기 말 국외로 세력을 확장하려는 미국의 정책은 스페인과 무력 충돌을 일으켰다.

③ 제2차 세계대전 직후에 보수 성향의 미국인들은 미국의 전통적 가치를 부활시키고자 했다.

④ 베트남전쟁은 미국인들이 경제적 자유주의에 대한 보편적 합의를 이루는 역사적 계기가 되었다.

⑤ 1960년대 이후 미국에서는 다양한 소수집단과 관련된 연구가 대두하였다.

11. 윗글을 바탕으로 추론한 것으로 가장 적절한 것은?

① 터너는 부어스틴과 마찬가지로 프런티어가 미국 역사 발전에서 긍정적인 역할을 하였다고 볼 것이다.

② 베커는 하츠와 달리, 혁신주의적 개혁을 위한 국민적 합의가 미국사의 원동력이라고 볼 것이다.

③ 호프스태터는 유력 세력이 혁명에서 승리함으로써 갈등이 극소화되었다고 볼 것이다.

④ 윌리엄스는 19세기 말 미국의 국제적 영향력 행사를 예외적 현상으로 파악할 것이다.

⑤ 하워드 진은 윌리엄스와 마찬가지로 역사적 분석범위를 넓히면서 역사학의 정치화를 경계했을 것이다.

12. 윗글을 바탕으로 〈보기〉를 평가한 것으로 적절하지 않은 것은?

〈보 기〉

영국이 시행한 인지세법 등에 맞서 1774년 식민지 대표들이 필라델피아에 모여 제1차 대륙회의를 개최하면서 영국에 대한 조직적인 저항이 시작되었다. 당시 식민지 뉴욕의 정치는 상층 상인과 지주들과 같은 유력자들이 장악하고 있었는데, 독립전쟁은 하층 수공업자와 노동자 출신의 급진주의자들이 정치의 장으로 들어가도록 문을 열어 주었다. 독립전쟁은 1781년 뉴욕 요크타운 전투에서 영국군이 패배하면서 막을 내리게 되었다. 전쟁 이후 미국은 1787년 필라델피아에 모여 헌법의 제정을 논의하기에 이르렀다. 당시 가장 중요한 전제는, 강력하지만 동시에 주정부의 권리를 침해하지 않는 연방정부를 수립하는 것이었다. 필라델피아 제헌의회에는 해밀턴, 매디슨 등 소위 연방주의자와 제퍼슨 등의 반연방주의자 간의 대립이 있었고, 현상적으로는 연방주의자들의 승리로 볼 만했다.

① 혁신주의 역사학자라면, 필라델피아 제헌의회는 새로운 헌법에 의해 경제적 이익을 받을 수 있는 집단이 지배하고 있었다는 사실을 덧붙이려 하겠군.

② 합의사학자라면, 제1차 대륙회의와 요크타운 전투에 대해 봉건적 체제를 타파하는 시민혁명에서 미국의 가치와 동질성이 실현되는 과정이었다고 파악하겠군.

③ 합의사학자라면, 제퍼슨, 매디슨, 해밀턴 사이의 차이를 과장하지 않고, 헌법 제정에 대하여 연방주의자들의 승리라기보다는 정치적 합의를 도출한 사건으로 보겠군.

④ 신좌파 역사학자라면, 독립전쟁 당시 하층민들의 급진주의적 정치에서 여성이 차지한 역할을 새롭게 규명할 필요성을 제기하겠군.

⑤ 혁신주의 역사학자나 신좌파 역사학자라면, 독립혁명에서 식민지 뉴욕의 상층 부르주아지와 하층 수공업자들의 대립을 주요하게 취급하는 데 대하여 반대하지 않겠군.

[13~15] 다음 글을 읽고 물음에 답하시오.

　나이의 정치적 효과를 분석하는 데 있어 가장 중요한 쟁점은 생애주기 효과(A), 기간 효과(P), 코호트 효과(C)를 구분하는 것이다. APC 효과의 관점에서 보면, 개인이 특정 시점에 갖는 정치 성향은 그가 속한 코호트, 조사 시점의 정치 사회 환경, 그리고 나이가 들며 변화해 가는 생애주기 효과에 의해 종합적으로 구성된다.

　우선 생애주기 효과는 "나이가 들수록 보수화된다."는 가설에 기반한다. 생애주기 효과가 말하는 보수화에는 비단 정치적 보수화뿐만 아니라 인지적 경직성과 권위주의적 성향의 증가도 포함된다. 트루엣은 약 30,000명의 버지니아 주민들을 대상으로 생애주기별 보수주의 점수를 측정하면서 50세 이후에는 보수화 성향이 지속되는 것을 확인하였다. 그에 따르면 성별, 거주지별, 교육수준별로 약간의 차이는 있지만 20~30대에는 낮은 보수주의 점수가 안정적으로 이어지는 반면, 30~40대를 거치면서 이 점수가 급격히 높아지며, 50세 이후부터 생애주기의 끝까지 높은 보수주의 점수가 유지된다.

　다음으로 기간 효과는 특정 조사 시점의 영향을 받아 나타나는 차이를 의미한다. 즉, 특정 시점에 발생한 역사적 사건이나 급격한 사회변동이 전 연령 집단의 사고방식이나 인식에 포괄적, 보편적 영향을 미치는 효과이다. 특정 시기의 사회화 과정이나 일부 세대에서 나타나는 효과가 아니라, 1987년 민주화나 1997년 IMF 구제금융 사례처럼 전 세대가 공유하는 경험에 따른 태도 변화를 지칭한다.

　그리고 코호트 효과는 정치사회화가 주로 이루어지는 청년기에 유권자들이 특정한 역사적 경험을 공유하면서 유사한 정치적 성향을 형성하고 그 독특성이 해당 연령 집단을 중심으로 이후에도 유지되는 현상을 의미한다. 이렇게 형성된 정치 세대, 즉 코호트란 유사한 정치적 태도를 보이고 이념 성향을 공유하는 연령 집단을 의미한다. 정치사회화 과정에서 형성된 정치적 세대 의식은 나이가 들면서 완고성이 증가하여 큰 변화 없이 지속되게 된다. 이는 중장년기보다 성년 초기 시점이 사회 변화나 역사적 사건들로부터 영향을 받기 더 쉽다는 사실을 전제로 한다. 예컨대, 영국에서 2차 세계대전 이후 노동당 지지 성향이 강한 진보적 코호트가 등장하였다면 1980년대에는 대처 총리 집권기의 영향을 받아 보수적 코호트가 형성되었다는 연구들이 존재한다. 한편 국내 선행 연구에 따르면, 한국전쟁 직후 등장한 소위 전후 세대는 여타 코호트 집단에 비해 권위주의적 성향과 보수적 정치 성향이 더 강하다고 알려져 있으며, 한국 민주화 운동의 대명사라 할 수 있는 86세대나 탈권위를 유행시켰던 X세대의 경우 나이가 들어서도 보수화되는 경향이 상대적으로 완만한 것으로 나타났다.

　이 세 효과는 개념적으로는 쉽게 구분되지만, 경험적으로는 이들을 구별하기 어렵다. 세 개념 자체가 밀접하게 연관되어 있고, 독립적으로 개별 효과를 측정할 지표 역시 충분히 갖고 있지 않기 때문이다. 이러한 근본적 제약 속에서 나이 관련 변수들이 만들어내는 합성 효과를 구별하는 것이 지금까지 사회과학적 세대 연구의 핵심 과제였고 이를 해결하기 위한 다양한 연구 방법들이 고안되었다. APC의 합성 효과를 구분해 개별 효과를 비교하기 위해서는 동일 코호트의 시간 흐름에 따른 태도 차이를 측정하는 종단면 디자인, 동일 시점에서 정치 세대 간의 태도 차이를 측정하는 횡단면 디자인, 다른 시점의 동일 연령대 집단의 태도 차이를 측정하는 시차 연구 디자인의 조합이 필요하다.

　일반적으로 연령 집단은 조사 당시 나이, 기간 효과는 조사 연도, 코호트는 출생 연도와 같은 변수들로 측정된다. 그러나 연구의 난관은 우리가 혼재된 나이 효과를 구별하는 데 있어 식별 문제에 직면하게 된다는 것이다. 즉, 셋 중 두 정보로부터 다른 항의 값이 자동 도출되므로, 3개의 미지수(효괏값)와 3개의 정보(변수)가 있는 듯 보이지만, 실제로는 정보 하나가 부족한 셈이 된다. 위의 연구 디자인을 적용하여 APC 효과를 통제된 하나의 개별 효과와 나머지 두 개가 이루는 합성 효과로 나누어 파악할 수는 있지만, 3개의 개별 효괏값으로 명확하게 구분해 내기 어렵다. 이러한 한계가 나이와 정치 성향의 관계에 대한 경험적 연구를 오랜 기간 가로막아 왔다. 기술적으로 완전한 극복 방안은 없으며, 불완전하나마 여러 가지 수단을 통해 이 관계를 엿볼 수 있었을 뿐이다. 대부분 추정 모형에 일정한 제약을 가해서 문제를 피해 갔다. 부가정보를 이용해 세 효과 중 하나를 제외하거나, 아니면 한 효과가 고정되도록 설정하여 개입을 통제하는 방식으로 이 문제에서 벗어날 수 있다. 그 밖에도 세 변수 중 하나를 다른 대리변수로 대체하는 방법도 있다. 하지만 이러한 방법 모두 임기응변일 뿐이고, 매우 특수한 조건에서만 활용 가능해 주의가 필요하다.

13. 윗글의 내용과 일치하지 <u>않는</u> 것은?

① 조사 시기와 조사 당시 연령을 알면 코호트 집단을 특정할 수 있다.

② 트루엣의 연구에 따르면 생애주기 효과는 개인의 사회경제적 배경과는 무관하다.

③ 식별 문제의 해결을 위한 방편으로 추정 모형에 제약 조건을 적용하기도 한다.

④ 문제 해결을 위해 세 변수 중 하나를 다른 대리변수로 대체하는 방법을 사용하기도 한다.

⑤ 나이와 정치 성향과의 관계 연구에서 APC의 개별 효과를 각각 구분해 내는 방법은 아직 없다.

14. 윗글을 바탕으로 추론한 것으로 적절한 것만을 〈보기〉에서 있는 대로 고른 것은?

〈보 기〉

ㄱ. 한국 유권자들을 대상으로 2022년 7월 24일에 정치의식 조사를 실시한다면, X세대의 권위주의 성향 점수가 한국 전후 세대보다 평균적으로 낮게 나올 것이다.

ㄴ. 1980년대에 50대였던 영국 전후 세대와 비교해 2010년대에 같은 50대가 된 대처 세대가 평균적으로 더 진보적 정치 성향을 드러내는 조사 결과가 존재한다면, 기간 효과가 주요하게 작용했다고 판단해 볼 수 있다.

ㄷ. 영국의 대처 세대가 30대 때였던 1990년도 조사에서보다 50대가 되어서인 2010년 조사에서 이념적으로 덜 보수적이라는 결과가 나왔다면, 2010년 조사 당시 영국의 다른 정치 코호트들 또한 진보적 분위기의 시대적 영향을 받았을 수 있다.

① ㄱ
② ㄷ
③ ㄱ, ㄴ
④ ㄴ, ㄷ
⑤ ㄱ, ㄴ, ㄷ

15. 윗글을 바탕으로 〈보기〉의 내용을 이해한 것으로 가장 적절한 것은?

〈보 기〉

아래 그림은 나이의 정치적 효과를 측정하기 위한 연구 디자인을 도식화한 것이다. 조사는 t1, t2의 시점에 이루어졌다. A(t1)와 B(t1)는 각각 t1 기준 청년 코호트와 중년 코호트를 나타내며, 시간이 경과한 t2에는 각각 중년기와 노년기에 이르게 된다.

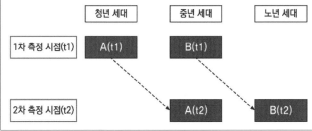

① A(t1)와 A(t2)의 차이는 코호트를 고정한 채 도출해 낸, 기간 효과와 코호트 효과의 합성 효과이다.
② A(t1)와 B(t1)의 차이는 동일 시간대의 다른 코호트 간 차이를 측정하는 종단면적 연구 디자인을 적용하여 알 수 있다.
③ A(t2)와 B(t2)의 차이는 조사 시점을 고정하여 얻은 코호트 간 차이로서 생애주기 효과의 개입이 통제되고 있다.
④ B(t1)와 A(t2)의 차이는 다른 시점의 동일 연령대 집단의 태도 차이를 비교하는 시차 연구 디자인을 적용하여 알 수 있지만, 기간 효과와 코호트 효과를 구분하기 어렵다.
⑤ B(t1)와 B(t2)의 차이는 동일 연령대 집단의 태도 차이를 측정하는 시차 연구 디자인을 적용하여 알 수 있다.

[16~18] 다음 글을 읽고 물음에 답하시오.

(가)

1960년대 근대화 담론은 해방과 분단으로 공고화된 민족주의를 경제성장의 동력으로 동원한다. 민족주의에 기반한 근대화를 비판하는 것이 용인되지 않았던 분위기에서, 김자림의 희곡 「이민선」(1964)은 이민과 여성을 매개로 시대의 단층을 드러낸다.

당시 브라질 영농 이민은 경제성장뿐 아니라 인구 억제를 위해 산업화 과정에서 도태된 국민들을 겨냥하고 있었다. 「이민선」의 중심 서사를 이루는 창수네 일가를 살펴보자. 창수에게 브라질은 사탕무를 심어 부를 일구는 미래다. 해방을 맞아 귀국하던 감격을 잊지 못하는 창수댁은 이민으로 고향을 떠나야 하는 회한에서 쉽게 벗어나지 못한다. 아들 만세는 농업에는 관심이 없고 이민을 통해 예술로 "세계 속에 한국을 이해시키는 정신적 지주"가 되기를 바란다. 딸 소라는 성인임에도 원숭이 인형을 들고 다니며 유년기의 감상에서 벗어나지 못한 인물로, 이민을 '속일 줄도 속을 줄도 모르는 그대로의' 존재인 인형의 고향에 가는 여정으로 생각한다. 창수의 처남 덕보는 제대 후 실업자로 있다가 속이고 미워하는 아수라장 같은 이 땅에 지쳐 이민을 결심한다. 이민단의 다른 가족도 사정이 있다. 득찬은 실업 상태를 견디다 못해 아내와 자식, 아버지와 동생까지 데리고 왔다. 월남민 피양댁은 이민을 위해 깡패 물개와 복덕방 영감을 끌어들여 가족을 급조하고 돈으로 좌지우지한다. 피양댁의 친딸 보비도 이민단에 동참하나 조국에서 추방되는 듯하여 소극적이다.

세 일가가 부산에 도착해 이민을 축하하는 파티까지 열었지만, 창수네 일가는 빚보증 때문에, 피양댁 일가는 물개에 얽힌 투서 때문에 이민선을 타지 못하고 보름 가량을 보낸다. 그동안 보비는 만세의 포부에 감동하고 그의 연인이자 이민의 지지자가 된다. 창수는 피양댁의 요구대로 헐값에 땅을 팔려 하나 무산되었다. 이민선이 출항하기 전날, 창수는 다른 해결의 실마리를 찾았고, 소라는 그녀를 백치로 여기던 물개에게 겁탈당한 뒤 바다에 투신한다. 이에 이민을 포기하려 했던 만세는 이상을 포기하지 말라는 보비의 독려로 의지를 회복하지만, 창수댁은 이민선 탑승 직전 소라의 버려진 인형을 발견하고 착란을 일으켜 지금을 해방 후 귀국하던 날로 안다. 애국가의 주악 소리를 배경으로 창수 일가는 착란 상태의 창수댁을 부축하여 승선한다.

「이민선」은 근대화를 이민으로 은유하면서도 여성에 대한 억압과 배제의 모습을 출항하는 이민선의 얼룩처럼 남겨둔다. 개인들의 합의를 유보한 채 미래의 환상을 내세워 이민을 이끌어 가는 남성들의 강박이 암시되는 것이다. 여성인물들은 전쟁을 거치며 요구되었던 가정과 국가에 헌신하는 '좋은' 여성의 상과, 비난의 대상이던 성적 만족과 이익을 좇다 파멸하는 '나쁜' 여성의 상 사이의 다양한 빛깔로 남아 있다. 그럼에도 작품에서 여성인물들은 자기 안에 잠재된 사회·역사적 비판의 가능성을 충분히 펼치지는 못했다. 창수댁의 정신 착란이나 소라의 인형 등이 얼룩처럼 남지만 이민선은 가족을 태우고 출항한다. 바로 여기에서 여성인물을 통해 당대를 문제시하면서도, 한편으로 그에 대한 회의를 접어두고 근대화 논리에 수긍하는 여성 극작가의 모순된 정체성을 읽을 수 있다.

(나)

[부산에 도착한 첫날 밤 세 가족은 파티를 연다.]

창수댁: (한쪽이 터진 트렁크를 들고) 여보, 이것 좀 보세요. 뚜껑을 덮으니까 또 터지겠죠. (돌아보지 않는 창수를 보고) 아니 여보, 당신은 남의 것을 보듯 거들떠보지도 않

는구려. (창수, 외면하고 서 있다.)

창 수: 인젠 제에발 그 구질구질한 짐짝을 끌구 다니지 말자구 했잖소. [……] 바다 깊이 때 묻은 과거를 수장해 버리 란 말이오. 새로운 옷을 입으려거든 낡은 것을 미련 없이 벗어버려야 하는 거야.

창수댁: (트렁크를 뺏으며) 안 돼요. 하나두 버릴 수 없어요. 이 것들은 지난 세월을 말해 주는 웃음과 울음과 한숨이 섞여 부서진 감정의 파편들이에요.

창 수: (끌어 올리며) 지지리 못난 여편네야. (점점 흥분된 어조 로) 우리는 내일 새벽 떠나는 거야. 우리의 이민선 쨍카 호를 타고 신천지를 향해 저 푸른 바다를 뚫구 나가는 거야. 예수가 죽음에서 부활하듯이 우리도 다시 사는 거 야. (돌아보며) 그러니 그 구질구질한 과거는 저 바다에 처넣으란 말이야. (광적인 몸부림으로) 자 여러분 술, (컵을 들고) 이 번쩍이는 소망에 행운이 있으라.

모 두: (술잔을 쳐들고) 브라보!

창수댁: 만세야, 이 노끈으로 같이 얽어매 보자. 손을 빌어라.

득 찬: 자 누구든지 나와 춤을 춰요, 소리두 하구.

영 찬: 내 소리 한 마디 하겠어요.

모 두: 여—(좋아라 박수를 친다.)

　　영찬, 장타령*을 하며 신나게 엉덩이춤을 춘다. 모두들 손뼉 으로 박자를 맞춘다.

창 수: 여보게들, 우리 이다음엔 상파울루 제일가는 호텔에서 만나세. 거기서 우린 샴페인을 펑펑 터뜨리구 갓 구운 칠면조 고기를 뜯으면서 우리들의 성공담을 신나게 지 껄여 보세나, 하하…….

　　일동, 왁자지껄 웃어 댄다.

덕 보: (불쑥 튀어나오더니 목멘 소리로) 그, 그만들 하슈, 그 만. (괴로운 듯 머리를 움켜쥐며) 제에발 부탁이오. [……] 그렇지 않아도 우린 거, 거지 떼……. (영찬, 천 천히 일어선다.)

모 두: 뭐?

덕 보: (고개를 쳐들며) 유쾌한 거지 떼지 뭡니까?

－ 김자림, 「이민선」 －

* 장타령: 동냥하는 사람이 돌아다니며 구걸을 할 때 부르는 노래

16. 윗글의 내용에 대한 이해로 적절하지 않은 것은?

① 만세는 이민선에 오를 때까지 적극적인 이민 의지로 일관한 반 면, 보비는 이민에 소극적인 태도를 지녔다가 변화한다.

② 창수는 브라질에 대한 환상을 바탕으로 이민의 현실을 낙관하는 반면, 덕보는 이민의 현실을 비판적으로 본다.

③ 덕보는 사회의 비정함을 비판하며 이민에 접근하는 반면, 소라 는 순수함을 동경하며 이민에 접근한다.

④ 창수는 경제적인 성공이 이민의 목표인 반면, 만세는 예술을 통 한 국위 선양이 이민의 목표이다.

⑤ 피양댁은 이민을 위해 가족을 새로 구성하는 반면, 득찬은 기존 의 가족 관계를 유지한다.

17. 여성인물을 형상화하는 극작가의 관점을 추론한 것으로 적절하지 않은 것은?

① 경제적 이해타산을 중시했던 피양댁을 통해 남성중심적 근대화 가 요구하는 '좋은' 여성상을 형상화한다.

② 물개에게 폭력을 당한 소라를 통해 남성중심적 근대화에서 희생 되는 전후 여성의 현실을 형상화한다.

③ 이민을 함께 하지 못하게 된 소라를 통해 성장 지향의 근대화에 서 낙오된 전후 여성의 일면을 형상화한다.

④ 민족적 열정을 지닌 남성 주체와 관계를 맺고 있는 보비를 통해 근대화의 논리에 젖어드는 전후 여성의 양상을 형상화한다.

⑤ 정신 착란에 빠진 채 이민선에 타게 되는 창수댁을 통해 근대화 과정에 강제로 참여할 수밖에 없었던 전후 여성의 모습을 형상 화한다.

18. (가)를 바탕으로 (나)를 감상할 때 가장 적절한 것은?

① '한쪽이 터진 트렁크'는 과거의 경험에 대한 등장인물들의 유사 한 태도를 보여주는군.

② '바다'는 등장인물이 육체적 죽음을 극복하고 정신의 재생을 꿈 꾸는 공간이군.

③ '이민선'은 격정적인 기억 속의 '신천지'로 등장인물을 인도하는 상징이군.

④ '노끈'은 등장인물의 파편화된 기억을 원래대로 복원하려는 의지 를 보여주는군.

⑤ '장타령'은 낙관적인 기대에 부푼 등장인물들이 현재의 처지를 환기하도록 하는 계기이군.

제도의 선택에 대한 설명에는, 합리적인 주체인 사회 구성원들이 사회 전체적으로 가장 이익이 되는 제도를 채택한다고 보는 효율성 시각과 이데올로기·경로의존성·정치적 과정 등으로 인해 효율적 제도의 선택이 일반적이지 않다고 보는 시각이 있다. 효율성 시각은 어떤 제도가 채택되고 지속될 때는 그만한 이유가 있을 것이라는 직관적 호소력을 갖지만, 전통적으로는 특정한 제도가 한 사회에 가장 이익이 되는 이유를 제시하는 설명에 그치고 체계적인 모델을 제시하지는 못했다고 할 수 있다. 이런 난점들을 극복하려는 제도가능곡선 모델 은, 해결하려는 문제에 따라 동일한 사회에서 다른 제도가 채택되거나 또는 동일한 문제를 해결하기 위해 사회에 따라 다른 제도가 선택되는 이유를 효율성 시각에서도 설명할 수 있게 해준다.

바람직한 제도에 대한 전통적인 생각은 시장과 정부 가운데 어느 것을 선택해야 할 것인가를 중심으로 이루어졌다. 그러나 제도가능곡선 모델은 자유방임에 따른 무질서의 비용과 국가 개입에 따른 독재의 비용을 통제하는 데에는 기본적으로 상충관계가 존재한다는 점에 착안한다. 힘세고 교활한 이웃이 개인의 안전과 재산권을 침해할 가능성을 줄이려면 국가 개입에 의한 개인의 자유 침해 가능성이 증가하는 것이 일반적이라는 것이다. 이런 상충관계에 주목하여 이 모델은 무질서로 인한 사회적 비용(무질서 비용)과 독재로 인한 사회적 비용(독재 비용)을 합한 총비용을 최소화하는 제도를 효율적 제도라고 본다.

가로축과 세로축이 각각 독재 비용과 무질서 비용을 나타내는 평면에서 특정한 하나의 문제를 해결하기 위한 여러 제도들을 국가 개입 정도 순으로 배열한 곡선을 생각해 보자. 이 곡선의 한 점은 어떤 제도를 국가 개입의 증가 없이 도달할 수 있는 최소한의 무질서 비용으로 나타낸 것이다. 이 곡선은 한 사회의 제도적 가능성, 즉 국가 개입을 점진적으로 증가시키는 제도의 변화를 통해 얼마나 많은 무질서를 감소시킬 수 있는지를 나타내므로 ⊙ 제도가능곡선이라 부를 수 있다. 이때 무질서 비용과 독재 비용을 합한 총비용의 일정한 수준을 나타내는 기울기 −1의 직선과 제도가능곡선의 접점에 해당하는 제도가 선택되는 것이 효율적 제도의 선택이다. 이 모델은 기본적으로 이 곡선이 원점 방향으로 볼록한 모양이라고 가정한다.

제도가능곡선 위의 점들 가운데 대표적인 제도들을 공적인 통제의 정도에 따라 순서대로 나열하자면 1) 각자의 이익을 추구하는 경제주체들의 동기, 즉 시장의 규율에 맡기는 사적 질서, 2) 피해자가 가해자에게 소(訴)를 제기하여 일반적인 민법 원칙에 따라 법원에서 문제를 해결하는 민사소송, 3) 경제주체들이 해서는 안 될 것과 해야 할 것, 위반 시 처벌을 구체적으로 명기한 규제법을 규제당국이 집행하는 정부 규제, 4) 민간 경제주체의 특정 행위를 금지하고 국가가 그 행위를 담당하는 국유화 등을 들 수 있다. 이 네 가지는 대표적인 제도들이고 현실적으로는 이들이 혼합된 제도도 가능하다.

무질서와 독재로 인한 사회적 총비용의 수준은 곡선의 모양보다 위치에 의해 더 크게 영향을 받는데, 그 위치를 결정하는 것은 구성원들 사이에 갈등을 해결하고 협력을 달성할 수 있는 한 사회의 능력, 즉 시민적 자본이다. 따라서 불평등이 강화되거나 갈등 해결 능력이 약화되는 역사적 변화를 경험하면 이 곡선이 원점에서 멀어지는 방향으로 이동한다. 이러한 능력이 일종의 제약 조건이라면, 어떤 제도가 효율적일 것인지는 제도가능곡선의 모양에 의해 결정된다. 그런데 동일한 문제를 해결하기 위한 제도가능곡선이라 하더라도 그 모양은 국가나 산업마다 다르기

때문에 같은 문제를 해결하기 위한 제도가 국가와 산업에 따라 다를 수 있다. 예컨대 국가 개입이 동일한 정도로 증가했을 때, 개입의 효과가 큰 정부를 가진 국가(A)는 그렇지 않은 국가(B)에 비해 무질서 비용이 더 많이 감소한다. 그러므로 전자가 후자에 비해 곡선의 모양이 더 가파르고 곡선상의 더 오른쪽에서 접점이 형성된다.

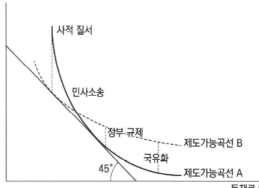

제도가능곡선 모델의 제안자들은 효율적 제도가 선택되지 않는 경우도 많다는 것을 인정한다. 그러나 자생적인 제도 변화의 이해를 위해서는 효율성의 개념을 재정립한 제도가능곡선 모델을 통해 효율성 시각에서 제도의 선택에 대해 체계적인 설명을 제시하는 것이 중요하다고 본다.

19. 윗글의 내용과 일치하는 것은?

① 제도가능곡선 모델은 시장과 정부를 이분법적으로 파악하는 전통에서 탈피하여 제도의 선택을 이해한다.

② 제도가능곡선 모델에 따르면 어떤 제도가 효율적인지는 문제의 특성이 아니라 사회의 특성에 의해 결정된다.

③ 제도가능곡선 모델 제안자들은 항상 효율적 제도가 선택된다고 보아 효율적 제도의 선택에 대한 설명에 집중한다.

④ 제도가능곡선 모델은 특정한 제도가 선택되는 이유를 설명하지만, 제도가 채택되는 일반적인 체계에 대한 설명을 제시하지는 않는다.

⑤ 제도가능곡선 모델은 효율성 시각에 속하지만, 사회 전체적으로 가장 이익이 되는 제도가 선택된다고 설명하지는 않는다는 점에서 효율성 개념을 재정립한다.

20. ⊙에 대한 설명을 바탕으로 추론한 것으로 적절하지 <u>않은</u> 것은?

① 민사소송과 정부 규제가 혼합된 제도가 효율적 제도라면, 민사소송이나 정부 규제는 이 제도보다 무질서 비용과 독재 비용을 합한 값이 더 클 수밖에 없다.

② 시민적 자본이 풍부한 사회에서 비효율적인 제도보다 시민적 자본의 수준이 낮은 사회에서 효율적인 제도가 무질서와 독재로 인한 사회적 총비용이 더 클 수 있다.

③ 정부에 대한 언론의 감시 및 비판 기능이 잘 작동하여 개인의 자유에 대한 침해 가능성이 낮은 사회는 그렇지 않은 사회보다 곡선상의 더 왼쪽에 위치한 제도가 효율적이다.

④ 교도소 운영을 국가가 아니라 민간이 맡았을 때 재소자의 권리가 유린되거나 처우가 불공평해질 위험이 너무 커진다면 곡선이 가팔라서 접점이 곡선의 오른쪽에서 형성되기 쉽다.

⑤ 경제주체들이 교활하게 사적 이익을 추구함으로써 평판이 나빠져 장기적인 이익이 줄어들 것을 염려해 스스로 바람직한 행위를 선택할 가능성이 큰 산업의 경우에는 접점이 곡선의 왼쪽에서 형성되기 쉽다.

21. 제도가능곡선 모델을 바탕으로 〈보기〉에 대해 반응한 것으로 적절하지 <u>않은</u> 것은?

〈보 기〉

19세기 후반에 미국에서는 새롭게 발달한 철도회사와 대기업들이 고객과 노동자들에게 피해를 주고 경쟁자들의 진입을 막으며 소송이 일어나면 값비싼 변호사를 고용하거나 판사를 매수하는 일이 다반사로 일어났다. 이에 대한 대응으로 19세기 말~20세기 초에 진행된 진보주의 운동으로 인해 규제국가가 탄생하였다. 소송 당사자들 사이에 불평등이 심하지 않았던 때에는 민사소송이 담당했던 독과점, 철도 요금 책정, 작업장 안전, 식품 및 의약품의 안전성 등과 같은 많은 문제들에 대한 사회적 통제를, 연방정부와 주정부의 규제당국들이 담당하게 된 것이다.

① 철도회사와 대기업이 발달하면서 제도가능곡선이 원점에 더 가까워지는 방향으로 이동했군.

② 철도회사와 대기업이 발달하기 전에는 많은 문제의 해결을 민사소송에 의존하는 것이 효율적이었군.

③ 규제국가의 탄생으로 인해 무질서 비용과 독재 비용을 합한 사회적 총비용이 19세기 후반보다 줄었군.

④ 규제국가는 많은 문제에서 제도가능곡선의 모양과 위치가 변화한 것에 대응하여 효율적 제도를 선택한 결과였군.

⑤ 철도회사와 대기업이 발달한 이후에 소송 당사자들 사이의 불평등과 사법부의 부패가 심해짐에 따라 제도가능곡선의 모양이 더욱 가팔라졌군.

[22~24] 다음 글을 읽고 물음에 답하시오.

헤겔에게서 '낭만'은 일차적으로는 예술의 형식과 역사 및 장르를 유형학적으로 단계화하는 미학적 맥락에서 등장하지만, 그 실질적 내용 면에서는 ⊙그의 정신철학 전체의 핵심을 적확하게 드러내는 개념이라 할 수 있다. 이 개념은 그 명칭이 주는 익숙함으로 인해 종종 오해를 불러일으킨다. 따라서 정확한 이해를 위해서는 이 개념을 '낭만적인 것'이라는 범주로 좀 더 엄밀하게 규정하고, 이것이 특히 예술적 내지 사상적 노선으로 공인된 '낭만주의'와 어떤 관계를 지니는지를 밝혀야 한다. 주목할 것은, '낭만적인 것'이 일차적으로 그 단어적 인접성에서 보이듯이 낭만주의를 하나의 하위범주로 포괄하지만, 궁극적으로는 낭만주의와 대립 관계를 보이기까지 한다는 점이다.

이성주의의 가장 강한 형태의 판본을 구축하려는 헤겔의 관점에서 볼 때 무한한 상상력과 감수성이 핵심인 낭만주의는 응당 극복되어야 할 전형적인 지적 미성숙의 상태이다. 그런데 흥미롭게도 그는 인간 지성이 정점에 이른 단계에 대해서도, 즉 엄밀한 개념에 의거하여 최고도의 사유를 수행하는 사변적 이성 및 그러한 이성의 활동장인 철학까지도 종종 '낭만적'이라고 부를 뿐 아니라, 사변적 이성과 철학을 가장 완전한 의미에서 '낭만적인 것'이라고 평가한다. '낭만적인 것'의 정점은 낭만주의의 대척인 이성적 사변인 반면, 낭만주의는 그 명칭이 무색하게 오히려 '낭만적인 것'의 저급한 미완 단계로 평가되는 것이다.

이러한 착종된 용어법을 이해하기 위해서는 그가 몇몇 지점에서 '낭만적인 것'을 '기독교적인 것'과 같은 의미로 사용하고 있다는 점에 유의해야 한다. '낭만적인 것'과 낭만주의의 관계에서와 유사하게, '기독교적인 것'은 비록 언어적으로 종교적 색채를 풍기기는 하지만, 제도화된 신앙 및 교리 체계로서의 기독교를 넘어서는 정신철학적 범주이다. 그에 따르면 정신의 가장 저급한 단계는 객체에 대한 주체의 의존성이 가장 지배적인 감각적 지각의 단계이며, 가장 고급한 단계는 그러한 대상 의존성을 완전히 극복한 정신적 주체의 순수하고 내면적인 재귀적 작동인 '반성', 즉 이성적 사유이다. 이는 절대자, 곧 '신'이 어떤 인격체가 아니라 세계의 근본적 존재 구조 내지 원리로서의 '이성'이라고 보는 그의 절대적 관념론에 의거한다. 절대자 그 자체가 완전한 이성적 구조, 즉 개념의 엄밀하고도 완전한 자기 운동 체계이므로, 그것에 호응하는 인간 지성의 형식 역시 개념적 사유 능력인 이성이어야 한다는 것이다. 여기서 '기독교적인 것'이란, 어떤 물리적 대상을 매개로 절대자와 만나려는 원시적 지성성을 극복하여 순수한 내면적 정신성을 성취하는 지성의 단계를 통칭한다. 따라서 가장 완전한 의미에서 '기독교적인 것'은 순수한 개념적 반성을 통해 진리를 인식하는 철학에서 달성된다. 반면 기독교는 자연적 대상의 숭배 또는 매개를 넘어섰다는 점에서 '기독교적인 것'이기는 하지만, 개념적 반성을 필요조건으로 하는 지성의 완전한 순수 내면성에는 미치지 못하기에, '기독교적인 것'의 불완전한 단계로 평가된다. 이상을 근거로 할 때 '기독교적인 것'은 '내면적 지성성'으로 바꾸어 부를 때 그 본질적 의미가 제대로 드러난다. 내면적 지성성에는 여러 단계가 있고 그 완전한 단계는 개념적 사유를 통한 철학인 한에서, '기독교적인 것'은 '기독교'와 단순 등치될 수 없는 것이다.

'기독교적인 것'을 이렇게 이해할 때 '낭만적인 것'과 낭만주의의 관계가 밝혀진다. 감성과 상상력의 무제한적 발산, 즉 '가슴속의 모든 것을 표출할 수 있는 자유'를 지향하는 낭만주의가 주어진 경험 세계를 넘어서는 지적 주체의 내면적 작동을 중심 원리로 하는 것은 분명하기에 낭만주의는 의심할 바 없이 '낭만적인 것'의 하나이다. 그러나 낭만주의가 달성하는 정신의 내면성은 개념적 반성성에 의거한 철학적 사유의 내면성에는 아직 이르지 못한 열등한 것이며, 이에 낭만주의는 '낭만적인 것'의 완전한 전형이 될 수 없다. 진정으로 '낭만적인 것'은 철학적 사유에서 비로소 성취된다.

22. 헤겔의 관점을 이해한 것으로 가장 적절한 것은?

① '낭만주의'와 '기독교'는 서로 바꾸어 쓸 수 있는 동의어이다.
② '기독교'는 정신적 작동 방식의 측면에서 '낭만적인 것'에 속한다.
③ '낭만주의'와 '기독교'는 모두 완전한 형태의 내면적 지성성을 획득한다.
④ 최고도의 '기독교적인 것'은 예술사조로서의 '낭만주의'를 통해 성취된다.
⑤ '낭만적인 것'과 '기독교적인 것'은 모든 단계에서 순수한 개념적 반성을 통해 수행된다.

23. ㉠에 대해 추론한 것으로 가장 적절한 것은?

① 정신의 재귀적 작동은 신앙과 예술의 영역에서 최고도로 이루어진다고 생각할 것이다.
② 참된 인식의 수행 방식은 인식의 궁극적 대상의 존재 구조에 대응해야 한다고 생각할 것이다.
③ 개념의 연쇄를 통한 논리적 추론보다는 구체적 현실에 대한 체험을 인식의 출처로 평가할 것이다.
④ 절대적 진리에 대한 최고의 인식은 인격화된 절대자의 존재를 증명하는 데서 이루어진다고 여길 것이다.
⑤ 구체적 경험보다는 정신 내면의 자유로운 상상력의 작동에서 최고의 지적 탁월성이 달성된다고 여길 것이다.

24. 윗글을 바탕으로 〈보기〉를 해석한 것으로 가장 적절한 것은?

<보 기>

헤겔은 회화를 '낭만적' 예술 장르로 분류한다. 이는 일반적 장르 구분 관행과 큰 차이를 보이는 것으로서, 통상 건축·조각과 함께 조형예술 영역에 편성되던 회화를 음악·시문학과 동일한 장르군으로 위치 이동시킨 것이다. 그는 특히 17세기의 네덜란드 장르화를 높이 평가한다. 장르화에는 위대한 정신성, 즉 자연의 위협을 극복하고 외세의 침공을 격퇴하고 종교와 사상의 자유를 위해 투쟁하는 등의 역사적 과정을 통해 형성되고 강화된 네덜란드인들 고유의 자기 확신과 자유 지향성이 평범한 일상의 사실적 묘사 속에 깊이 스며듦으로써 '인간적인 것 그 자체'가 형상화되고 있다고 보기 때문이다. 이에 따라 양식적으로 사실주의 미술의 하나로 분류되는 네덜란드 장르화가 그에게서는 '낭만적인 것'으로 기술된다.

① 어떤 예술 장르를 '낭만적'이라고 부르는 것은 예술이 철학적 사변의 한계를 넘어섬으로써 '낭만적인 것'을 더욱 높이 추동시킨다는 생각에서 비롯된다.
② 네덜란드 장르화에서 '인간적인 것 그 자체'가 형상화된다는 진술은 인간의 본질을 세속의 미시적 현실에서 찾아야 한다는 인식의 전환을 사상적 모태로 한다.
③ 양식상 사실주의로 분류되는 장르화를 '낭만적인 것'으로 부르는 것은 일상의 사실적 묘사 속에 기독교의 교리가 확고부동한 삶의 규범으로 함축되어 있다는 판단에서 비롯된다.
④ 회화를 '낭만적' 장르로 분류하는 방식은 회화적 표현이 근본적으로 주체의 정신적 내면성에 의거한다는 점에서 건축·조각보다는 음악·시문학과 더 동질적이라는 생각을 근거로 한다.
⑤ 네덜란드 장르화를 '낭만적인 것'으로 설명하는 것은 상상력의 무제한적 발산을 추구하는 낭만주의의 미적 전략이 이 부류의 회화작품에 가장 모범적으로 작용하고 있다는 평가에 바탕을 둔다.

[25~27] 다음 글을 읽고 물음에 답하시오.

블랙홀 쌍성계와 같은 천체에서 발생한 중력파가 지구를 지나가는 동안, 지구 위에서는 중력파의 진행 방향과 수직인 방향으로 공간이 수축 팽창하는 변형이 시간에 따라 반복적으로 일어난다.

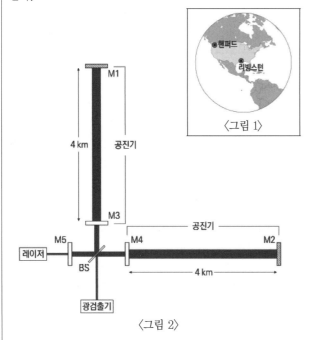

〈그림 1〉

〈그림 2〉

최초로 중력파를 검출한 '라이고(LIGO)'는 〈그림 1〉과 같이 미국 핸퍼드와 리빙스턴에 위치하며, 〈그림 2〉와 같은 레이저 간섭계를 사용한다. 레이저에서 나온 빛은 빔가르개(BS)에 의해 두 개의 경로로 나뉘고 각 경로의 끝에 있는 거울(M1, M2)에 의해 반사되어 되돌아와 다시 BS에 의해 각각 두 갈래로 나뉘며 광검출기에서 서로 중첩된다. 두 경로 사이에 미세한 길이 차이가 발생하면 중첩된 빛의 세기에 차이가 발생하는데, 간섭계가 놓인 면을 중력파가 통과하며 공간의 수축과 팽창이 반복되면 빛이 지나는 두 경로의 길이 차가 시간에 따라 변화하고 광검출기에서 측정되는 빛의 세기가 그에 따라 변화한다. 이를 측정하면 중력파의 세기와 진동수를 알아낼 수 있다.

중력파는 공간을 일정한 비율로 변형시키므로 간섭계의 경로 길이를 되도록 크게 하는 것이 길이의 변화량을 크게 할 수 있어 유리하지만 약 4km가 건설할 수 있는 한계이다. 이를 극복하기 위해 라이고에서는 기본적인 간섭계에 두 개의 거울(M3, M4)을 추가하여 '공진기'를 구성하고 각 공진기의 두 거울 사이를 빛이 여러 번 왕복하도록 함으로써 유효 경로 길이를 늘리는 방법을 사용하였다. 〈그림 2〉에서 M1과 M3, M2와 M4 사이에 공진기가 형성되고, M1과 M2의 반사율은 100%인 반면 M3, M4는 약 1%의 투과율을 갖도록 하여 빛이 출입할 수 있도록 하였다. 이 경우 공진기 밖으로 나온 빛은 두 거울 사이를 수백 번 왕복한 셈이고 따라서 유효 길이가 1,000km 이상에 이른다. 하지만 유효 길이의 변화량은 여전히 원자 크기의 십만분의 일 정도에 불과한데, 어떻게 중력파의 검출이 가능하였던 것일까?

원자의 크기보다도 한참 작은 미세한 길이 변화의 측정이 가능한 이유는 여러 번 측정하여 평균을 취하면 측정값의 정확도를 향상할 수 있다는 사실에 있다. 간섭계는 결국 광검출기에서 빛의 세기를 측정하는 것인데 양자 물리에서 빛은 '광자'라고 부르는 입자로 여겨지며 이때 빛의 세기는 광자의 개수에 비례한다. 즉, 광검출기는 광자의 개수를 측정하는 것이며 측정할 때

마다 무작위로 달라지는 광자 개수의 요동이 간섭신호의 잡음으로 나타나게 되는데 이를 '산탄 잡음'이라고 한다. 빛의 세기 측정에서 신호의 크기는 광자의 개수 N에 비례하고, 광자 개수의 요동에 의한 잡음은 N의 제곱근($\sqrt{N}$)에 비례한다. 따라서 '신호대잡음비(신호크기/잡음크기)'는 $\sqrt{N}$에 비례하여 증가한다. 예를 들어 광자의 개수가 1개일 때에 비해 100개일 때, 신호는 100배 증가하지만 잡음은 10배만 증가하므로 신호대잡음비는 10배 증가하게 된다. 따라서 광자의 개수를 늘리면 산탄 잡음에 의한 신호대잡음비를 증가시킬 수 있는데 공진기는 그 안에 레이저 빛을 가둠으로써 간섭계 내부의 광자 개수를 증가시키는 역할도 한다. 하지만 이 정도로는 원하는 신호대잡음비를 얻기에 부족하고 레이저의 출력을 높이는 데에 한계가 있다. 이를 해결하기 위해 〈그림 2〉에서와 같이 BS에서 레이저 쪽으로 되돌아가는 빛을 반사하여 다시 간섭계로 보내는 출력 재활용 거울(M5)을 설치하여 간섭계에 사용되는 유효 레이저 출력을 원하는 수준으로 높인다.

빛의 입자적 성질은 간섭신호에 '복사압 잡음'이라고 불리는 또 다른 잡음을 일으키는데, 광자가 거울에 충돌하며 '복사압'이라는 힘을 작용하여 거울이 미세하게 움직이기 때문이다. 광자 개수의 요동이 거울의 요동과 그에 따른 간섭계 경로 길이의 요동을 유발하여 간섭신호의 잡음으로 나타나는데, 거울의 질량이 클수록 거울의 요동이 작아진다. 그러므로 복사압 잡음에 의한 신호대잡음비는 광자 개수의 요동이 작을수록, 거울의 질량이 클수록 커진다. 또한 거울의 요동은 힘이 작용하는 시간이 길수록 더 커지므로 복사압 잡음에 의한 신호대잡음비는 진동수가 작을수록 급격히 감소하며, 산탄 잡음에 의한 신호대잡음비는 진동수가 클수록 완만히 감소한다. 따라서 두 잡음의 합으로 결정되는 신호대잡음비가 가장 크게 되는 진동수 대역이 존재하며, 중력파의 진동수가 이 영역에 들어올 때 중력파가 검출될 확률이 가장 높다.

25. 윗글의 내용과 일치하지 않는 것은?

① 중력파는 레이저 간섭계의 경로 길이 변화로 감지한다.
② 공진기는 간섭계 내부에서 빛의 세기를 증가시키는 역할을 한다.
③ 산탄 잡음에 의한 신호대잡음비는 레이저 출력이 클수록 작아진다.
④ 복사압 잡음은 광자 개수의 요동 때문에 발생한다.
⑤ 복사압 잡음에 의한 신호대잡음비는 진동수가 클수록 커진다.

26. 윗글을 바탕으로 추론한 것으로 적절한 것만을 〈보기〉에서 있는 대로 고른 것은?

───── 〈보 기〉─────
ㄱ. 중력파가 검출될 때, 광검출기에서 측정되는 빛의 세기는 일정하다.
ㄴ. 출력 재활용 거울의 반사율을 감소시키면 간섭신호에서 복사압 잡음이 감소한다.
ㄷ. 각 공진기를 구성하는 두 거울 사이의 거리를 늘리면 중력파에 의한 경로 길이 변화량이 늘어난다.
──────────────────

① ㄱ
② ㄴ
③ ㄷ
④ ㄱ, ㄴ
⑤ ㄴ, ㄷ

27. 〈보기〉에서 특정한 물리량 에 해당하는 것만을 있는 대로 고른 것은?

───── 〈보 기〉─────
다음 그래프는 어떤 중력파검출기의 민감도(1/신호대잡음비)를 진동수에 따라 나타낸 것이다. 여기서 신호대잡음비는 산탄 잡음과 복사압 잡음 모두에 의한 것이다. 특정한 물리량 을 증가시킴으로써 현재 실선으로 나타난 민감도를 점선과 같은 민감도로 개선하고자 한다.

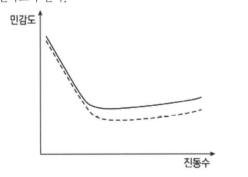

ㄱ. 거울의 질량
ㄴ. 레이저의 출력
ㄷ. 출력 재활용 거울의 투과율
──────────────────

① ㄱ
② ㄷ
③ ㄱ, ㄴ
④ ㄴ, ㄷ
⑤ ㄱ, ㄴ, ㄷ

[28~30] 다음 글을 읽고 물음에 답하시오.

벤야민은 폭력이 모든 합법적 권력의 탄생과 구성 과정에 개입함을, 그리고 그것이 금지하고 처벌하는 방식뿐만 아니라 법 자체를 제정하고 부과하며 유지하는 방식으로도 작동함을 밝히고자 했다. 「폭력 비판을 위하여」에서 그는 목적의 정의로움과 수단의 정당성에 대한 ㉠ 자연법론과 ㉡ 법실증주의의 입장 차이를 논의의 출발점으로 삼았다.

벤야민에 따르면, 고전적인 자연법론은 법 창출과 존속의 근거를 신이나 자연, 혹은 이성과 같은 형이상학적이고 외부적인 실체의 권위로부터 구한다. 또한 합당한 자격을 부여받은 외적 실체의 정당한 목적을 위해 사용되는 폭력은 문제가 되지 않는다고 본다. 반면 법실증주의는 폭력을 수단으로 사용하기 위한 절차적 정당성이 확보되었는지 여부에 주목한다. 벤야민은 자연법론보다는 법실증주의가 폭력 비판의 가설적 토대로 더 적합하다고 판단했다. 근본규범으로 전제된 헌법으로부터 법 효력의 근거를 도출하는 법실증주의는 법체계의 자기정초적 성격을 강조함으로써 법 제정 과정의 폭력을 읽어낼 단서를 제공해 주어, 폭력 보존의 계보에 대한 비판적 탐색을 가능케 하기 때문이다.

그렇지만 벤야민은 법실증주의가 목적과 수단의 관계에 대한 잘못된 전제를 자연법론과 공유한다고 보았다. 정당화된 수단이 목적의 정당성을 보증한다고 보는 경우든 정당한 목적을 통해 수단이 정당화될 수 있다고 보는 경우든, 목적과 수단의 상호지지적 관계를 전제로 폭력의 정당성을 판단한다. 그러나 법의 관심은 이러저러한 목적 혹은 수단을 평가하는 데 있는 것이 아니라 법의 폭력 자체를 수호하는 데 있다고 파악했다. 또한 법이 스스로 저지르는 폭력만을 정당한 '강제력'으로 상정하고 다른 모든 형태의 폭력적인 것들은 '폭력'으로 치부하는 문제에 관해 양편 모두 충분한 관심을 두지 않아 왔음을 지적했다.

벤야민은 자연법과 법실증주의가 감추어 온 법의 내재적 폭력성을 설명하기 위해 법정립적 폭력과 법보존적 폭력을 새롭게 개념화했다. 전자의 사례로 무정부적 위력이나 전쟁 등을, 후자의 사례로 행형제도와 경찰제도 등을 제시한 점에서 이들이 각각 근대국가의 입법 권력과 행정 권력에 대응하는 한정된 개념으로 사용되었다고 보기 어렵다. 법정립적 폭력은 법 목적을 위한 강제력이 정당화된 폭력의 위치를 독점하는 과정을 보여준다. 여기서 폭력은 법 제정의 수단으로 복무하지만, 목적한 바가 법으로 정립되는 순간 퇴각하는 것이 아니라 자신의 도구적 성격을 넘어서 힘 자체가 된다. 그렇기에 법과 폭력의 관계는 목적과 수단의 관계 또는 선후관계로 편입될 수 없다. 한편 법보존적 폭력은 이미 만들어진 법을 확인하고 적용하고자 하는, 그리고 이로써 법의 규율 대상에 대한 구속력을 유지하고자 하는 반복적이고 제도화된 노력들이다. 법은 구속적인 것으로 확언됨으로써 보존되며, 그 보존을 통한 재확언이 다시금 법을 구속하는 것이다. 더 나아가 그는 법 정립과 법 보존의 이러한 순환 회로를 신화적 폭력이라 명명하면서 그것을 신적 폭력과 구별 짓는다. 신적 폭력은 법을 허물어뜨리는 순수하고 직접적인 폭력이다. 벤야민은 이것이 신화적 폭력의 순환 회로를 폭파하고 새로운 질서로 나아가게끔 하는 적극적 동력임을 주장한다.

출간 당시엔 크게 주목받지 못한 「폭력 비판을 위하여」가 반세기 넘게 지나 법과 폭력의 관계를 규명하려는 연구자들의 관심을 끌게 된 데에는 데리다의 비판적 독해가 주요한 계기를 제공했다. 데리다는 「법의 힘」에서 합법화된 폭력을 소급적으로 정립하는 법의 발화수반적 힘을 분석했다. 그는 법 언어 행위를 통해 적법한 권력과 부정의한 폭력 사이의 경계가 비로소 그어진다고 설명했다. 또한 법보존적 폭력은 법정립적 폭력에 이미 내재되어 있다고 보았다. 정립은 자기보존적인 반복에 대한 요구를 내포하며, 자신이 정립했다고 주장하는 것을 보존하기 위해 재정립되어야 하기 때문이다. 더 나아가 그는 법을 정립하고 보존하는 신화적 폭력과 법을 허물어뜨리는 신적 폭력이 뚜렷이 구분될 수 없으며, 만일 후자를 벤야민이 지지했던 방식으로 이해할 경우 자칫 메시아주의로 귀결되거나 전체주의에 복무하는 것으로 해석될 여지가 있음을 지적했다.

28. 윗글의 내용과 일치하는 것은?

① 벤야민은 법정립적 폭력을 신화적 폭력에, 법보존적 폭력을 신적 폭력에 각각 속하는 것으로 규정한다.

② 벤야민은 신적 폭력이 도래함으로써 법 정립과 법 보존의 순환 회로가 더 강고해질 수 있음을 우려한다.

③ 벤야민은 법의 수단으로 사용되는 폭력은 자신의 목적을 달성하는 순간 힘을 상실하여 소거된다고 주장한다.

④ 데리다는 폭력의 적법성이 법 언어 행위를 통해 사후적으로 정립되지 않는다고 본다.

⑤ 데리다는 법을 보존하기 위한 반복적이고 제도화된 폭력들이 법 정립적 폭력에 포함되어 있다고 이해한다.

29. 윗글을 바탕으로 ㉠과 ㉡을 이해한 것으로 적절하지 <u>않은</u> 것은?

① ㉠은 정당성 판단의 준거가 될 법적 권위를 법 바깥에서 구한다.

② ㉡은 수단의 절차적 정당화 여부에 따라 법의 폭력성을 판단해야 한다고 주장한다.

③ ㉠과 ㉡은 목적이나 수단 중 어느 한쪽이 정당화되면 다른 쪽의 정당성도 보증된다고 전제한다.

④ ㉠보다 ㉡이 법의 정립과 보존 과정에 내재된 폭력을 발견하는 데 더 유용하다.

⑤ ㉠과 달리 ㉡은 법적으로 승인된 폭력이 자신을 법 바깥의 폭력들과 차등화하는 문제에 주목한다.

30. 윗글을 바탕으로 〈보기〉를 평가한 것으로 가장 적절한 것은?

〈보 기〉

A: 민주적 정치체제에서 법 제정 권력을 다룰 때, 논의 대상은 의회의 입법권으로 좁혀져야 한다. 정치적 자유의 행사를 통해 구성된 권력이 아닌 강제적 힘에 의해 정초된 법은 처음부터 불법이다. 따라서 국가법이 제정되고 유지되는 과정에 폭력이 난입할 여지는 없다.

B: 국가법은 불법체류자 등을 법적 보호로부터 배제하는 동시에 바로 그 배제를 통해 규율 대상으로 포획한다. 이때 법과 폭력은 안과 바깥이 구분되지 않는 '뫼비우스의 띠' 안에서 무한히 순환한다. 우리는 더 나은, 혹은 덜 나쁜 법의 정립을 입법권의 자장 안에서 고민하기보다는 신화적 폭력을 넘어서 국가법 자체를 탈정립할 신적 폭력을 지지할 필요가 있다.

① A는 법 정립 과정에 폭력이 개입하지 않는다고 본 데서, 벤야민과 관점을 같이한다.

② A는 적법한 강제력과 적법하지 않은 폭력이 처음부터 다른 기원을 가진다고 주장한 데서, 벤야민과는 견해를 달리하고 데리다와는 견해를 같이한다.

③ B는 법과 폭력의 순환 고리를 끊어낼 순수하고 직접적인 폭력을 지지한 데서, 벤야민과 입장을 같이한다.

④ B는 신적 폭력과 신화적 폭력의 구분을 전제한 데서, 벤야민과는 견해를 달리하고 데리다와는 견해를 같이한다.

⑤ A와 B는 모두 법 정립 권력을 입법 권력에만 한정 지은 데서, 벤야민과 입장을 같이한다.

정답 및 해설 p.2

해커스 LEET
이재빈 언어이해 기출문제 + 해설집

2022학년도 기출문제

☑ 문제 풀이 시작과 종료 시각을 정한 후, 실전처럼 기출문제를 풀어보세요.

시   분 ~   시   분(총 30문항 / 70분)

[01~03] 다음 글을 읽고 물음에 답하시오.

5 · 16 군사쿠데타 이후 집권세력은 '부랑인'을 일소하여 사회의 명랑화를 도모한다는 명분 아래 사회정화사업을 벌였다. 무직자와 무연고자를 '개조'하여 국토 건설에 동원하려는 목적으로 〈근로보도법〉과 〈재건국민운동에 관한 법률〉을 제정·공포했다. 부랑인에 대한 사회복지 법령들도 이 무렵 마련되기 시작했는데, 〈아동복리법〉에 '부랑아보호시설' 관련 규정이 포함되었고 〈생활보호법〉에도 '요보호자'를 국영 또는 사설 보호시설에 위탁할 수 있음이 명시되었다.

실질적인 부랑인 정책은 명령과 규칙, 조례 형태의 각종 하위 법령에 의거하여 수행되었다. 특히 ㉠〈내무부훈령 제410호〉는 여러 법령에 흩어져있던 관련 규정들을 포괄하여 부랑인을 단속 및 수용하는 근거 조항으로 기능했다. 이는 걸인, 껌팔이, 앵벌이를 비롯하여 '기타 건전한 사회 및 도시 질서를 저해하는 자'를 모두 '부랑인'으로 규정했다. 헌법, 법률, 명령, 행정규칙으로 내려오는 위계에서 행정규칙에 속하는 훈령은 상급 행정기관이 하급 기관의 조직과 활동을 규율할 목적으로 발하는 것으로서, 원칙적으로는 대외적 구속력이 없으며 예외적인 경우에만 법률의 위임을 받아 상위법을 보충한다. 위 훈령은 복지 제공을 목적으로 한 〈사회복지사업법〉을 근거 법률로 하면서도 거기서 위임하고 있지 않은 치안 유지를 내용으로 한 단속 규범이다. 이를 통한 인신 구속은 국민의 자유와 권리를 필요한 경우 국회에서 제정한 법률로써 제한하도록 규정한 헌법에 위배되는 것이기도 하다.

1961년 8월 200여 명의 '부랑아'가 황무지 개간 사업에 투입되었고, 곧이어 전국 곳곳에서 간척지를 일굴 개척단이 꾸려졌다. 1950년대 부랑인 정책이 일제 단속과 시설 수용에 그쳤던 것과 달리, 이 시기부터 국가는 부랑인을 과포화 상태의 보호시설에 단순히 수용하기보다는 저렴한 노동력으로 개조하여 국토 개발에 활용하고자 했다. 1955년부터 통계 연표에 수록되었던 '부랑아 수용보호 수치 상황표'가 1962년에 '부랑아 단속 및 조치 상황표'로 대체된 사실은 이러한 변화를 시사한다.

이 같은 정책 시행의 결과로 부랑인은 과연 '개조'되었는가? 개척의 터전으로 총진군했던 부랑인 가운데 상당수는 가혹한 노동 조건이나 열악한 식량 배급, 고립된 생활 등을 이유로 중도에 탈출했다. 토지 개간과 간척으로 조성된 농지를 분배 받기를 희망하며 남아 있던 이들은 많은 경우 약속된 땅을 얻지 못했으며, 토지를 분배 받은 경우라도 부랑인 출신이라는 딱지 때문에 헐값에 땅을 팔고 해당 지역을 떠났다. 사회복지를 위한 제도적 기반이 충분히 갖추어져 있지 않은 상황에서 사회법적 '보호' 또한 구현되기 어려웠다. 〈아동복리법 시행령〉은 부랑아 보호시설의 목적을 '부랑아를 일정 기간 보호하면서 개인의 상황을 조사·감별하여 적절한 조치를 취함'이라 규정했으나, 전문적인 감별 작업이나 개별적 특성과 필요를 고려한 조치는 드물었고 규정된 보호 기간이 임의로 연장되기도 했다. 신원이 확실하지 않은 자들을 마구잡이로 잡아들임에 따라 수용자 수가 급증한 국영 또는 사설 복지기관들은 국가보조금과 민간 영역의 후원금으로 운영됨으로써 결국 유사 행정기구로 자리매김했다. 그중 일부는 국가보조금을 착복하는 일도 있었다.

국가는 〈근로보도법〉과 〈재건국민운동에 관한 법률〉 등을 제정하여 부랑인을 근대화 프로젝트에 활용할 생산적 주체로 개조하고자 하는 한편, 그러한 생산적 주체에 부합하지 못하는 이들은 〈아동복리법〉이나 〈생활보호법〉의 보호 대상으로 삼았다. 또한 각종 하위 법령을 통해 부랑인을 '예비 범죄자'나 '우범 소질자'로 규정지으며 인신 구속을 감행했다. 갱생과 보호를 지향하는 법체계 내부에 그 갱생과 보호의 대상을 배제하는 기제가 포함되어 있었던 것이다.

국가는 부랑인으로 규정된 개개의 국민을 경찰력을 동원해 단속·수용하고 복지기관을 통해 규율했을 뿐만 아니라, 국민의 인권과 복리를 보장할 국가적 책무를 상당 부분 민간 영역에 전가시킴으로써 비용 절감을 추구했다. 당시 행정당국의 관심은 부랑인 각각의 궁극적인 자활과 갱생보다는 그가 도시로부터 격리된 채 자활·갱생하고 있으리라고 여타 사회구성원이 믿게끔 하는 데에 집중되었던 것으로 보인다. 부랑인은 사회에 위협을 가하지 않을 주체로 길들여지는 한편, 국가가 일반 시민으로부터 치안 관리의 정당성을 획득하기 위한 명분을 제공했다.

01. 윗글의 내용과 일치하는 것은?

① 부랑인 정책은 갱생 중심에서 격리 중심으로 초점이 옮겨갔다.
② 부랑아의 시설 수용 기간에 한도를 두는 규정이 법령에 결여되어 있었다.
③ 부랑인의 수용에서 행정기관과 민간 복지기관은 상호 협력적인 관계였다.
④ 개척단원이 되어 도시를 떠난 부랑인은 대체로 개척지에 안착하여 살아갔다.
⑤ 부랑인 정책은 치안 유지를 목적으로 하여 사회복지 제공의 성격을 갖지 않았다.

02. ㉠에 대한 비판으로 적절하지 않은 것은?

① 상위 규범과 하위 규범 사이의 위계를 교란시켰다.

② 근거 법령의 목적 범위를 벗어나는 사항을 규율했다.

③ 법률을 제정하는 국회의 입법권을 행정부에서 침해하는 결과를 초래했다.

④ 부랑인을 포괄적으로 정의함으로써 과잉 단속의 근거로 사용될 여지가 있었다.

⑤ 부랑인 단속을 담당하는 하급 행정기관이 훈령을 발한 상급 행정기관의 지침을 위반하도록 만들었다.

03. 〈보기〉의 내용을 윗글에 적용한 것으로 적절하지 않은 것은?

─〈 보 기 〉─

국가는 방역과 예방 접종, 보험, 사회부조, 인구조사 등 각종 '안전장치'를 통해 인구의 위험을 계산하고 조절한다. 그 과정에서 삶을 길들이고 훈련시켜 효용성을 최적화함으로써 '순종적인 몸'을 만들어내는 기술이 동원된다. 이를 통해 정상과 비정상, 건전 시민과 비건전 시민의 구분과 위계화가 이루어지고 '건전 사회의 적'으로 상정된 존재는 사회로부터 배제된다. 이는 변형된 국가인종주의의 발현으로 이해할 수도 있다. 고전적인 국가인종주의가 선천적이거나 역사적으로 구별되는 인종을 기준으로 이원 사회로 분할하는 특징이 있다면, 변형된 국가인종주의는 단일 사회가 스스로의 산물과 대립하며 끊임없이 '자기 정화'를 추구한다는 점에서 차이가 있다.

① 부랑인은 '우범 소질'을 지닌 잠재적 범죄자로 규정한 것은 한 사회의 '자기 정화'를 보여준다고 할 수 있다.

② 부랑인을 '개조'하여 국토 개발에 동원하고자 한 것은 삶을 길들이고 훈련시키는 기획을 보여준다고 할 수 있다.

③ 부랑인을 생산적 주체와 거기에 이르지 못한 주체로 구분 지은 것은 변형된 국가인종주의의 특징을 보여준다고 할 수 있다.

④ 치안관리라는 명분을 위해 부랑인의 존재를 이용한 것은 건전 시민과 비건전 시민의 구분과 위계화를 보여준다고 할 수 있다.

⑤ 부랑인의 갱생을 지향하는 법체계에 배제의 기제가 내제된 것은 '순종적인 몸'을 만들어내는 기술과 '안전장치'가 배척 관계임을 보여준다고 할 수 있다.

[04~06] 다음 글을 읽고 물음에 답하시오.

현대의 환경 위기는 인류의 생존 문제일 뿐 아니라 근대 이후 구현되어 온 인본주의적 가치들을 위협할 수 있는 요인이기도 하다. 즉 그것은 '생존'을 빌미로 하는 신유형의 독재나 제국주의를 유발함으로써 자유, 인권, 평등의 가치에 근거한 민주주의나 세계시민주의 등의 이념들을 위기에 처하게 할 수 있다는 점에서도 문제인 것이다. 환경 위기는 특히 '철학적 근대'에 관한 담론에서 중요 주제로 부각된다. 이 위기는 자연과 인간을 근본적으로 차별하는 세계관을 사상적 토대로 하고, 또한 그러한 세계관은 인간의 이성적 주체성을 전면에 등장시킨 근대의 철학적 혁명에서 비롯되었기에, 사상사적 맥락에서 가장 큰 책임을 져야 하는 것이 바로 철학적 근대라고 지적되기 때문이다. 그러나 철학적 근대는 경시할 수 없는 미덕을 동시에 지니기 때문에, 그대로의 수용도 원천적 거부도 선택할 수 없는 딜레마적 문제이다. 저 숭고한 인본주의적 가치들은 무엇보다도 인간의 지성적·실천적 자율성을 주창한 철학적 근대를 통해 정초되었기 때문이다.

철학적 근대는 ㉠데카르트주의의 발흥 및 완성의 과정으로 이루어 진다는 것이 일반적 통념이다. 이성적 사유 주체의 절대적 확실성을 철학의 제1 원리로 논증하는 이 사상 체계에서 자연은 주체에 대해 근본적 타자로서, 그 어떤 자기 목적이나 내면도 없는 단적인 물질적 실체, 즉 '길이, 넓이, 깊이로 연장된 것'이라는 열등한 존재로 인식된다. 인간과 자연의 이러한 위계적 이원화는 인간의 자연 지배를 정당화하는 토대가 되거니와, 기계론적으로 양화되는 연장의 영역으로 정위된 자연은 인간 마음대로 사용할 수 있는 유용한 자재 창고로 여겨지게 된 것이다.

자연과학적 실험의 보편화는 더욱 과학화된 철학적 자연관의 출현을 촉발한다. 자연은 '인식'과 '사용'의 대상이던 것에서 나아가 '제작'의 대상으로까지 여겨지게 된다. 진리를 발견되는 것이 아니라 만들어지는 것으로 보는 이러한 노선은 ㉡칸트주의에서 특히 전형적으로 대두한다. 즉 의지의 규범인 도덕 준칙과 마찬가지로 지성의 대상인 자연 법칙 또한 그 입법권이 자율적 주체인 인간에게 부여되는 것이다. 자연은 한낱 조야한 질료로서 주어질 뿐, 그 구체적 존재 형식은 인식 주체로서의 인간의 지적 틀에 의해 결정된다는 것이다. 물론 이 사상에서 자연의 자기 목적이 중요한 화두로 제기되기도 하지만, 이 역시 세계를 대하는 인간의 심적 태도의 차원에서 상정될 뿐이다.

이러한 추이로부터 짐작하면, 철학적 근대의 완성판이라 불리는 객관적 관념론은 어떤 노선보다도 강한 이성주의적 면모를 지니는 까닭에, 자연에 대한 억압적 지배를 정당화하는 궁극의 사조라는 죄명을 뒤집어쓸 개연성이 클 것이다. 하지만 이 철학 사조는 그러한 혐의가 근본적 몰이해에서 비롯된 것이라고 항변할 수 있는 상당한 근거를 지니는데, 흥미롭게도 그 근거는 이 사조가 철학적 근대의 핵심 원리인 '이성'의 위상을 극한으로 강화한다는 점에 있다. 객관적 관념론은 문자 그대로 관념의, 구체적으로는 이성의 객관적 진리치를 정당화하고자 한다. 중요한 것은 여기서 '이성'이 이전의 근대 철학에서와는 사뭇 다른 층위의 의미를 지닌다는 점이다. 즉 '이성'은 단지 지적 능력의 특정한 형식이나 단계를 지칭하는 것에서 나아가 근본적으로는 존재론적·형이상학적 위상까지 지니는 최상위의 범주 또는 섭리를 가리킨다. '모든 것은 개념, 판단, 추론이다'라는 헤겔의 말처럼, 이성은 '세계의 모든 것에 선행하면서 동시에 그 모든 것을 가능케 하는 조건', 즉 '삼라만상의 선험적인 논리적 구조 내지 원리'라는 절대적 위상을 지니며, 이에 모든 자연사와 인간사는 이러한 절대적 이성이 시공간의 차원으로 외화한 현상적 실재로 설명된다. 즉 자연은 절대적 이성에 따라 존재하고 변화하는 사물 양태의 이성이고, 지성적 주체인 인간은 절대적 이성에 따라 사유하고 성숙하여 절대적 이성의 인식에 도달해 가는 의식 양태의 이성이기에, 양자는 본질적으로 동근원적이라는 것이다.

객관적 관념론은 오히려 최고도로 강화된 이성주의를 통해 철학적 근대의 딜레마에 대한 해결을 모색할 수 있음을 보여준다. 그것은 이성적 주체의 위상을 정당화하면서도 동시에 무분별한 자연 지배를 경계할 수 있는 논거를 제시한다. 그 때문에 현대의 환경 철학 담론에서 근대를 원천적으로 거부하는 포스트모더니즘이 상당한 공감을 얻고 있는 와중에도 객관적 관념론에 기반을 둔 자연철학의 계발이 주목을 받는 것이다.

04. 윗글에 대한 이해로 가장 적절한 것은?

① 가장 강화된 이성주의는 인간에 대한 자연의 형이상학적 우위를 정초한다.

② 현대의 환경 위기는 새로운 억압적 정치 체제의 대두와 함께 도래한 것이다.

③ 포스트모더니즘은 철학적 근대의 딜레마를 이성에 근거하여 해소하고자 한다.

④ 인본주의적 이념들의 사상적 토대를 제공한 것은 철학적 근대의 주목할 만한 성과이다.

⑤ 인간의 이성적 주체성을 옹호하는 철학사적 흐름은 억압적 자연관으로 귀결될 수밖에 없다.

05. ㉠과 ㉡을 비교한 것으로 적절하지 않은 것은?

① ㉠은 ㉡과 달리 자연의 자기 목적을 이성적 인식의 기준으로 설정한다.

② ㉡은 ㉠과 달리 인간을 자연 법칙을 수립하는 주체로 승인한다.

③ ㉠과 ㉡은 모두 자연을 인식과 사용의 대상으로 생각한다.

④ ㉠과 ㉡은 모두 자연에 대한 인간 이성의 우위를 주장한다.

⑤ ㉠과 ㉡은 모두 환경 위기에 대한 철학적 책임이 있는 것으로 평가된다.

06. 객관적 관념론 에 대해 추론한 것으로 적절하지 않은 것은?

① 자연 법칙을 탐구하는 자연과학은 의식 양태의 이성이 사물 양태의 이성을 인식하는 것이라고 여길 수 있을 것이다.

② 이성의 위상을 지고의 형이상학적 차원까지 높임으로써 자연 법칙도 인간 의식의 투영을 통해 만들어지는 것으로 여길 것이다.

③ 삼라만상이 절대적 이성의 발현이므로 반이성으로 보이는 어떤 것도 궁극적으로는 이성의 영역에 포섭된다고 설명할 수 있을 것이다.

④ 이성이 절대적 진리치를 지닌다는 관점에 의거하여 모든 역사적 사건도 이성의 법칙에 따라 진행되는 것으로 이해할 수 있을 것이다.

⑤ 억압적 자연 지배의 책임을 져야 한다는 비판이 제기된다면 자연과 인간의 동근원성을 강조하는 일원론적 관점을 근거로 반박할 수 있을 것이다.

[07~09] 다음 글을 읽고 물음에 답하시오.

소설을 읽는다는 것은 이야기를 하는 누군가의 목소리를 듣는다는 것을 뜻한다. 독자에게 특정한 배경 속에서 여러 인물들이 펼치는 사건에 대해 '말하는 주체'를 우리는 화자라고 부른다. 그래서 독자는 항상 화자의 목소리를 통해서 허구 세계에 대한 정보를 얻는다. 가령 등장인물의 대화가 직접화법으로 표현된 장면을 떠올려보자. 드라마가 화자 없이 등장인물의 대사로 진행된다는 점에서 이 장면도 드라마와 유사하게 느낄 수 있겠지만, 사실은 화자가 의도적으로 간접화법 대신 직접화법을 채택한 것이어서 독자에게 대화를 직접 듣는다는 착각을 이끌어내려는 책략이라고 보아야 한다. 독자는 화자가 자신의 말로 바꾸었는가 혹은 그렇지 않았는가 상관없이 언제나 그의 목소리를 들을 뿐이다.

화자가 사건에 대해 말하기 위해서는 먼저 사건을 보는 것이 필요하다. ㉠ 브룩스와 워렌은 순전히 화자가 보는 위치를 기준으로 일인칭과 삼인칭을 구분한 뒤, 목격자로서 사건을 관찰하는지 그렇지 않으면 탐구자로서 사건을 분석하는지에 따라 일인칭 주인공 시점과 일인칭 관찰자 시점, 작가 관찰자 시점과 전지적 작가 시점으로 구분한다. 그렇지만 이들의 논의는 삼인칭 시점에서 '화자'의 시점을 '작가'의 시점으로 치환하였고, 특정 인물의 내면을 그려내는 것과 모든 인물의 내면을 그려내는 것을 전지적 작가 시점으로 뭉뚱그렸다는 비판을 받았다.

'보는 주체'로서의 화자의 역할에 대한 또 다른 접근은 ㉡ 랜서에 의해 이루어졌다. 그는 화자의 역할을 이야기의 내용이나 주제와 결합시켰다. 기존 논의가 '시점'이라는 말에서 짐작할 수 있듯이 사건을 보는 위치에 치중했던 것을 반성하고, 사건을 보는 입장도 고려하고자 했다. 화자가 다른 공간적 위치에 서거나 다른 이념적 입장을 가질 때, 같은 사건도 다르게 인식되어 다르게 재현된다는 것이다. 그래서 랜서는 화자를 작가가 창조한 세계를 보여주는 인식틀이라고 언급했다. 독자가 화자를 통해서 이야기를 접한다는 점을 고려할 때, 독자가 바라볼 수 있는 시선과 들을 수 있는 목소리는 항상 화자에 의존한다는 것을 알려준 셈이다.

이와 관련하여 화자가 작품에 개입하는 것과 독자에게 진실을 전달하는 방식을 둘러싼 ㉢ 플라톤의 고전적인 문제제기는 흥미롭다. 그는 모방을 논하면서 영혼의 진정성 문제를 연결시킨다. 화자의 개입을 최소화하여 독자들이 실재와 가상을 착각하게 만들수록 진정성을 의심한 반면, 주관적인 논평을 섞는 방식으로 화자를 떠올리게 할수록 좀 더 진정성을 지닌 것으로 평가했던 것이다. 이러한 관점을 소설에 비추어 보면 화자를 이야기에 개입하여 객관성을 훼손하는 존재로 바라보던 태도에서 벗어나야 한다는 것을 시사한다. 즉 소설은 화자 때문에 객관성에 도달할 수 없는 것이 아니라 화자 덕분에 다른 양식과 구별되는 독자성을 획득할 수 있었던 것이다.

이렇듯 소설의 화자에 대해 지금까지 다양한 논의가 진행되었지만, 수많은 소설작품을 포괄할 만큼 충분히 정교하지 못한 것은 사실이다. 그리고 개별 작품의 경우에도 하나의 시점을 처음부터 끝까지 유지한 작품을 찾는 것이 쉽지 않다. 우리가 훌륭하다고 손꼽는 작품들 또한 그러하다. 따라서 화자의 위치나 입장, 역할 등을 이론적으로 따지기보다 구체적인 작품 감상과 결부시키는 편이 훨씬 현명하다. 작가 또한 메시지를 전달하는 데 가장 효과적인 방법이 무엇인지를 고민하는 것이다. 소설을 읽는 것을 등장인물, 화자, 독자가 정보량을 둘러싸고 벌이는 일종의 게임으로 바라보자는 견해가 바로 그것이다. 이 견해에 따르면 동일한 사건이라도 누가 정보를 더 많이 갖느냐에 따라 다른 이야기로 변주될 수 있다. 가령 화자가 등장인물이 모르는 정보를 독자에게 제공하는 경우, 자신이 처한 위기를 모르는 등장인물을 지켜보며 독자는 마음을 졸일 수밖에 없다. 하지만 등장인물과 독자가 동일한 정보를 공유하는 경우, 독자는 인물과 같은 수준으로 작중의 상황을 이해하고 함께 퍼즐을 풀어가는 기분으로 사건을 경험할 것이다. 그리고 등장인물이 독자에게 공개하지 않은 비밀을 숨기고 있는 경우, 독자는 결말에 이르러서야 사건의 전모를 파악하면서 반전의 효과를 체험할 수도 있다. 이처럼 어떤 메시지를 전달하는 데 어울리는 화자를 창조하는 일은 작품의 성공과 실패를 가르는 첫걸음이다.

07. 윗글의 내용과 일치하는 것은?

① 독자가 소설을 감상하고자 할 때, 독자와 접촉하며 정보를 제공하는 존재는 화자이다.

② 소설이 진행되는 동안 하나의 시점을 유지하는 것이 예술적으로 성공하는 지름길이다.

③ 소설에서 등장인물의 대화를 직접화법으로 묘사할 때에는 화자의 목소리가 개입하지 않는다.

④ 드라마에서는 통상 등장인물의 목소리뿐만 아니라 '말하는 주체'의 목소리도 관객에게 직접 들린다.

⑤ 이야기되는 사건이 같다면 작가가 화자의 위치나 입장, 독자와의 관계를 변화시켜도 다른 소설로 만들기 어렵다.

08. ㉠~㉢에 대한 이해로 적절하지 않은 것은?

① ㉠은 현실에 존재하는 작가와 작가가 창조한 화자를 개념적으로 구분하지 않고 있다.

② ㉡은 화자에 대해 이야기를 수용하는 독자의 입장에 영향을 미치는 인식틀로 작용한다고 보고 있다.

③ ㉢은 독자들이 실재와 가상을 혼동하지 않도록 하는 것이 진정성 있는 태도라고 판단하고 있다.

④ ㉠과 ㉡은 '말하는 주체'에 선행하는 '보는 주체'로서의 화자의 역할을 소설의 내용적 측면에서 분석하고 있다.

⑤ ㉡과 ㉢은 화자를 통해서 작가의 입장이나 태도를 파악할 수 있다고 믿고 있다.

09. 윗글을 바탕으로 〈보기〉를 평가한 것으로 적절하지 않은 것은?

───〈보 기〉───

시내에 나갔다 왔다. 그사이 누군가가 집에 다녀간 흔적이 있다. 조심스러운 손길이었지만 분명히 집을 뒤졌다. 몇몇 물건들은 도저히 찾을 수가 없다. 가져간 것이 분명하다. 도둑일까? 집에 도둑이 든 일은 지금껏 없었다.

저녁에 퇴근한 은희에게 집에 도둑이 들었다고 말했다. 은희는 딱한 얼굴로 나를 바라보며 그런 일은 없었다고 한다. 뭐가 없어졌느냐고 묻는데 생각이 나지 않았다. 그러나 분명히 뭐가 없어졌다. 느낄 수 있다. 그런데 입 밖으로 꺼내 말할 수가 없다.

"치매에 걸리면 다들 그런대요. 며느리도 도둑이라고 하고 간호사도 도둑이라고 하고."

그래, 그걸 도둑망상이라고도 하지. 나도 그건 알아. 그런데 이건 망상이 아니야. 분명히 뭔가 없어졌다고. 일지와 녹음기는 몸에 지니고 있으니 무사했지만 다른 무언가가 사라졌다.

"그래, 개가 없어졌다. 개가 없어졌어."

"아빠, 우리 집에 개가 어디 있어요?"

이상하다. 분명히 개가 있었던 것 같은데.

– 김영하, 『살인자의 기억법』 –

① 화자가 주인공과 동일한 인물이기 때문에, 독자들은 주인공의 내면 변화를 파악할 수 있겠군.

② 화자가 다른 등장인물과 함께 허구세계에 있기 때문에, 독자들은 사건의 전모를 모른 채 상황이 발생할 때마다 긴장감을 경험할 수 있겠군.

③ 주인공과 화자와 독자의 정보가 일치하기 때문에, 독자들은 주인공과 등장인물들에 대한 화자의 정보를 객관적 사실로 받아들일 수 있겠군.

④ 주인공인 화자가 다른 등장인물의 내면을 파악할 수 없기 때문에, 독자들은 자신의 상황을 정확히 알지 못하는 주인공을 안타깝게 느낄 수 있겠군.

⑤ 모든 등장인물에 대한 정보가 화자의 시선과 목소리로 전달되기 때문에, 독자들은 다른 등장인물의 진실이 뒤늦게 알려지면 이야기의 흐름이 달라지리라 기대할 수 있겠군.

[10~12] 다음 글을 읽고 물음에 답하시오.

개체의 생존을 위해서는 움직이는 물체의 시각 정보를 효율적으로 처리하는 것이 중요하다. 예를 들어 숲 속을 걸을 때 특별한 주의를 기울이지 않았음에도 복잡한 형태의 나무들 사이에서 작은 동물의 움직임을 재빨리 알아챌 수 있다. 나무는 움직이지 않으므로 시간차를 두고 획득한 두 이미지의 차이를 통해 그 움직임을 간단히 알아챌 수 있을 것 같지만, 실제로는 가만히 한곳을 응시하더라도 안구가 끊임없이 움직이고 있어 망막에 맺히는 이미지 전체가 시간에 따라 변하므로 더 정교한 정보 처리가 필요하다. 최근 미세전극이 일정한 간격으로 촘촘히 배열된 마이크로칩을 이용하여 망막에서 발생하는 전기적 신호를 실시간으로 관찰할 수 있게 되면서 이러한 고차원 시각 정보 처리가 뇌에서 전적으로 이루어지는 것이 아니라 망막에서 시작된다는 증거들이 발견되었다.

망막은 어떻게 전체 이미지가 흔들리는 속에서 작은 동물의 움직임에 대한 정보를 골라내는 것일까? 망막에는 빛에 반응하는 광수용체세포와 일정한 영역에 분포한 여러 광수용체세포에 연결되어 최종 신호를 출력하는 신경절세포가 존재한다. 신경절세포 가운데 특정 종류는 각 세포가 감지하는 부분이 이미지 전체의 이동 경로와 같은 경로를 따라 움직일 때는 전기적 신호를 발생하지 않고 다른 경로를 따라 움직일 때만 신호를 발생한다. 안구의 움직임에 의한 상의 떨림은 망막 위에서 전체 이미지가 같은 방향으로 움직이는 변화를 만드는데, 작은 동물의 상은 이와는 이동 경로가 다르므로 그 부분에 분포한 특정 종류의 신경절세포만이 신호를 발생하게 되어 작은 움직임도 잘 볼 수 있게 된다.

망막의 또 다른 신호 처리의 예로 움직이는 테니스공을 치는 경우를 생각해 보자. 충분한 밝기의 빛이 도달하더라도 망막에서 시각 정보가 처리되는 데 수십 분의 1초가 걸린다. 강하게 친 테니스공은 이 시간 동안 약 2 m를 이동할 수 있어서 라켓을 벗어나기에 충분한데도 어떻게 그 공을 정확히 쳐 낼 수 있을까?

이를 알아보기 위해 연구자들은 ⊙ 마이크로칩 위에 올려진 도롱뇽의 망막에 막대 모양의 상을 맺히게 하고 상의 밝기와 이동 속도 등을 변화시켜가며 망막에서 발생하는 신호를 측정하였다. 폭이 0.13 mm인 막대 모양의 상을 1/60초 동안만 맺히게 한 후에 상 아래에 위치한 하나의 신경절세포에서 출력되는 신호를 측정한 실험의 경우, 광수용체에서 전기 신호가 발생하고 여러 신경세포를 거치는 과정에서 시간 지연이 일어나므로, 상이 맺힌 순간부터 약 1/20초 후에 신경절세포에서 신호가 발생하기 시작하여 약 1/20초 동안 지속되었다. 상을 일정한 속도로 움직이며 상의 이동 경로에 위치한 여러 신경절세포에서 발생하는 신호를 측정한 실험의 경우, 실제 상이 도달한 위치보다 더 앞에 위치한 신경절세포에서 신호가 발생하기 시작하여 상의 앞쪽 경계와 같은 위치 혹은 이보다 앞선 위치에서 신호가 최대가 되었다.

개별 신경절세포의 시간 지연에도 불구하고 상의 앞쪽 경계에서 최대가 되는 모양의 신호를 만들기 위해서는 특별한 기제가 필요하다. 첫째는 신경절세포 반응의 시간 의존성이다. 즉, 밝기가 변화한 직후 신경절세포의 출력 신호가 최대가 되고 이후 점차 작아진다. 둘째, 신경절세포 신호증폭률의 동적 조절이다. 즉, 물체가 이동할 때 신경절세포는 물체의 이동 방향으로 가장 먼저 자극되는 광수용체의 신호를 크게 증폭하여 받아들이고 곧바로 증폭률을 떨어뜨려 신호의 세기를 줄여버린다. 상의 이동 경로에 위치한 신경절세포들에서 각각 이러한 기제에 따라 발생한 신호 들이 합쳐져서 만들어지는 출력 신호는, 그 형태가 상의 앞쪽 경계면 혹은 그보다 앞선 지점에 대응하는 위치에서 그 세기가 최대가 되는 비대칭적인 모양이 된다.

물체와 주변의 밝기 차이가 작거나 속력이 너무 커서 증폭률의 변화가 물체의 이동 속력에 맞추어 재빨리 이루어지지 못하면, 이러한 기제가 잘 작동하지 못하여 시간 지연에 대한 보상이 잘 이루어지지 않는다. 어두울수록, 그리고 테니스공이 빠르게 움직일수록 정확하게 맞히기 어려운 이유도 이와 관련이 있다.

10. 윗글의 내용과 일치하는 것은?

① 신경절세포는 광수용체에서 발생한 전기적 신호를 원래 세기대로 출력한다.
② 한곳을 가만히 응시할 때는 망막에 형성된 이미지의 떨림이 발생하지 않는다.
③ 정지한 물체의 상에 대해 전기적 신호를 출력하지 않는 신경절세포가 존재한다.
④ 마이크로칩은 망막에 도달한 빛을 전기적 신호로 변환시켜 관찰 가능하게 만든다.
⑤ 빛의 밝기가 일정할 때 하나의 신경절세포에서 발생하는 신호의 세기는 일정하다.

11. 〈보기〉의 실험에 대한 설명으로 적절한 것만을 있는 대로 고른 것은?

─〈보 기〉─

다음 그림은 ㉠의 실험에서 어느 순간 망막에 형성된 빛의 밝기 분포와 신경절세포의 출력 신호를 위치에 따라 나타낸 것이다. 그래프 a, b, c는 각각 서로 다른 조건에서 측정한 결과로서, b와 c는 속력이 같고 상과 주변의 밝기 차가 다르고, a는 속력이 다르다. a, b, c 모두 상의 이동 방향은 같다.

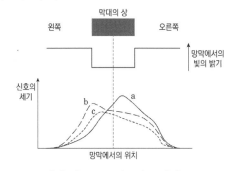

ㄱ. 상은 오른쪽에서 왼쪽으로 이동하고 있다.
ㄴ. 상의 속력은 a가 b보다 크다.
ㄷ. 상과 주변의 밝기 차는 b가 c보다 작다.

① ㄱ   ② ㄴ   ③ ㄷ
④ ㄱ, ㄴ   ⑤ ㄴ, ㄷ

12. 윗글을 바탕으로 '도롱뇽이 파리를 응시하는 상황'을 이해한 것으로 가장 적절한 것은?

① 날아가는 파리가 속력을 줄이면 상이 맺힌 위치의 개별 신경절세포에서의 시간 지연이 감소한다.
② 아래위로 천천히 움직이는 물체 위에 앉아 있는 도롱뇽은 수평으로 날아가는 파리의 움직임을 알아채지 못한다.
③ 배경이 밝고 파리의 색이 어두울수록 상의 위치와 신경절세포의 출력 신호가 최대가 되는 위치 사이의 오차가 크다.
④ 망막에 맺힌 날아가는 파리의 상에서 머리 부분에서 발생하는 신호의 증폭률은 몸통 부분에서 발생하는 신호의 증폭률보다 작다.
⑤ 도롱뇽이 눈을 깜박일 때, 정지한 파리의 상이 1/60초 동안 사라지면 파리의 상이 있던 위치의 신경절세포에서는 1/60초보다 오래 신호가 지속된다.

[13~15] 다음 글을 읽고 물음에 답하시오.

파시즘을 규정하기란 쉽지 않다. 본디 파시즘은 1919년에서 1945년까지 무솔리니가 이끈 정치 운동, 체제, 이념만을 지칭하는 용어였다. 그러나 얼마 후 히틀러의 나치즘 역시 파시즘의 하나로 취급되었고, 점차 그 용어가 가리키는 대상도 다양해져 갔다. 이에 따라 파시즘에 대한 해석 및 정의는 용어의 대상만큼이나 넓은 스펙트럼을 가지게 되었다.

비교적 일찍 나타난 것은 기본적으로 계급투쟁 개념에 바탕을 둔 마르크스주의적 해석인데, 대표적인 것은 '코민테른 테제'이다. 이에 따르면, 파시즘이란 "금융 자본의 가장 반동적이고 국수주의적이며 제국주의적인 분파의 공공연한 테러 독재"이다. 즉, 파시즘이 자본주의의 도구이며, 대자본의 대리인이라고 파악한 것이다. 하지만 모든 마르크스주의자들이 이 해석을 받아들인 것은 아니다. 톨리아티는 파시즘이 소부르주아적 성격의 대중적 기반 위에 있었다고 파악했으며, 나아가 탈하이머와 바이다는 파시즘이 계급으로부터 상대적으로 자유로운 현상이라고 보았다. 그들에 따르면, 자본과 노동이 대립하면서 어느 한쪽이 절대 우위를 갖추지 못하면 제3의 세력이 등장하는데, 파시즘이 그 예라는 것이다. 이러한 마르크스주의적 해석에 대해 오늘날의 연구는 대체로 파시즘과 거대 자본 사이의 조화와 협력보다는 긴장과 갈등 국면을 강조한다. 또한 코민테른 테제는 지나친 단순화의 산물이라는 비판도 제기되었다.

한편 2차 대전 이후에는 냉전의 분위기 속에서 이탈리아의 파시즘, 독일의 나치즘, 소련의 스탈린주의를 뭉뚱그려 전체주의로 범주화하는 경향이 나타났다. 이 경향을 '전체주의 이론'으로 칭할 수 있는데, 이 이론은 전체주의의 특징을 메시아 이데올로기, 유일 정당, 비밀경찰의 테러, 대중 매체의 독점, 무력 장악, 경제의 통제로 꼽았다. 이는 전체주의를 '문제화'하고 그 위험성을 경고했다는 점에서는 의미가 있었으나, 파시즘과 스탈린주의는 전혀 다른 계급적 토대 위에서 서로 다른 목표를 추구하므로 동일한 범주로 묶일 수 없다는 비판이 제기되었다.

이와 같은 연구사적 전통 속에서 1970년대 이후에는 파시즘을 아예 개별적 사례로만 미시적으로 연구하는 경향이 나타났다. 그러다가 1990년대 말, ㉠그리핀이 새로운 시각에서 일반화된 개념을 제시하여 각국의 유사한 사례들에 적용할 수 있게 했다. 그에 따르면, 파시즘은 근대적 대중 정치의 한 부류로서, 특정한 민족 혹은 종족 공동체의 정치 문화와 사회 문화에 대한 혁명적인 변화를 목적으로 삼는다. 그리고 '신화'를 수단으로 삼아 내적 응집력과 대중의 지지라는 추동력을 얻어낸다. 그 '신화'란 자유주의 몰락 이후의 질서라는 고난 속에서 쇠퇴의 위기에 처한 민족공동체가 새로운 엘리트의 지도 아래 부활한다는 것이다. 파시스트는 이 신화의 틀 내에서 민족공동체의 구성원을 적대적인 세력과 구분하고, 후자에 대해 폭력을 행사하는 것을 의무로 믿었다. 그들에게 폭력은 곧 죽어가는 민족의 '치유'였기 때문이다. 그러나 '치유'만으로는 부족했고, 신화가 실현되기 위해서는 구성원이 오직 역동성과 민족에 대한 헌신으로만 무장한 '파시즘적 인간'으로 거듭나는 것이 필요했다. 그는 또 신화의 궁극적인 실현, 즉 '민족의 유토피아'를 건설하기 위해 자본주의 경제 질서를 수용하고 과학 문명의 성과를 환영하는 근대적 성격을 보여준 것에 주목하여 파시즘을 일종의 '근대적 혁명'이라고 보았다.

물론 그리핀의 주장에 동의하지 않는 연구자들도 있다. 예를 들어 ㉡팩스턴은 파시즘이 근대적 혁명이라는 주장을 거부하면서, 파시즘을 전통적인 권위주의적 독재의 변종으로 규정한다.

그는 혁명으로 보이는 파시즘이 실은 기성 제도 및 전통적 엘리트 계층과 연합했다는 점을 중시하기 때문이다. 그는 '이중 국가' 개념을 파시즘 체제 분석에 적용시켰다. '이중 국가'는 합법성에 따라 관료적으로 움직이는 '표준 국가'가 당의 '동형 기구'로 만들어진 독단적 '특권 국가'와 갈등을 빚으면서도 협력 속에 공존한다는 개념이다. 이탈리아의 경우, 당 지부장은 임명직 시장에, 당 서기는 지사에, 파시스트 민병대는 군대에 해당했다. 팩스턴에 따르면, 파시즘 정권은 형식적 관료주의와 독단적 폭력이 혼합된 기묘한 형태였다. 세부적 차이가 있다면, 특권 국가가 결국 우위를 점한 나치와 달리 무솔리니는 표준 국가의 영역에 더 큰 권력을 허용하였다는 점이다. 최종적으로 1943년 7월 연합국의 진격으로 파시즘이 국가 이익에 더는 부합하지 않는다고 판단한 표준 국가는 '지도자' 무솔리니를 권좌에서 끌어내렸다.

13. 윗글의 내용과 일치하지 <u>않는</u> 것은?

① 마르크스주의자들의 해석 중에는 계급 간 대립을 부인하면서 파시즘을 해석하는 경우도 있다.

② 이탈리아와 독일, 소련의 억압적 체제들을 하나의 범주로 파악한 것은 냉전 상황을 배경으로 하고 있다.

③ 파시즘이라는 용어는 이탈리아에서 특정 시기에 있었던 정치 현상을 가리켰지만, 지시 대상이 점차 확장되었다.

④ 전체주의 이론은 파시즘과 스탈린주의의 서로 다른 기반과 목적을 간과하고 표면적 특징만을 추출했다는 비판을 받았다.

⑤ 파시즘을 국수주의적이며 제국주의적인 성향의 대자본이 폭력을 수단으로 정권을 유지하려 한 정치 체제로 보는 것이 마르크스주의의 대표적 해석이다.

14. ㉠과 ㉡에 대한 설명으로 적절하지 <u>않은</u> 것은?

① ㉠은 파시즘의 최종 목표가 '파시즘적 인간'을 완성해 내는 것이고, 폭력의 사용 및 자본과의 협력은 이를 위한 도구였다고 보았다.

② ㉠은 파시즘이 역사적 상황의 변화로 인해 맞이한 민족적 고난을 지도적 엘리트에 의해 극복한다는 '신화'를 세력의 단결과 체제 유지의 수단으로 삼았다고 보았다.

③ ㉡은 독일 나치즘에서는 독단적 폭력이, 이탈리아 파시즘에서는 형식적 관료주의가 두드러졌다고 보았다.

④ ㉡은 파시즘 치하에서 이중적 권력 기구가 갈등 속에서도 병존하는 현상을 권위주의적 독재에서 파생한 것이라고 파악하였다.

⑤ ㉠은 파시즘에서 나타난 근대적 성격에 주목하여 혁명적 성격을 가졌다고 파악했고, ㉡은 기득권층과의 연합에 주목하여 혁명적 성격을 가지지 않았다고 파악했다.

15. 윗글을 바탕으로 〈보기〉의 (가)~(다)의 입장을 추론한 것으로 가장 적절한 것은?

─────〈보 기〉─────

(가) 이탈리아 파시즘 치하에서 소유 관계와 계급 구조는 바뀌지 않았다. 그렇기에 파시스트 '혁명'을 굳이 혁명이라고 한다면 아마 문화 혁명 정도가 될 것이다. 동시에 파시즘이 전통 문화와 타협하며 대중의 수동적 동의를 확보하려고 한 점을 보면, 그 문화 혁명이라는 것의 한계도 분명했다.

(나) 무솔리니 내각을 통상의 다른 행정부처럼 분석하는 사람도 있다. 그러나 파시즘은 사회 개혁의 실패, 즉 이탈리아 고유의 민족적 모순의 발현이며, 따라서 '민족의 자서전'이다. 투쟁과 경쟁을 통한 진보가 아니라, 나태하게 계급 협력이 가능하다고 믿는 민족은 존중받을 수 없기 때문이다.

(다) 파시즘은 소부르주아의 '정치적 육화'이다. 소부르주아는 의회를 파괴한 후에 부르주아 국가도 파괴하고 있다. 그것은 항상 더 큰 규모로 법의 권위를 사적 폭력으로 대체하고, 이 폭력을 혼란스럽게, 더 난폭하게 행사한다.

① (가)는 '소유 관계'와 '계급 구조'에 주목하는 것으로 보아 탈하이머와 바이다의 주장에 동의하는 입장을 보일 것이다.

② (가)는 '전통문화와 타협'하는 대중의 '수동적 동의'를 강조하는 것으로 보아 그리핀의 주장을 비판하는 입장을 보일 것이다.

③ (나)는 '사회 개혁'을 중시하고 '민족적 모순'을 언급하는 것으로 보아 그리핀의 주장에 동의하는 입장을 보일 것이다.

④ (다)는 '의회'와 '부르주아 국가'를 파괴한다는 점에 주목하는 것으로 보아 팩스턴의 주장에 동조하는 입장을 보일 것이다.

⑤ (다)는 '정치적 육화'라는 말로 '소부르주아'가 파시즘의 수단이라고 강조하는 것으로 보아 톨리아티의 주장을 비판하는 입장을 보일 것이다.

[16~18] 다음 글을 읽고 물음에 답하시오.

대규모 데이터를 분석하여 데이터 속에 숨어 있는 유용한 패턴을 찾아내기 위해 다양한 기계학습 기법이 활용되고 있다. 기계학습을 위한 입력 자료를 데이터 세트라고 하며, 이를 분석하여 유용하고 가치 있는 정보를 추출할 수 있다. 데이터 세트의 각 행에는 개체에 대한 구체적인 정보가 저장되며, 각 열에는 개체의 특성이 기록된다. 개체의 특성은 범주형과 수치형으로 구분되는데, 예를 들어 '성별'은 범주형이며, '체중'은 수치형이다.

기계학습 기법의 하나인 클러스터링은 데이터의 특성에 따라 유사한 개체들을 묶는 기법이다. 클러스터링은 분할법과 계층법으로 나뉘는데, 이 둘은 모두 거리 개념에 기초하고 있다. 가장 많이 사용되는 거리 개념은 기하학적 거리이며, 두 개체 사이의 거리는 n차원으로 표현된 공간에서 두 개체를 점으로 표시할 때 두 점 사이의 직선거리이다. 거리를 계산할 때 특성들의 단위가 서로 다른 경우가 많은데, 이런 경우 특성 값을 정규화할 필요가 있다. 예를 들어 특정 과목의 학점과 출석 횟수를 기준으로 학생들을 묶을 경우 두 특성의 단위가 다르므로 두 특성 값을 모두 0과 1 사이의 값으로 정규화하여 클러스터링을 수행한다. 또한 범주형 특성에 거리 개념을 적용하려면 이를 수치형 특성으로 변환해야 한다.

분할법은 전체 데이터 개체를 사전에 정한 개수의 클러스터로 구분하는 기법으로, 모든 개체는 생성된 클러스터 가운데 어느 하나에 속한다. 〈그림 1〉에서 (b)는 (a)에 제시된 개체들을 분할법을 통해 세 개의 클러스터로 묶은 예이다. 분할법에서는 클러스터에 속한 개체들의 좌표 평균을 계산하여 클러스터 중심점을 구한다. 고전적인 분할법인 K-민즈 클러스터링 (K-means clustering)에서는 거리 개념과 중심점에 기반하여 다음과 같은 과정으로 알고리즘이 진행된다.

1) 사전에 K개로 정한 클러스터 중심점을 임의의 위치에 배치하여 초기화한다.
2) 각 개체에 대해 K개의 중심점과의 거리를 계산한 후 가장 가까운 중심점에 해당 개체를 배정하여 클러스터를 구성한다.
3) 클러스터별로 그에 속한 개체들의 좌표 평균을 계산하여 클러스터의 중심점을 다시 구한다.
4) 2)와 3)의 과정을 반복해서 수행하여 더 이상 변화가 없는 상태에 도달하면 알고리즘이 종료된다.

분할법에서는 이와 같이 개체와 중심점과의 거리를 계산하여 클러스터에 개체를 배정하므로 두 개체가 인접해 있더라도 가장 가까운 중심점이 서로 다르면 두 개체는 상이한 클러스터에 배정된다.

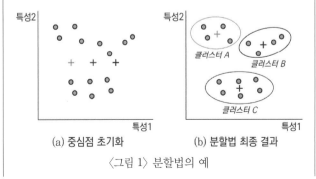

(a) 중심점 초기화　　　(b) 분할법 최종 결과

〈그림 1〉 분할법의 예

클러스터링이 잘 수행되었는지 확인하려면 클러스터링 결과를 평가하는 품질 지표가 필요하다. K-민즈 클러스터링의 경우 품질 지표는 개체와 그 개체가 해당하는 클러스터의 중심점 간 거리의 평균이다. K-민즈 클러스터링에서 K가 정해졌을 때 개체와 해당 중심점 간 거리의 평균을 최소화하는 '전체 최적해'는 확정적으로 보장되지 않는다. 알고리즘의 첫 번째 단계인 초기화를 어떻게 하느냐에 따라 클러스터링 결과가 달라질 수 있으며, 경우에 따라 좋은 결과를 찾는 데 실패할 수도 있다. 따라서 전체 최적해를 얻을 확률을 높이기 위해, 서로 다른 초기화를 시작으로 클러스터링 알고리즘을 여러 번 수행하여 나온 결과 중에 좋은 해를 찾는 방법이 흔히 사용된다. 그런데 K-민즈 클러스터링 알고리즘의 한 가지 문제는 클러스터의 개수인 K를 미리 정해야 한다는 것이다. K가 커질수록 각 개체와 해당 중심점 간 거리의 평균은 감소한다. 극단적으로 모든 개체를 클러스터로 구분할 경우 개체가 곧 중심점이므로 이들 사이의 거리의 평균값은 0으로 최소화되지만, 클러스터링의 목적에 부합하는 유용한 결과라고 보기 어렵다. 따라서 작은 수의 K로 알고리즘을 시작하여 클러스터링 결과를 구한 다음 K를 점차 증가시키면서 유의미한 품질 향상이 있는지 확인하는 방법이 자주 사용된다.

한편, 계층법은 클러스터 개수를 사전에 정하지 않아도 되는 장점이 있다. 〈그림 2〉와 같이 개체들을 거리가 가까운 것들부터 차근차근 집단으로 묶어서 모든 개체가 하나로 묶일 때까지 추상화 수준을 높여가는 상향식으로 알고리즘이 진행되어 계통도를 산출한다. 따라서 계층법은 개체들 간에 위계 관계가 있는 경우에 효과적으로 적용될 수 있다. 계통도에서 점선으로 표시된 수평선을 아래위로 이동해 가면서 클러스터링의 추상화 수준을 변경할 수 있다.

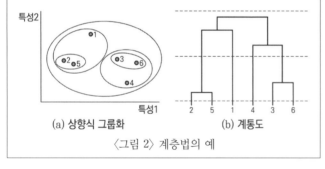

(a) 상향식 그룹화   (b) 계통도
〈그림 2〉 계층법의 예

16. 윗글의 내용과 일치하는 것은?

① 클러스터링은 개체들을 묶어서 한 개의 클러스터로 생성하는 기법이다.
② 분할법에서는 클러스터링 수행자가 정확한 계산을 통해 초기 중심점을 찾아낸다.
③ 분할법은 하향식 클러스터링 기법이므로 한 개체가 여러 클러스터에 속할 수 있다.
④ 계층법으로 계통도를 산출할 때 클러스터 개수는 미리 정하지 않는다.
⑤ 계층법의 계통도에서 수평선을 아래로 내릴 경우 추상화 수준이 높아진다.

17. K-민즈 클러스터링에 대해 추론한 것으로 적절하지 않은 것은?

① 특성이 유사한 두 개체가 서로 다른 클러스터에 배치될 수 있다.
② 초기 중심점의 배치 위치에 따라 클러스터링의 품질이 달라질 수 있다.
③ 클러스터 개수를 감소시키면 클러스터링 결과의 품질 지표 값은 증가한다.
④ 초기화를 다르게 하면서 알고리즘을 여러 번 수행하면 전체 최적해가 결정된다.
⑤ K를 정하여 알고리즘을 진행하면 각 클러스터의 중심점은 결국 고정된 점에 도달한다.

18. 〈보기〉의 사례에 클러스터링을 적용할 때 적절하지 않은 것은?

〈보 기〉

○○기업에서는 표적 시장을 선정하여 마케팅을 실행하기 위해 전체 시장을 세분화하고자 한다. 시장 세분화를 위해 특성이 유사한 고객을 묶는 기계학습 기법 도입을 검토 중이다. 이 기업에서는 고객의 거주지, 성별, 나이, 소득수준 등 인구통계학적인 정보와 라이프 스타일에 관한 정보 등을 보유하고 있다.

① 고객 정보에는 수치형이 아닌 것도 있어 특성의 유형 변환이 요구된다.
② 고객 특성은 세분화 과정을 통해 계통도로 표현 가능하므로 계층법이 효과적이다.
③ K-민즈 클러스터링 알고리즘을 실행하려면 세분화할 시장의 개수를 먼저 정해야 한다.
④ 나이와 소득수준과 같이 단위가 다른 특성을 기준으로 시장을 세분화할 경우 정규화가 필요하다.
⑤ 모든 고객을 별도의 세분화된 시장들로 구분하여 1:1 마케팅을 할 경우 K-민즈 클러스터링의 품질 지표 값은 0이다.

오늘날 교과서적 견해에서 '소유와 지배의 분리'라는 개념은 전문 경영인 체제의 확립을 가리키지만 그로 인한 주주와 경영자 사이의 이해 상충을 내포한다. 다시 말해 주식 소유의 분산으로 인해 창업자 가족이나 대주주의 영향력이 약해져 경영자들이 회사 이윤에 대한 유일한 청구권자인 주주의 이익보다 자신들의 이익을 앞세우는 문제의 심각성을 강조하는 개념이다. 그러나 ⊙벌리가 이 개념을 처음 만들었을 때 그 의미는 달랐다. 그는 '회사체제'라는 현대 사회의 재산권적 특징을 포착하고자 이 개념을 고안했다. 그에게 있어서 '소유', '지배', '경영'은 각각 (1) 사업체에 대한 이익을 갖는 기능, (2) 사업체에 대한 권력을 갖는 기능, (3) 사업체에 대한 행위를 하는 기능을 지칭하는 개념이지 각 기능의 담당 주체를 지칭하는 것이 아니다.

벌리에 따르면 산업혁명 이전에는 이 세 기능이 통합된 경우가 일반적이었는데 19세기에 많은 사업체들에서 소유자가 (1)과 (2)를 수행하고 고용된 경영자들이 (3)을 수행하는 방식으로 분리가 일어났다. 20세기 회사체제에서는 많은 사업체들에서 (2)가 (1)에서 분리되었다. 이제 (1)은 사업체의 소유권을 나타내는 증표인 주식을 소유하는 것, 즉 비활동적 재산의 점유가 되었고, (2)는 물적 자산과 사람들로 조직된 살아 움직이는 사업체를 어떻게 사용할 지를 결정하는 것, 즉 활동적 재산의 점유가 되었다. 주식 소유가 다수에게 분산된 회사에서 (2)는 창업자나 그 후손, 대주주, 경영자, 혹은 모회사나 지주회사의 지배자 등 이사를 선출할 힘을 가진 다양한 주체에 의해 수행될 수 있다. 사기업에서는 통합되어 있던 위험 부담 기능과 회사 지배 기능이 분리되어 주주와 지배자에게 각각 배치됨으로써 회사라는 생산 도구는 전통적인 사유재산으로서의 의미를 잃게 되었다. 이런 의미에서 벌리는 소유와 지배가 분리된 현대 회사를 준공공회사라고 불렀다.

소유와 지배가 분리된 회사는 누구를 위해 운영되어야 하는가? 벌리는 이 질문에 대해 가능한 세 가지 답을 검토한다. 첫째, 재산권을 불가침의 권리로 간주하는 전통적인 법학의 논리에 입각한다면 회사가 오로지 주주의 이익을 위해서만 운영되어야 한다는 견해가 도출될 수밖에 없다. 그러나 자신의 재산에 대한 지배를 수행하는 소유자가 그 재산으로부터 나오는 이익을 전적으로 수취하는 것이 보호되어야 한다고 해서, 자신의 재산에 대한 지배를 포기한 소유자도 마찬가지로 이익의 유일한 청구권자가 되어야 한다는 결론을 도출하는 것은 잘못이다.

둘째, 전통적인 경제학의 논리에 입각하면 회사는 지배자를 위해 운영되어야 한다는 견해가 도출될 수밖에 없다. 왜냐하면 경제학은 전통적인 법학과 달리 재산권의 보호 자체를 목적으로 보는 것이 아니라 재산권의 보호를 사회적으로 바람직한 목적을 위한 수단으로 보기 때문이다. 재산권을 보호하는 이유가 재산의 보장 자체가 아니라 부를 얻으려는 노력을 유발하는 사회적 기능 때문이라면, 회사가 유용하게 사용되도록 하기 위해서는 회사를 어떻게 사용할지를 결정하는 지배자의 이익을 위해 회사가 운영되어야 한다. 그러나 위험을 부담하지 않는 지배자를 위해 회사가 운영되는 것은 최악의 결과를 낳는다.

셋째, 이처럼 법학과 경제학의 전통적인 논리를 소유와 지배가 분리된 회사체제에 그대로 적용했을 때 서로 다른 그릇된 결론들이 도출된다는 것은 두 학문의 전통적인 논리들이 전제하고 있는 19세기의 자유방임 질서가 회사체제에 더 이상 타당하지 않음을 보여준다. 자유방임 질서가 기초하고 있던 사회가 회사체제 사회로 변화된 상황에서는, 회사가 '지배자를 위해 운영

되어야 한다'는 견해는 최악의 대안이고 '주주를 위해 운영되어야 한다'는 견해는 차악의 현실적인 대안일 뿐이다. 결국 회사체제에서 회사는 공동체의 이익을 위해 운영되어야 한다는 것이 벌리의 결론이다.

하지만 이를 뒷받침할 법적 근거가 마련되지 않거나, 이를 실현할 합리적인 계획들을 공동체가 받아들일 준비가 안 된 상황에서는, 회사법 영역에서 경영자의 신인의무의 대상, 즉 회사를 자신에게 믿고 맡긴 사람의 이익을 자신의 이익보다 우선해야 하는 의무의 대상을 주주가 아닌 다른 이해 관계자들로 확장해서는 안 된다고 벌리는 주장했다. 이 때문에 그는 회사가 주주를 위해 운영되어야 한다는 견해를 지지했던 것으로 흔히 오해된다. 그러나 회사법에서 주주 이외에 주인을 인정하지 않아야 한다고 그가 주장한 이유는 주인이 여럿이면 경영자들이 누구도 섬기지 않게 되고 회사가 경제적 내전에 빠지게 될 것이며 경제력이 집중된 회사 지배자들의 사회적 권력을 키워주는 결과를 낳을 것이라고 보았기 때문이다. 그는 회사법 영역에서 주주에 대한 신인의무를 경영자뿐 아니라 지배자에게도 부과하여 지배에 의한 회사의 약탈로부터 비활동적 재산권을 보호하는 것이 회사가 공동체의 이익을 위해 운영되도록 하기 위한 출발점이라고 보았다. 그리고 소득세법이나 노동법, 소비자보호법, 환경법 등과 같은 회사법 바깥의 영역에서 공동체에 대한 회사의 의무를 이행하도록 하는 현실적인 시스템을 마련하고 정착시킴으로써 사회의 이익에 비활동적 재산권이 자리를 양보하도록 만들 수 있다고 보았다.

19. 윗글의 내용에 비추어 볼 때 적절하지 않은 것은?

① 소유와 지배의 분리에 대한 오늘날 교과서적 견해는 전통적인 법학 논리에 입각한 견해를 받아들이고 있다.

② 벌리는 회사법에서 회사의 사회적 책임을 강조할 경우 회사 지배자들의 권력을 키워 주는 결과를 낳는다고 보았다.

③ 전통적인 경제학의 논리에 따르면 사회적으로 가장 좋은 결과를 낳을 수 있도록 재산권이 인정되는 것이 바람직하다.

④ 벌리에 따르면 주주가 회사 이윤에 대한 유일한 청구권자가 아니기 때문에 경영자의 신인의무 대상을 주주로 한정해서는 안 된다.

⑤ 벌리와 달리 오늘날 교과서적 견해에 따르면 대주주의 영향력이 강해지는 것이 소유와 지배의 분리에 따른 문제를 해결하는 데 도움이 될 수 있다.

20. 지배에 대한 ㉠의 생각으로 적절하지 <u>않은</u> 것은?

① 준공공회사에서는 공동체의 이익을 위해 수행되는 기능이다.

② 전통적인 의미의 사유재산에서는 소유자가 수행하는 기능이다.

③ 회사체제의 회사에서 이 기능의 담당자는 위험을 부담하지 않는다.

④ 회사체제의 회사에서는 활동적 재산을 점유한 자가 수행하는 기능이다.

⑤ '경영'의 담당자에 의해 수행될 수도 있다고 인정하지만 '경영'과 동일시하지 않는다.

21. 〈보기〉의 '뉴딜'에 대해 ㉠이 보일 반응으로 적절하지 <u>않은</u> 것은?

─────〈보 기〉─────

금융개혁에 초점을 맞춘 1차 뉴딜은 경영자들과 지배자들에게 주주에 대한 신인의무를 부과함으로써 주주의 재산권을 엄격하게 보호하는 원칙을 확립했다. 노사관계와 사회보장 등의 분야로 개혁을 확장했던 2차 뉴딜은 노동조합을 통한 노동자들의 제반 권리를 합법화했고 실업수당의 보장 수준과 기간을 강화했으며 사회보장제도를 확립했다. 이러한 1차 뉴딜과 2차 뉴딜의 차이점 때문에 뉴딜은 흔히 체계적인 청사진 없이 임기응변식으로 마련된 일관성 없는 정책들의 연속이었다고 평가받는다.

─────────────────

① 1차 뉴딜은 지배에 의해 회사가 약탈되는 것을 막기 위한 회사법 영역의 개혁이라고 볼 수 있다.

② 1차 뉴딜은 주주의 이익을 위해 회사가 운영되도록 하는 원칙을 확립한 개혁이라고 볼 수 있다.

③ 2차 뉴딜은 주주의 재산권이 사회의 이익에 자리를 양보하도록 만드는 개혁이라고 볼 수 있다.

④ 2차 뉴딜은 회사가 공동체의 이익을 위해 운영되도록 하기 위한 회사법 바깥 영역의 개혁이라고 볼 수 있다.

⑤ 1차 뉴딜과 2차 뉴딜은 준공공회사로의 변화를 추구한다는 점에서 일관성이 있다고 볼 수 있다.

[22~24] 다음 글을 읽고 물음에 답하시오.

미국 헌법은 권력 기관 간 견제와 균형의 원리에 기초한 대통령제를 규정하고 있다. 이는 특정 정치인이나 집단이 권력을 독식하거나 남용하지 못하도록 하여 민주주의를 지키도록 설계된 것이다. 이러한 제도 설계는 미국 역사에서 상당 기간 성공적으로 기능했다. 그러나 헌법이라는 보호 장치는 그 자체로 민주주의 정치 체제를 지키기에 충분치 않다. 여기에는 헌법이나 법률에 명문화되지 않은 민주주의 규범도 중요한 역할을 해왔다.

민주주의 규범이 무너지면 민주주의도 위태로워진다. 민주주의 유지에 핵심적 역할을 하는 규범은 민주주의보다 오랜 전통을 가진 '상호 관용'과 '제도적 자제'이다. 상호 관용은 경쟁자가 권력을 차지할 권리를 나와 동등하게 가진다는 사실을 인정하는 것이다. 반면 상대를 위협적인 적으로 인식할 때는 모든 수단을 동원해 이기려 한다. 제도적 자제는 제도적으로 허용된 권력을 신중하게 행사하는 태도이다. 합법적 권력 행사라도 자제되지 않을 경우 기존 체제를 위태롭게 할 수 있다. 제도적 자제의 반대 개념은 '헌법적 권력의 공격적 활용'이다. 이는 규칙을 벗어나지 않으면서도 그것을 최대한 활용하여 경쟁자를 경쟁의 장 자체에서 제거하려는 태도를 의미한다.

이 두 가지 규범은 상호 연관되어 있다. 상대를 경쟁자로 받아들일 때, 제도적 자제도 기꺼이 실천한다. 제도적 자제의 실천은 관용적인 집단이라는 이미지를 갖게 함으로써 선순환이 이뤄진다. 반면 서로를 적으로 간주할 때 상호 관용의 규범은 무너진다. 이러한 상황에서 정치인은 제도가 부여한 법적 권력을 최대한 활용하려 하며, 이는 상호 관용의 규범을 잠식해 경쟁자가 적이라는 인식을 심화하는 악순환을 가져온다.

민주주의 규범이 붕괴하면 견제와 균형에 기초한 민주주의는 두 가지 상황에서 위기를 맞게 된다. 첫 번째 상황은 야당이 입법부를 장악하면서 행정부 권력과 입법부 권력이 분열되었을 때이다. 이 경우 야당은 대통령을 공격하기 위해 헌법에서 부여한 권력을 최대한 휘두른다. 두 번째는 여당이 입법부를 장악함으로써 권력이 집중되는 상황이다. 여당은 민주주의 규범을 무시하고 대통령의 권력 강화를 위해 노력하며, 야당을 제거하기 위한 대통령의 탄압적 행위를 묵인하기도 한다.

미국 민주주의는 건국 이후 두 번의 큰 위기를 겪는다. ㉠<u>첫 번째 위기</u>는 남북 전쟁으로 초래되었다. 노예제를 찬성한 남부의 백인 농장주들, 그리고 그들과 입장을 같이 한 민주당은 당시 노예제 폐지를 주장한 공화당을 심각한 위협으로 인식했다. 남부는 미국 연방에서 탈퇴했고 결국 내전이 일어났다. 민주주의 규범이 다시 형성되기 시작한 것은 북부의 공화당과 남부의 민주당이 인종 문제를 전후 협상 대상에서 제외하면서부터이다. 전쟁에서 승리한 북부는 연방의 유지 등 정치적 필요에 의해 남부에서 군대를 철수하고 흑인의 인권 보장 노력도 중단한다. 민주당은 남부에서 흑인 인권을 억누르면서 그 지역에서 일당 지배의 기반을 구축한다. 이러한 일련의 사건으로 공화당에 대한 민주당의 적대감은 완화되었고, 그 결과 상호 관용의 규범도 회복된다. 역설적이게도 남북 전쟁 이후의 민주주의 규범은 인종 차별을 묵인한 비민주적인 타협의 산물이었다. 그리고 오랜 기간 백인 중심으로 작동했던 민주주의를 유지하는 데 기여했다.

ⓛ 두 번째 위기는 1960년대 이후 민주주의의 확대와 함께 일어났다. 흑인의 참정권이 제도적으로 보장되었고, 대규모 이민으로 다양한 민족과 인종이 정치 체제로 유입되었다. 공화당과 민주당은 각기 다른 집단의 이익과 가치를 대변하게 되었다. 이후 양당 간 경쟁은 '당파적 양극화'로 치달았다. 보수와 진보 간 정책적 차이뿐만 아니라 인종과 종교, 삶의 방식을 기준으로 첨예하게 나뉘어 정당 간 경쟁이 적대적 갈등으로까지 확대되었다. 이러한 상황에서 인종 차별에 의존한 기존의 민주주의 규범은 한계를 보이면서 붕괴했다. 따라서 미국 민주주의가 건강하게 작동하기 위해서는 새로운 민주주의 규범을 확립할 필요가 있다.

22. 윗글의 내용과 일치하는 것은?

① 상호 관용이 강화되면 제도적 자제는 약화되고 상호 관용이 약화되면 제도적 자제는 강화된다.

② 대통령과 입법부의 권력 행사가 합법적인 한, 민주주의 정치 체제 보호에 긍정적으로 작용한다.

③ 민주주의 규범은 민주주의 이념으로부터 탄생한 것으로 민주주의 제도의 확립을 통해 발전된다.

④ 민주주의 규범은 헌법이나 법률로 성문화될 때 민주주의 정치 체제를 보호하는 효과가 극대화된다.

⑤ 견제와 균형의 원리를 통해 민주주의를 보호하고자 한 헌법의 목적을 실현 가능하게 한 것은 민주주의 규범이다.

23. ⓐ, ⓛ에 대한 설명으로 가장 적절한 것은?

① ⓐ을 거치면서 상호 관용과 제도적 자제의 규범이 건국 이후 처음으로 형성되었다.

② ⓐ 이후 형성된 민주주의 규범은 인종 차별적 특성으로 인해 정치 체제를 안정시키는 역할을 하지 못했다.

③ ⓛ은 민주주의의 확대로 촉발된 당파적 양극화가 기존의 민주주의 규범을 붕괴시켰다는 데 그 원인이 있다.

④ ⓛ은 다양한 집단의 정치 참여를 제도적으로 보장하는 방향으로 민주주의가 확대되면서 점차 완화되었다.

⑤ ⓐ에서는 ⓛ에서와는 달리 정당별 지지 집단이 뚜렷이 구분되는 현상이 나타났다.

24. 윗글을 바탕으로 〈보기〉에 대해 반응한 것으로 적절하지 않은 것은?

〈보 기〉

칠레는 성공적인 대통령제 민주주의 국가였다. 좌파에서 우파에 이르기까지 다양한 정당이 있었지만, 20세기 초 이후 민주주의 규범이 자리 잡고 있었기 때문이다. 그러나 1960년대에 이념적 대립에 따른 ⓐ 당파적 양극화가 심화되었다. ⓑ 좌파와 우파 정당은 서로를 위협적인 적으로 인식했다. 대통령으로 선출된 좌파 정당의 아옌데는 사회주의 정책 추진을 위해 의회의 협조가 필요했으나 여당은 의회 과반 의석을 확보하지 못한 상태였다. ⓒ 그는 의회를 우회하여 국민투표를 실시하고자 했다. 이에 ⓓ 좌파 야당은 과반 의석을 바탕으로 불신임 결의안을 잇달아 통과시켜 장관들을 해임했다. 칠레 헌법은 의회가 불신임 결의를 극히 예외적인 상황에서만 사용하도록 규정하고 있었고, ⓔ 1970년 이전까지 그것이 사용된 적은 거의 없었다. 결국 1973년 8월 칠레 의회는 아옌데 행정부가 헌법을 위반했다는 결의안을 통과시켰고, 곧이어 군부 쿠데타가 발생함으로써 칠레 민주주의는 붕괴했다.

① ⓐ는 좌·우 이념을 중심으로 심화되었다는 점에서 1960년대 이후 미국에서 심화된 당파적 양극화와 성격이 다르군.

② ⓑ로 인해 1960년대 이후 칠레에서는 상호 관용의 규범이 붕괴되는 과정이 일어났겠군.

③ ⓒ로 볼 때, 아옌데 대통령은 권력을 법의 테두리 내에서 행사함으로써 제도적 자제 규범을 실천하고자 했군.

④ ⓓ로 볼 때, 민주주의 규범이 붕괴된 상황에서 대통령 소속 정당이 의회 소수당인 경우 야당이 헌법적 권력을 공격적으로 활용할 가능성이 높군.

⑤ ⓔ로 볼 때, 1970년 이전의 칠레 정치인들은 민주주의 규범을 존중함으로써 민주주의 정착에 기여했겠군.

알파고가 인간 바둑 최고수를 꺾은 사건은 자연 세계에서 인간의 특권적 지위를 문제 삼고, 윤리학의 인간 중심적 전통에 도전한다. 우리는 이제 인간과 같은 또는 더 뛰어난 지능을 지닌 인공 지능도 도덕적 고려의 대상으로 인정해야 하느냐는 물음에 직면하는 것이다. 이 물음에 선뜻 동의하지 못하는 사람들은 인간성의 핵심을 지적 능력이 아니라 기쁨과 슬픔, 공포와 동정심 등의 감정적인 부분에서 찾으려 한다. 예컨대 알파고는 경쟁에서 이겨도 승리를 기뻐하지 못하며, 우리도 알파고를 축하하며 함께 축배를 들 수 없다. 인간의 특정 작업이 인공 지능을 갖춘 로봇에 의해 대체되더라도 인간의 감정을 읽고 인간과 상호작용하는 작업은 대체되지 못하리라는 것이다.

하지만 최근에는 감정을 가진 로봇, 곧 인공 감정을 제작하려는 열망이 뜨겁다. 인간의 돌봄과 치료 과정을 돕는 로봇은 사용자의 세밀한 필요에 더 잘 부응할 것이다. 사람들은 인간과 정서적 교감을 하는 로봇을 점점 가족 구성원처럼 여기게 될지도 모른다. 그러면 로봇은 인간과 같은 감정을 가지고 인간과 상호작용하는 존재가 될 것인가? 로봇을 도덕 공동체에 받아들여야 하는가? 이 물음에 답하려면 인간에게 감정의 핵심적인 역할은 무엇인지 생각해 보아야 한다. 인공 지능의 연구도 그렇지만, 인공 감정의 연구도 인간의 감정을 닮은 기계를 만들려는 시도이면서 동시에 감정 과정에 대한 계산 모형을 통해 인간의 감정을 더 깊이 이해하는 과정이기도 하다.

감정은 인지 과정과는 달리 적은 양의 정보로도 개체의 생존과 항상성 유지를 가능하게 해 주는 역할을 한다. 또 무엇을 추구하고 회피할지 판단하도록 하는 동기의 역할을 한다. 한편 우리는 사회적 상호작용에서 서로의 신체 반응이나 표정을 통해 미묘한 감정을 읽어내고 그에 적절히 반응하며, 그런 정서적 교감을 통해 공동체를 유지한다.

그러나 로봇이 정말로 이러한 감정 경험을 하는지 판단하기는 쉽지 않다. 철학자들은 인공 지능이 인간과 똑같은 인지적 과제를 수행했다고 하더라도 그것은 의미를 이해하지 못하기 때문에 진정한 지능이 아니라고 주장했다. 인공 감정에 대해서도 마찬가지로, 감정을 입력 자극에 대한 적절한 출력을 내놓는 행동들의 패턴이 아니라 내적인 감정 경험으로 이해한다면 인공 감정이 곧 인간의 감정이라고 말할 수 없다. 인간만 보더라도 행동의 동등성은 심성 상태의 동등성을 함축하지 않기 때문에, 동일한 행동을 하는 두 사람이 서로 다른 감정을 느낄 수 있고 그 역도 가능하다. 로봇의 경우에는 행동의 동등성이 곧 심성 상태의 존재성조차도 함축하지 않는다.

로봇이 감정을 가지기 위해서는 감정을 인식하고 표현하는 데 그쳐서는 안 되고 내적인 감정을 생성할 수 있어야 한다. 그러나 거기에는 현실적으로 상당히 어려운 전제 조건이 만족되어야 한다. 첫째, 감정을 가진 개체는 기본적인 충동이나 욕구를 가진다고 전제된다. 목마름, 배고픔, 피로감 등의 본능이나 성취욕, 탐구욕 등이 없다면 감정도 없다. 둘째, 인간과 사회적으로 상호작용하기 위해 인간이 가지는 것과 같은 감정을 가지려면, 로봇은 최소한 고등 동물 이상의 일반 지능을 가지고, 생명체들처럼 복잡하고 예측 불가능한 환경에 적응할 수 있어야 한다. 그런데 복잡한 환경에 적응하여 행위할 수 있는 일반 지능을 가진 인공 지능에 도달하는 길은 아직 멀다. 현재 인공 지능이 제한적인 영역에서 주어진 과제를 얼마나 효율적으로 산출하는지 이외의 문제들은 부차적인 것으로 치부되고 있기 때문이다. 그렇다면 ⊙ 진정한 감정이 없는 로봇을 도덕 공동체에 받아들일 이유는 없다.

25. 윗글에 대한 이해로 적절하지 <u>않은</u> 것은?

① 인공 지능과 인공 감정을 연구하면 인간의 지능과 감정까지 더 잘 알게 된다.
② 인공 지능에서 행동이 하는 역할은 인공 감정에서 내적인 감정 경험이 맡는다.
③ 인공 지능에 회의적인 철학자는 의미의 이해가 지능의 본질적 요소라고 생각한다.
④ 인간성의 핵심이 로봇에게도 있다면 로봇을 도덕적 고려의 대상으로 인정해야 한다.
⑤ 인공 감정은 현실적으로 만들기가 어렵고 만들어도 인간과 같은지 판단하기가 어렵다.

26. 윗글을 바탕으로 〈보기〉의 상황에 대해 추론한 것으로 적절하지 <u>않은</u> 것은?

〈보 기〉

로봇 A가 바둑에서 최고수를 꺾고 우승한 뒤 기뻐하는 모습을 보고 인간 B가 함께 기쁨을 표현했다.

① A에게 누군가를 이기려는 본능이 있다면 A의 기쁨이 진정한 감정일 가능성이 있겠군.
② A의 기쁨이 적절한 입력 자극과 출력에 의한 것이라면 A의 기쁨은 진정한 감정이라고 말할 수 있겠군.
③ A가 바둑 이외의 다양한 영역에서도 인간처럼 업무를 잘 수행한다면 A의 기쁨이 진정한 감정일 가능성이 있겠군.
④ A나 B 모두 기쁘지 않으면서도 겉으로는 기뻐하는 행동을 보일 수 있겠군.
⑤ B가 A의 기쁨을 알게 된 것은 A의 신체 반응이나 표정 때문이겠군.

27. ㉠에 대해 문제를 제기한 것으로 가장 적절한 것은?

① 로봇이 감정에 휩싸인다면 복잡하고 예측 불가능한 환경에 잘 적응할 수 없지 않을까?

② 인간처럼 감정을 인식하고 표현하는 인공 감정 연구는 이미 상당한 수준에 올라 있지 않을까?

③ 인공 지능도 인간의 감정을 이해하고 배려한다면 인공 지능이 도덕적 고려를 할 수 있지 않을까?

④ 도덕 공동체에 있으면 내적 감정을 갖겠지만, 내적 감정을 갖는다고 해서 꼭 도덕 공동체에 포함해야 할까?

⑤ 비행기와 새의 비행 방식이 다르듯, 로봇은 인간과 다른 방식으로 감정의 핵심 역할을 수행할 수 있지 않을까?

[28~30] 다음 글을 읽고 물음에 답하시오.

윤리규범과 법규범은 인간에게 요구되는 행위가 무엇인지를 단순히 기술하는 것이 아니라 그러한 행위로 나아갈 것을 지시하는 규정적 성격을 지닌다는 점에서 유사하다. 하지만 보다 구체적인 측면에서는 양자가 서로 명확하게 구별되는 특징을 지니고 있는 것도 사실이다. 칸트는 이 점을 매우 분명한 형태로 지적하고 있다. 그의 설명에 따르면 법규범은 윤리규범과 달리 행위의 외적인 측면에 대해서만 관여할 뿐, 행위자가 어떤 심정에서 그러한 행위로 나아간 것인지에 대해서는 상관하지 않는다. 법은 결국 모든 사람이 공존하는 가운데 각자의 의지가 자유로이 표출될 수 있게 보장하기 위한 외적인 형식에 관심이 있을 뿐이다.

㉠칸트의 설명 체계에 의하면 법규범에 대하여 다음과 같은 세부 명제가 성립하게 된다. 첫째, 법규범은 사람들에게 무엇을 해야 하고 무엇을 하지 말아야 하는지를 지시해 주는 처방을 담고 있다는 규정성 명제, 둘째, 법규범은 사람들에게 오로지 외적으로 그것에 부합하게끔 행동할 것을 요구할 뿐, 그것을 따르는 것 자체가 행위의 이유가 될 것까지 요구하지는 않는다는 외면성 명제 , 셋째, 법규범은 특정한 목적을 공유하는 사람만이 아니라 그 관할 아래 놓여 있는 모든 사람을 구속한다는 무조건성 명제가 바로 그것이다.

하지만 칸트의 설명 체계에서 외면성 명제는 심각한 역설을 유발하는 것으로 보인다는 지적이 있다. 이 점은 법규범이 어떤 종류의 명령으로 표현될 수 있을 것인지를 생각하는 과정에서 드러난다. 우선 법규범은 그것을 따르는 사람들의 실질적 목적이나 필요를 전제로 하지 않으며, 오로지 외적인 자유만을 전제로 한다는 점에서 무조건적이며 단적으로 효력을 지닌다. 따라서 일견 정언 명령만이 법규범을 표현할 수 있을 듯하다.

그런데 정언 명령에 복종하는 유일한 방식은 그것이 명령하고 있다는 이유에서 그것에 따르는 것이다. 명령이기 때문에 하는 행위와 그저 명령에 부합하는 행위는 구별되어야 한다. 가령 형벌의 두려움 때문에 어쩔 수 없이 정언 명령이 요구하는 행위로 나아갔다면, 이를 정언 명령에 복종한 것이라고 말할 수는 없다. 따라서 외면성 명제가 성립하는 한, 법규범이 정언 명령으로 표현 된다는 것은 불가능할 것이다. 법규범은 그것을 따르는 내면의 동기까지 요구하지는 않는다는 점에서 윤리규범과 달라야 하기 때문이다.

그렇다면 법규범은 가언 명령으로 발하여질 것인가? 그렇지 않을 것이다. 가언 명령이란 "만일 당신이 강제와 형벌의 위험을 피하고자 한다면, 법이 지시하는 바를 행하라."와 같은 구조를 취하게 될 텐데, 이 경우 사실상 법규범은 강제와 형벌의 위험을 피하고자 하는 사람들에 대해서만 그것이 지시하는 바를 행하게 할 뿐이어서, 앞에서 살펴본 무조건성 명제에 반하게 되기 때문이다.

결국 윤리규범과 법규범에 대해 일견 통용되는 것으로 보이는 규정성 명제와 무조건성 명제 외에 법규범에 특유한 외면성 명제를 도입하는 순간, 법규범은 정언 명령으로도 가언 명령으로도 표현될 수 없게 됨으로써 종국적으로는 법규범에 한하여 규정성 명제를 인정할 수 없게 되는 역설적인 결과를 낳는다. 다시 말해서 법규범이 어떤 행위가 요구되고 어떤 행위가 금지되는지를 단순히 기술하는 수준에 머물지는 않는다 하더라도, 역설적이게도 그에 따라 행하도록 지시·명령·요구할 수는 없게 된다는 것이다.

하지만 윤리규범과 법규범의 차이를 오로지 법칙 수립 형식 내지 의무 강제 방식에서의 자율성과 타율성에서 찾는 칸트의 설명 체계에서 외면성 명제의 도입을 포기하기도 쉽지 않다. 그는 법칙 수립의 개념 자체를 규범과 동기라는 두 요소를 통해 정의하고 있기 때문에, 법규범에 관해서도 모종의 동기 자체는 제시될 수 있어야 한다. 그리고 그가 말하는 법규범에 어울리는 동기란 바로 타율적 강제라는 외적인 동기이다. 따라서 법규범은 윤리규범과 달리 누가 스스로 그것을 지키지 않을 때 그것을 지키도록 다른 사람이 강제할 수 있게 되는 것이다. 이렇듯 외면성이 법규범의 핵심적 징표를 이루고 있는 한, 칸트의 설명 체계에서 이를 무시하기는 어려울 것이며, 결국 외면성 명제의 도입에 따른 법적 명령의 역설도 쉽사리 해소될 수는 없을 것이다.

28. [외면성 명제]에 관한 내용으로 적절하지 <u>않은</u> 것은?

① 외면성 명제는 윤리규범과 법규범의 차이를 나타내는 것이다.
② 외면성 명제가 법규범을 기술적 명제로 환원시키는 것은 아니다.
③ 외면성 명제와 규정성 명제를 유지하는 한 무조건성 명제를 유지하기 어렵다.
④ 외면성 명제와 무조건성 명제를 유지하는 한 규정성 명제를 유지하기 어렵다.
⑤ 외면성 명제에 따르면 법칙 수립 과정에서 윤리규범은 의무 강제와 결합하지 않게 된다.

29. ㉠에 대해 추론한 것으로 적절하지 <u>않은</u> 것은?

① 윤리규범과 법규범의 내용은 서로 동일할 수 있을 것이다.
② 규범의 규정적 성격은 명령의 형태로 표현되어야 할 것이다.
③ 정언 명령에 부합하는 행위를 아무 이유 없이 할 수는 없을 것이다.
④ 윤리적 이유가 아닌 다른 이유에서 법규범을 준수할 수 있어야 할 것이다.
⑤ 윤리규범과 법규범은 공동체의 모든 구성원에 대하여 효력을 지닐 것이다.

30. 윗글을 바탕으로 〈보기〉를 설명한 것으로 가장 적절한 것은?

───〈보 기〉───

칸트는 외면성 명제를 현실 세계의 법규범에 관한 실용적 지식이 아니라 법규범의 개념에 내재한 필연성을 밝히는 분석적 진리로서 의도한 것이었지만, 이후의 전체주의 체제에 대한 역사적 경험에 비추어 볼 때, 그것은 정당한 국가 권력이 갖추어야 할 실질적 조건을 의미하는 것으로 드러났다.

① 칸트의 외면성 명제는 법적 명령의 역설을 초래함으로써 국가 권력의 정당성 기반을 약화시켰다.
② 칸트의 외면성 명제는 국가 권력이 사람들의 내면의 자유에 개입하려 해서는 안 된다는 것을 함의한다.
③ 칸트는 법규범의 독자성을 인정하고 이를 국가 권력의 정당성을 확보하기 위한 정치적 지도 원리로 삼고자 했다.
④ 칸트에 의거할 때 사람들이 법에 대한 심정적 지지 없이 단지 법에 부합하는 행위만을 할 때 전체주의 체제가 도래할 위험이 있다.
⑤ 칸트에 의거할 때 국가 권력의 행사는 사람들이 실제로 어떠한 이유에서 법을 준수하거나 위반하는지를 정확히 파악한 토대 위에서 이루어질 필요가 있다.

정답 및 해설 p.12

해커스 LEET
이재빈 언어이해 기출문제 + 해설집

2021학년도 기출문제

☑ 문제 풀이 시작과 종료 시각을 정한 후, 실전처럼 기출문제를 풀어보세요.

____ 시 ____ 분 ~ ____ 시 ____ 분(총 30문항 / 70분)

[01~03] 다음 글을 읽고 물음에 답하시오.

비즈니스 프로세스는 고객 가치 창출을 위해 기업 또는 조직에서 업무를 처리하는 과정을 말한다. 업무 처리 과정을 업무흐름도로 도식화하는 과정을 프로세스 모델링이라 하며, 그 결과물을 프로세스 모델이라고 한다. 프로세스 모델은 업무 처리 활동 및 활동들 간의 경로로 구성된다. 프로세스 모델이 효율적으로 작동하고 있는지를 확인, 분석, 수정·보완, 개선하는 작업이 필요한데, 프로세스 마이닝은 그중 한 기법이다. 프로세스 마이닝은, 시뮬레이션처럼 실제 이벤트 로그 수집 이전에 정립한 프로세스 모델 중심 분석기법과, 데이터 마이닝처럼 프로세스를 고려하지 않는 데이터 중심 분석기법을 연결하는 역할을 한다.

프로세스 마이닝은 정보시스템을 통해 확보한 이벤트 로그에서 프로세스에 관련된 가치 있는 정보를 추출하는 것이다. 이벤트 로그란 정보시스템에 축적된 비즈니스 프로세스 수행 기록인데, 이것이 프로세스 마이닝의 출발점이 된다. 이벤트 로그는 행과 열로 표현되는 이차원 표 형태이다. 업무 활동으로 발생한 이벤트는 행으로 추가되며, 각 열에는 이벤트의 속성들이 기록된다. 이때 기록되는 속성으로 필수적인 것은 사례 ID, 활동명, 발생 시점이며, 다양한 분석을 위해 그 외 속성들도 추가될 수 있다. 이벤트 로그는 사용자에게 도움이 되는 정보를 직접 제공할 수 없는 원데이터이므로, 그것을 우리가 사용할 수 있는 정보로 변환해 주어야 한다. 프로세스 마이닝에는 프로세스 발견, 적합성 검증, 프로세스 향상의 세 가지 유형이 있다.

프로세스 발견이란 프로세스 분석가가 알고리즘을 통해 이벤트 로그로부터 프로세스 모델을 도출하는 것을 말하는데, 이때 분석가는 별다른 업무 지식 없이도 작업을 수행할 수 있다. 만일 도출된 프로세스 모델이 복잡하여 유의미한 분석이 곤란할 경우, 퍼지 마이닝이나 클러스터링 기법을 활용할 수 있다. 퍼지 마이닝은 실행 빈도가 낮은 활동을 제거 또는 병합하거나, 그 활동들 간의 경로를 제거함으로써 프로세스 모델을 단순화해 주는 기법이다. 이때 프로세스 모델에 나타난 활동과 경로에 대한 임곗값을 설정하여 모델의 복잡도를 조절할 수 있다. 클러스터링은 특성이 유사한 사례들을 같은 그룹으로 묶어주는 기법이다. 전체 이벤트 로그를 대상으로 프로세스를 도출할 때 복잡한 프로세스 모델이 도출될 경우, 이 기법을 적용하여 이벤트 로그를 여러 개로 나눌 수 있다. 이렇게 세분화된 이벤트 로그에 프로세스 발견 기법을 적용하면, 프로세스 모델의 복잡도가 줄어든다.

적합성 검증이란 기존의 프로세스 모델과 이벤트 로그 분석에서 도출된 결과를 비교하여 어느 정도 일치하는지를 확인하는 것이다. 이때 기존의 프로세스 모델과 이벤트 로그에서 도출된 결과물이 불일치하는 경우가 발생하는데, 먼저 기존의 프로세스 모델이 적절함에도 불구하고 업무 담당자가 이를 준수하지 않는 경우를 들 수 있다. 이 경우에는 현실 세계의 실제 업무 수행 실태를 교정해야 한다. 이와 달리 이벤트 로그의 분석 결과물이 더 적절한 것으로 판단되는 경우에는 기존의 프로세스 모델을 수정할 필요가 있다.

프로세스 향상에는 두 유형이 있다. 하나는 기존의 프로세스 모델을 '수정'하는 것이며, 다른 하나는 업무 수행 시간 및 담당자 등 이벤트 로그 분석에서 얻은 부가적 정보를 추가하여 발견된 프로세스 모델을 '확장'하는 것이다. 확장의 예로는 이벤트 로그로부터 도출된 프로세스 모델에 프로세스 내 병목지점과 재작업 흐름을 시각화하는 것을 들 수 있다.

프로세스 마이닝은 데이터 과학에 근거를 두고 프로세스 분석가가 업무 전문가와 협업하여 기업이 수행하는 비즈니스 프로세스에 대한 문제점을 진단하고 개선 방안을 도출하는 데 기여할 수 있다.

01. 윗글과 일치하는 것은?

① 이벤트 로그는 프로세스 마이닝의 출발점이지만 그 자체로는 유용한 정보라 할 수 없다.
② 업무 전문가의 충분한 지식 없이 이벤트 로그로부터 프로세스 모델을 도출하기는 어렵다.
③ 프로세스 발견은 프로세스에 내재된 업무 관련 규정을 이벤트 로그로부터 도출하는 것이다.
④ 클러스터링은 복잡한 프로세스 모델을 여러 개의 세부 프로세스 모델로 구분해 주는 기법이다.
⑤ 이벤트 로그에서 업무 담당자를 파악하여 기존의 프로세스 모델에 활동과 경로를 추가하는 것은 프로세스 수정이다.

02. '프로세스 마이닝'에 대해 추론한 것으로 적절하지 <u>않은</u> 것은?

① 프로세스 마이닝을 도입하면 내부 규정의 준수 여부에 대한 감독이 용이해진다.
② 프로세스 마이닝을 통해 기존의 프로세스 모델이 실제로 어떻게 수행되는가를 파악할 수 있다.
③ 프로세스 마이닝은 판에 박힌 단순한 업무뿐 아니라 비정형적인 업무 처리 과정의 분석에도 활용된다.
④ 프로세스 마이닝은 예상된 이벤트 로그에 적용할 프로세스 모델 중심의 업무 성과 분석 및 개선 기법이다.
⑤ 프로세스 마이닝은 기존의 프로세스 모델뿐 아니라 발견으로 도출된 프로세스 모델을 향상하는 데에도 활용된다.

03. 〈보기〉의 사례에 프로세스 마이닝을 적용할 때 가장 적절한 것은?

〈보 기〉

○○병원에서는 외래 환자의 과도한 대기 시간을 줄이고 의료 서비스의 품질을 개선하기 위해 외래 환자 진료 프로세스를 분석하고자 한다. 이 병원에서는 질환별로 진행해야 하는 표준 진료 프로세스를 임상진료 지침으로 수립해 두고 있다. 프로세스 마이닝 도구를 사용하여 프로세스 모델을 도출하였더니 지나치게 복잡한 프로세스 모델이 도출되어 분석이 곤란한 상황이다. 또한 환자의 민감한 개인 의료정보가 저장된 이벤트 로그를 프로세스 분석가에게 제공할 경우 정보 보호 및 프라이버시 이슈가 존재하고, 병원의 기밀이 유출될 우려가 제기되어 이를 해결하고자 한다.

① 복잡도 문제를 해결하기 위해 연령 및 질환을 기준으로 이벤트 로그의 사례를 클러스터링 하려면 필수적 속성만 이벤트 로그에 있어도 된다.
② 적합성 검증 결과 기존의 프로세스 모델과 이벤트 로그 분석 결과가 불일치하면 의료진에 대한 제재 조치나 지침 재교육이 필수적이다.
③ 이벤트 속성의 임곗값을 조절하여 빈번하게 수행되는 진료 프로세스 수행 패턴을 파악할 수 있다.
④ 환자의 개인정보 보호를 위해 사례 ID를 제외하고 이벤트 로그를 작성해야 한다.
⑤ 외래 환자의 대기 시간 분석을 위해서는 프로세스 확장이 필요하다.

[04~06] 다음 글을 읽고 물음에 답하시오.

15세기 초 브루넬레스키가 제안한 선원근법은 서양의 풍경화에 큰 변화를 가져왔다. 고정된 한 시점에서 대상을 통일적으로 배치하는 기하학적 투시도법으로 인간의 눈에 보이는 대로 자연을 화폭에 담을 수 있게 된 것이다. 문학 비평가 가라타니 고진은 이러한 풍경화의 원리를 재해석한 '풍경론'을 통해 특정 문학 사조를 추종하는 문단의 관행을 비판했다.

고진에 따르면, 풍경이란 고정된 시점을 가진 한 사람에 의해 통일적으로 파악되는 대상이다. 내 눈 앞에 펼쳐진 풍경은 있는 그대로 존재하는 자연이 아니라 내가 보았기 때문에 여기 있는 것이며, 그런 점에서 모든 풍경은 내가 새롭게 발견한 대상이 된다. '풍경'은 단순히 외부에 존재해서가 아니라 주관에 의해 지각될 때 비로소 풍경이 된다.

고진은 이러한 과정을 '풍경의 발견'이라 부르고, 이를 근대인의 고독한 내면과 연결시켰다. 가령, 작가 구니키다 돗포의 소설에는 외로움을 느끼지만 정작 자기 주변의 이웃과 사귀지 않고 산책길에 만난 이름 모를 사람들이나 이제는 만날 일이 없는 추억 속의 존재들을 회상하며 그들에게 자신의 감정을 일방적으로 투사하는 주인공이 등장한다. 죽어갈 운명이라는 점에서는 모두가 동일하다면서, 주인공은 인간이란 누구든 다 친근한 존재들이라 말한다. 실제 이웃과의 관계 맺기를 기피한 채, 주인공은 현실적으로 아무 상관이 없는 사람들과 하나의 세계를 이루어 살고 있다. 고진은 인간마저도 하나의 풍경으로 취급해 버리는 주인공으로부터, 전도(顚倒)된 시선을 통해 풍경을 발견하는 '내적 인간'의 전형을 읽는다. 이로부터 고진은 "풍경은 오히려 외부를 보지 않는 자에 의해 발견된 것"이라는 결론을 얻는다.

고진의 풍경론은 한쪽에서는 내면성이나 자아라는 관점을, 다른 한쪽에서는 대상의 사실적 묘사라는 관점을 내세우며 대립하는 문단의 세태를 비판하기 위해 제시되었다. 주관의 재현과 객관의 재현을 내세우기에 마치 상반된 듯 보이지만 사실 두 관점은 서로 얽혀 있다는 것이다. 이미 풍경에 익숙해진 사람은 주관에 의해 배열된 세계를 벗어나지 못하고, 눈에 보이는 것이 본래적인 세계의 모습이라 믿는다. 풍경의 안에 놓여 있으면서도 풍경의 밖에 서 있다고 믿는 것이다. 고진은 만일 이러한 믿음에서 나온 외부 세계의 모사(模寫)를 리얼리즘이라 부른다면 그것이 곧 전도된 시선에서 비롯된 것임을 알아야 한다고 말한다. 리얼리즘의 본질을 '낯설게 하기'에서 찾는 러시아 형식주의의 견해 또한 마찬가지이다. 너무 익숙해서 실은 보고 있지 않은 것을 보게 만들어야 한다는 이 견해를 따른다면, 리얼리즘은 항상 새로운 풍경을 창출해야 한다. 따라서 리얼리스트는 언제나 '내적 인간'일 수밖에 없다.

물론 자신이 풍경 안에 갇혀 있다는 사실을 자각하는 이가 있을 수도 있다. 작가 나쓰메 소세키는 '문학이란 무엇인가'라는 질문을 던졌을 때, 자신이 참고해 온 문학책들이 자신의 통념을 만들고 강화했을 뿐이라는 사실을 깨닫고는 책들을 전부 가방에 넣어 버렸다. "문학 서적을 읽고 문학이 무엇인가를 알려고 하는 것은 피로 피를 씻는 일이나 마찬가지라고 생각했기 때문"이다. 고진은 소세키야말로 자신이 풍경에 갇혀 있다는 사실을 자각했던 것이라 본다. 일단 고정된 시점이 생기면 그에 포착된 모든 것은 좌표에 따라 배치되며 이윽고 객관적 세계의 형상을 취한다. 이 세계를 의심하기 위해서는 결국 자신의 고정된 시점 자체에 질문을 던지며 회의할 수밖에 없다. 이른바 '풍경 속의 불안'이 시작되는 것이다.

그렇다면 만일 선원근법에 의존하지 않는 풍경화, 예컨대 서양의 풍경화가 아닌 동양의 산수화를 고려한다면 고진의 풍경론은 달리 해석될까. 기하학적 투시도법을 따르지 않은 산수화에는 그야말로 자연이 있는 그대로 재현된 것처럼 보이니 말이다. 그러나 산수화의 소나무조차도 화가의 머릿속에 있는 소나무라는 관념을 묘사한 것이지 특정 시공간에 실재하는 소나무가 아니다. 요컨대 질문을 던지며 회의한들 그 외의 방식으로는 세계와 대면하는 방법을 알지 못하기에 막연한 불안이 생기는 사태를 막을 수는 없다. 그럼에도 불구하고 문학을 다루는 사람은 자신의 전도된 시선을 의심하는 일에 게을러서는 안 된다. 전도된 시선의 기만적 구도는 풍경 속의 불안을 느끼는 이들에 의해서만 감지될 수 있다. 이 미묘한 앞뒷면을 동시에 살피려는 시도가 없다면, 우리는 풍경의 발견이라는 상황을 보지 못할 뿐 아니라 단지 풍경의 눈으로 본 문학만을 쓰고 해석하게 될 것이다.

04. 윗글과 일치하지 않는 것은?

① 브루넬레스키의 선원근법은 풍경화에 사실감을 부여했다.
② 러시아 형식주의자들은 익숙한 세계를 새롭게 인식해야 한다고 주장했다.
③ 산수화와 풍경화는 기하학적 투시도법의 적용 여부에 따라 대상의 재현 양상이 대비된다.
④ 나쓰메 소세키는 문학 서적을 통해서 문학을 연구하는 작업이 자기 반복이라고 보았다.
⑤ 구니키다 돗포는 공적 관계를 기피하고 사적 관계에 몰두하는 인물을 소설의 주인공으로 삼았다.

05. '전도된 시선'을 설명한 것으로 가장 적절한 것은?

① 세계의 미묘한 앞뒷면을 동시에 살피는 것이다.
② 내면의 세계를 외부자의 시선으로 발견하는 것이다.
③ 현실을 취사선택하여 비현실적 세계를 만드는 것이다.
④ 실재로서 존재했지만 아무도 보지 못했던 풍경을 보는 것이다.
⑤ 주관적 시각을 통해 구성된 세계를 객관적 현실이라 믿는 것이다.

06. 윗글에 따를 때 고진의 관점에서 〈보기〉에 나타난 최재서의 입장을 해석한 것으로 가장 적절한 것은?

〈보 기〉

최재서는 내면성과 자아의 실험적 표현을 추구하는 이상의 소설을 사실적 묘사라는 관점에서 '리얼리즘의 심화'라고 비평한 바 있다. 이상의 「날개」에는 돈을 사용하는 법도 모르고 친구를 사귀지도 않으며 자신의 작은 방을 벗어나지 않는 주인공이 등장한다. 최재서에 따르면, 자폐적으로 자기 세계에 갇혀 지내는 사내의 심리에 주목한 「날개」는 특정 대상의 내면까지도 '주관의 막을 제거한 카메라'를 들이대어 투명하게 조망한 사례이다. 대상에 따라 관점은 이동할 수 있다는 것, 문학 작품의 해석에 미리 확정된 관점이나 범주란 없다는 것이 최재서의 결론이다.

① 대상에 따라 관점이 이동할 수 있다는 의견은, 고진에게는 작가의 머릿속에 있는 관념이 서양 풍경화의 방식으로 재현되는 것이라 해석되겠군.
② 작품 해석에서 미리 확정된 범주란 없다는 의견은, 고진에게는 주관이 외부를 적극적으로 파악하여 풍경 속의 불안을 벗어난 것이라 해석되겠군.
③ 내면성과 자아의 실험적 표현을 추구하는 작품도 리얼리즘에 속할 수 있다는 의견은, 고진에게는 풍경 안에 갇혀 있음을 자각한 것이라 해석되겠군.
④ 「날개」가 대상의 내면에 '주관의 막을 제거한 카메라'를 들이댔다는 의견은, 고진에게는 주관의 재현과 객관의 재현을 내세우며 대립하는 것이라 해석되겠군.
⑤ 이상이 「날개」에서 자폐적으로 자기 세계에 갇혀 지내는 사내를 그렸다는 의견은, 고진에게는 풍경을 지각하지 못하는 '내적 인간'의 전형을 그린 것이라 해석되겠군.

평등은 자유와 더불어 근대 사회의 핵심 이념으로 자리 잡고 있다. 인간은 가령 인종이나 성별과 상관없이 누구나 평등하다고 생각한다. 모든 인간은 평등하다고 말하는데, 이 말은 무슨 뜻일까? 그리고 그 근거는 무엇인가? 일단 이 말을 모든 인간을 모든 측면에서 똑같이 대우하는 절대적 평등으로 생각하는 이는 없다. 인간은 저마다 다르게 가지고 태어난 능력과 소질을 똑같게 만들 수 없기 때문이다. 절대적 평등은 개인의 개성이나 자율성 등의 가치와 충돌하기도 한다.

평등에 대한 요구는 모든 불평등을 악으로 보는 것이 아니라 충분한 이유가 제시되지 않은 불평등을 제거하는 데 목표를 두고 있다. '이유 없는 차별 금지'라는 조건적 평등 원칙은 차별 대우를 할 때는 이유를 제시할 것을 요구하고 있다. 이것은 어떤 이유가 제시된다면 특정한 부류에 속하는 사람들에게는 평등한 대우를, 그 부류에 속하지 않는 사람들에게는 차별적 대우를 하는 것을 허용한다. 그렇다면 사람들을 특정한 부류로 구분하는 기준은 무엇인가? 이것은 바로 평등의 근거에 대한 물음이다.

근대의 여러 인권 선언에 나타난 평등 개념은 개인들 사이의 평등성을 타고난 자연적 권리로 간주하였다. 하지만 이러한 자연권 이론은 무엇이 자연적 권리이고 권리의 존재가 자명한 이유가 무엇인지 등의 문제에 부딪히게 된다. 그래서 롤스는 기존의 자연권 사상에 의존하지 않는 방식으로 인간 평등의 근거를 마련하려고 한다. 그는 어떤 규칙이 공평하고 일관되게 운영되며, 그 규칙에 따라 유사한 경우는 유사하게 취급된다면 형식적 정의는 실현된다고 본다. 하지만 롤스는 형식적 정의에 따라 규칙을 준수하는 것만으로는 정의를 담보할 수 없다고 생각한다. 그 규칙이 더 높은 도덕적 권위를 지닌 다른 이념과 충돌할 수 있기에, 실질적 정의가 보장되기 위해서는 규칙의 내용이 중요한 것이다.

롤스는 인간 평등의 근거를 설명하면서 영역 성질(range property) 개념을 도입한다. 예를 들어 어떤 원의 내부에 있는 점들은 그 위치가 서로 다르지만 원의 내부에 있다는 점에서 동일한 영역 성질을 갖는다. 반면에 원의 내부에 있는 점과 원의 외부에 있는 점은 원의 경계선을 기준으로 서로 다른 영역 성질을 갖는다. 그는 평등한 대우를 받기 위한 영역 성질로서 '도덕적 인격'을 제시한다. 도덕적 인격이란 도덕적 호소가 가능하고 그런 호소에 관심을 기울이는 능력이 있다는 것인데, 이 능력을 최소치만 갖고 있다면 평등한 대우에 대한 권한을 갖게 된다. 도덕적 인격이라고 해서 도덕적으로 훌륭하다는 뜻이 아니라 도덕과 무관하다는 말과 대비되는 뜻으로 쓰고 있다. 그런데 어린아이는 인격체로서의 최소한의 기준을 충족하고 있는지가 논란이 될 수 있다. 이에 대해 롤스는 도덕적 인격을 규정하는 최소한의 요구 조건은 잠재적 능력이지 그것의 실현 여부가 아니기에 어린아이도 평등한 존재라고 말한다.

싱어는 위와 같은 롤스의 시도를 비판한다. 도덕에 대한 민감성의 수준은 사람에 따라 다르다. 그래서 도덕적 인격의 능력이 그렇게 중요하다면 그것을 갖춘 정도에 따라 도덕적 위계를 다르게 하지 말아야 할 이유가 분명하지 않다고 말한다. 그리고 평등한 권리를 갖는 존재가 되기 위한 최소한의 경계선을 어디에 그어야 하는지도 문제로 남는다고 본다. 한편 롤스에서는 도덕적인 능력을 태어날 때부터 가지고 있지 않거나 영구적으로 상실한 사람은 도덕적 지위를 가지고 있지 못하게 되는데, 이는 통상적인 평등 개념과 어긋난다. 그래서 싱어는 평등의 근거로 '이익 평등 고려의 원칙'을 내세운다. 그에 따르면 어떤 존재가

이익, 즉 이해관계를 갖기 위해서는 기본적으로 고통과 쾌락을 느낄 수 있는 능력을 갖고 있어야 한다. 그리고 그 능력을 가진 존재는 이해관계를 가진 존재이기 때문에 평등한 도덕적 고려의 대상이 된다. 이때 이해관계가 강한 존재를 더 대우하는 것이 가능하다. 반면에 그 능력을 갖지 못한 존재는 아무런 선호나 이익도 갖지 않기 때문에 평등한 도덕적 고려의 대상이 되지 않는다.

07. '평등'을 설명한 것으로 가장 적절한 것은?

① 형식적 정의에서는 차별적 대우가 허용되지 않는다.

② 조건적 평등과 달리 절대적 평등은 결과적인 평등을 가져온다.

③ 불평등은 충분한 이유가 있더라도 평등의 이념에 부합하지 않는다.

④ 규칙에 따라 유사한 경우는 유사하게 취급해도 결과는 불평등할 수 있다.

⑤ 인간의 능력은 절대적으로 평등하게 만들 수 있지만 자율성에 어긋날 수 있다.

08. 롤스와 싱어를 이해한 것으로 적절하지 <u>않은</u> 것은?

① 롤스에서 평등의 근거가 되는 특성을 가지지 못한 존재는 부도덕하다.

② 롤스에서 영역 성질은 정도의 차를 감안하지 않는 동일함을 가리킨다.

③ 싱어에서는 인간이 아닌 존재가 느끼는 고통과 쾌락도 도덕적으로 고려해야 한다.

④ 싱어에서는 도덕적으로 평등하다고 인정받는 사람들도 차별적 대우를 받을 수 있다.

⑤ 롤스와 싱어는 도덕에 대한 민감성이 사람마다 다름을 인정한다.

09. 〈보기〉에 대한 반응으로 적절하지 않은 것은?

〈보 기〉
○ 갑은 고통을 느끼는 능력과 도덕적 능력을 회복 불가능하게 상실하였다.
○ 을은 도덕적 능력을 선천적으로 결여했지만 고통을 느낄 수 있다.
○ 병은 질병으로 인해 일시적으로 도덕적 능력을 상실하였다.

① 갑에 대해 싱어는 도덕적 고려의 대상이 아니라고 보겠군.
② 을이 도덕적 능력이 있는 사람보다 더 고통을 느낀다면 싱어는 더 대우를 받아야 한다고 생각하겠군.
③ 을이 도덕적 고려의 대상임을 설명할 수 있다는 점에서 싱어는 자신의 설명이 통상적인 평등 개념에 부합한다고 생각하겠군.
④ 병에 대해 롤스는 그 질병에 걸리지 않은 사람과 달리 평등하지 않게 생각하겠군.
⑤ 갑과 을에 대해 싱어는 롤스가 도덕적 인격임을 설명하지 못할 것이라고 보겠군.

[10~12] 다음 글을 읽고 물음에 답하시오.

살펴보건대, ㉠ 상고 시대 법에서 오형(五刑)은 중죄인에 대하여 이마에 글자를 새기고(묵형) 코나 팔꿈치, 생식기를 베어내고(의형, 비형, 궁형), 죽이는(대벽) 형벌이었다. 다만 정상이 애처롭거나 신분과 공로가 높은 경우에는 예외적으로 오형 대신 유배형을 적용하였다. 나머지 경죄는 채찍이나 회초리를 쳤는데 따져볼 여지가 있는 경우에는 돈으로 대속할 수 있도록, 곧 속전(贖錢)할 수 있도록 하였다. 또 과실로 저지른 행위는 유배나 속전 할 것 없이 처벌하지 않았다. 그러나 배경을 믿고 범행을 저질렀거나 재범한 경우에는 유배나 속전할 사유에 해당하더라도 형을 집행하였다.

형법은 선왕들이 통치에서 전적으로 믿고 의지하는 도구는 아니었지만 교화를 돕는 수단이었고, 백성들이 그른 짓을 하지 않도록 역할을 해 왔다. 그렇다면 신체를 상하게 하여 악을 징계한 것도 당시에는 고심 끝에 차마 어쩔 수 없이 행하는 하나의 통치였던 것이다. ㉡ 지금의 법을 보면, 유배형과 노역형이 간악한 이를 효과적으로 막지 못하고 있다. 그렇다고 해서 그보다 더 무거운 형벌로 과도하게 적용하면 죽이지 않아도 될 범죄자를 죽일 수 있어 적당하지 않다. 따라서 예전처럼 의형, 비형을 적용한다면, 신체는 다쳐도 목숨은 보전될 뿐만 아니라 뒷사람에게 경계도 되니 선왕의 뜻과 시의에 알맞은 일이다.

지금은 살인과 상해에 대하여도 속전할 수 있도록 하여, 재물 있는 이들이 사람을 죽이거나 다치게 하도록 만드니, 무고한 피해자에게는 이보다 더 큰 불행이 있겠는가? 그리고 살인자가 마을에서 편안히 살고 있으면, 부모의 원수를 갚으려는 효자가 어떻게 그대로 보겠는가? 변방으로의 유배를 그대로 집행하는 것이 양쪽을 모두 보전하는 일이다. 선왕들이 중죄인에 대하여 죽이거나 베면서 조금도 용서하지 않은 것은 그 죄인도 또한 피해자에게 잔혹히 했기 때문이니, 그 형벌의 시행이 매우 참혹해 보이지만 실상은 마땅히 해야 할 일을 집행한 것이다.

어떤 이가 말하기를, 신체에 가하는 형벌인 육형(肉刑)으로 오형만 있었던 상고 시대에 순임금이 그 참혹함을 차마 볼 수 없어서 유배, 속전, 채찍, 회초리의 형벌을 만들었다고 한다. 그렇다고 하면 요임금 때까지는 채찍이나 회초리에 해당하는 죄에도 묵형이나 의형을 집행했다는 말인가? 그러니 오형에 처하던 것을 순임금이 법을 바로잡아 속전할 수 있도록 하였다는 말은 옳지 않다. 의심스럽다든가 해서 중죄를 속전할 수 있도록 한다면, 부자들은 처벌을 면하고 가난한 이들만 형벌을 받을 것이다.

지금의 사법기관은 응보에 따라 화복(禍福)이 이루어진다는 말을 잘못 알고서, 죄의 적용을 자의적으로 하여 복된 보답을 구하려는 경향이 있다. 죄 없는 이가 억울함을 풀지 못하고 죄 지은 자가 되려 풀려나게 하는 것은 악을 행하는 일일 뿐이니 무슨 복을 받겠는가? 지금의 사법관들은 죄수를 신중히 살핀다는 흠휼(欽恤)을 잘못 이해하여서, 사람의 죄를 관대하게 다루어 법 적용을 벗어나도록 해 주는 것으로 안다. 그리하여 죽여야 할 이들을 여러 구실을 들어 대부분 감형되도록 한다. 참형에 해당하는 것이 유배형이 되고, 유배될 것이 노역형이 되고, 노역할 것이 곤장형이 되고, 곤장 맞을 것을 회초리로 맞게 되니, 이는 뇌물을 받아 법을 가지고 논 것이지 어찌 흠휼이겠는가?

인명은 지극히 중한 것이다. 만약 무고한 사람이 살해되었다면, 법관은 마땅히 자세히 살피고 분명히 조사하여 더는 의심의 여지가 없게 해야 할 것이다. 그리고 이렇게 한 뒤에는 반드시 목숨으로 갚도록 해야 한다. 이로써 죽은 자의 원통한 혼령을 위로할 뿐 아니라, 과부와 고아가 된 이가 원수 갚고자 하는 마음을 위로할 수 있으며, 또한 천리를 밝히고 나라의 기강을 떨치는 일이다. 보는 이들의 마음을 통쾌하게 할 뿐 아니라 후대의 징계도 되니, 또한 좋지 않겠는가.

지금은 교화가 쇠퇴하여 인심이 거짓을 일삼으며, 저마다 자신의 잇속만 챙기면서 풍속도 모두 무너졌다. 극악한 죄인은 죄를 받지 않고, 선량한 백성들은 자의적인 형벌의 적용을 면치 못하기도 한다. 또 강자에게는 법을 적용하지 않고 약자에게는 잔인하게 적용한다. 권문세가에는 너그럽고 한미한 집에는 각박하다. 똑같은 일에 법을 달리하고 똑같은 죄에 논의를 달리하여, 간사한 관리들이 법조문을 농락하고 기회를 잡아 장사하니, 그것은 단지 살인자를 죽이지 않고 형법을 방기하는 잘못에 그치는 일이 아니다. 이 통탄스러움을 이루 말로 다할 수 있겠는가.

– 윤기, 「논형법(論刑法)」 –

10. 글쓴이의 입장과 일치하는 것은?

① 교화를 중시하고 형벌의 과도한 적용을 삼가야 한다고 생각한다.
② 살인을 저지른 중죄인이 유배되는 일은 없어야 한다고 주장한다.
③ 인명이 소중하므로 사형과 같은 참혹한 형벌의 폐지에 찬성한다.
④ 형벌로 보복을 대신하려고 하는 응보적인 경향에 대해 반대한다.
⑤ 무고하게 살해된 피해자를 고려하면 의형은 합당한 처벌이라고 본다.

11. 윗글에 따라 ㉠, ㉡을 설명한 것으로 가장 적절한 것은?

① ㉠에서는 경미한 죄에도 오형을 적용하도록 되어 있었다.
② ㉠에서는 중죄에 대한 형벌을 육형으로 하는 것이 원칙이었다.
③ ㉡에서는 유배형도 정식의 형벌이므로 속전의 대상이 되지 않는다.
④ ㉠에서 오형에 해당하지 않는 형벌은 ㉡에서도 집행하지 않는다.
⑤ ㉠에서의 오형은 잔혹한 형벌이라 하여 ㉡에서는 모두 사라지게 되었다.

12. 윗글과 〈보기〉를 비교 평가한 것으로 적절하지 않은 것은?

〈보 기〉

상고 시대에 유배형은 육형을 가해서는 안 되는 관료에게 베푸는 관용의 수단으로서 공식적인 형벌이 아니라 임시방편과 같은 것이었다. 또 속전은 의심스러운 경우에 적용한 것이지 꼭 가벼운 형벌에만 해당했던 것도 아니었다. 여기서 속은 잇는다[續]는 데서 따다가 대속한다[贖]는 의미로 된 것이니, 육형으로 끊어진 팔꿈치를 다시 붙일 수 없는 참혹함을 받아들이지 못하는 어진 정치에서 비롯한 것임을 알 수 있다. 지금의 법에서 속전은 정황이 의심스럽거나 사면에 해당하는 경우에만 비로소 허용된다. 그에 해당하는 경우가 아니라면 부유함으로 처벌을 요행히 면해서는 안 되며, 해당하는 경우이면 가난뱅이는 속전도 필요 없다. 죽여야 할 사람을 끝없이 살리려고만 한다면 어찌 덕이 되겠는가. 흠휼은 한 사람이라도 죄 없는 자를 죽이지 않으려는 것이지 살리기만 좋아하는 것이 아니다.

① 법을 엄격하게 집행해야 한다고 보는 점은 두 글이 같은 태도이다.
② 속전의 남용에 대해 흠휼을 오해한 소치로 보는 점은 두 글이 같은 태도이다.
③ 상고 시대에 중죄를 속전할 수 있었는지에 대해서는 두 글이 서로 달리 보고 있다.
④ 중죄에 대한 속전이 부자들의 전유물이므로 폐지하자는 것에 대해서는 두 글이 다른 태도를 보일 것이다.
⑤ 유배의 효과가 없을 때 의형이나 비형을 되살릴 수 있다는 것에 대해서는 두 글이 같은 태도를 보일 것이다.

68혁명 이후 구조에서 차이로, 착취에서 자유나 배제로 문제 설정이 변화하고, 신자유주의적 반(反)정치의 경향이 강화되었던 1980년대에 르포르는 '정치적인 것'의 활성화를 제기하였다. 그에 앞서 아렌트가 고대 아테네의 시민적 덕성의 복원을 통한 정치적인 것의 활성화를 제기했다면, 르포르는 근대 민주주의 자체의 긴장에 주목하면서 '인권의 정치'를 통한 정치적인 것의 부활을 시도하였다. 그는 인권을 공적 공간의 구성 요소로 파악하면서 개인에 내재된 자연권으로 보거나 개인의 이해관계에 기반한 소유권적 관점에서 파악하려는 자유주의적 입장을 거부한다. 르포르는 자유주의가 인간의 권리를 개인의 권리로 환원시킴으로써 사회적 실체에 접근하지 못하고, 결국 민주주의를 개인과 국가의 표상관계를 통해 개인들의 이익의 총합으로서 국가의 단일성을 확보하기 위한 수단으로 볼 뿐이라고 비판한다.

르포르는 1789년 「인권선언」의 조항들이 '개인적 자유'보다 '관계의 자유'를 의미한다고 본다. 선언의 제4조에서 언급한 '타인에게 해를 끼치지 않는 모든 것을 할 수 있는 자유'는 사회적 공간이 권력에 대해 권리들의 자율성을 향유한다는 의미이자, 어떤 것도 그 공간을 지배할 수 없다는 의미이다. 그리고 제11조에서 언급한 '생각과 의견의 자유로운 소통의 자유' 역시 근대 사회의 시민이 자신의 생명과 재산에 대한 위협을 느끼지 않고 의견을 표현할 수 있는 권리를 의미한다. 르포르는 이러한 권리가 개인과 개인의 존엄성에 대한 보호라기보다는 개인들끼리의 공존 형태, 특히 권력의 전능으로 인해 인간 간의 관계가 침탈될 우려에서 비롯된 특정한 공존 형태에 대한 정치적 개념이라고 본다.

르포르는 ㉠권리와 권력의 관계에 주목한다. 18세기에 형성된 인간의 권리는 사회 위에 군림하는 권력의 표상을 붕괴시키는 자유의 요구로부터 출현했다. 근대에 '인간의 권리'는 '시민의 권리'로서 존재해 왔다. 인간은 특정 국민국가의 성원으로서 국가권력에 의해 인정될 때, 즉 이방인이었던 아렌트가 포착했던 '권리들을 가질 수 있는 권리'가 전제될 때 비로소 권리를 향유할 수 있다. 하지만 르포르가 제기하는 것은 권력이 권리에 순응해야 한다는 점이다. 특히 저항권은 시민 고유의 것이지 결코 국가에게 그것의 보장을 요구할 수 없는 것이다. 그것은 권력에 대한 권리의 선차성이며, 권력이 권리에 어떤 영향도 미칠 수 없다는 것을 의미한다.

하지만 그의 비판자들은 권리가 권력을 통해서만 존재해 온 역사를 르포르가 간과하고 있다고 지적한다. 인권의 정치를 통한 권리의 확장은 권력의 동시적인 확장, 나아가 전체주의적 권력의 등장을 가져올 수 있다는 것이다. 근대 민주주의의 속성인 인민과 대표의 동일시에 따른 대표의 절대화를 통해 '하나로서의 인민'과 '사회적인 것의 총체로서의 당'에 대한 표상의 일치, 당과 국가의 일치, 결국 '일인' 통치로 귀결된 전체주의가 그 예라고 르포르를 비판한다.

물론 르포르도 새로운 권리의 발생이 국가권력을 강화시킬 수 있음을 인정한다. 따라서 국가권력에 대한 제어와 감시가 필요하며, 억압에 대한 저항으로서 정치적 자유가 강조된다. 공적 영역에서 실현되는 정치적 자유는, 시민들의 관계를 표현하는 장치이자 권력에 대한 통제 수단으로서 정치적인 것의 활성화를 통해 공론장과 같은 민주적 공간을 구성한다. 그러한 민주적 공간을 구성하는 권리로부터 법률이 형성된다. 따라서 권리의 근원은 그 누구에 의해서도 독점되지 않는 권력이어야 한다. 국가권력은 상징적으로는 단일하지만 실제적으로는 민주적으로 공유되어야 함에도, 이를 오해한 것이 전체주의이다.

결국 르포르는 권력이 제어할 수 있는 틀을 넘어 쟁의가 발생하는 장소로서 민주주의 국가를 제시함으로써 법이 인정하는 한에서 권리를 사유하는 자유주의적 법치국가의 한계를 넘어서고자 하며, 역사적으로 다양한 권리들이 권력이 정한 경계를 넘어서 생성되어 왔다는 점을 강조한다. 이때 인권의 정치는 차별과 배제에 대한 저항과 새로운 주체들의 자유를 위한 무기가 된다. 나아가 '권리들을 가질 수 있는 권리'라는 관념은 인간의 권리의 실현 조건으로서 국가권력이라는 틀 자체를 거부하면서, 자신이 거주하는 곳에서 권리의 실현을 요구하는 급진적 흐름으로서 세계시민주의의 가능성을 보여준다.

13. 윗글과 일치하지 <u>않는</u> 것은?

① 아렌트는 시민적 덕성의 복원을 통해, 르포르는 인권의 정치를 통해 공적 공간의 민주화에 대해 사유한다.

② 르포르는 근대 국가권력의 상징적 측면에서, 자유주의자들은 개인과 국가의 표상관계를 통해 권력의 단일성을 이해한다.

③ 자유주의자들은 자연권 혹은 소유권적 관점에서 개인의 권리를 파악하면서 민주주의를 개인의 권리들의 관계가 만들어 내는 쟁의의 공간으로 이해한다.

④ 전체주의는 근대 민주주의가 피통치자로서의 인민과 통치자로서의 대표를 동일시하는 경향이 극단화될 때 나타난다.

⑤ 세계시민주의는 인간의 권리가 실현되는 조건으로 국민국가의 성원이라는 전제를 거부할 필요가 있음을 주장한다.

14. 윗글에 따를 때 ㉠에 대한 르포르의 관점을 이해한 것으로 적절하지 <u>않은</u> 것은?

① 국가권력이 보장할 수 없는 시민 고유의 권리가 존재할 수 있다고 본다.

② 근대의 민주적 권력은 상징적 및 실제적 권력의 단일성에 근거하여 권리를 확장시켜 왔다고 본다.

③ 근대국가에서는 국가권력이 개인을 국민이라는 성원으로 인정하는 한에서 권리를 부여해 왔다고 본다.

④ 국가권력이 설정한 권리의 한계를 극복하면서 국민국가 초기에 인정되지 않았던 권리들이 인정받았다고 본다.

⑤ 권리를 사회적 관계의 산물로 이해함으로써 권리는 누구도 독점할 수 없는 민주적 공간을 구성하는 동력이 된다고 본다.

15. ⌐르포르⌐와 〈보기〉의 ⌐푸코⌐를 비교한 것으로 가장 적절한 것은?

<보 기>

⌐푸코⌐는 개인의 삶 자체가 위험이라는 인식하에서 국가가 출생에서 죽음에 이르기까지의 개인의 삶 전체를 관리하는 '생명 관리권력의 시대'가 등장하였다고 주장한다. 근대에 개인의 권리의 확대는 개인을 위험으로부터 보호하려는 문제의식에서 비롯되었지만, 그것은 동시에 국가가 더 깊이 개인의 삶에 침투하는 권력으로 전환되는 역설을 낳았다. 개인이 권력의 시선, 즉 규율을 내면화함으로써 권력이 만들어 낸 주체가 되어간다는 점에서, 근대의 자율적 주체는 사라져 버렸다. 푸코는 개인에 대한 억압을 강조했던 기존의 권력 관념을 대신하여 국가권력이 생산적 권력임을 강조한다.

① 르포르는 권리에 대한 권력의 종속을 비판했다면, 푸코는 개인의 삶에 침투하는 권력의 특성에 주목했다.

② 르포르는 인권의 정치를 통해 민주주의의 확장을 주장했다면, 푸코는 권리에 대한 요구를 통해 권력을 제한하려 했다.

③ 르포르는 권리의 확장이 가져올 수 있는 권력의 비대화 및 독점화를 우려했다면, 푸코는 자율적 주체에 의한 권리의 확장을 주장했다.

④ 르포르는 권력이 설정한 경계를 넘어 권리의 주체를 형성할 것을 주장했다면, 푸코는 국가권력이 권력의 시선을 내면화하는 주체를 생산하고 관리한다는 점에 주목했다.

⑤ 르포르는 전체주의가 될 위험에서 벗어나기 위한 해결책을 근대 민주주의 내에서 찾으려 했다면, 푸코는 권력으로부터 개인의 안전을 확보하기 위한 해결책을 권력 내에서 찾으려 했다.

[16~18] 다음 글을 읽고 물음에 답하시오.

18세기 후반 이후, 이슬람 세계는 제국주의 침략을 받기 시작했고, 이슬람 신자들은 그에 맞서 저항하였다. 그중 눈에 띄는 것은 수피 종단들이 여러 지역에서 군사적 저항을 주도했다는 점이다. 대표적인 것이 알제리, 리비아, 수단에서의 항쟁이었다. 어떻게 이들이 상당한 기간 동안 열강에 맞서 저항할 수 있었을까?

수피즘은 신과의 영적 합일을 통한 개인적 구원을 추구한다. 수피즘을 따르는 이들인 수피는 속세의 욕심에서 벗어나 모든 것을 신께 의탁하며, 금욕적으로 살고자 했다. 8세기 초에 수피즘이 싹텄고, 9세기에는 독특한 신비주의 의식이 나타났다. 수피가 걷는 개인적인 영적 도정은 길을 잃을 수도, 자아도취에 빠져 버릴 수도 있었기에 위험하기도 했다. 그 때문에 그들은 영적 선배들을 스승으로 모시게 되었고, 거의 맹목적으로 스승을 따라야 했다. 10세기 말 수피들은 종단을 구성하기 시작했다. 수피 종단은 지역과 시기에 따라 성쇠를 거듭했지만, 점차 많은 동조자를 얻었다.

북아프리카의 경우, 수피 종단들은 한동안 쇠락하다가 18세기 이후 강력하게 재조직되어 선교와 교육기관의 역할도 담당했고, 지역 밀착을 통해 생활 공동체를 형성하는 구심점이 되면서 항쟁에 필요한 기반을 이미 갖추고 있었다. 이 지역에서 수피즘 지도자들이 외세에 맞서 부족들 간 이견을 봉합하고 결집시킬 수 있었던 요인 중 하나는 종교적 권위였다. 특히 알제리 항쟁을 이끌었던 압드 알 카디르와 리비아 항쟁 지도자였던 아흐마드 알 샤리프가 성인으로 존경받은 것은 정치적 권위를 확보하는 데 큰 도움이 되었다.

수니파에서 가장 엄격한 와하비즘은 성인을 인정하지 않고, 심지어 은사를 받기 위해 예언자 무하마드의 묘소에서 기도하는 것도 알라 외의 신성을 인정하는 것이라고 보아 배격했다. 하지만 수피즘에서는 성인의 존재를 인정했다. 성인은 왈리라고 불리는데, 질병과 불임을 치료하고 액운을 막는 등의 이적을 행할 수 있다는 것이다. 성인들의 묘소는 순례의 대상이 되었고, 이를 중심으로 설립된 수피즘 수도원은 지역 공동체의 중심이 되는 경우가 많았다.

한편 북서 아프리카의 수피즘 신자들은 혈통을 중시하는 베르베르 토속 신앙의 영향을 짙게 받아 무라비트를 성인으로 숭배했다. 무라비트는 코란 학자, 종교 교사 등을 통칭하는 용어였지만, 이 지역에서는 특정 수피 종단을 이끄는 왈리를 가리킨다. 무라비트는 신의 은총인 바라카를 가졌다고 여겨져 존경을 받았다. 무라비트는 특정 가문 출신 중 영적으로 선택된 소수만이 될 수 있었는데, 대표적으로는 예언자 무하마드의 후손인 샤리프 가문이 있다. 압드 알 카디르와 아흐마드 알 샤리프는 모두 이 가문 출신의 무라비트였다.

북동 아프리카에서 일어난 수단 항쟁의 주역인 무함마드 아흐마드의 경우는 달랐다. 그는 성인 가문 출신은 아니었지만, 당시 만연한 ⌐마흐디⌐의 도래에 대한 기대감을 충족시켜 종교적 권위를 얻고 이를 다시 정치적 권위로 전환시킴으로써 항쟁의 중심이 되었다. 이슬람교에서 마흐디란 종말의 순간 인류를 올바른 길로 인도하고 정의와 평화의 시대를 가져오는 구원자이다. 또한 마흐디는 부정의를 제거하고 신정주의 국가를 건설하는 개혁적 지도자이기도 하다. 마흐디 사상은 민간 신앙에서 출발하여 퍼진 것이었고, 특히 토속 신앙의 영향을 많이 받았던 수피들은 종단 지도자를 마흐디로 쉽게 받아들였다. 1881년, 무함마드 아흐마드는 자신이 예언자 무하마드의 생애와 사건을 재현하는 존재인 마흐디라고 선언했고, 이를 통해 여러 수피 종단과 부족 간의 갈등을 수습하여 외세에 맞서는 결속력을 만들었다.

더불어 수피즘의 의식에 참여한 이들 간에 생기는 형제애는 초국가적 조직망의 형성과 상호 협조를 가능하게 했다. 항쟁의 중심이었던 수피 종단들은 여러 나라에 수도원 중심의 조직을 가지고 있었다. 이들은 정보 교환, 물자 조달, 은신처 제공을 통해 항쟁을 뒷받침했다. 이처럼 영적 권위와 물질적 기반이 어우러져 비폭력 평화주의를 지향하던 종교 집단이 열강에 맞서 오랜 동안 저항할 수 있었던 것이다.

16. 윗글과 일치하지 않는 것은?

① 수피 종단들이 행했던 선교 활동은 알제리와 리비아, 수단에서 성공을 거두었다.

② 와하비즘 신봉자들은 예언자 무하마드를 특별한 존재로 받들면 일신교적 원칙을 어긴다고 보았다.

③ 수피들은 고유한 영적 의식의 참여를 통해 만들어진 연대 의식을 바탕으로 국제적 조직망을 구성했다.

④ 수피즘은 세속을 떠나 신에게 모든 것을 맡기는 삶을 추구하면서도 지역 공동체와의 협조를 중시했다.

⑤ 개인적 구원의 희구와 지도자에 대한 추종 간의 모순은 수피즘의 결과적 쇠락을 초래한 주요 원인이었다.

17. 마흐디에 대한 이해로 가장 적절한 것은?

① 수단의 수피즘에서 마흐디는 무하마드의 후손으로 받아들여지는 구원자를 의미했다.

② 마흐디는 신비주의적 의식을 통해 알라와 하나가 되는 경지에 이르렀을 때 완성된다.

③ 탁월한 군사적 능력을 지녀 외세를 막아 내는 국가 지도자로 존경받는 인물이 마흐디이다.

④ 마흐디가 신정주의 국가를 건설할 것이라는 개혁적 개념은 이슬람 경전에서 그 기원을 찾을 수 있다.

⑤ 무함마드 아흐마드가 마흐디로 인정받은 것은 당시가 종말의 시대로 여겨지고 있었음을 알려준다.

18. 〈보기〉를 바탕으로 윗글에 관해 추론한 것으로 적절하지 않은 것은?

〈보 기〉

"창조주시여, 당신은 현세와 내세에서 나의 반려자이십니다." 라는 코란의 구절을 바탕으로 '알라의 반려자'라는 뜻의 왈리를 추앙하는 사상인 윌라야가 나타났다. 성인은 인류와 알라를 가로막는 욕망에서 초탈한 인물이어서 알라와 인류의 중재자로서 권능을 지닌다고 여겨졌고, 사후에도 권위가 남아 있었다. 묘소는 중립 지대였으며, 적대적 부족들도 함께 모이는 장터 역할도 했다. 일부 사람들은 최후의 심판일에 예언자 무하마드가 중재자로서 신도들을 구원할 것이라고 믿었다. 그가 예언자이면서 왈리라고 생각한 것이다.

① 초월적 능력은 지니지 않아도 무라비트가 될 수 있는 것은 예언자 무하마드의 혈통을 지녔기 때문일 것이다.

② 왈리가 특별한 능력을 시현한다고 믿어졌던 것은 윌라야에 의거해 신과 인간 사이에 중재자가 있다고 믿었기 때문일 것이다.

③ 왈리의 묘소를 중심으로 설립된 수피즘 수도원이 종종 지역 공동체의 중심이 된 것은 사후에도 권위가 남았기 때문일 것이다.

④ 압드 알 카디르가 부족 간의 이견을 봉합하고 결집할 수 있었던 것은 그가 욕망에서 초탈한 인물이라고 여겨졌기 때문일 것이다.

⑤ 샤리프 가문이 바라카를 지닐 수 있다고 인정되는 가문이 된 것은 예언자 무하마드가 최후의 심판에서 맡을 역할 때문일 것이다.

조선 시대를 관통하여 제례는 왕실부터 민간에 이르기까지 폭넓게 시행되었으며, 그 중심에는 유학자들이 있었다. 그런 만큼 유학자들에게 제사의 대상이 되는 귀신은 주요 논제일 수밖에 없었고, 이들의 귀신 논의는 성리학의 자연철학적 귀신 개념에 유의하여 유학의 합리성과 윤리성의 범위 안에서 제례의 근거를 마련하는 데 비중을 두었다.

성리학의 논의가 본격화되기 전에는 대체적으로 귀신을 인간의 화복과 관련된 신령한 존재로 여겼다. 하지만 15세기 후반 남효온은 귀신이란 리(理)와 기(氣)로 이루어진 자연의 변화 현상으로서 근원적 존재의 차원에 있지는 않지만 천지자연 속에 실재하며 스스로 변화를 일으키는 존재라고 설명하여, 성리학의 자연철학적 입장에서 귀신을 재해석하였다. 이에 따라 귀신은 본체와 현상, 유와 무 사이를 오가는 존재로 이해되었고, 이 개념은 인간의 일에 적용되어 인간의 탄생과 죽음에 결부되었다. 성리학의 일반론에 따르면, 인간의 몸은 다른 사물과 마찬가지로 기로 이루어져 있고, 생명을 다하면 그 몸을 이루고 있던 기가 흩어져 사라진다. 기의 소멸은 곧바로 이루어지지 않고 일정한 시간을 두고 진행된다. 흩어지는 과정에 있는 것이 귀신이므로 귀신의 존재는 유한할 수밖에 없었고, 이는 조상의 제사를 4대로 한정하는 근거가 되었다.

기의 유한성에 근거한 성리학의 귀신 이해는 먼 조상에 대한 제사와 관련하여 문제의 소지를 안고 있었기에 귀신의 영원성에 대한 근거 마련이 필요했다. 이와 관련하여 ㉠서경덕은 기의 항구성을 근거로 귀신의 영원성을 주장하였다. 모든 만물은 기의 작용에 의해 생성 소멸한다고 전제한 그는 삶과 죽음 사이에는 형체를 이루는 기가 취산(聚散)하는 차이가 있을 뿐 그 기의 순수한 본질은 유무의 구분을 넘어 영원히 존재한다고 설명하였다. 기를 취산하는 형백(形魄)과 그렇지 않은 담일청허(湛一淸虛)로 구분한 그는 기에 유무가 없는 것은 담일청허가 한결같기 때문이라 주장하였다. 나아가 담일청허와 관계하여 인간의 정신이나 지각의 영원성도 주장하였다. 이 같은 서경덕의 기 개념은 우주자연의 보편 원리이자 도덕법칙인 불변하는 리와, 존재를 구성하는 질료이자 에너지인 가변적인 기라는 성리학의 이원적 요소를 포용한 것이었으며, 물질성과 생명성도 포괄한 것이었다.

㉡이이는 현상 세계의 모든 존재는 리와 기가 서로 의존하여 생겨난다는 입장을 분명히 하는 한편, 귀신이라는 존재가 지나치게 강조되면 불교의 윤회설로 흐를 수 있고, 귀신의 존재를 무시하면 제사의 의의를 잃을 수 있다는 점에 주목하였다. 그는 불교에서 윤회한다는 마음은 다른 존재와 마찬가지로 리와 기가 합쳐져 일신(一身)의 주재자가 된다고 규정하였다. 마음의 작용인 지각은 몸을 이루는 기의 작용이기 때문에 그 기가 한 번 흩어지면 더 이상의 지각 작용은 있을 수 없다고 지적하여 윤회 가능성을 부정하였다. 아울러 그는 성리학의 일반론을 수용하여 가까운 조상은 그 기가 흩어졌더라도 자손들이 지극한 정성으로 제사를 받들면 일시적으로 그 기가 모이고 귀신이 감통의 능력으로 제사를 흠향할 수 있다고 보았다. 기가 완전히 소멸된 먼 조상에 대해서는 서로 감통할 수 있는 기는 없지만 영원한 리가 있기 때문에 자손과 감통이 있을 수 있다고 주장하였다. 하지만 감통을 일으키는 것이 리라는 그의 주장은 작위 능력이 배제된 리가 감통을 일으킨다는 논리로 이해될 수 있어 논란의 소지가 있는 것이었다.

이이의 계승자인 낙론계 유학자들은 귀신을 리와 기 어느 쪽으로 해석하는 것이 옳은가라는 문제의식으로 논의를 전개하였다. 김원행은 귀신이 리와 기 어느 것 하나로 설명될 수 없으며, 리와 기가 틈이 없이 합쳐진 묘처(妙處), 즉 양능(良能)에서 그 의미를 찾아야 한다고 주장하였다. 그는 양능이란 기의 기능 혹은 속성이지만 기 자체의 무질서한 작용이 아니라 기에 원래 자재(自在)하여 움직이지 않는 리에 따라 발현하는 것이라 설명하여 귀신을 리나 기로 지목하더라도 상충되는 것이 아니라고 보았다. 김원행의 동문인 송명흠도 모든 존재는 리와 기가 혼융한 것이라고 전제하고, 귀신을 리이면서 기인 것, 즉 형이상에 속하고 동시에 형이하에 속하는 것이라고 설명하였다. 그는 사람들이 귀신을 리로 보지 않는 이유는 양능을 기로만 간주하였기 때문이라 비판하고, 제사 때 귀신이 강림할 수 있는 것은 기 때문이지만 제사 주관자의 마음과 감통하는 주체는 리라고 설명하였다. 이처럼 기의 취산으로 귀신을 설명하면서도 리의 존재를 깊이 의식한 것은 조상의 귀신을 섬기는 의례 속에서 항구적인 도덕적 가치에 대한 의식을 강화하고자 한 것이었다.

19. 윗글에 대한 이해로 적절하지 않은 것은?

① 성리학적 귀신론은 신령으로서의 귀신 이해를 대체하는 것이었다.

② 조선 성리학자들은 먼 조상에 대한 제사가 단순한 추념이 아니라고 보았다.

③ 생성 소멸하는 기를 통해 귀신을 이해하는 것은 윤회설을 반박하는 논거였다.

④ 귀신의 기가 항구적인 감통의 능력을 가진다는 것은 제사를 지내는 근거였다.

⑤ 조선 성리학자들은 귀신이 자연 현상과 관계된 것이라는 공통적인 인식을 가졌다.

20. ㉠, ㉡에 대한 설명으로 가장 적절한 것은?

① ㉠은 형체의 존재 여부를 기의 취산으로 설명하면서 본질적인 기는 유와 무를 관통한다고 보았다.

② ㉠은 기를 형백과 담일청허로 이원화하여 삶과 죽음에 각각 대응시켜 인간과 자연을 일원적으로 구조화하였다.

③ ㉡은 생명이 다하면 기는 결국 흩어져 사라지기 때문에 제사의 주관자라 하더라도 결국에는 조상과 감통할 수 없게 된다고 보았다.

④ ㉡은 인간의 지각은 리에 근거한 기이지만 기는 소멸하더라도 리는 존재하기 때문에 지각 자체는 사라지지 않는다고 파악하였다.

⑤ ㉠과 ㉡은 모두 기의 취산을 통해 삶과 죽음의 영역을 구분하였기 때문에 귀신의 영원성에 대한 근거를 물질성을 지닌 근원적 존재에서 찾았다.

21. 낙론계 유학자들 의 입장과 부합하는 진술을 〈보기〉에서 고른 것은?

〈보 기〉

ㄱ. 귀신을 기의 유행으로 말하면 형이하에 속하고, 리가 실린 것으로 말하면 형이상에 속하는 것이다.

ㄴ. 리가 있으면 기가 있고 기가 있으면 리가 있으니 어찌 혼용하여 떨어지지 않는 지극한 것이 아니겠는가.

ㄷ. 기가 오고 가며 굽고 펼치는 것은 기가 스스로 그러한 것이니 귀신이 없음에 어찌 의심이 있을 수 있겠는가.

ㄹ. 제사 때 능히 강림할 수 있게 하는 것은 리이고, 강림하는 것은 기이니, 귀신의 강림은 기의 강림이라 할 수 있지 않겠는가.

① ㄱ, ㄴ ② ㄱ, ㄷ ③ ㄴ, ㄷ
④ ㄴ, ㄹ ⑤ ㄷ, ㄹ

[22~24] 다음 글을 읽고 물음에 답하시오.

빈곤 퇴치와 경제성장에 관해 다양한 견해가 제시되고 있다. 빈곤의 원인으로 지리적 요인을 강조하는 삭스는 가난한 나라의 사람들이 '빈곤의 덫'에서 빠져나오기 위해 외국의 원조에 기초한 초기 지원과 투자가 필요하다고 주장한다. 그가 보기에 대부분의 가난한 나라들은 열대 지역에 위치하고 말라리아가 극심하여 사람들의 건강과 노동성과가 나쁘다. 이들은 소득수준이 너무 낮아 영양 섭취나 위생, 의료, 교육에 쓸 돈이 부족하고 개량 종자나 비료를 살 수 없어서 소득을 늘릴 수 없다. 이런 상황에서는, 초기 지원과 투자로 가난한 사람들이 빈곤의 덫에서 벗어나도록 해주어야만 생산성 향상이나 저축과 투자의 증대가 가능해져 소득이 늘 수 있다. 그런데 가난한 나라는 초기 지원과 투자를 위한 자금을 조달할 능력이 없기 때문에 외국의 원조가 필요하다는 것이다.

제도의 역할을 강조하는 경제학자들의 견해는 삭스와 다르다. 이스털리는 정부의 지원과 외국의 원조가 성장에 도움이 되지 않는다고 본다. 그는 '빈곤의 덫' 같은 것은 없으며, 빈곤을 해결하기 위해 경제가 성장하려면 자유로운 시장이 잘 작동해야 한다고 본다. 가난한 사람들이 필요를 느끼지 않는 상태에서 교육이나 의료에 정부가 지원한다고 해서 결과가 달라지지 않으며 개인들이 스스로 필요한 것을 선택하도록 해야 한다고 보기 때문이다. 마찬가지 이유로 이스털리는 외국의 원조에 대해서도 회의적인데, 특히 정부가 부패할 경우에 원조는 가난한 사람들의 처지를 개선하지는 못하고 부패를 더욱 악화시키는 결과만 초래한다고 본다. 이에 대해 삭스는 가난한 나라 사람들의 소득을 지원해 빈곤의 덫에서 빠져나오도록 해야 생활수준이 높아져 시민사회가 강화되고 법치주의가 확립될 수 있다고 주장한다.

빈곤의 원인이 나쁜 제도라고 생각하는 애쓰모글루도 외국의 원조에 대해 회의적이지만, 자유로운 시장에 맡겨 둔다고 나쁜 제도가 저절로 사라지는 것도 아니라고 본다. 그는 가난한 나라에서 경제성장에 적합한 좋은 경제제도가 채택되지 않는 이유가 정치제도 때문이라고 본다. 어떤 제도든 이득을 얻는 자와 손실을 보는 자를 낳으므로 제도의 채택 여부는 사회 전체의 이득이 아니라 정치권력을 가진 세력의 이득에 따라 결정된다는 것이다. 따라서 그는 지속적인 성장을 위해서는 사회 전체의 이익에 부합하는 경제제도가 채택될 수 있도록 정치제도가 먼저 변화해야 한다고 주장한다.

제도의 중요성을 강조한 나머지 외국의 역할과 관련해 극단적인 견해를 내놓는 경제학자들도 있다. 로머는 외부에서 변화를 수입해 나쁜 제도의 악순환을 끊는 하나의 방법으로 불모지를 외국인들에게 내주고 좋은 제도를 갖춘 새로운 도시로 개발하도록 하는 프로젝트를 제안한다. 콜리어는 경제 마비 상태에 이른 빈곤국들이 나쁜 경제제도와 정치제도의 악순환에 갇혀 있으므로 좋은 제도를 가진 외국이 군사 개입을 해서라도 그 악순환을 해소해야 한다고 주장한다.

배너지와 뒤플로 는 일반적인 해답의 모색 대신 "모든 문제에는 저마다 고유의 해답이 있다."는 관점에서 빈곤 문제에 접근해야 한다고 주장하고 구체적인 현실에 대한 올바른 이해에 기초한 정책을 강조한다. 두 사람은 나쁜 제도가 존재하는 상황에서도 제도와 정책을 개선할 여지는 많다고 본다. 이들은 현재 소득과 미래 소득 사이의 관계를 나타내는 곡선의 모양으로 빈곤의 덫에 대한 견해들을 설명한다. 덫이 없다는 견해는 이 곡선이 가파르게 올라가다가 완만해지는 '뒤집어진 L자 모양'이라고 생각함에 비해, 덫이 있다는 견해는 완만하다가 가파르게 오른

다음 다시 완만해지는 'S자 모양'이라고 생각한다는 것이다. 현실 세계가 뒤집어진 L자 모양의 곡선에 해당한다면 아무리 가난한 사람이라도 시간이 갈수록 점점 부유해진다. 이들을 지원하면 도달에 걸리는 시간을 조금 줄일 수 있을지 몰라도 결국 도달점은 지원하지 않는 경우와 같기 때문에 도움이 필요하다고 보기 어렵다. 그러나 S자 곡선의 경우, 소득수준이 낮은 영역에 속하는 사람은 시간이 갈수록 소득수준이 '낮은 균형'으로 수렴하므로 지원이 필요하다. 배너지와 뒤플로는 가난한 사람들이 빈곤의 덫에 갇혀 있는 경우도 있고 아닌 경우도 있으며, 덫에 갇히는 이유도 다양하다고 본다. 따라서 빈곤의 덫이 있는지 없는지 단정하지 말고, 특정 처방 이외에는 특성들이 동일한 복수의 표본집단을 구성함으로써 처방의 효과에 대한 엄격한 비교 분석을 수행하고, 지역과 처방을 달리하여 분석을 반복함으로써 이들이 어떻게 살아가는지, 도움이 필요한지, 처방에 대한 이들의 수요는 어떠한지 등을 파악해야 빈곤 퇴치에 도움이 되는 지식을 얻을 수 있다고 본다. 빈곤을 퇴치하지 못하는 원인이 빈곤에 대한 경제학 지식의 빈곤이라고 생각하는 것이다.

22. 윗글과 일치하지 <u>않는</u> 것은?

① 지리적 요인의 역할을 강조하는 경제학자라면 외국의 원조에 대해 긍정적이다.

② 제도의 역할을 강조하는 경제학자라 하더라도 자유로운 시장의 역할을 중시하는 경우도 있다.

③ 제도의 역할을 강조하는 경제학자라면 정치제도 변화가 경제성장을 위한 전제조건이라고 생각한다.

④ 제도의 역할을 강조하는 경제학자라 하더라도 외국이 성장에 미치는 역할을 중시하지 않는 경우도 있다.

⑤ 지리적 요인의 역할을 강조하는 경제학자만이 빈곤의 덫에서 빠져나오려면 초기 지원이 필요하다고 생각하는 것은 아니다.

23. 배너지와 뒤플로 의 입장을 설명한 것으로 가장 적절한 것은?

① 제도보다 정책을 중시한다는 점에서 애쓰모글루에 동의한다.

② 가난한 사람들의 수요를 중시한다는 점에서 이스털리에 동의한다.

③ 거대한 문제를 우선해서는 안 된다고 보는 점에서 콜리어에 동의한다.

④ 정부가 부패해도 정책이 성과를 낼 수 있다고 보는 점에서 삭스에 반대한다.

⑤ 빈곤 문제를 해결하는 일반적인 해답이 있다고 보는 점에서 로머에 동의한다.

24. 윗글을 바탕으로 〈보기〉를 이해한 것으로 적절하지 <u>않은</u> 것은?

<보 기>

아래 그래프에서 S자 곡선은 현재 소득과 미래 소득의 관계를 표시한 것이다(45°선은 현재 소득과 미래 소득이 같은 상태를 나타낸다). 특정 시기 t의 소득이 a1이라면 t+1 시기의 소득은 a2이고, t+2 시기의 소득은 a3임을 알 수 있다. S자 곡선에서는 복수의 균형이 존재한다. 여기서 '균형'이란 한 번 도달하면 거기서 벗어나지 않을 상태를 말한다. 물론 외부적 힘이 가해질 경우에는 균형에서 벗어날 수도 있다.

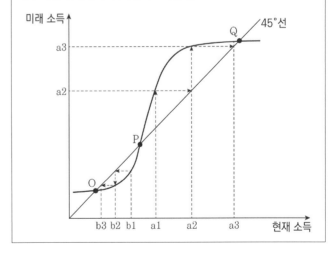

① 배너지와 뒤플로는 점 O를 '낮은 균형'이라고 보겠군.

② 삭스라면 지원으로 소득을 b3에서 b1으로 이동하도록 해야 한다고 보겠군.

③ 삭스라면 지원이 없을 경우에는 b3에서는 생산성이 향상되지 않는다고 보겠군.

④ 이스털리라면 점 P의 왼쪽 영역이 없는 세계를 상정하므로 점 P가 원점이라고 보겠군.

⑤ 이스털리라면 a1에서 지원이 이루어진다 해도 균형 상태의 소득수준은 변하지 않는다고 보겠군.

암세포의 대사 과정은 정상 세포와 다른 것으로 알려져 있다. 오토 바르부르크가 발표한 '바르부르크 효과'에 따르면 암세포는 '해당작용'을 주된 에너지 획득 기전으로 수행하고 또 다른 에너지 획득 방법인 '산화적 인산화'는 억제한다.

세포는 영양분으로 섭취한 큰 분자를 작은 분자로 쪼개는 과정을 통해 ATP를 생성하는데 이 과정을 '이화작용'이라고 한다. 또한 ATP와 같은 고에너지 분자의 에너지를 이용하여 세포의 성장과 분열을 위해 작은 분자로부터 단백질, 핵산과 같은 거대 분자를 합성하는 과정을 '동화작용'이라고 한다. 이화작용을 통해 ATP를 생산하기 위해 세포는 영양 물질을 내부로 수송하는데, 가장 대표적인 영양 물질인 포도당은 세포 내부로 이동하여 해당작용과 산화적 인산화를 통해 작은 분자로 분해된다. 이론적으로 포도당 1개가 가지고 있는 에너지가 전부 ATP로 전환될 경우 36개 또는 38개의 ATP가 만들어진다. 이 중 2개의 ATP는 세포질에서 일어나는 해당작용을 통해, 나머지는 미토콘드리아에서 대부분 산화적 인산화를 통해 만들어진다.

해당작용과 산화적 인산화는 수행되는 장소도 다르지만 요구 조건도 다르다. 해당작용에는 산소가 필요하지 않지만, 산화적 인산화에는 필수적이다. 세포 내부에 산소가 부족하면 산화적 인산화는 일어나지 못하고 해당작용만 진행되며, 이 경우에는 해당작용의 최종 산물인 피루브산이 젖산으로 바뀌는 젖산 발효가 일어난다. 심폐 기능에 비해 과격한 운동을 하였을 때 근육 세포에서 생성된 젖산이 근육에 축적된다. 젖산 발효 과정은 해당작용에 필요한 조효소 NAD^+의 재생산을 위해 필수적이다. NAD^+로부터 해당작용의 또 다른 생성물인 조효소 NADH가 생성되기 때문이다. 해당작용에서 포도당 1개가 2개의 피루브산으로 분해될 때 NADH가 2개 만들어지고, NADH 1개당 3개의 ATP를 산화적 인산화를 통해 만들 수 있는데, 젖산 발효를 하는 세포는 NADH를 에너지가 낮은 상태인 NAD^+로 전환하는 손해를 감수한다.

바르부르크 효과는 산소가 있어도 해당작용을 산화적 인산화에 비해 선호하는 암세포 특이적 대사 과정인 '유산소 해당작용'을 뜻한다. 암세포가 더 빨리 분열하는 악성 암세포로 변하면 산화적 인산화에 대한 의존을 줄이고 해당작용에 대한 의존이 증가한다. 약물 처리 등으로 그 반대의 경우가 되면, 해당작용에 대한 의존이 줄고 산화적 인산화에 대한 의존이 증가한다. 유산소 해당작용을 수행하는 암세포는 포도당 1개당 ATP 2개만을 생산하는 효율이 떨어지는 해당작용에 에너지 생산을 대부분 의존하므로 정상 세포에 비해 포도당을 더 많이 세포 내부로 수송하고 젖산을 생산한다.

바르부르크 효과의 원인에 대해 다음 세 가지 설명이 있다. 첫 번째는 암세포의 빠른 성장 때문에 세포의 성장에 필요한 거대 분자를 동화작용을 통해 만들기 위해 해당작용의 중간 생성 물질을 동화작용의 재료로 사용하려고 해당작용에 집중한다는 것이다. 두 번째는 체내에서 암세포의 분열로 암 조직의 부피가 커져서 산소가 그 내부까지 충분히 공급되지 못하기 때문에 암세포가 산소가 없는 환경에 적응하도록 진화했다는 것이다. 세 번째는 미토콘드리아의 기능을 암세포가 억제하여 미토콘드리아에 의해 유발되는 세포 자살 프로그램의 실행을 방해함으로써 스스로의 사멸을 막으려 한다는 이론이다. 바르부르크는 이러한 암세포 특이적 대사과정의 변이를 발암의 원인으로 설명하였다. 그러나 최근의 연구에서는 발암 유전자의 활성화와 암 억제 유전자에 생기는 돌연변이가 주된 발암 원인이고, 바르부르크 효과는 암의 원인이라기보다는 그러한 돌연변이에 의한 결과로 발생하는 것으로 밝혀졌다.

25. 윗글과 일치하는 것은?

① 해당작용의 산물 중 NADH는 미토콘드리아에서 ATP를 추가로 생산하는 데 사용되지 않는다.

② 해당과정 중 소비되는 NADH의 재생산은 해당작용의 지속적 수행에 필수적이다.

③ 심폐기능에 비해 과격한 운동을 하면 근육에서 젖산은 늘어나고 NAD^+는 줄어든다.

④ 동화작용에서 거대 분자를 만들 때 해당작용의 중간 생성물이 사용된다.

⑤ 바르부르크 효과에 의해 암 억제 유전자의 돌연변이가 유발된다.

26. 윗글에서 추론한 것으로 적절하지 않은 것은?

① 미토콘드리아의 기능이 상실되면 NADH로부터 ATP를 만들지 못한다.

② 유산소 해당작용을 수행하는 암세포는 산소가 충분히 존재할 때에도 해당과정의 산물을 NAD^+와 젖산으로 전환시킨다.

③ 포도당 1개가 가지고 있는 에너지가 전부 ATP로 전환될 때 미토콘드리아에서 34개 또는 36개의 ATP가 만들어진다.

④ 포도당 1개가 피루브산 2개로 분해되었고 이때 생성된 조효소의 에너지도 모두 미토콘드리아에서 ATP로 전환되었다면, 이 과정에서 생성된 ATP는 모두 8개이다.

⑤ 암세포의 유산소 해당작용 과정 중 포도당 1개당 생산되는 ATP의 개수는 정상세포의 산소가 있을 때 수행되는 해당작용의 과정 중 포도당 1개당 생산되는 NADH의 개수보다 많다.

27. 윗글과 <보기>를 바탕으로 한 설명으로 가장 적절한 것은?

<보 기>

암을 진단하기 위해 사용되는 PET(양전자 방출 단층촬영)는 방사성 포도당 유도체를 이용하는 핵의학 검사법이다. 방사성 포도당 유도체는 포도당과 구조적으로 유사하여 암 조직과 같은 포도당의 흡수가 많은 신체 부위에 수송되어 축적되므로 단층 촬영을 통해 체내에서 양전자를 방출하는 방사성 포도당 유도체의 분포를 추적할 수 있다.

① 피루브산이 젖산으로 전환되는 양이 증가하면 방사성 포도당 유도체의 축적이 줄어들 것이다.

② 포도당이 피루브산으로 전환되는 양이 감소하면 방사성 포도당 유도체의 축적이 늘어날 것이다.

③ 세포 내부의 산소가 줄어들어도 동일한 양의 ATP를 생성하려면 방사성 포도당 유도체의 축적이 늘어날 것이다.

④ ATP의 생성을 해당작용에 좀 더 의존하도록 대사 과정의 변화가 일어난다면 방사성 포도당 유도체의 축적이 줄어들 것이다.

⑤ ATP의 생성을 산화적 인산화에 좀 더 의존하도록 대사 과정의 변화가 일어난다면 방사성 포도당 유도체의 축적이 늘어날 것이다.

[28~30] 다음 글을 읽고 물음에 답하시오.

법을 해석할 때 반드시 그 문언에 엄격히 구속되어야 하는가를 놓고 오랫동안 논란이 있어 왔다. 한편에서는 법의 제정과 해석이 구별되어야 함을 이유로 이를 긍정하지만, 다른 한편에서는 애초에 법의 제정 자체가 완벽할 수 없는 이상, 사안에 따라서는 문언에 구애되지 않는 편이 더 바람직하다고 본다.

전통적인 법학방법론은 이 문제를 법률 문언의 한계 내에서 이루어지는 해석 외에 '법률의 문언을 넘은 해석'이나 '법률의 문언에 반하는 해석'을 인정할지 여부와 관련지어 다루고 있다. 학설에 따라서는 이들을 각각 '법률내재적 법형성'과 '초법률적 법형성'이라 부르며, 전자를 특정 법률의 본래적 구상 범위 내에서 흠결 보충을 위해 시도되는 것으로, 후자를 전체 법질서 및 그 지도 원리의 관점에서 수행되는 것으로 파악하기도 한다. 하지만 이러한 설명이 완전히 만족스러운 것은 아니다. 형식상 드러나지 않는 법률적 결함에 대처하는 것도 일견 흠결 보충이라 할 수 있지만, 이는 또한 법률이 제시하는 결론을 전체 법질서의 입장에서 뒤집는 것과 별반 다르지 않기 때문이다.

한편 종래 법철학적 논의에서는 문언을 이루고 있는 언어의 불확정성에 주목하는 경향이 두드러졌다. 단어는 언어적으로 확정적인 의미의 중심부와 불확정적인 의미의 주변부를 지니며, 중심부의 사안에서는 문언에 엄격히 구속되어야 하지만 주변부의 사안에서는 해석자의 재량이 인정될 수밖에 없다고 보는 견해가 대표적이다. 가령 ⊙ 주택가에서 야생동물을 길러서는 안 된다는 규칙이 있을 때, 초원의 사자가 '야생동물'에 해당한다는 점에 대해서는 의문이 없지만, 들개나 길고양이, 혹은 여러 종류의 야생동물의 유전자를 조합하여 실험실에서 창조한 동물이 그에 해당하는지는 판단하기 어렵기 때문에 결국 해석자가 재량껏 결정해야 한다는 것이다.

[A] 그러나 이러한 견해에 대해서는 주변부의 사안을 해석자의 재량에 맡기기보다는 규칙의 목적에 구속되게 해야 할 뿐 아니라, 심지어 중심부의 사안에서조차 규칙의 목적에 대한 조회 없이는 문언이 해석자를 온전히 구속할 수 없다는 반론이 제기되고 있다. 인근에서 잡힌 희귀한 개구리를 연구·보호하기 위해 발견 장소와 가장 유사한 환경의 주택가 시설에 둘 수 있을까? 이를 긍정하는 경우에도 그러한 개구리가 의미상 '야생동물'에 해당한다는 점 자체를 부인할 수는 없을 것이다.

최근에는 기존의 법학방법론적 논의와 법철학적 논의를 하나의 연결된 구성으로 제시함으로써 각각의 논의에서 드러났던 난점을 극복하려는 시도가 이루어지고 있다. 이에 따르면 문언이 합당한 답을 제공하는 표준적 사안 외에 아무런 답을 제공하지 않는 사안이나 부적절한 답을 제공하는 사안도 있을 수 있는데, 이들이 바로 각각 문언을 넘은 해석과 문언에 반하는 해석이 시도되는 경우라 할 수 있다. 양자는 모두 이른바 판단하기 어려운 사안 이라는 점에서는 공통적이지만, 전자를 판단하기 어려운 까닭은 문언의 언어적 불확정성에 기인하는 것인 반면, 후자는 문언이 언어적 확정성을 갖추었음에도 불구하고 그것이 제공하는 답을 올바른 것으로 받아들일 수 없어 보이는 탓에 판단하기 어려운 것이라는 점에서 서로 구별되어야 한다.

그렇다면 판단하기 어려운 사안에서는 더 이상 문언을 신경 쓰지 않아도 되는 것일까? 그렇지는 않다. 문언이 답을 제공하지 않기 때문에 해석을 통한 보충이 필요한 경우라 하더라도 규칙의 언어 그 자체가 해석자로 하여금 규칙의 목적을 가늠하도록 인도해 줄 수 있으며, 문언이 제공하는 답이 부적절하고 어리석게 느껴질 경우라 하더라도 그러한 평가 자체가 어디까지나 해석자의 주관이라는 한계 속에서 이루어지는 것임을 부정할 수 없기 때문이다. 뻔히 부적절한 결과가 예상되는 경우에도 문언에 구속될 것을 요구하는 것은 일견 합리적이지 않아 보일 수 있다. 그럼에도 불구하고 문언을 강조하는 입장은 '재량'이 연상시키는 '사람의 지배'에 대한 우려와, 민주주의의 본질에 대한 성찰을 배경으로 하는 것임을 이해할 필요가 있다. 법률은 시민의 대표들이 지난한 타협의 과정 끝에 도출해 낸 결과물이다. 엄밀히 말해 오로지 법률의 문언 그 자체만이 민주적으로 결정된 것이며, 그 너머의 것에 대해서는, 심지어 입법 의도나 법률의 목적이라 해도 동등한 권위를 인정할 수 없다. 이러한 입장에서는 법률 적용의 결과가 부적절한지 여부보다 그것이 부적절하다고 결정할 수 있는 권한을 특정인에게 부여할 것인지 여부가 더 중요한 문제일 수 있다. 요컨대 해석자에게 그러한 권한을 부여하는 것이 바람직하지 않다고 생각하는 한, 비록 부적절한 결과가 예상되는 경우라 하더라도 여전히 문언에 구속될 것을 요구하는 편이 오히려 합리적일 수도 있는 것이다.

28. 윗글과 일치하는 것은?

① 전통적인 법학방법론 학설의 입장에서는 결국 문언을 넘은 해석과 문언에 반하는 해석을 구별하지 않는다.

② 종래의 법철학 학설 중 의미의 중심부와 주변부의 구별을 강조하는 입장에서는 해석에 있어 법률의 목적보다 문언에 주목한다.

③ 민주주의의 본질을 강조하는 입장에서는 비록 법률의 적용에 따른 것이라도 실질적으로 부적절한 결과를 인정할 수는 없다고 본다.

④ 법률 적용 결과의 합당성을 강조하는 입장에서는 문언이 제공하는 답이 부적절한지 여부는 해석자의 주관에 따라 달라질 수 있다고 주장한다.

⑤ 법학방법론과 법철학의 논의를 하나의 연결된 구성으로 제시하는 입장에서는 언어적 불확정성으로 인해 법률이 부적절한 답을 제공하는 사안에 주목한다.

29. 판단하기 어려운 사안에 대한 진술로 가장 적절한 것은?

① 법률의 문언이 극도로 명확한 경우에는 판단하기 어려운 사안이 발생하지 않는다.

② 판단하기 어려운 사안의 해석을 위해 법률의 목적에 구속되어야 하는 것은 아니다.

③ 문언을 넘은 해석은 문언이 해석자를 전혀 이끌어 주지 못할 때 비로소 시도될 수 있다.

④ 문언에 반하는 해석은 법률의 흠결이 있을 때 이를 보충하기 위한 것인 한 정당화될 수 있다.

⑤ 형식상 드러나 있는 법률의 흠결을 보충하기 위해서도 해당 법률의 본래적 구상보다는 전체 법질서를 고려한 해석이 필요하다.

30. [A]의 입장에서 ㉠을 해석한 것으로 가장 적절한 것은?

① 규칙의 목적이 야생의 생물 다양성을 보존하기 위한 것이라면, 멸종 위기 품종의 길고양이를 입양하는 것이 허용될 것이다.

② 야성을 잃어버린 채 평생을 사람과 함께 산 사자가 '야생동물'의 언어적 의미에 부합한다면, 그것을 기르는 것도 허용되지 않을 것이다.

③ 규칙의 목적이 주민의 안전을 확보하는 것이라면, 길들여지지 않는 야수의 공격성을 지닌 들개를 기르는 것이 금지될 수도 있을 것이다.

④ 인근에서 잡힌 희귀한 개구리를 관상용으로 키우는 것이 허용되었다면, '야생동물'의 언어적 의미를 주거에 두고 감상하기에 적합하지 않은 동물로 보았을 것이다.

⑤ 여러 종류의 야생동물의 유전자를 조합하여 실험실에서 창조한 동물을 기르는 것이 금지되었다면, '야생동물'의 언어적 의미를 자연에서 태어나 살아가는 동물로 보았을 것이다.

정답 및 해설 p.22

2020학년도
기출문제

☑ 문제 풀이 시작과 종료 시각을 정한 후, 실전처럼 기출문제를 풀어보세요.

_____ 시 _____ 분 ~ _____ 시 _____ 분(총 30문항 / 70분)

[01~03] 다음 글을 읽고 물음에 답하시오.

법률은 언어로 기술되어 있다. 따라서 법조문의 의미도 원칙적으로 그 사회의 언어 문법에 따라 이해되어야 한다. 하지만 필요에 따라 법조문의 문법 단위들은 일반적 의미를 넘어서는 개념으로 나아가기도 한다. '−물(物)'은 물건이나 물질이라는 사전적 의미를 갖는 형태소인데, '창문(窓門)'의 '창'이나 '문'같이 독자적으로 쓰일 수 있는 자립형태소가 아니라 '동화(童話)'의 '동'과 '화'처럼 다른 어근과 결합할 필요가 있는 의존형태소이다. 이 '물'의 의미가 학설과 판례에서 그리고 입법에서도 새롭게 규정되어 가는 모습을 법의 세계에서 발견할 수 있다.

형사소송법은 압수의 대상을 "증거물 또는 몰수할 것으로 사료되는 물건"으로 정하고 "압수물"이라는 표현도 사용하고 있어서, 전통적으로 압수란 유체물(有體物)에 대해서만 가능한 것으로 이해되었다. 그런데 디지털 증거가 등장하고 그 중요성이 날로 높아짐에 따라 변화가 일게 되었다. 디지털 증거는 유체물인 저장 매체가 아니라, 그에 담겨 있으면서 그와 구별되는 무형의 정보 자체가 핵심이다. 또한 저장 매체 속에는 특정 범죄 사실에 관련된 정보 외에 온갖 사생활의 비밀까지 담긴 일도 많다. 그리하여 정보 그 자체를 압수해야 한다는 인식이 생겨났고, 마침내 출력이나 복사도 압수 방식으로 형사소송법에 규정되었다. 민사소송에서 증거조사의 대상이 되는 문서는 문자나 기호, 부호로써 작성자의 일정한 사상을 표현한 유형물이라 이해된다. 이 때문에 문자 정보를 담고 있는 자기 디스크 등을 문서로 볼 수 있는지에 대한 논쟁이 일었다. 이를 해결하기 위해 민사소송법 제374조에 "정보를 담기 위하여 만들어진 물건"에 대한 규정을 두게 되었지만, 여전히 매체 중심의 태도를 유지하고 있어서, 일찍이 정보 자체를 문서로 인정한 다른 여러 법률들과 대비된다. 최근에 제정된 법률에서는 위 조항에 대한 특칙을 두어 정보 자체를 문서로서 증거조사할 수 있는 근거도 마련되었다.

형법은 문서, 필름 등 물건의 형태를 취하는 음란물의 제조와 유포를 처벌하도록 하고 있다. 판례는 음란한 영상을 수록한 디지털 파일 그 자체는 유체물이 아니므로 음란물로 볼 수 없다고 보았다. 하지만 사회 문제로 대두된 아동 포르노그래피의 유포를 차단하기 위해 신설된 법령에서는 필름·비디오물·게임물 외에 통신망 내의 음란 영상에 대하여도 '아동·청소년 이용 음란물'로 규제한다. 비디오물과 게임물의 개념도 변화를 겪어 왔다. 과거에 게임 관계 법령에서 비디오물은 "영상이 고정되어 있는 테이프나 디스크 등의 물체"로 정의되었고, 게임물은 이에 포함되었다. 이후에 게임 산업이 발전하면서 새로운 법률을 제정하여 게임물에 대한 독자적 정의를 마련할 때, 유체물에 고정되어 있는지를 따지지 않는 영상물로 규정하기 시작하였다. 이 과정에서 게임물과 개념적으로 분리된 비디오물은 종전처럼 다루어질 수밖에 없었다. 하지만 곧이어 관련 법령이 정비되어 이 또한 "연속적인 영상이 디지털 매체나 장치에 담긴 저작물"이라 정의하게 되었다.

판례는 또한 재산 범죄인 장물죄에서 유통이 금지된 장물의 개념을 재물, 곧 취득한 물건 그 자체로 본다. 그러면서 전기와 같이 '관리할 수 있는 동력'은 장물이 될 수 있다고 한다. 그런데 동력에 대하여 재물로 간주하는 형법 제346조를 절도와 강도의 죄, 사기와 공갈의 죄, 횡령과 배임의 죄, 손괴죄에서는 준용하고 있지만, 장물죄에서는 그렇지 않다. 판례는 위 조문이 주의를 불러일으키는 기능을 할 뿐이라 보는 것이다. 그런데 재물을 팔아서 얻은 무언가는 이미 동일성을 상실한 탓에 더 이상 장물이 아니라 하였다. 또한 물건이 아닌 재산상 가치인 것을 취득했다고 해도 그 역시 장물은 아니라고 보았는데, 이에 대해서는 ⊙ 비판이 있다. 오늘날 금융 거래 환경에서 금전이 이체된 예금계좌상의 가치가 유체물인 현금과 본질적으로 다르지 않다는 것이다. 언어의 의미는 사전에 쓰인 정의대로 고정되어 있기만 한 것이 아니라, 사람들이 그것을 사용하기에 따라 항상 새롭게 규정되는 것이며, 언어를 통해 비로소 인식되는 법의 의미도 마찬가지라 할 수 있다.

01. 윗글의 내용과 일치하는 것은?

① 디지털 정보는 그것을 담고 있는 매체와 결합되어 있다는 특성 때문에 저장 장치를 압수하는 방식으로 압수 절차가 이루어져야 한다는 한계가 있다.

② 전자적 형태의 문자 정보는 문자나 기호로 되어 있지 않은 문서이기 때문에 정보 자체만을 증거조사의 대상으로 삼을 수 없다.

③ 형법상 음란물은 유체물인 반면에 아동·청소년 이용 음란물은 무체물이란 점에서 양자의 차이가 있다.

④ 비디오물은 영상이 매체나 장치에 담긴 저작물이라 정의되면서 유체물에 고정되어 있는지를 따질 필요가 없게 되었다.

⑤ 게임물에 관한 입법의 변천 과정은 규제의 중심이 콘텐츠에서 매체로 옮겨갔음을 보여 준다.

02. ㉠의 대상으로 가장 적절한 것은?

① 장물을 팔아서 생긴 현금을 장물죄의 적용 대상으로 보지 않는다는 태도

② 장물의 개념을 범죄로 취득한 물건 그 자체로 한정하여서는 안 된다는 태도

③ 관리할 수 있는 전기도 현행 형법상 장물죄에서 규율하는 재물로 인정한다는 태도

④ 은행 계정에 기록된 자산 가치에 대해서 장물죄의 규정을 적용하지 않는다는 태도

⑤ 장물죄에서 형법 제346조의 준용이 없더라도 그 죄에서 규정하는 재물에는 동력이 포함된다는 태도

03. 윗글을 바탕으로 〈보기〉를 설명할 때, 가장 적절한 것은?

─〈보 기〉─

형법 제129조 제1항은 "공무원 또는 중재인이 그 직무에 관하여 뇌물을 수수, 요구 또는 약속한 때에는 5년 이하의 징역 또는 10년 이하의 자격정지에 처한다."라고 규정한다. 이에 대한 근래의 판결에 "뇌물죄에서 뇌물(賂物)의 내용인 이익이라 함은 금전, 물품 기타의 재산적 이익뿐만 아니라 사람의 수요·욕망을 충족시키기에 족한 일체의 유형·무형의 이익을 포함하며, 제공된 것이 성적 욕구의 충족이라고 하여 달리 볼 것이 아니다."라는 판시가 있었다.

① '뇌물'에서의 '물'은 사전적 의미보다 축소된 개념으로 해석되는 문법 단위이다.

② '뇌물'과 '장물'에서의 '물'은 자립형태소와 결합하지 않았다는 점에서, '증거물'에서의 '물'과 차이가 있다.

③ '계임물'에서의 '물'은 물건에 한정되는 개념으로 변화함으로써 '뇌물'에서의 '물'보다 좁은 의미를 갖게 되었다.

④ '뇌물'로 보는 대상에는 재물뿐 아니라 광범위한 이익까지 인정되므로, '뇌물'에서의 '물'과 '장물'에서의 '물'은 동일한 의미를 가진다.

⑤ '압수물'의 개념 변화는 압수 방식을 새롭게 해석한 결과라는 점에서, '뇌물'에서 '물'의 의미 변화가 입법으로 규정한 결과라는 것과 차이가 있다.

[04~06] 다음 글을 읽고 물음에 답하시오.

고려 말에는 관료들이 동시에 여러 처를 두는 경우나 처와 첩의 구분이 모호한 경우가 많았다. 이 때문에 토지나 봉작(封爵) 등을 누가 받을 것인가를 두고 친족 사이에 소송이 빈번하였다. 이러한 분쟁을 해결하고 성리학적 가족 윤리를 확립하기 위해 조선 태종 때부터 본격적으로 중혼 규제 방침을 정하였다.

1413년(태종 13)에 사헌부에서는, "부부는 인륜의 근본이니 적처와 첩의 분수를 어지럽히면 안 됩니다. 전 왕조 말에 이러한 기강이 무너졌으니 이제라도 바로잡아야 합니다. 앞으로는 혼서(婚書)의 유무와 혼례식 여부로 처와 첩을 구분하고, 처와 첩의 지위를 바꾼 경우에는 처벌 후 원래대로 바꾸며, 처가 있는데도 다시 처를 취한 자는 처벌 후 후처를 이혼시키십시오. 만약 당사자가 이미 죽어 바꾸거나 이혼할 수 없는 경우에는 선처(先妻)를 적처로 삼아 봉작하고 토지를 지급해야 할 것입니다."라고 아뢰었다. 이것이 받아들여져 ㉠ 규제가 시작되었다.

그런데 다음 해인 1414년(태종 14)에 대사헌 유헌 등은 위 규제를 기본으로 다음과 같이 몇 가지 ㉡ 수정 보완 기준을 제시하였다. "세월이 많이 지나 증빙 자료가 많지 않습니다. 이제 은의(恩義)가 깊고 얕음과 동거 여부를 고려하여, 선처와는 은의가 약하고 후처와 종신토록 같이 살았다면, 후처라도 작첩(爵牒)과 수신전(守信田)을 주고 노비는 자식에게 균분(均分)하게 하십시오. 만약 처첩의 자식들 사이에 적통을 다투는 경우에는 신분, 혼서 및 혼례를 조사하여 판결하며, 처인지 첩인지에 따라 그 자식에게 노비를 차등 분급하게 하고, 세 명의 처를 둔 경우에는 선후를 논하지 말고, 그중 종신토록 같이 산 자에게 작첩과 수신전을 주되 노비는 세 처의 자식에게 균분하게 하십시오. 영락 11년(태종 13) 3월 11일 이후부터 처가 있는데 또 처를 얻은 자는 엄히 징계하여 후처와 이혼시키되, 그중 드러나지 않다가 아버지가 죽은 후 자손들이 적통을 다투면 선처를 적통으로 삼으십시오."

이상의 기준은 이후 「육전등록」에도 수록되어 실시되었다. 그런데 이제 자식이 아버지의 다른 처와 어떤 관계로 설정되어야 하는지에 논란이 발생하였다. 세종 때 이담 아들의 사례가 대표적이었다. 이담은 백 씨와 혼인한 상태에서 다시 이 씨에게 장가들었다. 이는 태종 13년 이전의 일이어서 처벌의 대상은 아니었으나, 1448년(세종 30) 이 씨가 사망하면서 새로운 문제가 발생하였다. 백 씨의 아들인 이효손이 이 씨를 위한 상복을 입지 않자, 이 씨의 아들인 이성손이 사헌부에 고발한 것이다. 이효손이 상복을 어떻게 입어야 하는지를 두고 다음과 같이 조정 관료들의 의견이 갈렸다.

ⓐ 집현전에서 아뢰기를, "예에는 두 명의 처를 두지 않는 것이 정도(正道)이지만, 전 왕조 말에 여러 명의 처를 두는 것이 너무 일반적이었으므로 한시적으로 모두 적처로 인정하였습니다. 「육전등록」에서 이미 여러 처를 인정하였으니 이효손은 이 씨를 위해서도 상복을 3년 입어야 합니다."라고 하였다.

ⓑ 예조에서 아뢰기를, "「육전등록」에서 여러 처를 모두 인정하기는 하였으나 국가에서 주는 작첩과 수신전은 한 사람에게 그쳤습니다. 이는 국가가 정도를 지향하였음을 보여주는 것입니다. 백 씨는 선처이고 이담과 평생 동거하였으니 그 의리가 이 씨와 같지 않습니다. 이효손이 이 씨를 위해 친모와 똑같이 한다면 친모를 내치는 꼴이 될 것이므로 상복은 1년 입어야 합니다. 이렇게 한다고 해서 이 씨를 첩모로 대우하는 것에 이르지는 않을 것입니다."라고 하였다.

© 이조판서 정인지는 아뢰기를, "예에는 두 명의 처를 두지 않는데, 「육전등록」에서 은의와 동거 여부를 고려함으로써 문란함을 방기하게 되었습니다. 이를 항구적인 법식으로는 삼을 수는 없으니, 두 아내의 아들들은 각각 자기 어머니에 대해서만 상복을 입게 해야 할 것입니다."라고 하였다.

ⓓ 경창부윤 정척은 아뢰기를, "이 씨가 이효손에게 계모가 되는 것은 아니지만, 「육전등록」상 선처·후처의 법에 의거해서 이를 계모에 견주어 상복을 3년 입고, 훗날 백 씨의 상에는 이성손이 3년을 입게 하는 것이 좋겠습니다."라고 하였다.

ⓔ 어떤 이는 "이제라도 이 씨를 강등하여 첩모로 대우하여 첩모를 위한 상복을 입는 것이 마땅합니다."라고 하였다.

04. 윗글의 내용과 일치하는 것은?

① ㉠에서는 처와 첩을 구분할 때 생사 여부를 기준으로 하였다.

② ㉡에서는 처인지 첩인지에 따라 그 자식들에게 노비를 차등 분급하였다.

③ ㉠과 달리 ㉡에서는 처를 첩으로 바꾸거나 첩을 처로 바꾸면 처벌을 받았다.

④ ㉡과 달리 ㉠에서는 다처일 경우 모든 처와 이혼해야 하였다.

⑤ ㉠과 ㉡ 모두에서 영락 11년 3월 11일 이후부터 은의와 동거 여부를 중혼 허용의 기준으로 삼았다.

05. ⓐ~ⓔ에 대한 설명으로 적절하지 않은 것은?

① ⓐ의 논리에 따르면 이성손은 백 씨 사후에 백 씨를 위해 3년간 상복을 입어야 한다.

② ⓑ의 논리에 따르면 아버지의 적처라도 경우에 따라 어머니로서의 대우에 대한 판단이 달라야 한다.

③ ⓑ와 ⓒ 중 어느 쪽의 논리를 따르더라도 백 씨와 이 씨는 모두 적처로 인정된다.

④ ⓒ와 ⓓ 중 어느 쪽의 논리를 따르는지에 따라 이효손이 이 씨를 위해 상복을 입는 여부가 달라진다.

⑤ ⓓ와 ⓔ 중 어느 쪽의 논리에 따르더라도 이효손은 이 씨를 위해 상복을 입지 않아도 된다.

06. 윗글을 바탕으로 〈보기〉에 대해 추론할 때, 적절하지 않은 것은?

〈보 기〉

1415년(태종 15) 박일룡은 자신의 어머니를 적처로 인정하고 자신을 적자로 인정해달라며 소(訴)를 제기하였다. 그의 아버지 박길동은 이조판서를 지낸 인물로, 1390년(고려 공양왕 2) 상인(商人) 노덕만의 서녀(庶女)인 노 씨를 혼례 없이 들여 박일룡을 낳았다. 이후 박길동은 1395년(태조 4) 현감 김거정의 딸인 김 씨와 혼서를 교환하고 혼례를 거친 후 그 사이에 박이룡을 낳았다. 한편 김 씨와 혼인한 상태에서 1402년 대사헌 허생의 딸인 허 씨와 혼서를 교환하고 혼례를 거친 후 그 사이에 박삼룡을 낳았다. 김 씨는 친정인 창녕에 거주하였으며, 박길동은 허 씨와 한양에서 평생 동거하였다. 박이룡과 박삼룡 모두 어려서, 집안의 큰일은 첫아들인 박일룡이 실질적으로 도맡았다. 1413년 5월 박길동이 죽었는데, 이때에 이르러 박일룡이 소를 제기한 것이었다.

① 박길동 사망 직후에 소가 제기되어 그 해에 판결되었다면, 작첩과 수신전은 김 씨에게 주어졌을 것이다.

② 박길동이 소가 제기될 당시까지 생존해 있었다고 해도 중혼에 대해 처벌받지는 않았을 것이다.

③ 박일룡이 집안의 일을 주관하는 아들이라는 점은 판결에 영향을 주지 않았을 것이다.

④ 이 소송에서 작첩과 수신전은 은의나 동거 여부를 따져 허 씨에게 주어졌을 것이다.

⑤ 이 소송에서는 세 명의 처를 둔 경우의 규정을 적용하여 판결이 내려졌을 것이다.

현대 생명과학의 핵심적인 키워드들 중 하나는 오믹스(omics)이다. 단일 유전자, 단일 단백질의 기능과 구조 분석에 집중하였던 과거의 생명과학과 달리, 오믹스는 거시적인 관점에서 한 개체, 혹은 하나의 세포가 가지고 있는 유전자 전체의 집합인 '유전체'를 연구하는 유전체학, RNA 전체 즉 '전사체'에 대한 연구인 전사체학, 단백질 전체의 집합인 '단백질체'를 연구하는 단백질체학 등의 연구를 통칭한다.

분자생물학 이론에 따르면 DNA가 가지고 있는 유전자 정보의 일부만이 전사 과정을 통해 RNA로 옮겨진다. 그리고 RNA 중의 일부만이 번역 과정을 통해 단백질로 만들어진다. 어떠한 생물 개체나 어떠한 세포와 같은 특정 생명 시스템의 유전체는 그 시스템이 수행 가능한 모든 기능에 대한 유전 정보를 총괄하여 가지고 있다. 한 인간이라는 시스템과 그 인간의 간(肝)세포라는 또 다른 시스템의 유전체는 동일한 정보를 가지고 있지만, 인간의 간세포와 생쥐의 간세포의 유전체는 각각 서로 다른 정보를 가지고 있다. 한편 전사체는 유전체 정보의 일부분 즉 유전체 정보들 중 현재 수행 중일 가능성이 큰 기능에 대한 정보를 가지고 있고, 단백질체는 전사체의 일부분 즉 실제로 수행 중인 기능에 대한 정보를 담고 있다. ㉠ 생명체에서 생화학 반응의 촉매 작용과 같은 필수적인 '일'을 직접 수행하는 물질은 단백질체를 이루는 단백질들이다.

인간에게는 2만 종 이상의 단백질이 있고, 인체의 세포들은 종류에 따라 전체 단백질 중 일부를 서로 다른 조합으로 가지고 있다. 즉 피부 세포, 신경 세포, 근육 세포 등에서 공통으로 발견되는 단백질도 있고, 한 종류의 세포에서만 발견되는 단백질도 있다. 세포는 외부의 자극이나 내재된 프로그램에 의해 한 종류에서 다른 종류의 세포로 변화하는 과정을 겪는데, 이러한 현상을 '분화'라고 한다. 분화를 통해 다른 세포로 변하게 되면 가지고 있는 단백질의 조합도 달라진다. 세포의 분화는 개체 발생 과정에서 주로 관찰되지만, 정상 세포가 암세포로 바뀌는 과정도 분화 과정이라 할 수 있다.

어떤 환자의 암세포와 정상 세포를 대상으로 단백질체학 응용 연구를 수행하는 경우를 생각해 보자. 암세포의 단백질체와 정상 세포의 단백질체를 서로 비교해 보면, 정상 세포에 비하여 암세포에서 양이 변화되어 있는 단백질을 발견할 수 있다. 과학자들은 이러한 단백질을 새로운 암 치료 표적 단백질 후보로 찾아내어 연구를 진행한다. ㉡ 암세포에서 정상 세포보다 양이 늘어나 있는 단백질은 발암 단백질의 후보가 될 수 있고, 암세포에서 정상 세포보다 양이 줄어든 단백질은 암 억제 단백질의 후보가 될 수 있다.

그렇다면 이렇게 찾아낸 단백질이 2만 종 이상의 단백질 중 어느 것인지 알아내는 과정은 어떻게 진행될까? 단백질은 20종류의 아미노산이 일렬로 연결된 형태를 가지며, 단백질 하나의 아미노산 개수는 평균 500개 정도이다. 서로 다른 단백질은 서로 다른 아미노산 서열을 가지기 때문에 특정 단백질의 아미노산 서열을 알면 그 단백질이 어떤 단백질인지 알아낼 수 있다.

단백질의 아미노산 서열을 알기 위한 실험 방법은 여러 가지가 있는데, 그중의 하나가 펩타이드의 분자량 분석이다. 미지의 단백질에 트립신을 가하여 평균 10개 정도의 아미노산으로 이루어진 조각인 펩타이드로 자른 후 분자량을 측정한다. 트립신은 특정 아미노산을 인지하여 자르므로 어떤 아미노산과 아미노산 사이가 잘릴 것인지 예측할 수 있다. 실제로 단백질체를 분석한 데이터는 펩타이드의 분자량 값과 펩타이드들 간의 상대적인 양

을 숫자로 표현한 값으로 나타난다. 모든 인간 단백질의 아미노산 서열, 아미노산의 분자량이 이미 알려져 있으므로, 암세포 단백질체와 정상 세포 단백질체에 트립신을 가하여 얻은 ㉢ 펩타이드의 분자량 분석을 통해 치료용 표적 후보 단백질을 알아낼 수 있다.

07. 윗글의 내용과 일치하는 것은?

① 신경 세포의 모든 RNA는 단백질로 번역된다.

② 인간 간세포의 유전체 정보는 인간 간세포의 단백질체 정보의 일부이다.

③ 인간 간세포의 단백질체 정보는 생쥐 간세포의 단백질체 정보와 동일하다.

④ 암세포는 피부나 근육의 세포와 달리 정상 세포에서 분화한 것이 아니다.

⑤ 암세포의 단백질체 정보는 정상 세포의 단백질체 정보와 동일하지 않다.

08. 윗글에서 추론한 내용으로 적절하지 않은 것은?

① 세포의 분화 과정 동안 세포의 유전체 정보는 변화하지 않는다.

② 어떤 단백질에 트립신을 첨가한 후에 생성되는 펩타이드들의 아미노산 서열은 동일하다.

③ 인간의 신경 세포와 근육 세포의 기능이 서로 다른 이유는 단백질체 정보가 서로 다르기 때문이다.

④ 어떤 단백질의 아미노산 서열을 알면 트립신 처리 후 그 단백질에서 생성될 펩타이드들의 분자량을 예측할 수 있다.

⑤ 어떤 단백질에서 유래한 특정 펩타이드의 양이 정상 세포에서 보다 암세포에서 더 많다면 그 단백질은 발암 단백질의 후보이다.

09. ㉠~㉢에 대한 〈보기〉의 설명 중 적절한 것만을 있는 대로 고른 것은?

〈보 기〉

ㄱ. 최초의 생명체가 DNA나 단백질은 가지고 있지 않고 RNA만 가지고 있었다면, ㉠의 설득력은 약화된다.

ㄴ. 양이 많아지면 덩어리를 이루어 오히려 기능이 비활성화되는 단백질이 있다면, ㉡의 설득력은 약화된다.

ㄷ. 트립신을 첨가한 서로 다른 단백질에서 같은 분자량을 지닌 펩타이드가 생성된다면, ㉢의 설득력은 강화된다.

① ㄱ　　　　　② ㄷ　　　　　③ ㄱ, ㄴ
④ ㄴ, ㄷ　　　　⑤ ㄱ, ㄴ, ㄷ

[10~12] 다음 글을 읽고 물음에 답하시오.

채만식의 소설 「탁류」는 1935년에서 1937년에 이르는 2년간의 이야기로, 궁핍화가 극에 달해 연명에 관심을 가질 수밖에 없었던 조선인의 현실을 중요한 문제로 삼은 작품이다. 그런데 채만식이 「탁류」에서 현실을 대하는 태도에는 식민지 근대화 과정에 대한 작가의 민감한 시선이 들어 있었다. 그는 전 지구적 자본주의 시스템과 토착적 시스템의 갈등에 의해서 만들어진, 게다가 식민지적 상황 때문에 더욱더 굴곡진 수많은 우여곡절에 주목하였다. 채만식의 민감한 시선은 「탁류」에서 집중적으로 그려진 '초봉'의 몰락 과정에서도 구체적으로 드러난다. 그것은 인간과 사물을 환금의 가능성으로만 파악하는 자본주의의 기제가 인간의 순수한 영혼을 잠식해 들어가고, 그러면서 그 이윤 추구의 원리를 확대 재생산하는 과정을 보여 준다.

소설의 앞부분에서 초봉은 경제적 어려움에 시달리는 가족을 위해서라면 자기희생을 마다하지 않는 순수한 영혼의 소유자로 등장한다. 태수는 그런 초봉에게 끊임없이 베풀면서 초봉을 그녀의 ㉠고유한 영토로부터 끌어낸다. 그런 베풂을 순수 증여라고 해도 될까. 아니, 꽤나 검은 의도를 숨기고 행한 증여이니 그것은 사악한 증여라고 해야 할 터이다. 하여간 태수는 끊임없이 증여하고 선물하면서 초봉의 고유한 모럴, 그러니까 노동을 통해 조금씩 무언가를 축적해 가는 삶의 방식을 회의에 빠뜨린다. 그리고 그 증여 행위를 집요하게 반복함으로써 초봉의 호의적인 시선을 얻어낸다. 하지만 그 순간이란 ㉡하나의 변곡점과도 같은 것이었다. 그때부터 그는 초봉에게 증여한 것의 대가로 무언가를 요구함으로써 초봉을 타락한 교환가치의 세계 속으로 끌어들인다.

초봉이 교환의 정치경제학에 익숙해질 무렵, 제호가 초봉에게 접근한다. 제호는 객관적인 지표를 가지고 초봉의 육체를 돈으로 측량하고 그와의 거래를 제안한다. 초봉 또한 제호가 자신의 상품성을 그만치 높게 봐 주자 이 거래를 흔쾌하게 받아들인다. 비록 그 교환이 서로 간의 의지가 관철된 것이었어도 이 거래 이후로 초봉은 상품으로 전락하게 된다. 그리고 그런 초봉에게 형보가 나타나 초봉과 송희 모녀의 호강을 구실로 가학성을 노골적으로 드러내면서 잉여의 성적 착취를 반복한다. 형보는 이 타락한 사회에 동화된 초봉이 어떠한 고통을 겪게 될지라도 이 세계 바깥으로 나갈 용기를 낼 수 없을 것이라고 확신하고 있었기에 초봉의 거부감을 아랑곳하지 않았다.

'초봉의 몰락'은 이렇듯 초봉이 교환의 정치경제학을 자기화함으로써 ㉢영혼이 없는 자동인형으로 전락하는 것으로 귀결되었다. 그리고 그 과정에서 초봉은 아버지 정주사가 미두*로 일확천금을 꿈꾸듯 자신의 인격을 버리고 스스로를 상품으로 만들어 나갔다. 자신에 대한 착취에 강렬한 거부감을 가지기도 하였지만 결국에는 모든 것을 상품화하는, 특히 여성의 몸을 상품화하는 자본주의 기제의 ㉣노회함과 집요함 앞에 굴복하고 말았다. 그렇다면 「탁류」에는 추악한 세상의 탁류에서 벗어날 가능성이 전혀 없는 것일까? 채만식은 「탁류」에서 그 특유의 냉정한 태도로 한편으로는 부정적인 삶의 양태들을 냉소하고 풍자하는가 하면, 다른 한편으로는 보다 의미 있는 삶의 형식 혹은 보다 나은 미래를 가능케 할 잠재적 가능성이나 가치들을 끈질기게 탐색해 내었다.

"위험이 있는 곳에 구원의 힘도 함께 자란다."라는 ㉤횔덜린의 말을 좀 뒤집어 말하자면, 「탁류」가 세상을 위험이 가득한 곳으로 묘사할 수 있었던 것은 아마도 그 위험 속에 같이 자라는 구원의 힘을 어느 정도 감지했기 때문이리라. 그 구원의 가능성은 소설의 결말 부분에서 초봉이 형보를 죽였다는 점으로만 한 정되지는 않는다. 「탁류」에는 개념의 위계를 갖춰 계기가 제시되는 것은 아니나 타락한 교환의 질서 바깥으로 나갈 수 있는 여러 계기들이 곳곳에 흩어져 있다. 딸 송희를 낳으면서 초봉이 어머니 마음을 갖게 되는 것도, 자유주의자이자 냉소주의자인 계봉이 일하는 만큼의 대가를 얻어야 한다는 철칙을 지니고 살아가는 것도, 승재가 남에게 그저 베풀려고 하는 것도 모두 그에 해당하는 것들이다. 이것들 중에서도 초봉과 승재의 삶에서 드러나는 증여의 삶은 「탁류」가 타락한 세계를 넘어설 수 있는 길로 제시하는 것이며, 이를 우리는 '증여의 윤리'라고 부를 수 있을 터이다.

* 미두(米豆): 미곡의 시세를 이용하여 약속으로만 거래하는 일종의 투기 행위

10. 윗글에 대한 설명으로 가장 적절한 것은?

① 시대의 특수성을 고려하여 삶의 양태에 대한 소설가의 비판적 인식을 추적한다.

② 인물의 내면 심리에 대한 세밀한 분석을 통해 소설가의 내면 심리를 천착한다.

③ 궁핍으로 인한 연명의 문제보다 윤리의 문제를 중시한 소설가의 인식을 비판한다.

④ 인간의 존재론적 모순에 대한 소설가의 염세적 시선에 주목하여 삶의 의미를 반추한다.

⑤ 현실을 대하는 소설가의 이중적 태도를 인물들이 표방하는 이념의 분석을 통해 통찰한다.

11. 초봉'의 몰락 과정 과 관련하여 ㉠~㉤을 이해할 때, 적절하지 않은 것은?

① ㉠은 자본주의 기제로부터 영향을 받기 이전에 가족에 대한 증여자로서 '초봉'이 지녔던 순수한 영혼을 환기한다.

② ㉡은 '초봉'이 노동에 의해 빈곤에서 벗어날 수 있다는 믿음을 되찾으면서 교환의 정치경제학이라는 틀 속에 빠져들기 시작한다는 점을 알려준다.

③ ㉢은 '초봉'이 물신주의적 가치관을 수용하게 됨으로써 인간과 사물을 환금의 가능성으로만 파악하게 되었음을 나타낸다.

④ ㉣은 '초봉'의 몰락 과정이 순진성의 세계를 끈덕지고도 교활하게 파괴하는 식민지 근대화 과정과 상통함을 보여 준다.

⑤ ㉤은 구원의 힘이 역설적 방식으로 존재함을 강조하는 것으로, 왜곡된 자본주의 논리를 벗어날 힘이 '초봉'의 몰락 과정에서 생성되어 가기도 함을 시사해 준다.

12. 윗글을 바탕으로 〈보기〉를 감상할 때, 적절하지 않은 것은?

〈보 기〉

계봉이는 승재가 오늘도 아침에 밥을 못 하는 눈치를 알고 가서, 더구나 방세가 밀리기는커녕 이달 오월 치까지 지나간 사월 달에 들여왔는데, 또 이렇게 돈을 내놓는 것인 줄 잘 알고 있다.

계봉이는 승재의 그렇듯 근경 있는 마음자리가 고맙고, 고마울 뿐 아니라 이상스럽게 기뻤다. 그러나 그러면서도 한편으로는 얼굴이 꼿꼿하게 들려지지 않을 것같이 무색하기도 했다.

"이게 어인 돈이고?"

계봉이는 돈을 받는 대신 뒷짐을 지고 서서 준절히 묻는다.

"그냥 거저……."

"그냥 거저라니? 방세가 이대지 많을 리는 없을 것이고……."

"방세구 무엇이구 거저, 옹색하신데 쓰시라구……."

계봉이는 인제 알았다는 듯이 고개를 두어 번 까댁까댁하더니,

"나는 이 돈 받을 수 없소."

하고는 입술을 꽉 다문다. 장난엣말로 듣기에는 음성이 너무 강경했다.

승재는 의아해서 계봉이의 얼굴을 짯짯이 건너다본다. 미상불, 여전한 장난꾸러기 얼굴 그대로는 그대로지만, 그러한 중에도 어디라 없이 기색이 달라진 게, 일종 오만한 빛이 드러났음을 볼 수가 있었다.

승재는 분명히 단정하기는 어려우나, 혹시 나의 뜻을 무슨 불순한 사심인 줄 오해나 받은 것이 아닌가 하는 생각도 들었다. 그렇게 생각하고 보니, 비록 마음이야 담담하지만 일이 좀 창피한 것도 같았다. (중략)

계봉이는 문제된 오 원짜리 지전을 내려다본다. 아무리 웃고 말았다고는 하지만 그대로 집어 들고 들어가기가 좀 안되었다. 그러나 그렇다고 종시 안 가지고 가기는 더 안되었다. 잠깐 망설이다가 할 수 없이 그는 돈을 집어 든다.

– 채만식, 「탁류」 –

① 초봉을 전락시킨 돈은 이윤 추구 원리의 작동을, 승재가 계봉에게 건네는 '돈'은 순수 증여를 표상하는 것으로 볼 수 있겠군.

② 제호는 속물주의적 논리를 통해 자신의 의지를 관철하고, 승재는 '마음'의 가치를 통하여 자신의 선의를 드러낸다고 볼 수 있겠군.

③ 형보는 돈의 위력을 믿고 초봉의 고통을 아랑곳하지 않고, 계봉은 자존심 때문에 '근경 있는 마음자리'에 대해 양가적인 태도를 보인다고 볼 수 있겠군.

④ 태수의 과잉 증여와는 달리, 승재의 증여는 대가를 바라는 '불순한 사심'을 지니지 않은 것이기에 타락한 교환 세계에서 벗어날 희망의 표지로 볼 수 있겠군.

⑤ 교환의 정치경제학을 무의식적으로 자기화한 초봉과는 달리, '입술'을 꽉 다무는 계봉의 모습은 '증여의 윤리'를 의식적으로 수용하려는 태도를 나타낸 것으로 볼 수 있겠군.

'좋은 세금'의 기준과 관련하여 조세 이론은 공정성과 효율성을 거론하고 있다. 경제주체들이 경제적 능력 혹은 자신이 받는 편익에 따라 세금을 부담하는 경우 공정한 세금이라는 것이다. 또한 조세는 경제주체들의 의사 결정을 왜곡하여 조세 외에 추가로 부담해야 하는 각종 손실 또는 비용, 즉 초과 부담이라는 비효율을 초래할 수 있는데 이러한 왜곡을 최소화하는 세금이 효율적이라는 것이다.

19세기 말 ㉠ 헨리 조지가 제안했던 토지가치세는 이러한 기준에 잘 부합하는 세금으로 평가되고 있다. 그는 토지 소유자의 임대소득 중에 자신의 노력이나 기여와는 무관한 불로소득이 많다면, 토지가치세를 통해 이를 환수하는 것이 바람직하다고 주장했다. 토지에 대한 소유권은 사용권과 처분권 그리고 수익권으로 구성되는데, 사용권과 처분권은 개인의 자유로운 의사에 맡기고 수익권 중 토지 개량의 수익을 제외한 나머지는 정부가 환수하여 사회 전체를 위해 사용하자는 것이 토지가치세의 기본 취지이다. 조지는 토지가치세가 시행되면 다른 세금들을 없애도 될 정도로 충분한 세수를 올려줄 것이라고 기대했다. 토지가치세가 토지단일세라고도 지칭된 것은 이 때문이다. 그는 토지단일세가 다른 세금들을 대체하여 초과 부담을 제거함으로써 경제 활성화에 크게 기여할 것으로 보았다. 토지단일세는 토지를 제외한 나머지 경제 영역에서는 자유 시장을 옹호했던 조지의 신념에 잘 부합하는 발상이었다.

토지가치세는 불로소득에 대한 과세라는 점에서 공정성에 부합하는 세금이다. 조세 이론은 수요자와 공급자 중 탄력도가 낮은 쪽에서 많은 납세 부담을 지게 된다고 설명한다. 토지는 세금이 부과되지 않는 곳으로 옮길 수 없다는 점에서 비탄력적이며 따라서 납세 부담은 임차인에게 전가되지 않고 토지 소유자가 고스란히 떠안게 된다는 점에서 토지가치세는 공정한 세금이 된다. 한편 토지가치세는 초과 부담을 최소화한다는 점에서 효율적이기도 하다. 통상 어떤 재화나 생산요소에 대한 과세는 거래량 감소, 가격 상승과 함께 초과 부담을 유발한다. 예를 들어 자동차에 과세하면 자동차 거래가 감소하고 부동산에 과세하면 지역 개발과 건축업을 위축시켜, 초과 부담이 발생하게 된다. 그러나 토지가치세는 토지 공급을 줄이지 않아 초과 부담을 발생시키지 않는다. 토지가치세 도입에 따른 여타 세금의 축소가 초과 부담을 줄여 경제를 활성화한다는 G7 대상 연구에 따르면, 이러한 세제 개편으로 인한 초과 부담의 감소 정도가 GDP의 14~50%에 이른다.

하지만 토지가치세는 일부 국가를 제외하고는 현실화되지 못했는데, 여기에는 몇 가지 이유가 있다. 토지가치세는 이론적인 면에서 호소력이 있으나 현실에서는 복잡한 문제가 발생한다. 토지에 대한 세금이 가공되지 않은 자연 그대로의 토지에 대한 세금이어야 하나 이러한 토지는 현실적으로 찾기 어렵다. 토지 가치 상승분과 건물 가치 상승분의 구분이 쉽지 않다는 것도 어려움을 가중한다. 토지를 건물까지 포함하는 부동산으로 취급하여 그에 과세하는 국가에서는 부동산 거래에서 건물을 제외한 토지의 가격이 별도로 인지되는 것이 아니므로, 건물을 제외한 토지의 가치 평가가 어렵다. 조세 저항도 문제가 된다. 재산권 침해라는 비판이 거세지면 토지가치세를 도입하더라도 세율을 낮게 유지할 수밖에 없어, 충분한 세수가 확보되지 않을 수 있다. 토지가치세는 빈곤과 불평등 문제에 대한 조지의 이상을 실현하는 데에도 적절한 해법이 되지 못한다는 비판에 직면하고 있다. 백 년 전에는 부의 불평등이 토지에서 비롯되는 부분이 컸지만,

오늘날 전체 부에서 토지가 차지하는 비중이 19세기 말에 비해 크게 감소했다. 토지 소유의 집중도 또한 조지의 시대에 비해 낮다. 따라서 토지가치세의 소득 불평등 해소 능력에도 의문이 제기된다.

오늘날 토지가치세는 새롭게 주목받고 있는데, 이는 '외부 효과'와 관련이 깊다. 첨단산업 분야의 대기업들이 자리를 잡은 지역 주변에는 인구가 유입되고 일자리가 늘어난다. 하지만 임대료가 급등하고 혼잡도 또한 커진다. 이 과정에서 해당 지역의 부동산 소유자들은 막대한 이익을 사유화하는 반면, 임대료 상승이나 혼잡비용 같은 손실은 지역민 전체에게 전가된다. 이러한 상황에서 높은 세율의 토지가치세가 본격적으로 실행에 옮겨질 수 있다면 불로소득에 대한 과세를 통해 외부 효과로 인한 피해를 보상하는 방안이 될 수 있다.

13. ㉠에 대한 설명으로 가장 적절한 것은?

① 개량되지 않은 토지에서 나오는 임대료 수입은 불로소득으로 여겼다.

② 토지가치세로는 재정에 필요한 조세 수입을 확보할 수 없다고 보았다.

③ 토지의 처분권은 보장하되 사용권과 수익권에는 제약을 두자고 주장하였다.

④ 토지가치세는 경제적 효율성 제고를 통하여 공정성을 높이는 방안이라고 보았다.

⑤ 모든 경제 영역에서 시장 원리를 사회적 가치에 부합하게 규제해야 한다고 주장하였다.

14. 윗글에서 추론한 내용으로 적절하지 않은 것은?

① 정부가 높은 세율의 토지가치세를 도입한다면, 외부 효과로 발생한 이익의 사유화를 완화할 수 있을 것이다.

② 자동차세의 인상이 자동차 소비자들의 의사 결정에 영향을 미치지 않는다면, 자동차세는 세수 증대에 효과적일 것이다.

③ 토지가치세가 단일세가 되어 누진세인 근로소득세가 폐지된다면, 고임금 근로자가 저임금 근로자보다 더 많은 혜택을 얻게 될 것이다.

④ 조지의 이론을 계승하는 학자라면, 부가가치 생산에 기여한 부분에 대해서는 세금을 부과하지 않는 것이 바람직하다고 보았을 것이다.

⑤ 부동산에 대해 토지와 건물을 구분하여 과세할 수 있다면, 토지가치세의 도입으로 토지의 공급 감소와 가격 상승 문제가 해소되어 조세 저항이 줄어들 것이다.

15. 윗글을 바탕으로 〈보기〉의 사례를 평가할 때, 적절하지 않은 것은?

---〈보 기〉---

○ X국은 요트 구매자에게 높은 세금을 부과하는 사치세를 도입하여 부유층의 납세 부담을 늘리려고 하였다. 그러나 부자들은 요트 구매를 줄이고 지출의 대상을 바꾸었다. 반면 요트 생산 시설은 다른 시설로 바꾸기 어려웠고 요트 공장에서 일하던 근로자들은 대량 해고되었다. 아울러 X국은 근로소득세를 인상해서 부족한 세수를 보충하였다.

○ Y국은 국민의 건강 증진을 위해 담배 소비를 줄이려는 목표로 담배세를 인상하였다. 그러나 담배세 인상으로 인한 담배 가격 상승에도 불구하고 담배 소비는 거의 감소하지 않았다. 정부의 조세 수입은 크게 증가하였지만 소비자들의 불만이 고조되었다.

---

① 공급자에게 부과되는 토지가치세와 달리, X국의 '사치세' 및 Y국의 '담배세'는 소비자에게 부과되고 있군.

② 초과 부담을 발생시키는 X국의 '사치세'와는 달리, Y국의 '담배세' 및 토지가치세는 초과 부담을 거의 발생시키지 않는군.

③ 과세 대상자 이외의 타인에게 납세 부담이 추가되는 X국의 '사치세'와 달리, Y국의 '담배세'와 토지가치세에서는 납세 부담이 과세 대상자에게 집중되는군.

④ 탄력도가 낮은 쪽에서 납세 부담을 지게 만들 수 있는 토지가치세와 달리, X국의 '사치세' 및 Y국의 '담배세'는 탄력도가 높은 쪽에서 납세 부담을 지게 하는군.

⑤ 조세 개편의 정책 목표를 달성하지 못한 X국의 '사치세' 및 Y국의 '담배세'와 달리, 토지가치세는 도입할 때 거둘 수 있는 경제 활성화 효과가 최근 연구에서 확인되고 있군.

[16~18] 다음 글을 읽고 물음에 답하시오.

20세기 초 프랑스에서 발생한 드레퓌스 사건은 지식인이라는 집단을 조명하고, 억압적 권력에 저항하는 비판적 지식인이라는 이상을 부각하는 계기가 되었다. 신학을 중심으로 지식이 축적되고 수도원의 사제들이 권력을 행사하는 전문가 지식인으로 존재했던 중세에도 아벨라르와 같은 비판적 지식인이 존재했다. 계몽주의 시대에는 특정 분야를 깊이 파고들지 못하더라도 모든 분야를 두루 섭렵할 수 있는 능력을 지닌 사람을 지식인으로 정의하기도 했다. 한 예로 18세기의 백과전서파는 근대적 분류 체계로 지식을 생산해 개인이 시각 매체에 의존하여 지식을 소비하는 문자 문화시대의 지평을 열었다. 이런 과정에서 지식 권력은 지식의 표준 장악을 둘러싸고 중앙 집중화되었다.

드레퓌스 사건은 근대적 지식인상에 대한 논쟁을 불러일으켰다. ㉠만하임은 지식인 가운데도 출신, 직업, 재산, 정치적·사회적 지위 등에 차이가 있는 경우가 많기에 지식인을 단일 계급으로 간주할 수 없으며, 지식인은 보편성에 입각해 사회의 다양한 계급적 이해들을 역동적으로 종합하여 최선의 길을 모색해야 한다고 보았다. 반면 ㉡그람시는 계급으로부터 독립적인 지식인이란 신화에 불과하다고 지적하면서 계급의 이해에 유기적으로 결합하여 그것을 당파적으로 대변하는 유기적 지식인을 대안으로 제시하였다. 이때 소외 계급의 해방을 위한 과제는 역사적 보편성을 지니며, 지식인은 소외 계급에게 혁명적 자의식을 불어넣고 조직하는 역할을 자임한다. ㉢사르트르는 만하임과 그람시의 지식인 개념 사이에서 긴장을 유지했다. 부르주아 계급에 속한 지식인은 지배 계급이 요구하는 당파적 이해와 지식인이 추구해야 할 보편적 지식 간의 모순을 발견하고, 보편성에 입각하여 소외 계급의 해방을 추구해야 한다. 하지만 그 지식인은 결코 유기적 지식인이 될 수 없는 존재이다. 결국 소외 계급에서 출현한 전문가가 유기적 지식인이 되도록 계급의식을 일깨우는 계몽적 역할이 지식인에게 부여되는 것이다.

오늘날 인터넷의 발달로 가상공간이 열려 탈근대적 지식 문화와 사회 공간이 창조되면서 지식의 개념도 변하고 있다. 또한 디지털화된 다양한 정보들이 연쇄적으로 재조합되면서 하이퍼텍스트 형태를 띠게 된다. 정해진 시작과 끝이 없고 미로나 뿌리줄기같이 얽혀 있어 독자의 입장에서 어떤 길을 선택하느냐에 따라 텍스트의 복수성이 무한해졌다. 그 결과 지식 생산자에 해당하는 저자의 권위는 사라지고 지식 권력은 탈중심화된다. 하이퍼텍스트와 새로운 독자의 탄생은 집단적이고 감정이입적인 구술 문화가 지녔던 특성들을 지식 문화에서 재활성화한다. 특히 가상공간에서 정보와 지식이 공유와 논박을 거쳐 소멸 또는 확산되는 과정은 새로운 지식을 생산해 내는 기제로서 집단 지성을 출현시킨다. 집단 지성은 엘리트 집단으로부터 지식 권력을 회수하고 새로운 민주주의의 가능성을 열어놓기도 한다. 그러나 이는 대중의 자율성에 기초한 참여와 협업을 전제할 때 가능하며, 참여와 협업이 결여될 때 순응주의가 등장하고 집단 지성은 군중심리로 전락할 수도 있다.

하이퍼텍스트 시대에 집단 지성이 출현함에 따라 기존의 지식인상은 재조명될 필요가 있다. 특히 프랑스 68혁명 이후 등장했던 이론가들을 소환할 만하다. 예를 들어 ㉣푸코는 대중의 대변자로서의 지식인이 불필요한 시대에서도 여전히 대중의 지식 및 담론을 금지하고 봉쇄하는 권력 체계와 이 권력 체계의 대리인 역할을 자임하는 고전적 지식인의 존재에 주목했다. 푸코는 이들을 보편적 지식인으로 규정한 후 이를 대체할 새로운 지식인상으로 특수적 지식인을 제시했다. 그가 말하는 특수적 지식인은 거대한 세계관이 아니라 특정한 분야에서 전문적인 지식을 지니고 있는 존재이다. 그리고 자신의 분야에 해당하는 구체적인 사안에 정치적으로 개입하면서 일상적 공간에서 투쟁한다. 푸코에 따르면 진실한 담론은 지식과 미시권력 간의 관계에서 발견될 뿐이다.

한편 지식인상의 탈근대적 모색에 있어 근대론적 시각을 더하려는 시도도 있다. ⓜ 부르디외에 따르면, 지식인은 사회 총자본의 관점에서 볼 때에는 지배 계급에 속하지만, 경제 자본보다 문화 자본의 비중이 더 큰 문화생산자적 속성을 지니며, 시장의 기제에 따라 부르주아지에 의해 지배받는다. 이런 점에서 볼 때 지식인은 피지배 분파에 속한다. 따라서 이 문화생산자들은 각자의 특수한 영역에 대한 상징적 권위를 가지고 지식인의 자율성을 위협하는 권력에 저항하며 사회 전체에 보편적인 가치를 전파해 나가는 투쟁을 전개할 때에만 비로소 지식인의 범주에 들 수 있다. 부르디외는 이 과정에서 역사적인 따라서 한시적인 보편을 개념화한다. 그리고 지식인은 정치활동을 통하여 권력이 보편적인 것처럼 제시하는 특수성들을 역사화하는 역할과, 보편적인 것, 예컨대 과학·철학·문학·법 등에 접근하는 조건들을 보편화하는 역할을 함께 수행한다.

16. 윗글의 내용과 일치하는 것은?

① 권력에 대한 비판적 지식인은 드레퓌스 사건과 함께 비로소 출현했다.

② 계몽주의 시대의 지식인은 특정 분야의 전문가라는 특권적 위상을 지녔다.

③ 근대의 지식인은 개개인의 차이에도 불구하고 보편성을 추구해야 하는 존재로 인식되었다.

④ 탈근대의 지식인은 자신의 전문 분야에서 제기되는 문제의 정치적 특성을 인정하지 않으려는 존재이다.

⑤ 탈근대의 대중은 자율적인 참여와 협업에 기초하여 권력에 대한 순응주의로부터 벗어났다.

17. 탈근대적 지식 문화 에 관한 설명으로 가장 적절한 것은?

① 구술 문화적 특성을 공유하는 다양한 텍스트들이 형성되고 지식이 전파된다.

② 지식의 표준을 장악하려는 경쟁을 통해 중앙 집중적 지식 권력의 영향력이 커진다.

③ 사회적 지식의 형성에서 지식을 처음 생산한 자의 권위가 이전 시대보다 강화된다.

④ 문화생산자적 속성을 지닌 지식인의 사회적 지위가 부르주아 계급에서 피지배 계급으로 전락한다.

⑤ 집단 지성이 엘리트로부터 지식 권력을 회수하여 대중의 지식 및 담론을 규제하는 새로운 권력 체계를 형성한다.

18. ㉠~㉺에 대한 이해로 가장 적절한 것은?

① ㉠은 지식인이 전문 지식과 보편적 지식의 종합을 통해 동질적인 계급으로 형성될 수 있는 존재라고 여겼을 것이다.

② ㉡은 지식인이 계급적 이해관계와 이성적 사유 사이의 모순으로부터 출발하여 보편성을 향해 부단히 나아가야 하는 불안정한 존재라고 여겼을 것이다.

③ ㉢은 지식인이 서로 적대 관계에 있는 계급들 중 어느 쪽과 제휴해 있어도 개별 계급의 한계를 딛고 계급적 이해들을 종합할 수 있는 존재라고 여겼을 것이다.

④ ㉣은 지식인이 자신의 특수 분야와 관계된 미시권력에 저항해 보편적 지식을 전파하는 운동을 전개해야 하는 존재라고 여겼을 것이다.

⑤ ㉤은 지식인이 범주의 측면에서 보편적 지식인과 특수적 지식인으로 명확하게 구분할 수 없는 존재라고 여겼을 것이다.

세상은 변화를 겪는다. 사람이 그렇게 여기는 이유는 시간이 흐른다고 생각하기 때문이다. 그런데 4차원주의자는 시간이 흐르지 않는다고 주장한다. 시간이 흐르지 않는다면, 과거, 현재, 미래는 똑같이 존재할 것이다. 이러한 견해를 가진 사람을 ㉠ 영원주의자라고 한다. 시간의 흐름 여부에 대한 인식의 차이는 과거, 현재, 미래에 대한 개념 혹은 표상의 차이를 가져 온다. 영원주의자들에게 매 순간은 시간의 퍼즐을 이루는 하나의 조각처럼 이미 주어져 있다. 영원주의자에게 시제는 특별한 의미를 가지지 않으며, 과거, 현재, 미래 사이에는 앞 또는 뒤라는 관계만이 존재한다. 현재는 과거의 뒤이고 동시에 미래의 앞일 뿐이다. 영원주의 세계에서 한 사람은 각 시간 단계를 가지는데, 그 사람이 없던 수염을 기르면 이는 시간의 흐름에 따른 변화가 아니다. 외모의 차이는 단지 그 사람의 서로 다른 단계 사이의 차이일 뿐이다. 반면에 3차원주의자는 시간이 흐른다는 견해를 내세운다. 시간이 흐른다면, 과거, 현재, 미래 시제는 모두 다른 의미나 표상을 지닌다. 이러한 생각을 지니는 이들 중에 오직 현재만이 존재한다고 보는 사람이 바로 현재주의자이다. 그들에게는 이미 지나간 과거와 아직 도래하지 않은 미래는 존재하지 않으므로, 지금 주어진 현재만이 존재한다.

시간여행은 시간에 관한 견해가 첨예하게 대립하는 주제이다. 현재주의자에 따르면, 현재에서 과거, 미래의 특정 시점을 찾아가는 것은 영원주의자의 생각처럼 시간 퍼즐의 여러 조각 중 하나를 찾아가는 것이 아니다. ㉡ 현재주의자 중에 다수는 시간여행이 불가능하다고 주장한다. 누군가가 시간여행을 하려면 과거나 미래로 이동할 수 있어야 하지만, 이미 흘러간 과거와 아직 오지 않은 미래는 실재하지 않는다. 이를 도착지 비존재의 문제라고 할 수 있다.

현재주의자 중에도 시간여행이 가능하다고 보는 사람이 있다. 과거로의 시간여행을 시작하는 현재 시점 T_n에서 과거의 특정 시점 T_{n-1}은 실재가 아니다. 그러나 시간여행자가 T_{n-1}에 도착할 때 그 시점은 그에게 현재가 되어 존재하지 않을까? 하지만 이는 과거를 마치 현재인 양 여기게 하는 속임수라고 보는 사람도 있다. 과거 시점 T_{n-1}에 도착한다면, 과거는 이제 현재가 된다. 그러나 시간여행의 가능성을 따질 때 우리가 관심을 가지는 현재는 애초에 출발하는 시점인 T_n이지 과거의 도착지인 T_{n-1}이 아니다. 만일 T_{n-1}이 현재가 된다는 것이 중요하다면, T_{n-1}에 도착한 사람에게 T_n은 이제 미래가 된다는 것 역시 중요하다. 그런데 현재주의자는 미래의 비존재를 주장하므로, T_{n-1}에 도착한 시간여행자는 존재하지 않는 미래에서 출발하여 현재에 도착한 셈이다. 이것이 바로 출발지 비존재의 문제이다. 결국 3차원주의 세계에서 시간여행이 가능하다는 점을 보여주려면 출발지 비존재의 문제를 해소해야 한다.

시간여행의 가능성을 믿는 3차원주의자는 '출발지 비존재'를 '출발지 미결정'으로 보게 되면 문제가 해소된다고 주장할 수 있다. 시간여행자가 과거 T_{n-1}에 도착하는 순간, 그는 실재하지 않는 미래로부터 현재로 이동한 것이 아니라 미결정된 미래로부터 현재로 이동한 것이 된다. 그렇다고 하더라도 출발지 비존재의 문제와 마찬가지로, 미래는 아직 존재하지 않기에 전혀 결정되지 않았으며 아직 결정되지 않은 것이 다른 어떤 것의 원인이 될 수 없으므로 시간여행은 여전히 불가능하다는 비판에 직면할 수 있다. 그러나 T_{n-1}에 도착하는 사건의 원인이 T_n에서의 출발이라는 점을 고려한다면, T_{n-1}에 도착하는 순간 미래 사건이 되는 시간여행은 도착 시점에서 이미 결정된 사건으로 여겨질 수 있

다. 즉 미래는 계속 미결정된 것이 아니라, 시간여행 여부에 따라 미결정되었다고도 할 수 있고 결정되었다고도 할 수 있다. 이에 ㉢ 조건부 결정론자는 출발지 미결정의 문제가 해소되어 시간여행에 걸림돌이 없다고 주장한다. 그러나 시간여행이 3차원주의와 양립할 수 없음을 고수하는 이들은 출발지 비존재의 문제를 출발지 미결정의 문제로 대체하여 이를 해소하는 전략을 받아들이지 않을 것이다.

19. ㉠~㉢에 관한 설명으로 가장 적절한 것은?

① ㉠과 ㉡은 모두 미래가 이미 결정되어 있는 시간이라고 본다.

② ㉠과 ㉡은 모두 시간여행에서 과거에 도착하는 순간 출발지는 더 이상 존재하지 않는다고 본다.

③ ㉠과 ㉢은 모두 과거로 출발하는 시간여행이 가능하다고 본다.

④ ㉡과 달리 ㉢은 시제가 특별한 의미를 가지지 않는다고 본다.

⑤ ㉢과 달리 ㉡은 시간여행에 필요한 도착지가 존재한다고 본다.

20. 윗글에서 추론한 내용으로 적절하지 않은 것은?

① 3차원주의자 중에는 과거를 거슬러 올라갈 수 없는 시간으로 여기는 사람이 있을 것이다.

② 현재주의자는 누군가의 외모가 변한 것을 보면 이는 시간이 흘렀기 때문이라고 생각할 것이다.

③ 4차원주의자는 도래하지 않은 시간으로부터 이미 지나간 시간으로 시간의 흐름을 거슬러 올라갈 수 있다고 생각할 것이다.

④ 시간여행이 가능하다고 믿는 3차원주의자는 출발지 미결정의 문제가 해결되면 출발지 비존재의 문제가 해소된다고 생각할 것이다.

⑤ 시간여행의 가능성을 부인하는 3차원주의자는 우리가 미래에 도착하는 순간 도착지가 생겨난다는 주장에 대해, 그 경우에도 출발지 비존재의 문제가 남아 있다고 비판할 것이다.

21. 윗글을 바탕으로 〈보기〉를 설명할 때, 적절하지 <u>않은</u> 것은?

---〈보 기〉---

밴드 결성 전, 존 레논은 자신이 유명한 가수가 될 것이라는 예언을 듣는다. 자신의 미래가 궁금해진 레논은 마침 타임머신 실험 소식을 듣고 10년 후의 미래로 가고자 자원하였다. 10년 후, 그의 밴드는 유명해지고 데뷔 이전 머리가 짧았던 그는 긴 머리를 가지게 된다. 만일 10년 후로의 시간여행이 가능하다면, 미래를 방문한 무명의 레논은 장발의 록 스타인 자신을 직접 보게 될 것이다. 그러나 이는 '동일한 것은 서로 구별될 수 없다.'라는 ⓐ 원리에 위배된다. 즉 '동일한 사람이 무명이면서 동시에 스타이다.'라는 ⓑ 논리적 모순이 발생하는 것이다. 이 문제가 해소되지 않으면 레논은 10년 후로 시간여행을 할 수 없다.

---

① 시간여행의 도착지가 존재하지 않는다는 논리에 따를 경우, ⓐ에 위배되는 사건은 아예 일어나지 않겠군.

② 레논의 서로 다른 단계 중에 현재 단계가 뒤의 단계를 방문할 수 있다고 가정하면, 영원주의자에게 ⓑ는 문제가 되지 않겠군.

③ 조건부 결정론자의 논리에 따를 경우, 레논이 미래에 도착하면 자신의 10년 후 모습을 직접 보기 이전이라도 도착 순간에 이미 출발지 비존재의 문제가 해소되겠군.

④ 미래에 도착하는 시점의 레논과 미래에 있던 레논이 동일한 외모를 가질 수 있다고 가정하면, 현재주의자는 ⓐ에 위배되는 일이 발생하지 않았다고 주장할 수 있겠군.

⑤ 두 사람이 만나는 시간은 제3의 관찰자가 볼 때는 동시인 것처럼 보이지만 각자의 시간 흐름에서는 동시가 아니라고 가정하면, 현재주의자 중에는 ⓑ가 해소될 수 있다고 보는 사람도 있겠군.

[22~24] 다음 글을 읽고 물음에 답하시오.

우리 행위의 가치를 평가할 때 언제나 우선적이어서 여타의 모든 가치들의 조건을 이루는 선의지라는 개념이 있다. 이 선의지 개념을 발전시키기 위해, 먼저 도덕적 의무라는 개념에 대해 생각해 보자. '의무에 어긋나는' 것으로 인식된 모든 비도덕적인 행위에 대해서는 비록 그런 행위들이 이런저런 의도에는 유용하다고 할지라도 여기서는 고려하지 않겠다. 이런 행위는 의무와 충돌하므로, 과연 그 행위들이 '의무에서 비롯하는' 것일 수 있느냐는 물음이 이 행위 자체에서 아예 발생할 수 없기 때문이다. 의무에서 비롯하는 행위는 어떤 조건도 없이 오로지 당위(當爲)에 의거한 행위이다. 의무에 어긋나는 행위를 의무에서 비롯하는 행위와 구별하는 것은 쉽다. 이와 달리 '의무에 맞는' 행위를 의무에서 비롯하는 행위와 구별하는 것은 어렵다. 의무에 맞는 행위를 유발하는 동인은 다양해서, 어떤 것은 행위자의 이해관계에서 출발하기도 하고, 다른 어떤 것은 사랑이나 동정심 등의 감정에 의해 나타나기도 한다.

예컨대 자신의 이득이 우선인 ㉠ 의사가 수입을 늘리기 위해 최선을 다해 진료한다면, 그의 행위는 의무에 맞는 일이다. 하지만 환자가 정당하게 대우받는 것처럼 보인다고 해서 이 행위가 의무에서 비롯하여 행해졌다고 말할 수는 없다. 한편 공감 능력이 뛰어나 이웃의 불행에 발 벗고 나서서 돕는 ㉡ 사람이 있다. 그의 행위는 의무에 부합하며 매우 칭찬받을 만하지만 아무런 도덕적 가치를 갖지 못하며 단지 성격적 특성이 발현된 것일 뿐이다. 공감하는 행위가 의무에 맞고 칭찬과 격려를 받을 만하더라도 도덕적 존경의 대상은 아니다. 하지만 이 박애주의자가 뇌 손상으로 공감 능력을 상실하고도 다만 의무로 인식하여 타인을 돕는 경우라면, 그 행위는 비로소 진정한 도덕적 가치를 갖게 된다.

의무에서 비롯하는 행위는 그 도덕적 가치를 행위에서 기대되는 결과에 의존하지 않으며 대신에 행위를 결정하는 동기인 의지에서 구한다. 결과는 다른 원인으로 성취될 수도 있으며, 이성적 존재자의 의지가 요구되지도 않는다. 반면에 무조건적인 최고선은 이성적 존재자의 의지에서 만날 수 있을 뿐이다. 이런 연유로 오직 법칙에 대한 표상, 즉 법칙 자체에 대한 생각만이 우리가 도덕적이라고 부르는 탁월한 선을 이룬다. 물론 기대된 결과가 아닌 법칙의 표상이 의지를 규정하는 근거가 되는 한, 이 표상은 이성적 존재자에게서만 발생한다. 이 탁월한 선은 이미 법칙에 따라 행동하는 인격 자체에 있으므로 우리는 결과에서 이 선을 기대해서는 안 된다. 이러한 탁월한 선에 따르면, ㉢ 거짓 약속을 하는 사람의 주관적 원리는 모든 사람을 위한 보편적 법칙이 될 수 없다. 거짓 약속을 하는 행위를 보편적 법칙으로 삼고자 한다면, 그 어떤 약속도 있을 수 없는 모순이 발생한다. 즉 행위자의 주관적 원리는 보편적 법칙이 되자마자 자기 파괴를 겪게 된다.

행위를 규정하는 의지를 단적으로 그리고 제한 없이 선하다고 할 수 있으려면 법칙을 표상할 때 이로부터 기대되는 결과를 고려하지 않고 표상하는 것이 의지를 규정해야만 한다. 어떤 법칙을 준수할 때 의지에서 일어날 수 있는 모든 충동을 의지에서 빼앗는다면, 이제 남아 있는 것이라곤 행위 일반의 보편적 합법칙성뿐이므로, 이것만을 의지를 일으키는 원리로 사용해야 한다. 다시 말해 나는 내 주관적 원리가 보편적 법칙이 되어야 한다고 바랄 수 있도록 오로지 그렇게만 행위를 해야 한다.

22. 윗글의 내용과 일치하는 것은?

① 결과가 이성적 존재자의 공감을 얻는다면 그 행위는 도덕적이다.

② 도덕적 가치 판단은 동기인 의지와 품성인 덕을 모두 고려해야 한다.

③ 어떤 행위가 만인의 보편적 이익을 지향한다면 그 행위는 도덕적이다.

④ 감정에서 우러나는 자발적 행위라야 진정한 도덕적 가치를 가진다.

⑤ 이타적인 동기에서 유발되는 행위 자체는 도덕적 존경의 대상이 될 수 없다.

23. 윗글에 대한 이해로 적절하지 <u>않은</u> 것은?

① '의무에 맞는' 행위는 '의무에 어긋나는' 행위가 될 수도 있다.

② '의무에 맞는' 행위는 '의무에서 비롯하는' 행위가 아닐 수도 있다.

③ '의무에서 비롯하는' 행위는 '의무에 맞는' 행위가 될 수밖에 없다.

④ '의무에 어긋나는' 행위는 '의무에 맞는' 행위와 유발 동인이 동일할 수도 있다.

⑤ '의무에서 비롯하는' 행위는 '의무에 어긋나는' 행위와 달리 이성적 존재자의 선의지에 따른다.

24. 윗글의 입장에서 ㉠~㉢을 평가할 때, 가장 적절한 것은?

① ㉠이 자신의 평판을 위해서일지라도 모든 환자를 똑같이 대우한다면, 그의 행위는 탁월한 선이 발현된 것으로서 도덕적으로 정당하다.

② ㉡이 법칙에 대한 표상만으로 자신의 의지를 규정하여 이웃을 돕는다면, 그의 행위는 도덕적으로 정당하다.

③ ㉡이 보편적 합법칙성에 부합하도록 인격의 탁월성을 극대화할 수 있다면, 그의 행위는 도덕적으로 정당하다.

④ ㉢의 주관적 원리가 보편적 법칙과 최고선 사이의 모순을 극복할 수 있다면, 그의 행위는 도덕적으로 정당할 수 있다.

⑤ ㉢이 친구를 도우려는 선한 의도에서 자신의 이익에 대한 고려를 완전히 배제할 수 있다면, 그의 행위는 도덕적으로 정당할 수 있다.

1965년 제미니 4호 우주선은 지구 주위를 도는 궤도에서 최초의 우주 랑데부를 시도했다. 궤도에 진입하여 중력만으로 운동 중이던 우주선은 같은 궤도상 전방에 있는 타이탄 로켓과 랑데부하기 위해 접근하고자 했다. 조종사는 속력을 높이기 위해 우주선을 목표물에 향하게 하고 후방 노즐을 통하여 일시적으로 연료를 분사하였다. 하지만 이 후방 분사를 반복할수록 목표물과의 거리는 점점 더 멀어졌고 연료만 소모하자 랑데부 시도를 포기했다.

연료를 분사하면 우주선은 분사 방향의 반대쪽으로 추진력을 받는다. 이는 뉴턴의 제3법칙인 '두 물체가 서로에게 작용하는 힘은 항상 크기가 같고, 방향은 반대이다.'로 설명할 수 있다. 질량이 큰 바위를 밀면, 내가 바위를 미는 힘이 작용이고, 바위가 나를 반대 방향으로 미는 힘이 반작용이다. 똑같은 크기의 힘을 주고받았는데 내 몸만 움직이는 이유는 뉴턴의 제2법칙인 '같은 크기의 힘을 물체에 가했을 때, 물체의 질량과 가속도는 반비례한다.'로 설명할 수 있다. 연료를 연소해 기체를 분사하는 힘은 작용이고, 그 반대 방향으로 우주선에 작용하는 추진력은 반작용이다. 우주선에 비해 연료 기체의 질량은 작더라도 연료 기체를 고속 분사하면 우주선은 충분한 가속도를 얻는다.

지구 궤도를 도는 우주선은 우주에 자유롭게 떠 있는 것 같지만, 기체 분사에 의한 힘 외에 중력이 작용하고 있어서 그 영향을 고려해야 한다. 우주선은 지구의 중력을 받으며 원 또는 타원 궤도를 빠르게 돈다. 이때 궤도를 한 바퀴 도는 데 걸리는 시간인 주기는 궤도의 지름이 클수록 더 길다. 우주선은 속력과 관련된 운동 에너지(K)와 중력에 관련된 중력 위치 에너지(U)를 가진다.

$$K = \frac{1}{2}mv^2, \quad U = -\frac{GMm}{r},$$

G: 만유인력 상수, $\quad$ M: 지구의 질량, $\quad$ m: 우주선의 질량,
r: 지구중심과 우주선의 거리, $\quad\quad\quad$ v: 우주선의 속력.

운동 에너지는 우주선 속력의 제곱에 비례한다. 우주선의 중력 위치 에너지는 우주선이 지구에서 무한대 거리에 있으면 0으로 정의되고, 지구에 가까워지면 그 값은 작아지므로 음수이다. 즉, 우주선이 지구에 가까울수록 중력 위치 에너지는 작아지고, 멀수록 중력 위치 에너지는 커진다. 운동 에너지와 중력 위치 에너지의 합인 역학적 에너지(E)는 $E = K + U$로 표현된다. 지구의 중력만 작용할 때, 궤도 운동하는 우주선의 역학적 에너지는 크기가 일정하게 보존된다. 역학적 에너지가 보존될 때, 궤도 운동하는 우주선이 지구 중심에서 멀어지면 속력이 느려지고 가까워지면 속력이 빠르게 된다. 또한 원 궤도에서 작용하는 중력의 크기가 클수록 속력이 빨라진다. 우주선의 궤도는 연료 분사로 속력을 조절해 〈그림〉과 같이 바뀔 수 있다. 우주선이 운동하는 방향을 전방, 반대 방향을 후방이라 하자. 〈그림〉의 원 궤도에 있는 우주선이 궤도의 접선 방향으로 후방 분사하여 운동 에너지를 증가시키면, 그만큼 역학적 에너지도 증가하여 우주선은 기존의 원 궤도보다 지구로부터 더 멀리 도달할 수 있는 〈그림〉의 큰 타원 궤도로 진입한다. 하지만 전방 분사하면, 운동 에너지가 감소하고 〈그림〉의 작은 타원 궤도로 진입하여 우주선은 기존보다 지구에 더 가까워진다.

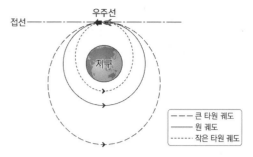

〈그림〉 우주선의 궤도와 접선

목표물과 우주선이 같은 원 궤도에서 같은 방향으로 운동할 때, 목표물이 전방에 있는 경우, 우주선이 후방 분사를 하면 궤도의 접선 방향으로 우주선의 속력이 빨라져서 큰 타원 궤도로 진입하게 된다. 따라서 분사가 끝나면, 속력이 주기적으로 변화하고 목표물과의 거리가 더 멀어진다. 반대로, 목표물이 후방에 있는 경우 전방 분사를 하면 〈그림〉의 작은 타원 궤도로 진입한 우주선의 속력은 원 궤도에서보다 더 느려진 진입 속력과 더 빨라진 최대 속력 사이에서 변화한다. 이때 목표물과의 거리는 더 멀어진다.

랑데부에 성공하려면 우주선을 우리의 직관과 반대로 조종해야 한다. 우주선과 목표물이 같은 원 궤도에서 같은 운동 방향일 때 목표물이 전방에 있다고 하자. 이때 우주선이 일시적으로 전방 분사하면 속력이 느려지고, 기존보다 더 작은 타원 궤도로 진입해서 목표물보다 더 빠른 속력으로 운동할 수 있다. 하지만 궤도가 달라서, 진입한 타원 궤도의 주기가 기존 원 궤도의 주기보다 더 짧다는 것을 이용하여 한 주기 혹은 여러 주기 후 같은 위치에서 만나도록 속력을 조절한다. 목표물보다 낮은 위치에서 충분히 가까워지면, 우주선이 접근하여 랑데부한다.

25. 윗글의 내용과 일치하지 않는 것은?

① 뉴턴의 제3법칙은 우주선 추진의 원리 중 하나이다.
② 원 궤도의 지름이 클수록 우주선의 속력이 더 빨라진다.
③ 타원 궤도 운동 중인 우주선은 역학적 에너지가 보존된다.
④ 우주선이 분사하는 연료 기체는 우주선보다 가속도가 크다.
⑤ 원 궤도에 있는 우주선이 속력을 늦추면 회전 주기가 짧아진다.

26. 윗글을 바탕으로 추론할 때, <보기>에서 적절한 것만을 있는 대로 고른 것은?

<보 기>

ㄱ. 제미니 4호가 원 궤도상에서 후방 분사를 한 경우라면, 후방 분사 이후의 궤도는 지구로부터 더 멀어질 수 있다.

ㄴ. 타원 궤도에 있는 우주선의 운동 에너지 크기와 중력 위치 에너지 크기는 일정하게 유지된다.

ㄷ. 원 궤도에 있는 우주선이 궤도의 접선 방향 분사로 역학적 에너지를 증가시키면, 진입한 궤도에서 우주선의 최대 중력 위치 에너지는 커진다.

① ㄱ   ② ㄴ   ③ ㄱ, ㄷ
④ ㄴ, ㄷ   ⑤ ㄱ, ㄴ, ㄷ

27. 윗글을 바탕으로 <보기>를 이해할 때, 적절하지 않은 것은?

<보 기>

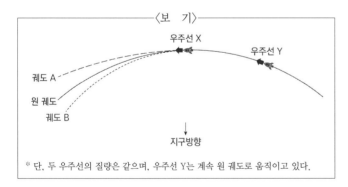

* 단, 두 우주선의 질량은 같으며, 우주선 Y는 계속 원 궤도로 움직이고 있다.

① 전방 분사한 우주선 X가 진입한 궤도에서 가지는 최대 운동 에너지는 우주선 Y보다 더 크다.

② 우주선 X는 궤도 A에서의 최소 중력 위치 에너지가 궤도 B에서의 최소 중력 위치 에너지보다 크다.

③ 후방 분사한 이후의 우주선 X의 중력 위치 에너지의 최솟값은 우주선 Y의 중력 위치 에너지와 같다.

④ 우주선 X가 궤도 A로 진입한 경우, 지구를 한 바퀴 도는 동안 우주선 Y와 같은 운동 에너지를 가지는 궤도상의 지점은 하나이다.

⑤ 우주선 X와 우주선 Y의 가능한 거리 중 최댓값은 우주선 X가 궤도 B로 진입한 경우가 궤도 A로 진입한 경우보다 작다.

[28~30] 다음 글을 읽고 물음에 답하시오.

과학 기술이 발달하고 일상의 삶에 미치는 영향이 점점 커짐에 따라 법정에서 과학 기술 전문가의 지식을 필요로 하는 사례도 늘고 있다. 유전자 감식에 의한 친자 확인, 디지털 포렌식을 통한 범죄 수사 등은 이미 낯설지 않고, 최근에는 연륜연대학에 기초한 과학적 증거의 활용도 새롭게 관심을 끌고 있다.

연륜연대학이란, 나이테를 분석하여 나무의 역사를 재구성하는 과학이다. 온대림에서 자라는 대부분의 수목은 매년 나이테를 하나씩 만들어 내는데, 그것의 폭, 형태, 화학적 성질 등은 수목이 노출되어 있는 환경의 영향을 받는다. 예를 들어 나이테의 폭은 강수량이 많았던 해에는 넓게, 가물었던 해에는 좁게 형성된다. 따라서 연속된 나이테가 보여 주는 지문과도 같은 패턴은 나무의 생육 연대를 정확히 추산하기 위한 단서가 된다.

[A]
2005년에 400개의 나이테를 가진 400년 된 수목을 베어 냈는데, 그 단면에서 1643년부터 거슬러 1628년까지 16년 동안 넓은 나이테 5개, 좁은 나이테 5개, 넓은 나이테 6개 순으로 연속된 특이 패턴이 보였다고 하자. 한편 인근의 역사 유적에 대들보로 사용된 오래된 목재는 나무의 중심부와 그것을 둘러싼 332개의 나이테를 보여 주지만 베어진 시기를 알 수 없었는데, 만일 그 가장자리 나이테에서 7개째부터 앞서의 수목과 동일한 패턴이 발견된다면 그 목재로 사용된 나무는 1650년경에 베어졌고 1318년경부터 자란 것이라는 결론을 내릴 수 있다. 나아가 그 목재를 유적의 기둥 목재와 비슷한 방식으로 비교하여, 나이테 기록을 보다 먼 과거까지 소급할 수 있다.

이와 같이 나이테를 통한 비교 연대 측정은 예술 작품이나 문화재 등의 제작·건립 시기를 추정하는 과학적 기법을 제공하기도 하지만, 종종 법률적 사안의 해결에 도움을 주기도 한다. 수목으로 소유지 경계를 표시하던 과거에는 수목의 나이를 확인하는 것이 분쟁 해결에 중요한 역할을 담당하였다. 형사 사건에서도 나이테 분석을 활용한 적이 있다. 1932년 린드버그의 아기를 납치·살해한 범인을 수목 과학자인 콜러가 밝혀낸 일화는 잘 알려져 있다. 그는 범행 현장에 남겨진 수제 사다리의 목재를 분석함으로써, 그것이 언제 어느 제재소에서 가공되어 범행 지역 인근의 목재 저장소로 운반되었는지를 추적하는 한편, 용의자의 다락방 마루와 수제 사다리의 일부가 본래 하나의 목재였다는 사실도 입증해 냈다.

나이테 분석의 활용 잠재성이 가장 큰 영역은 아마도 환경 소송 분야일 것이다. 과학자들은 나이테에 담긴 환경 정보의 종단 연구를 통해 기후 변동의 역사를 고증하고, 미래의 기후 변화를 예측하는 데 주로 관심을 기울여 왔다. 하지만 나이테에 담긴 환경 정보에는 비단 강수량이나 수목 질병만이 아니라 중금속이나 방사성 오염 물질, 기타 유해 화학 물질에 대한 노출 여부도 포함되므로 이를 분석하면 특정 유해 물질이 어느 지역에 언제부터 배출되었는지를 확인할 수 있을 것이다. 넓은 의미의 연륜연대학 중에서 이처럼 수목의 화학적 성질에 초점을 맞춘 연구만을 따로 연륜화학이라 부르기도 한다.

[B]
한편 과학 기술 전문가의 견해가 법정에서 실제로 유의미하게 활용되기 위해서는 일정한 기준을 충족해야 하는데, 이 점은 나이테 분석도 마찬가지다. 법원으로서는 전문가의 편견 및 오류 가능성이나 특정 이론의 사이비 과학 여부 등에도 신경을 쓸 수밖에 없기 때문이다. 나이테 분석을 통한 환경오염의 해석은 분명 물리적 환경 변화의 해석에

서보다 고려해야 할 변수도 많고, 아직 그 역사도 상당히 짧다. 하지만 이 같은 해석 기법이 환경 소송을 주재할 법원의 요구에 부응할 수 있는 과학 기술적 토대를 갖추었다고 평가하는 견해가 점차 늘어나고 있다.

28. 윗글로 보아 적절하지 <u>않은</u> 것은?

① 나이테 분석이 이미 생성된 나이테만을 대상으로 할 수밖에 없다면, 아직 발생하지 않은 변동을 예측하는 데는 사용되지 못할 것이다.

② 특정 수목이 소유지 경계 획정 시 성목(成木)으로 심은 것이라면, 그 나이테의 개수가 경계 획정 시기까지 소급한 햇수보다 적지 않을 것이다.

③ 발생 연도가 확실한 사건에 대한 지식이 추가되면, 비교할 다른 나무가 없어도 특정 수목의 생육 연대를 비교적 정확하게 추산하는 것이 가능하다.

④ 배후지의 나무와 달리 차로변의 가로수만 특정 나이테 층에서 납 성분이 발견되었다면, 그 시기에는 납을 함유한 자동차 연료가 사용되었다고 추정하는 것이 가능하다.

⑤ 가장자리 나이테 층뿐 아니라 심부로도 수분과 양분이 공급되는 종류의 나무라면, 나이테 분석을 통해 유해 화학 물질의 배출 시기를 추산할 때 오차가 발생할 것이다.

29. [A]에 대해 추론한 내용으로 옳지 <u>않은</u> 것은?

① 2005년에 베어 낸 수목은 1605년경부터 자랐을 것이다.

② 대들보로 사용된 목재의 가장자리에서 10번째 나이테는 폭이 넓을 것이다.

③ 대들보로 사용된 목재의 가장자리에서 20번째 나이테는 폭이 좁을 것이다.

④ 대들보로 사용된 목재의 가장자리에서 15번째 나이테는 1635년경에 생겼을 것이다.

⑤ 대들보로 사용된 목재와 기둥 목재의 나이테 패턴 비교 구간은 1318년경에서 1650년경 사이에 있을 것이다.

30. [B]를 참조하여 〈보기〉의 입장들을 설명할 때, 적절하지 <u>않은</u> 것은?

─── 〈 보 기 〉───

X국에는 과학적 연구 자료를 법적으로 활용하는 기준에 대하여 다음과 같은 입장들이 있다. 각각의 입장에서 전문가의 '나이테 분석에 근거한 연구 결과'가 어떻게 이용될지 생각해 보자.

A: 관련 분야 전문가들의 일반적 승인을 얻은 것만을 증거로 활용한다.

B: 사안에 대한 관련성이 인정되는 한 모두 증거로 활용하되, 전문가의 편견 개입 가능성이나 쟁점 혼란 또는 소송 지연 등의 사유가 있을 경우에는 활용하지 않는다.

C: 사안에 대한 관련성이 인정되고, 일정한 신뢰성 요건(검증 가능성, 적정 범위 내의 오차율 등)을 갖춘 것은 모두 증거로 활용한다.

① A를 따르는 법원이 수목의 병충해 피해 보상을 판단할 때 해당 연구 결과를 유의미하게 활용한다면, 나이테를 통한 비교 연대 측정 방법은 대체로 인정된다고 추정할 수 있군.

② A를 따르는 법원이 공장의 유해 물질 배출로 인한 피해의 배상을 판단할 때 해당 연구 결과를 유의미하게 활용한다면, 연륜화학의 방법은 대체로 인정된다고 추정할 수 있군.

③ B를 따르는 법원이 방사능 피해 보상 문제에서 해당 연구 결과를 유의미하게 활용한다면, 그 연구의 수행자가 피해 당사자의 입장을 적극 대변하는 인물이라고 추정할 수 있군.

④ C를 따르는 법원이 장기간의 가뭄으로 인한 농가 피해의 보상을 판단할 때 해당 연구 결과를 유의미하게 활용한다면, 나이테 분석은 사이비 과학이 아니라고 추정할 수 있군.

⑤ C를 따르는 법원이 홍수로 인한 농가 피해의 보상을 판단할 때 해당 연구 결과를 유의미하게 활용하지 않는다면, 연륜연대학의 방법이 일정한 신뢰성의 요건을 충족하지 못한다고 추정할 수 있군.

정답 및 해설 p.34

해커스 LEET
이재빈 언어이해 기출문제 + 해설집

2019학년도 기출문제

☑ 문제 풀이 시작과 종료 시각을 정한 후, 실전처럼 기출문제를 풀어보세요.

_____ 시 _____ 분 ~ _____ 시 _____ 분(총 30문항 / 70분)

[01~03] 다음 글을 읽고 물음에 답하시오.

법의 본질에 대해서는 많은 논의들이 있어 왔다. 그 오래된 것들 가운데 하나가 사회에 형성된 관습에서 그 본질을 파악하려는 견해이다. 관습이론에서는 이런 관습을 확인하고 재천명하는 것이 법이 된다고 본다. 곧 법이란 제도화된 관습이라고 보는 것이다. 관습을 재천명하는 역할은 원시 사회라면 족장 같은 권위자가, 현대 법체계에서는 사법기관이 수행할 수 있다. 입법기관에서 이루어지는 제정법 또한 관습을 확인한 결과이다. 예를 들면 민법의 중혼 금지 조항은 일부일처제의 사회적 관습에서 유래하였다고 설명한다. 나아가 사회의 문화와 관습에 어긋나는 법은 성문화되어도 법으로서의 효력이 없으며, 관습을 강화하는 법이어야 제대로 작동할 수 있다고 주장한다. 성문법이 관습을 변화시킬 수 없다는 입장을 취하는 것이다.

법을 사회구조의 한 요소로 보고 그 속에서 작용하는 기능에서 법의 본질을 찾으려는 구조이론이 있다. 이 이론에서는 관습이론이 법을 단순히 관습이나 문화라는 사회적 사실에서 유래한다고 보는 데 대해 규범을 정의하는 개념으로 규범을 설명하는 오류라 지적한다. 구조이론에서는 교환의 유형, 권력의 상호 관계, 생산과 분배의 방식, 조직의 원리들이 모두 법의 모습을 결정하는 인자가 된다. 이처럼 법은 구조화의 결과물이며, 이 구조를 유지하고 운영할 수 있는 합리적 방책이 필요하기에 도입한 것이다. 따라서 구조이론에서는 상이한 법 현상을 사회 구조의 차이에 따른 것으로 설명한다.

1921년 팔레스타인 지역에 세워진 모샤브 형태의 정착촌 A와 키부츠 형태의 정착촌 B는 토지와 인구의 규모가 비슷한 데다, 토지 공유를 바탕으로 동종의 작물을 경작하였고, 정치적 성향도 같았다. 그런데도 법의 모습은 서로 판이했다. A에서는 공동체 규칙을 강제하는 사법위원회가 성문화된 절차에 따라 분쟁을 처리하고 제재를 결정하였지만, B에는 이러한 기구도, 성문화된 규칙이나 절차도 없었다. 구조이론은 그 차이를 이렇게 ㉠분석한다. B에서는 공동 작업으로 생산된 작물을 공동 소유하는 형태를 지니고 있어서 구성원들 사이의 친밀성이 높고 집단 규범의 위반자를 곧바로 직접 제재할 수 있었다. 하지만 작물의 사적 소유가 인정되는 A에서는 구성원이 독립적인 생활 방식을 바탕으로 살아가기 때문에 비공식적인 규율로는 충분하지 않고 공식적인 절차와 기구가 필요했다.

법의 존재 이유가 사회 전체의 필요라는 구조이론의 전제에 의문을 제기하면서, 법과 제도로 유지되고 심화되는 불평등에 주목하여야 한다는 갈등이론도 등장한다. 갈등이론에서 법은 사회적 통합을 위한 합의의 산물이 아니라, 지배 집단이 억압 구조를 유지·강화하여 자신들의 이익을 영위하려는 하나의 수단이라고 주장한다. 19세기 말 미국에서는 아동의 노동을 금지하는 아동 노동 보호법을 만들려고 노력하여 20세기 초에 제정을 보았다. 이것은 문맹, 건강 악화, 도덕적 타락을 야기하는 아동 노동에 대한 개혁 운동이 수십 년간 지속된 결과이다. 이에 대해 관습이론에서는 아동과 가족생활을 보호하여야 한다는 미국의 전통적 관습을 재확인하는 움직임이라고 해석할 것이다. 구조이론에서는 이러한 법 제정을 사회구조가 균형을 이루는 과정으로 설명하려 할 것이다. 하지만 갈등이론에서는 법 제정으로 말미암아 값싼 노동력에 근거하여 생존하는 소규모 기업이 대거

퇴출되었다는 점, 개혁 운동의 많은 지도자들이 대기업 사장의 부인들이었고 운동 기금도 대기업의 기부에 많이 의존하였다는 점을 지적한다.

이론 상호 간의 비판도 만만찮다. 관습이론은 비합리적이거나 억압적인 사회·문화적 관행을 합리화해 준다는 공격을 받는다. 구조이론은 법의 존재 이유가 사회적 필요에서 나온다는 단순한 가정을 받아들이는 것일 뿐이고, 갈등이론은 편향적인 시각으로 흐를 수 있을 것이라고 비판받는다.

01. 윗글에 대한 이해로 가장 적절한 것은?

① 관습이론은 지배계급의 이익을 위한 억압적 체계를 합리화한다는 비판을 받는다.

② 구조이론은 법이 그런 모습을 띠는 이유보다는 법이 발생하는 기원을 알려 주려 한다.

③ 구조이론은 규범을 정의하는 개념으로 규범을 설명하기 때문에 논리적 문제가 있다고 공격을 받는다.

④ 갈등이론은 사회관계에서의 대립을 해소하는 역할에서 법의 기원을 찾는다.

⑤ 갈등이론은 법 현상에 대한 비판적 접근을 통해 전체로서의 사회적 이익을 유지하는 기능적 체계를 설명한다.

02. ㉠의 내용으로 적절하지 <u>않은</u> 것은?

① A의 사법위원회가 지닌 사회 구조 유지의 기능이 사적 소유제의 도입에 따른 가정 간 빈부 격차를 고착시키는 역할을 수행하였다고 규명한다.

② B의 공동생활 방식은 구성원들이 일상적인 비난과 제재의 가능성에 놓이도록 만들기 때문에 천명되지 않은 관습도 법처럼 지켜졌다고 파악한다.

③ A와 B는 사회의 조직이나 구조가 상이하기 때문에 서로 다른 법 체계를 가졌다고 설명한다.

④ B와 달리 A에서 성문화된 규칙이 발전한 모습을 보고 사회 관행과 같은 비공식적 규율은 독립적인 생활 방식의 규율에 적합하지 않았다고 해석한다.

⑤ B와 달리 A는 구성원이 함께하는 생활 속에서 규범을 체득하는 구조가 아니라서 규율 내용을 명시하여야 규범을 둘러싼 갈등을 억제할 수 있었다고 이해한다.

03. 관습이론 에 관한 추론으로 적절하지 <u>않은</u> 것은?

① 구조이론이나 갈등이론이 법을 자연적으로 발생한 것이 아니라고 보는 데 대하여 관습이론도 동의할 것이다.

② 상이한 법체계를 가진 두 사회에 대하여 구조이론이 조직 원리상의 차이로 그 원인을 설명할 때, 관습이론은 관습이 서로 다르기 때문이라고 이를 반박할 것이다.

③ '여성발전기본법', '남녀차별금지및구제에관한법률'의 제정이 한국 사회에서 여성에 대한 차별 관행의 전환을 이끌어 냈다는 평가는 관습이론의 논거를 강화할 것이다.

④ 과거 남계 혈통 중심의 호주제가 현재의 변화된 가족 문화에 맞지 않기 때문에 개정 민법으로 폐지되었다는 분석에 대해, 관습이론은 관습을 재천명하는 법의 역할을 보여 준다고 하여 지지할 것이다.

⑤ 허례허식을 일소하기 위하여 1993년 제정된 '가정의례에관한법률'이 금지한 행위들이 국민들 사이에서 여전히 지속되다가 1999년에 그 법률이 폐지되었다는 사실에서, 성문법이 관습을 변화시킬 수 없다는 주장은 힘을 얻을 것이다.

[04~06] 다음 글을 읽고 물음에 답하시오.

서기 2세기 중엽, 로마의 속주 출신 그리스인 아리스티데스는 로마 통치의 특징을 묘사하는 「로마 송사(頌辭)」라는 연설문을 남긴다. 이 글은 로마 제국에 대한 동시대인의 증언이자, 정복자가 아닌 속주, 즉 식민지 지식인의 논평이라는 점에서 흥미롭다. 그렇지만 로마의 통치 원리에 대한 그의 설명은 정작 로마인에게는 익숙한 것이 아니었다. 예를 들어 그는 '보편 시민'을 구현하려는 시민권 정책의 개방성 원리를 칭찬하지만, 로마인은 그 정책 배후의 이념을 숙고하지 않았다. 로마인에게 속주 엘리트들에 대한 시민권 개방은 분리 통치를 위한 '지배 비결'이었을 뿐이다.

하지만 아리스티데스는 로마의 정책을 이념의 측면에서 볼 필요가 있었다. 이미 300여 년간 그리스 지식인들은 로마 권력의 속성과 그리스인이 로마 통치에 관해 취할 태도에 대한 담론을 지속해 왔기 때문이다. 우선 로마의 지배에 들어간 기원전 2세기 중엽 이래 그리스 지식인들은 그리스인의 대처 자세에 대해 고민했다. 가장 먼저 이를 논의한 이들은 기원전 2~1세기의 철학자 파나이티오스와 포세이도니오스였다. 그들의 논리는 최선자(最善者)의 지배가 약자에게 유익하다는 것이었다. 그로써 그리스인은 로마인에 대해 지배의 도덕적 정당성을 인정하면서 ㉠ 순응주의를 드러냈다. 하지만 과연 로마인은 최선자였던가? 속주에 배치된 군 지휘관과 관리들에 대한 속주민의 고발이 잦았던 당시 현실에서 보면 그 대답은 어렵지 않다.

한편 서기 1세기 초 로마의 정체(政體)가 공화정에서 제정으로 바뀐 뒤, 그때까지 통치하기보다는 그저 점령해 온 지역에서 실질적 행정이 시작되었다. 그 결과 로마의 통치가 공고해지고, 로마가 가져온 평화의 혜택이 자명해졌다. 그리스 문화를 존중하는 로마 황제들의 배려가 늘어가면서, 그리스인의 자유 상실감은 상당히 약화되었다. 이제 그들은 문학과 철학에서의 문화 권력을 인정받는 대가로 권력과 타협할 준비가 되어 있었다. 이를 ㉡ 타협주의라고 부를 수 있을 것이다. 예컨대 서기 1세기 초의 역사가 디오니시우스는 실체적 근거도 없이 로마인의 뿌리는 사실 그리스인이라며 일종의 동조론(同祖論)을 제기했다. 그렇지만 이는 로마인에 대한 아부가 아니라 그리스인을 위한 타협의 신호였다. 정복자로 성공한 로마인을 불편하게 대할 이유가 없다는 것이었다. 거의 같은 시기의 수사학자 디오는 황제들이 타락하지 않으면, 로마가 관대한 통치를 펴고 그리스인의 이상인 '화합'을 실현할 것이라고 전망하였다. 아직까지는 자신들의 정체성을 지키기 위한 노력을 포기하지 않았기 때문이다.

그러나 아리스티데스의 시기에 이르면 속주 지식인들의 기조는 ㉢ 동화주의로 변했다. 역사가 아피아누스는 제정이 안정과 평화, 풍요를 안겨 주었다고 보았고, 그런 의미에서 로마가 공화정에서 제정으로 전환된 것을 축복이라고 묘사했다. 이는 그가 아직도 옛 정체에 대한 향수를 짙게 간직하고 있던 로마의 전통적 지배 계층보다 새로운 체제와 일체감을 더 지녔음을 보여 준다. 그리고 아리스티데스는 「로마 송사」에서 그리스에 대한 혜택과 배려를 더 이상 논하지 않고, 제국 시민으로서의 관점을 강조한다. 그리고 제국 통치가 가져다 준 평화의 전망 속에서 그리스의 지역 엘리트들은 더 이상 통치할 권리를 두고 서로 싸우지 않는다고 말한다. 요컨대 아리스티데스는 식민지 엘리트들의 탈정치화를 상정하고 있다. 그는 모든 속주 도시의 정치적 자립성이 세계 제국 안에서 소멸되는 상태를 꿈꾸는 것이다.

게다가 그가 보기에 로마는 이전의 다른 제국인 페르시아에 비해 행정 조직과 지배 이념에 있어서 비교 우위를 지녔다. 로마의 행정 조직은 거대하지만 동시에 체계적인 점이 특징이라는 것이다. 이 체계적인 면이란 곧 통치의 탈인격성을 가리키며, 바로 페르시아 왕의 전횡과 대척을 이루는 것이다. 이렇게 「로마 송사」는 '팍스 로마나'가 절정에 달해 있던 서기 2세기 중엽의 로마 정책에 대해 공감하고 동조하며 결국 동화되었던 그리스 지식인들의 자세를 잘 보여 주고 있다.

04. 윗글의 내용과 일치하는 것은?

① 공화정 말기에 로마의 속주 행정은 페르시아와 달리 전횡성을 극복하였다.
② 공화정 말기에 속주민은 로마 군 지휘관과 관리들의 통치에 이견을 표하지 못했다.
③ 제정 초기에 로마의 상류층은 평화와 안정을 보장하는 체제의 변화를 환영하였다.
④ 제정 초기에 그리스 지식인들은 로마의 그리스 문화 존중을 바탕으로 자존감을 지켰다.
⑤ '팍스 로마나' 절정기의 시민권 정책은 '보편 시민' 양성이라는 통치 원리의 산물이었다.

05. ㉠~㉢에 대한 설명으로 적절하지 않은 것은?

① ㉠에서는 지배의 정당성을 윤리적 정당성과 일치시키는 논리를 내세웠다.
② ㉡에서는 그리스 정체성의 유지를 중시한다는 특징을 갖고 있다.
③ ㉢에서는 제국 행정 시스템의 체계적인 면을 높이 평가했다.
④ ㉡과 ㉢에서는 자유보다 평화와 안전을 중시한다는 공통점을 지녔다.
⑤ ㉠, ㉡, ㉢ 모두 로마의 정체 변화를 긍정적으로 파악하고 있다.

06. 윗글을 바탕으로 〈보기〉를 평가한 내용으로 가장 적절한 것은?

〈보 기〉
정치가는 자신과 출신 도시가 로마 통치자들에게 책잡히지 않도록 해야 함은 물론, 로마의 고위 인사 중에 친구를 가지도록 해야만 한다. 로마인은 친구들의 정치적 이익을 증대시켜 주는 데 열심이기 때문이다. 우리가 거물들과의 우정에서 이득을 보게 되었을 때, 그 이점이 우리 도시의 복지에 이어지도록 하는 것도 좋다. …… 우리 그리스 도시들이 누리는 축복들인 평화, 번영, 풍요, 늘어난 인구, 질서, 화합을 생각해 보라. 그리스인이 이민족들과 싸우던 모든 전쟁은 자취를 감추었다. 자유에 관한 한, 우리 도시 주민들은 통치자들이 허용해 주는 커다란 몫을 누리고 있다. 아마 그 이상의 자유는 주민들을 위해서도 좋지 않을 것이다.
– 플루타르코스, 「정치가 지망생을 위한 권고」

① '우리 도시'와 '화합'을 말하고 있다는 점에서, 그리스인의 정체성 지키기를 포기하지 않은 디오와 같은 자세를 견지한다고 보아야겠군.
② '자신과 출신 도시', '평화'와 '풍요'를 거론하고 있다는 점에서, 황제의 통치를 환영한 아피아누스와 동시대인의 주장이라고 보아야겠군.
③ 로마는 '친구들'의 '정치적 이익'을 지켜 준다고 한다는 점에서, 시민권 확대에 주목한 아리스티데스와 같은 태도를 보이고 있다고 보아야겠군.
④ 그리스인이 '이민족들'과 싸우던 전쟁이 사라졌음을 강조한다는 점에서, 로마인과 그리스인이 한 뿌리를 가졌다고 보는 디오니시우스의 주장을 지지한다고 보아야겠군.
⑤ '통치자들'의 눈치를 보고 그들이 준 '번영'과 '질서'를 상기시킨다는 점에서, 약자에게 유익한 점을 고민한 파나이티오스, 포세이도니오스와 동시대인의 견해라고 보아야겠군.

첨단 소재 분야의 연구에서는 마이크로미터 이하의 미세한 구조를 관찰할 수 있는 전자 현미경이 필요하다. 전자 현미경과 광학 현미경의 기본적인 원리는 같다. 다만 광학 현미경은 관찰의 매체로 가시광선을 사용하고 유리 렌즈로 빛을 집속하는 반면, 전자 현미경은 전자빔을 사용하고 전류가 흐르는 코일에서 발생하는 자기장을 이용하여 전자빔을 집속한다는 차이가 있다.

광학 현미경은 시료에 가시광선을 비추고 시료의 각 점에서 산란된 빛을 렌즈로 집속하여 상(像)을 만드는데, 다음과 같은 이유로 미세한 구조를 관찰하는 데 한계가 있다. 크기가 매우 작은 점광원에서 나온 빛은 렌즈를 통과하면서 회절 현상에 의해 광원보다 더 큰 크기를 가지는 원형의 간섭무늬를 형성하는데 이를 '에어리 원반'이라고 부른다. 만약 시료 위의 일정한 거리에 있는 두 점에서 출발한 빛이 렌즈를 통과할 경우 스크린 위에 두 개의 에어리 원반이 만들어지게 되며, 이 두 점의 거리가 너무 가까워져 두 에어리 원반 중심 사이의 거리가 원반의 크기에 비해 너무 작아지면 관찰자는 더 이상 두 점을 구분하지 못하고 하나의 점으로 인식하게 된다. 이 한계점에서 시료 위의 두 점 사이의 거리를 '해상도'라 부른다. 일반적으로 현미경에서 얻을 수 있는 최소의 해상도는 사용하는 파동의 파장, 렌즈의 초점 거리에 비례하며 렌즈의 직경에 반비례한다. 따라서 사용하는 파장이 짧을수록 최소 해상도가 작아지며, 더 또렷한 상을 얻을 수 있다. 광학 현미경의 경우 파장이 가장 짧은 가시광선을 사용하더라도 그 해상도는 파장의 약 절반인 200nm보다 작아질 수가 없다. 반면 전자 현미경에 사용되는 전자빔의 전자도 양자역학에서 말하는 '입자-파동 이중성'에 따라 파동처럼 행동하는데 이 파동을 '드브로이 물질파'라고 한다. 물질파의 파장은 입자의 질량과 속도의 곱인 운동량에 반비례하는데 전자 현미경에서 가속 전압이 클수록 전자의 속도가 크고 수십 kV의 전압으로 가속된 전자의 물질파 파장은 대략 0.01nm 정도이다. 하지만 전자 현미경의 렌즈의 성능이 좋지 않아 해상도는 보통 수nm이다.

전자 현미경의 렌즈는 전류가 흐르는 코일에서 발생하는 자기장을 사용하여 전자의 이동 경로를 휘게 하여 전자를 모아 준다. 전하를 띤 입자가 자기장 영역을 통과할 때 속도와 자기장의 세기에 비례하는 힘을 받는데 그 방향은 자기장에 대해 수직이다. 전자 렌즈는 코일을 적절히 배치하여 특별한 형태의 자기장을 발생시켜 렌즈를 통과하는 전자가 렌즈의 중심 방향으로 힘을 받도록 만든다. 코일에 흐르는 전류를 증가시키면 코일에서 발생하는 자기장의 세기가 커지고 전자가 받는 힘이 커져 전자빔이 더 많이 휘어지면서 초점 거리가 줄어드는 효과를 얻을 수 있다. 대물렌즈의 초점 거리가 작아지면 현미경의 배율은 커진다. 따라서 광학 현미경에서는 배율을 바꿀 때 대물렌즈를 교체하지만 전자 현미경에서는 코일에 흐르는 전류를 조절하여 일정 범위 안에서 배율을 마음대로 조정할 수 있다. 하지만 렌즈의 중심과 가장자리를 통과하는 전자가 받는 힘을 적절히 조절하여 한 점에 모이도록 하는 것이 어려우므로 광학 현미경에 비해 초점의 위치가 명확하지 않다.

전자 현미경은 고전압으로 가속된 전자빔을 사용하므로 현미경의 내부는 기압이 대기압의 $1/10^{10}$ 이하인 진공 상태여야 한다. 전자는 공기와 충돌하면 에너지가 소실되거나 굴절되는 등 원하는 대로 제어하기 어렵기 때문이다. 또한 절연체 시료를 관찰할 때 전자빔의 전자가 시료에 축적되어 전자빔을 밀어내는 역할을 하게 되므로 이미지가 왜곡될 수 있다. 이 때문에 보통 절연체 시료의 표면을 금 또는 백금 등의 도체로 얇게 코팅하여 사용한다.

광학 현미경에서는 실제의 상을 눈으로 볼 수 있지만, 전자 현미경에서는 시료에서 산란된 전자의 물질파를 검출기에 집속하여 상이 맺힌 지점에서 전자의 분포를 측정함으로써 시료 표면의 형태를 디지털 영상으로 나타낸다. 이러한 전자 현미경의 특성을 활용하면 다양한 검출기 및 주변 기기를 장착하여 전자 현미경의 응용 분야를 확장할 수 있다.

07. 윗글의 내용과 일치하는 것은?

① 광학 현미경의 해상도는 시료에 비추는 빛의 파장에 의존하지 않는다.
② 전자 현미경에서 진공 장치 내부의 기압이 높을수록 선명한 상을 얻을 수 있다.
③ 전자 현미경에서 렌즈의 중심과 가장자리를 통과한 전자는 같은 점에 도달한다.
④ 전자 현미경에서 시료의 표면에 축적되는 전자가 많을수록 상의 왜곡이 줄어든다.
⑤ 광학 현미경과 전자 현미경은 모두 시료에서 산란된 파동을 관찰하여 상을 얻는다.

08. 윗글에서 이끌어 낼 수 있는 전자 현미경의 특성만을 〈보기〉에서 있는 대로 고른 것은?

─────── 〈 보 기 〉───────
ㄱ. 전자의 물질파 파장이 길수록 전자가 전자 렌즈를 지날 때 더 큰 힘을 받는다.
ㄴ. 전자의 가속 전압을 증가시키면 상에서 에어리 원반의 크기를 더 작게 할 수 있다.
ㄷ. 전자 렌즈의 코일에 흐르는 전류를 감소시키면 상의 해상도를 더 작게 할 수 있다.

① ㄱ   ② ㄴ   ③ ㄷ
④ ㄱ, ㄴ   ⑤ ㄱ, ㄴ, ㄷ

09. 〈보기〉에 대한 설명으로 가장 적절한 것은?

─────── 〈 보 기 〉───────
(가)와 (나)는 크기가 일정한 미세 물체가 일정한 간격으로 배치된 구조를 전자 현미경으로 각각 찍은 사진이며 (나)는 (가)에서 사각형 부분에 해당한다.

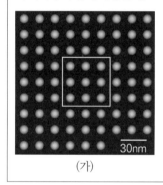
30nm
(가)

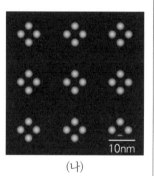
10nm
(나)

① (가)의 해상도는 30nm보다 크다.
② (가)에서 전자 현미경 내부의 기압은 대기압보다 크다.
③ (나)에서 사용된 전자의 물질파 파장은 20nm보다 크다.
④ (나)에서 렌즈의 코일에 흐르는 전류는 (가)의 경우보다 크다.
⑤ (나)에서 사용된 전자의 속력은 (가)에서 사용된 전자의 속력보다 3배 작다.

[10~12] 다음 글을 읽고 물음에 답하시오.

현대 문학의 주요 비평 개념 중 하나인 멜랑콜리는 본래 '검은 담즙'을 뜻하는 고대 그리스의 의학 용어였다. 그 당시 검은 담즙은 '우울과 슬픔에 젖는 기질'의 원인으로 간주되었고, 나태함, 게으름, 몽상 등은 '우울질'의 표현이자 멜랑콜리의 속성이라 분류되었다. 이런 속성들은 열정처럼 적극적으로 분출되는 감정이 아니라 열정의 결여 상태, 즉 감정을 느낄 수 있는 능력이 쇠락해진 상태와 관련된다는 공통점이 있다. 멜랑콜리가 야기하는 정신적 무능에 대해 키르케고르는 "멜랑콜리는 무사태평한 웃음 속에서 메아리치는 이 시대의 질병이며, 우리로부터 행동과 희망의 용기를 앗아 간다."라고 평하기도 했다.

멜랑콜리는 상실을 인식하고 그 상실감에 자발적으로 침잠하는 태도이다. 일회적이고 찰나적이어서 다시는 돌이킬 수 없는 대상들을 향한 상실감에서 멜랑콜리는 유래한다. 그럼에도 멜랑콜리는 다만 어둡지만은 않으며 매혹적인 면을 가지고 있다. 삶과 죽음, 사랑과 이별처럼 인식 불가능한 타자성을 외면하기보다 차라리 자기 안에 가두려는 욕망이기 때문이다. 멜랑콜리는 대상의 상실에 따른 퇴행적 반응이라기보다는 오히려 상실된 대상을 살아 있게 만드는 몽환적인 능력이다. 따라서 이처럼 타자성을 자기 속에 가두고 관조하면서 자기만의 세계로 빠져 들려는 자, 즉 멜랑콜리커(Melancholiker)가 진정으로 추구하는 것은 상실된 대상 자체가 아니라 그 대상의 부재이며, 이 대상이 현존하지 않는 한에서 그것은 늘 점유를 향한 멜랑콜리커의 욕망을 추동하는 힘으로 작용한다.

멜랑콜리의 몽환적 능력은 현실을 대하는 태도의 측면에서 여러 견해를 낳았다. 벤야민이 "멜랑콜리커의 고독과 침잠, 즉 외면적 부동성(不動性)은 단순한 무기력이 아니라 사물을 꿰뚫어 보는 깊이 있는 사유를 상징"한다고 한 것은 대표적이다. 그는 멜랑콜리커의 고독이 곧 사물에 대한 통찰의 깊이를 나타낸다고 본다. 프로이트는 충분히 슬퍼한 후에 일상으로 귀환하는 애도와 달리 멜랑콜리는 "상실한 대상과 자아가 하나가 되어 버리는 감정"이라 말하면서, 결과적으로 자아를 일상에서 격리한다는 점을 강조했다. 물론 무기력한 슬픔이라는 멜랑콜리의 특성은 이성적인 절제를 강조해 온 근대 사회에서는 결코 환영받을 만한 것이 못 되었다. 하이데거가 근대에 유일하게 남은 열정이 있다면 '열정의 소멸에 대한 열정'이라고 말한 것도 근대 사회의 이러한 이성주의적 특성과 밀접한 관련이 있다.

그러므로 멜랑콜리는 미래에 대한 낙관과 혁신에 대한 자신감 위에 설립된 근대의 진보적 세계관의 필연적인 그림자가 되었다. 근대가 창출한 ㉠사회적 모더니티는 국민국가, 자본주의 그리고 시민주의를 축으로 하는 공적 제도의 영역에서, 베버의 언급을 따르자면 '정신(Geist) 없는 전문가'와 '가슴 없는 향락가'들을 양산해 낸다. 그러나 사회적 모더니티의 지배적 가치들에 저항하는 태도라 할 ㉡문화적 모더니티는 진보하는 부르주아지의 공적 세계가 은폐한 사적 공간에서 멜랑콜리커들을 키워 낸다. 문화적 모더니티는 부르주아지의 근대가 아니라 소위 사회적 부적응자들, 즉 몰락한 귀족, 룸펜 프롤레타리아트, 실패한 예술가, 부유(浮遊)하는 지식인들처럼 세계의 바깥에서 떠도는 존재들의 근대이다. 사회적 모더니티의 주체는 계산적 합리성에 근거하여 세계와 대면하고, 규율의 엄격성에 따라 세계에 질서를 부여함으로써 세계의 주인이 된다. 그러나 멜랑콜리커들은 세계의 주인이 되기보다는 자신이 상실했다고 생각하는 그 무엇을 찾는 데에 몰두하고자 한다. 이에 멜랑콜리커는 흔히 탐구자 혹은 수집가의 모습으로 나타난다. 사회적 모더니티는 과학과 기술의 힘으로 외적 자연을 탈신비화하고, 열정을 이해관계로 치환하여 인간의 내적 자연마저 감정의 횡포로부터 해방시켰다. 그러나 문화적 모더니티는 이러한 해방의 역설적 결과로 나타난 환멸감 속에서, 도리어 잃어버린 것들을 우울의 감정으로 보존하려고 한다.

　이로써 멜랑콜리는 일종의 문명 비판적인 태도가 된다. 멜랑콜리는 사회적 모더니티가 빠른 속도로 일소한 근원적 가치들과 대상들을 문화적 모더니티의 영역에서 보존한다. 더 이상 지상에 존재하지 않는 것들 앞에서 우리는 우울하다. 그러나 더 정확하게 표현하자면, 우울한 자들에게만 이러한 가치들은 부재하는 현존이라는 역설적 방식으로 살아남는다. 상실된 가치와 대상들을 아직 신앙하는 자는 우울하지 않다. 또한 이들이 완벽하게 소멸되었다고 믿는 자 역시 우울할 수 없다. 멜랑콜리커는 그 중간에 머물면서 '소멸됨으로써 살아있는 어떤 것'을 끝없이 추구하는 것이다.

10. 윗글의 내용과 일치하는 것은?

① 키르케고르는 멜랑콜리의 정신적 무능이 실존적 세계관을 형성하고 절망을 해소하는 요인이 된다고 보았다.

② 벤야민은 고독과 침잠에 빠진 멜랑콜리커의 무기력에서 사물의 본질에 도달할 수 있는 사유의 가능성을 발견하였다.

③ 프로이트는 상실된 대상과 자아가 통합된 애도를 그것이 분리된 멜랑콜리와 구분함으로써 근대인의 몽환적 능력을 강조하였다.

④ 하이데거는 능동적 절제를 통해 감정을 억누르는 것이 감정에 대한 근대인의 근본적 자세가 되어야 한다고 주장하였다.

⑤ 베버는 근대 사회의 모든 영역이 숙련된 기술을 갖춘 엘리트들로 채워져야 한다고 보았다.

11. ㉠과 ㉡에 대한 설명으로 적절하지 않은 것은?

① ㉠은 외적 자연과 내적 자연을 구분하지만 이들 모두를 계산적 합리성으로 지배한다.

② ㉡은 이성으로부터의 해방이 가져온 역설적 결과로 나타난 환멸감을 근간으로 성립된다.

③ ㉠과 ㉡은 세계에 질서를 부여하려는 주체가 존재하느냐의 유무에서 차이를 보인다.

④ ㉠과 ㉡은 공적 영역과 사적 영역에서 근대가 만들어낸 대립적 인간상이 출현하는 양상과 관련된다.

⑤ ㉠은 외적 자연을 변화의 대상으로 삼고, ㉡은 근대적 발전이 앗아간 것들을 부재하는 현존의 상태로 보존한다.

12. 윗글을 바탕으로 〈보기〉를 이해한 내용으로 적절하지 않은 것은?

〈보 기〉

　최명익의 「비 오는 길」(1936)은 식민지 근대화가 진행되는 도시의 풍경을 그린다. 표제는 주인공 병일의 내면을 '우울한 장맛비'로 비유한 것이다. 작가는 정치적 저항이 불가능해진 상황에서 과거의 이상을 잃고 슬퍼하는 청년을 주인공으로 선택했다. 병일의 상실감은 특정 대상에 집착하는 증세인 독서벽(讀書癖)으로 나타난다. 그의 독서벽은 독서회를 조직하여 삶의 목표와 정치의식을 고민하던 학생 시절의 유산이다. 궁핍하게 살아가는 병일에게 이웃 사내는 책 살 돈으로 저축하라 훈계하지만, 병일은 책이 없으면 최소한의 자기 생활도 없을 것이라고 답한다. 그의 태도는 돈을 모아 '세상살이'를 하는 것이 행복이라는 이웃 사내의 인생관과 대조를 이룬다. 병일은 자신의 무능력을 인정하지만 이웃 사내의 생활이 행복은 아니라고 생각한다. 군중 속에서 홀로 '방향 없이 머뭇거리는 고독감'에 잠기면서도 병일은 책을 읽는다.

① 병일이 느끼는 '방향 없이 머뭇거리는 고독감'에서, 상실된 가치에 대한 믿음과 불신 사이에 끼어 있는 중간자의 모습을 엿볼 수 있군.

② 병일이 '세상살이'를 외면하고 독서에 집착한다는 사실에서, 과거에 지향했던 가치에서 여전히 벗어나지 못하는 탐구자로서의 면모를 찾아볼 수 있군.

③ 이웃 사내가 병일에게 저축의 중요성을 훈계하는 모습에서, 식민지 근대 도시의 일상적 가치에 순응하는 보통 사람의 모습을 떠올릴 수 있군.

④ 이웃 사내가 '세상살이'의 중요성을 강조하고 있다는 사실에서, 그가 '감정'을 느낄 수 있는 능력이 쇠약해진 상태의 인물임을 확인할 수 있군.

⑤ 작가는 정치적 저항이 불가능한 상황에서 방황하는 청년을 통해, 근원적 가치가 부재의 상태로 보존된다는 창작 의도를 드러내려 했다고 해석할 수 있군.

동물은 쾌락, 고통 등을 느낄 수 있는 만큼 그들도 윤리적으로 대우해야 한다는 주장이 ㉠동물감정론이다. 한편 ㉡동물권리론에 따르면 동물도 생명권, 고통받지 않을 권리 등을 지닌 존재인 만큼 그들도 윤리적으로 대우해야 한다. 하지만 동물도 윤리적 대상으로 고려해야 한다는 두 이론을 극단적으로 전개하면 새로운 윤리적 문제가 발생한다. ㉢포식에 관련한 비판은 그러한 문제를 지적하는 대표적인 입장이다.

인간은 동물을 음식, 의류 등으로 이용해 왔지만, 인간만이 동물에게 고통을 주며 권리를 침해한 것은 아니다. 야생의 포식 동물 또한 피식 동물을 잔인하게 잡아먹는다. 피식 동물이 느끼는 고통은 도살에서 동물이 느끼는 고통보다 훨씬 클 수도 있다. 동물의 권리에 대한 침해 문제 또한 마찬가지로 설명할 수 있다. 인간의 육식이나 실험 등이 고통 유발이나 권리 침해 때문에 그르다면, 야생 동물의 포식이 피식 동물의 고통을 유발하거나 그 권리를 침해하는 것 또한 그르다고 해야 할 것이다. 그른 것은 바로잡아야 한다는 점에서 인간의 육식 등은 막아야 하는 것일 수 있다. 그렇다 해도 동물의 포식까지 막아야 한다고 하는 것은 터무니없다. 예컨대 사자가 얼룩말을 잡아먹지 못하도록 일일이 막는 것은 우선 우리의 능력을 벗어난다. 설령 가능해도 그렇게 하는 것은 자연 질서를 깨뜨리므로 올바르지 않다. 동물감정론과 동물권리론이 야생 동물의 포식을 방지해야 한다는 과도한 의무까지 함축할 수 있다는 점만으로도 그 이론을 비판할 충분한 이유가 된다.

동물감정론은 윤리 결과주의에 근거한다. 이것은 행동의 올바름과 그름 등은 행동의 결과에 의거하여 평가되어야 한다는 입장이다. 전형적 윤리 결과주의인 공리주의에 따르면 행동의 효용, 곧 행동이 쾌락을 극대화하는지의 여부가 그 평가에서 가장 주요한 기준이 된다. 이때 효용은 발생할 것으로 기대되는 고통의 총량을 차감한 쾌락의 총량에 의해 계산한다. 동물감정론이 포식 방지와 같은 의무를 부과한다는 지적에 대한 공리주의자의 응답은 다음과 같다. 포식 동물의 제거 등을 통해 피식 동물을 보호함으로써 얻을 수 있는 쾌락의 총량보다 이러한 생태계의 변화를 통해 유발될 고통의 총량이 훨씬 클 것이다. 따라서 동물을 이유 없이 죽이거나 학대하지 않는 것으로 인간이 해야 할 바를 다한 것이며 동물의 행동까지 규제해야 할 의무는 없다.

하지만 공리주의를 동원한 동물감정론은 포식 방지가 인간의 의무가 될 수 없음을 증명하는 데 성공하지 못한다. 기술 발전 등으로 인해 포식에 대한 인간의 개입이 더욱 수월해지고, 그로 인해 기대할 수 있는 쾌락의 총량이 고통의 총량보다 실제 더 커질 수 있기 때문이다. 쾌락 총량의 극대화를 기치로 내건 동물감정론에서의 효용 계산으로 포식 방지의 의무가 산출될 수도 있다.

한편 동물권리론은 행동의 평가가 '의무의 수행' 등 행동 그 자체의 성격에 의거해야 한다는 윤리 비결과주의를 근거로 내세운다. 전형적 윤리 비결과주의인 의무론에 따르면 행위의 도덕성은 행위자의 의무가 적절히 수행되었는지의 여부에 따라 결정된다. 동물권리론이 포식 방지와 같은 의무를 부과한다는 지적에 대한 의무론자의 응답은 다음과 같다. 도덕 행위자는 자신의 행동을 조절하고 설명할 수 있는 능력을 지닌 반면, 포식 동물과 같은 도덕 수동자는 그런 능력이 결여된 존재이다. 의무를 지니려면 그렇게 할 수 있는 능력을 지녀야 한다. 도덕 수동자는 도덕에 맞춰 자신의 행동을 조절할 수 없으므로 그런 의무를 지니지 않는 것이다. 인간의 육식에서나 동물의 포식에서도 동물의 권리가 침해된 것이기는 마찬가지다. 그러나 동물은 자신의 행동을 조절할 능력을 갖지 않기에 다른 동물을 잡아먹지 않을 의무도 없다. 결국 사자가 얼룩말을 잡아 포식하는 것을 막을 인간의 의무 또한 없다는 것이다.

하지만 의무론을 동원한 동물권리론은 포식에 관련한 비판을 오해했다는 문제점 을 갖는다. 포식 방지에 대한 비판의 핵심은 사자가 사슴을 잡아먹는다고 할 때 우리가 그것을 그만 두게 할 의무가 있는지의 문제이지, 사자가 그만 두어야 할 의무가 있는지의 여부는 아니기 때문이다. 그저 재미로 고양이를 괴롭히는 아이는 도덕 수동자이니 그 행동을 멈춰야 할 의무가 없다고 하더라도 과연 그 부모 또한 이를 막을 의무가 없다고 하겠는가?

13. ㉠~㉢에 대한 설명으로 가장 적절한 것은?

① ㉠에서는 동물의 포식 때문에 생겨나는 야생의 고통은 효용 계산에서 무시해도 된다고 본다.
② ㉡에서는 인간이 동물에 대해 의무가 있는지를 판단할 때 인간의 도덕 행위자 여부를 고려해야 한다고 본다.
③ ㉢에서는 인간의 육식은 그르지만 야생 동물의 포식은 그르지 않다고 본다.
④ ㉠과 ㉡에서는 모두 동물에게 포식 금지의 의무가 있다고 본다.
⑤ ㉠과 ㉢에서는 모두 포식을 방지하는 행동이 그른 까닭을 생명 공동체의 안정성 파괴에서 찾는다.

14. 윗글을 바탕으로 추론할 때, 적절한 것만을 〈보기〉에서 있는 대로 고른 것은?

〈보 기〉

ㄱ. 공리주의에 따르면, 포식 동물의 제거로 늘어날 쾌락의 총량이 고통의 총량보다 커지면 포식 동물을 제거해야 할 것이다.

ㄴ. 공리주의에 따르면, 동물에 대한 윤리적 대우의 범위는 야생에 개입할 수 있는 인간의 기술 발전 수준에 반비례할 것이다.

ㄷ. 의무론에 따르면, 인간에게 피식 동물을 구출할 수 있는 능력이 있다면 인간은 반드시 그렇게 할 의무가 있을 것이다.

ㄹ. 의무론에 따르면, 동물을 대하는 인간 행동의 올바름, 그름 등은 결과가 아닌 행동 그 자체의 성질에서 찾을 수 있을 것이다.

① ㄱ, ㄴ ② ㄱ, ㄹ ③ ㄴ, ㄷ
④ ㄱ, ㄷ, ㄹ ⑤ ㄴ, ㄷ, ㄹ

15. 문제점 의 내용으로 가장 적절한 것은?

① 도덕 수동자에게는 책임이 없다는 사실로부터 도덕 행위자에게도 도덕 수동자의 행동에 대한 책임이 없다고 단정했다.

② 어린 아이가 도덕 수동자라는 사실로부터 어린아이에게는 도덕적 책임을 물을 수 없다고 단정했다.

③ 포식 동물도 어린아이와 마찬가지로 행동 조절 능력을 결여한 도덕 수동자라는 점을 간과했다.

④ 야생에서의 권리 침해가 인간 세계에서의 그것에 비해 더욱 잔인하다는 점을 간과했다.

⑤ 피식 동물도 인간과 마찬가지로 쾌락과 고통을 느끼는 능력이 있다는 점을 간과했다.

[16~18] 다음 글을 읽고 물음에 답하시오.

경제 이론은 경제 주체들의 행동에 관한 예측을 시도하는데, 현실에서 관찰되는 사람들의 행동이 이론에서의 예측과 다르게 나타나는 경우도 적지 않다. 경제학은 이들 '이상 현상'을 분석하고 토론하는 과정에서 발전했는데, 최근 이 흐름은 사람들의 행동에 관한 ⊙ 전통적 경제학의 가정을 문제 삼는 ⓒ 행동경제학에 의해 주도되었다.

전통적 경제학과 행동경제학의 차이가 본격적으로 확인되는 대표적 영역이 저축과 소비에 관련한 분야이다. 전통적 경제학에서는 사람들이 자신에게 무엇이 최선인지를 잘 알면서 전 생애 차원에서 최적의 소비 계획을 세우고 불굴의 의지로 실행한다고 가정한다. 이들은 또한 돈에는 사용 범위를 제한하는 꼬리표 같은 것이 붙어 있지 않아 전용(轉用)이 가능하다고 가정하며, 이러한 '전용 가능성'이 자유롭고 유연한 선택을 촉진함으로써 후생을 높여 준다고도 믿는다. 전통적 경제학은 이러한 인식을 근거로 사람들이 일생 동안 소비 수준을 비교적 고르게 유지할 것이며 소득의 경우 나이가 들면서 점점 증가하다가 퇴직 후 급속히 감소하는 패턴을 보인다는 점에 착안해, 연령에 따른 소비 패턴은 연령에 따른 소득 패턴과 독립적으로 유지될 것이라고 예측했다. 그러나 사람들의 연령에 따른 실제 소비 패턴은 연령에 따른 소득 패턴과 상당히 유사하게 나타났다. 전통적 경제학에서는 이러한 이상 현상을 '유동성 제약' 개념을 통해 해명했다. 즉 금융 시장이 완전치 않아 미래 소득이나 보유 자산 등을 담보로 현재 소비에 충분한 유동성을 조달하는 데 제약이 존재하므로, 소비 수준이 이론의 예측에 비해 낮다는 것이다.

행동경제학에서는 청년 시절과 노년 시절의 소비가 예측보다 적은 것은 외부 환경의 제약에 따른 어쩔 수 없는 행동이 아니라 자발적 선택의 결과물이라며, 이를 '심적 회계'에 의해 설명한다. 사람들은 현금, 보통 예금, 저축 예금, 주택 등 각종 자산을 마음 속 별개의 계정에 배치하고 그 사용에도 상이한 원리를 적용한다는 것이다. 자산의 피라미드 중 맨 아래층에는 지출이 가장 용이한 형태인 현금이 있는데, 이는 대부분 지출에 사용된다. 많은 이들은 급전이 필요할 경우 저축 예금이 있는데도 연리 20%가 넘는 신용카드 현금 대출 서비스를 받아 해결한다. 금융적으로 바람직한 방법은 예금을 인출해 지출을 하는 것임에도, 높은 금리로 돈을 빌리고 낮은 금리로 저축을 하는 비합리적 행동을 하는 것이다. 마음속 가장 신성한 계정에는 퇴직 연금이나 주택과 같이 노후 대비용 자산들이 놓여 있는데, 이들은 최악의 사태가 발생하지 않는 한 마지막까지 인출이 유보되는 자산들이다. 심적 회계가 이런 방식으로 작동하는 경우 자산의 전용 가능성은 현저히 떨어지며, 특정 연도에 행하는 소비는 일생 동안의 소득 총액뿐 아니라 그 소득을 낳는 자산들이 마음속 어느 계정에 있는가에 따라서도 달라진다.

행동경제학에 따르면, 사람들은 자신에게 무엇이 최선인지 잘 알고 전 생애에 걸친 최적의 소비 계획을 세우지만, 미래보다 현재를 더 선호하고 유혹에 빠지기 쉽다. 사람들은 자신과 가족의 장기적 안전을 지키기 위해 행동을 제약하기 위한 속박 장치를 마음속에 만들어 내는데, 이러한 자기 통제 기제가 바로 심적 회계이다. 심적 회계의 측면에서 본다면, 전통적 경제학이 주목했던 유동성 제약은 장기적으로 자신에게 불리한 지출 행위를 사전에 차단하기 위한 자발적 선택의 결과로 이해될 수 있다. 심적 회계가 당장의 유혹을 억누르고 현재의 지출을 미래로 미루는 행위, 곧 저축을 스스로 강제하는 기제라면, 퇴직 연금이나 국민연금 제도는 이런 기제가 사회적 차원에서 구현된 것이다.

16. 윗글의 내용과 일치하지 <u>않는</u> 것은?

① 이상 현상에 대한 분석은 경제학을 발전시키는 자양분으로 작용했다.

② 퇴직 연금 제도는 개인의 심적 회계가 사회적 차원으로 확장된 것이다.

③ 저축은 현재의 소비를 미룸으로써 미래의 지출 능력을 높이려는 행위이다.

④ 심적 회계는 미래보다 현재를 중시하는 본능을 억제하려는 자기 통제 기제이다.

⑤ 자산 피라미드의 하층부에 있는 자산일수록 인출을 하지 않으려는 계정에 배치된다.

17. ㉠과 ㉡을 비교한 내용으로 가장 적절한 것은?

① ㉠과 ㉡에서는 사람들이 유혹에 취약한 존재라고 여긴다는 점에서 의견을 같이할 것이다.

② ㉠에서는 연령대별 소비의 특성을 자발적 선택으로 이해하고, ㉡에서는 그 특성을 외부적 제약 요인에서 찾을 것이다.

③ ㉠에서는 유동성 제약의 원인을 금융 시장의 불완전성에서 찾고, ㉡에서는 그 원인을 개인의 심리적 요인에서 찾을 것이다.

④ ㉠에서는 ㉡에서와 달리 유동성 제약이 심화되면 소비가 자유롭고 원활하게 행해진다고 볼 것이다.

⑤ ㉠과 ㉡에서는 모두 급전이 필요한 상황에서 신용카드 현금 대출 서비스를 받는 대신 저축 예금을 인출하는 선택이 금융적으로 바람직한 방법이라는 것을 부정적으로 판단할 것이다.

18. 윗글을 바탕으로 〈보기〉를 설명한 내용으로 적절하지 <u>않은</u> 것은?

〈보 기〉

A 국가에서는 1980년대 후반에 세법을 개정하여, 세금 공제 대상을 줄였다. 자동차·카드·주택 등 여러 영역에서 허용되던 공제 대상을 주택 담보 대출로 제한함으로써 주택 소유의 확대를 유도했다. 은행들은 주택가액과 기존 담보 대출액의 차액을 담보로 한 2차 대출 상품을 내놓는 방식으로 이에 대응하였다. 그 결과 다양한 대출 상품들이 생겨나고 주택 가격 거품이 부풀어 오름에 따라 주택을 최후의 보루로 삼던 사회적 규범이 결국 붕괴했고 노인 가구들도 2차 주택 담보 대출을 받는 상황이 초래되었다. 또한 주택 가격 상승에 따른 미실현 이익을 향유하며 지출을 늘리는 가구가 늘어나면서 경제의 불안정성은 커졌고 마침내 20여 년 후 금융 위기 사태가 발발했다. 그 결과 가계의 소득 감소와 소비 위축 등으로 경기 침체가 나타났다.

① 1980년대 후반의 새로운 조세 정책이 촉진한 새로운 대출 상품에 대한 A 국가 국민들의 대응으로 볼 때, 주택 자산이 전통적으로 지니던 '마음속 가장 신성한 계정'으로서의 성격이 약화되었겠군.

② 정부 정책과 금융 관행의 변화가 야기한 위기로 볼 때, 금융 위기 이후의 A 국가는 주택 소유자들이 '유동성 제약'을 완화하게끔 '심적 회계'의 작동 방식을 바꾸도록 유도하는 정책을 필요로 했겠군.

③ '자산의 전용 가능성' 제고가 경제의 불안정성 심화로 이어졌던 것으로 볼 때, A 국가에서 '자발적 선택 가능성'의 확대는 장기적으로 경제 활동을 위축시키는 부정적 결과를 낳았다고 평가할 수 있겠군.

④ 부동산 거품 현상으로 초래된 '사회적 규범'의 변화로 볼 때, 금융 위기 이전의 은행들은 주택을 저축이 아닌 소비 확대의 수단으로 바꾸도록 유도함으로써 A 국가 국민들이 장래를 대비할 여력을 약화시켰겠군.

⑤ 현재 소득이 없는 경제 주체들도 2차 주택 담보 대출 상품을 통해 추가적인 지출을 했던 것으로 볼 때, 전통적 경제학에서는 '소비 패턴은 연령에 따른 소득 패턴과 독립적으로 유지'되리라는 예측이 실현되었다고 여겼겠군.

심신 문제는 정신과 물질의 관계에 대해 묻는 오래된 철학적 문제이다. 정신 상태와 물질 상태는 별개의 것이라고 주장하는 이원론이 오랫동안 널리 받아들여졌으나, 신경 과학이 발달한 현대에는 그 둘은 동일하다는 동일론이 더 많은 지지를 받고 있다. 그러나 똑같은 정신 상태라고 하더라도 사람마다 그 물질 상태가 다를 수 있고, 인간과 정신 상태는 같지만 물질 상태는 다른 로봇이 등장한다면 동일론에서는 그것을 설명할 수 없다는 문제가 생긴다. 그래서 어떤 입력이 들어올 때 어떤 출력을 내보낸다는 기능적·인과적 역할로써 정신을 정의하는 기능론이 각광을 받게 되었다. 기능론에서는 정신이 물질에 의해 구현되므로 그 둘이 별개의 것은 아니라고 주장한다는 점에서 이원론과 다르면서도, 정신의 인과적 역할이 뇌의 신경 세포에서든 로봇의 실리콘 칩에서든 어떤 물질에서도 구현될 수 있음을 보여 준다는 점에서 동일론의 문제점을 해결할 수 있기 때문이다.

그래도 정신 상태에는 물질 상태와 다른 무엇인가가 있다고 생각하는 이원론에서는 '나'가 어떤 주관적인 경험을 할 때 다른 사람에게 그 경험을 보여줄 수는 없지만 나는 분명히 경험하는 그 느낌에 주목한다. 잘 익은 토마토를 봤을 때의 빨간색의 느낌, 시디신 자두를 먹었을 때의 신 느낌, 꼬집힐 때의 아픈 느낌이 그런 예이다. 이런 질적이고 주관적인 감각 경험, 곧 현상적인 감각 경험을 철학자들은 '감각질'이라고 부른다. 이 감각질이 뒤집혔다고 가정하는 사고 실험을 통해 기능론에 대한 비판이 제기된다. 나에게 빨강으로 보이는 것이 어떤 사람에게는 초록으로 보이고 나에게 초록으로 보이는 것이 그에게는 빨강으로 보인다는 사고 실험이 그것이다. 다만 각자에게 느껴지는 감각질이 뒤집혀 있을 뿐이고 경험을 할 때 겉으로 드러난 행동과 하는 말은 똑같다. 예컨대 그 사람은 신호등이 있는 건널목에서 똑같이 초록 불일 때 건너고 빨간 불일 때는 멈추며, 초록 불을 보고 똑같이 "초록 불이네."라고 말한다. 그러나 그는 자신의 감각질이 뒤집혀 있는지 전혀 모른다. 감각질은 순전히 사적이며 다른 사람의 감각질과 같은지를 확인할 수 있는 방법이 없기 때문이다. 그렇다면 나와 어떤 사람의 정신 상태는 현상적으로 다르지만 기능적으로는 같으므로, 현상적 감각 경험은 배제하고 기능적·인과적 역할만으로 정신 상태를 설명하는 기능론은 잘못된 이론이라는 논박이 가능하다.

㉠ 뒤집힌 감각질 사고 실험에 의한 기능론 논박이 성공하려면 감각질이 뒤집힌 사람이 그렇지 않은 사람과 색 경험이 현상적으로는 다르지만 기능적으로 다르지 않다는 조건이 성립해야 한다. 두 경험이 기능적으로 다르지 않다면 두 사람의 색 경험 공간이 대칭적이어야 한다. 다시 말해서 색들이 가지는 관계들의 구조는 동일한 패턴을 가져야 하는 것이다. 예를 들어 나의 빨간색 경험과 노란색 경험 사이의 관계를 보여 주는 특성들이 다른 사람의 빨간색 경험(사실은 초록색 경험)과 노란색 경험 사이의 관계를 보여 주는 특성들과 동일해야 한다. 그래야 두 사람이 현상적으로 다른 경험을 하더라도 기능적으로 동일하기에 감각질이 뒤집혔다는 것이 탐지 불가능하다. 그러나 색을 경험한다는 것은 색 외적인 속성들, 예컨대 따뜻함과 생동감 따위와도 복잡하게 관련되어 있는데, 그것 때문에 색 경험 공간이 비대칭적이게 된다. ㉡ 빨강-초록의 감각질이 뒤집힌 사람은 익지 않은 초록색 토마토가 빨간색으로 보일 것인데, 이 경우 그가 초록이 가지는 생동감 대신 빨강이 가지는 따뜻함을 지각할 것이기 때문에 감각질이 뒤집히지 않은 사람과 다른 행동을 보일 것이다.

뒤집힌 감각질 사고 실험은 색 경험 공간이 대칭적이어야 성공하지만, 앞에서 제시한 문제점을 안고 있어서 비판 을 받기도 한다. 그런 까닭에 이 사고 실험에 의한 기능론 논박은 성공하지 못한다고 평가할 수 있다.

19. 윗글의 내용과 일치하는 것은?

① 동일론에서는 물질 상태가 같으면 정신 상태도 같다는 것을 설명할 수 없다.

② 이원론에서는 어떤 사람의 행동과 말을 통해서 그 사람의 감각질이 어떠한지 확인한다.

③ 기능론에서는 인간과 로봇이 물질 상태는 달라도 정신 상태는 같을 수 있음을 설명할 수 있다.

④ 뒤집힌 감각질 사고 실험은 기능론으로는 정신의 인과적 측면을 설명할 수 없다는 것을 보여 주려고 한다.

⑤ 이원론과 기능론은 정신 상태를 갖는 존재의 물질 상태를 인정하지 않는다는 점에서 일치한다.

20. 비판 의 내용으로 가장 적절한 것은?

① 색 경험 공간은 대칭적이어서, 감각질이 뒤집힌 사람이 그렇지 않은 사람과 현상적으로 동등하고 기능적으로 다를 경우는 발생할 수 없다.

② 색 경험 공간은 비대칭적이어서, 감각질이 뒤집힌 사람이 그렇지 않은 사람과 현상적으로 다르고 기능적으로 동등할 경우는 발생할 수 없다.

③ 감각질이 뒤집히지 않은 사람은 입력이 같으면 출력도 같으므로, 그의 감각질이 뒤집히지 않았다는 사실은 탐지할 수 없다.

④ 감각질이 뒤집힌 사람은 입력이 같아도 출력이 다르므로, 그의 감각질이 뒤집혔다는 사실은 탐지할 수 없다.

⑤ 정신 상태의 현상적 감각 경험을 배제할 수 없으므로, 기능적 역할만으로 정신 상태를 설명할 수 없다.

21. 윗글과 〈보기〉를 바탕으로 ㉠과 ㉡을 설명할 때, 적절하지 않은 것은?

<보 기>

빨강과 초록의 감각질이 뒤집힌 사람이 따뜻한 물로 손을 씻으러 세면대로 갔다. 세면대에는 따뜻한 물이 나오는 꼭지는 빨간색으로, 차가운 물이 나오는 꼭지는 파란색으로 되어 있었다.

① ㉠이 성공한다는 측은 ㉡에게는 빨간색 꼭지가 초록색으로 보인다고 설명하겠군.

② ㉠이 성공한다는 측은 ㉡이 빨간색 꼭지를 보고 "이게 빨간색이구나."라고 말한다고 설명하겠군.

③ ㉠이 실패한다는 측은 ㉡이 빨간색 꼭지를 보고 따뜻함을 지각하지 못할 것이라고 설명하겠군.

④ ㉠이 성공한다는 측과 실패한다는 측 모두 ㉡이 빨간색 꼭지를 틀지 않을 것이라고 설명하겠군.

⑤ ㉠이 성공한다는 측과 실패한다는 측 모두 ㉡이 빨간색 꼭지와 파란색 꼭지를 구별할 수 있다고 설명하겠군.

[22~24] 다음 글을 읽고 물음에 답하시오.

1990년대 이후 온톨로지(ontology)는 인공지능 연구에서 각광을 받고 있다. 연구자들마다 '온톨로지'란 용어를 조금씩 다른 의미로 사용하고 있지만, 널리 받아들여지는 정의는 "관심 영역 내 공유된 개념화에 대한 형식적이고 명시적인 명세"다. 여기서 '관심 영역'은 특정 영역 중심적이라는 것을, '공유된'은 관련된 사람들의 합의에 의한 것이라는 것을, '개념화'는 현실 세계에 대한 모형이라는 것을 뜻한다. 즉 특정 영역의 지식을 모델링하여 구성원들의 지식 공유 및 재사용을 가능하게 하는 것이 바로 온톨로지인 것이다. 또 '형식적'은 기계가 읽고 처리할 수 있는 형태로 온톨로지를 표현해야 한다는 것을 뜻한다. 그 결과로서 얻어지는 '명시적인 명세'는 일종의 공학적 구조물로서 다양한 용도로 사용된다.

온톨로지를 사전과 비교하면 '개념화'를 쉽게 이해할 수 있다. 사전에는 각각의 표제어에 대해 뜻풀이, 동의어, 반대어 등 언어적 특성들이 정리되어 있다. 온톨로지에는 표제어 대신 개념이, 그리고 언어적 특성들 대신 개념들 간 논리적 특성들이 기록된다. '개념(class)'은 어떤 공통된 속성들을 공유하는 '개체들(instances)'의 집합이고, 개체는 세상에 존재하는 구체적인 개별자이다. 온톨로지에서 개념은 관계를 통해 다른 개념들과 연결된다. 필수적인 관계는 개념 간의 계층 구조를 형성하는 상속 관계이다. 상속 관계에서 하위 개념은 상위 개념의 모든 속성을 물려받는다. 예컨대 '스누피'라는 특정 개체가 속한 견종 '몰티즈'라는 개념은 '개'의 하위 개념이므로, '몰티즈'는 상위 개념인 '개'가 가진 모든 속성을 물려받는다. 널리 사용되는 또 다른 관계로 부분–전체 관계가 있다. 이외에도 온톨로지에는 관계를 포함한 다양한 논리적 특성들을 기록할 수 있다.

온톨로지 표현 언어는 대부분 일차 술어 논리에 기초를 두고 있다. 일차 술어 논리는 '모든'과 '어떤'을 변수와 함께 사용하는 언어로 표현력이 매우 뛰어나다. 예컨대 "진짜 이탈리아 피자는 오직 얇고 바삭한 베이스만을 갖는다."를 일차 술어 논리로 옮기면 "모든 x에 대해, 만약 x가 진짜 이탈리아 피자라면, 얇고 바삭한 베이스인 어떤 y가 존재하고 x는 y를 베이스로 갖는다."가 된다. 그런데 이것이 반드시 장점인 것은 아니다. 일차 술어 논리로 정교하고 복잡하게 표현된 온톨로지를 막상 기계는 효율적으로 다룰 수 없는 경우가 발생하기 때문이다. 따라서 온톨로지 표현 언어는 일차 술어 논리에 각종 제약을 두어 표현력을 줄이는 대신 취급을 용이하도록 한 것이 대부분이다. 예컨대 월드 와이드 웹 컨소시움의 권고안인 '웹 온톨로지 언어' OWL에는 Lite, DL, Full의 세 가지 버전이 있는데, 후자로 갈수록 표현력이 커진다. 즉 OWL DL은 OWL Lite의 확장이고 OWL Full은 OWL DL의 확장이다. OWL DL까지는 계산학적 완전성과 결정 가능성이 보장된다. 이는 OWL DL로 표현된 온톨로지에서는 추론 엔진이 유한한 시간 내에 항상 해를 찾을 수 있음을 뜻한다.

OWL을 쓰면 복잡하고 다양한 논리적 특성들을 표현할 수 있지만 논리학에 익숙하지 않은 사용자에게 OWL은 너무 어렵다. 이로 인해 그 이름과는 달리, 웹에서 OWL이 널리 쓰이는 것은 아직까지 요원해 보인다. 오히려 전문 지식에 대한 정교한 논리적 표현이 요구되는 영역에서는 OWL이 이용되는 경우가 있다. 예컨대 미국 국립암센터에서 개발한 의료 영역 온톨로지인 NCI 시소러스는 OWL 포맷으로도 제공되는데, 이것은 약 4만 개의 개념과 백 개 이상의 관계로 이루어져 있다. 이외에도 의료 영역은 일찍부터 여러 그룹에서 각기 목적에 맞는 온톨로지를 발전시켜 왔다. 대표적인 것으로는 UMLS, SNOMED-CT 등이 있다.

온톨로지는 일반적으로 특정 영역 종사자들의 관심과 필요에 의해 구축되나 반드시 그런 것은 아니다. 1984년 개발이 시작된 Cyc는 인간의 모든 지식을 담고자 하는 대규모 온톨로지다. 지식공학자 소와(Sowa)는 철학의 연구 성과를 적극적으로 수용한 상위 수준 온톨로지를 제시한 바 있다. 세상에 존재하는 모든 것을 분류하려면 시간, 공간과 같은 일반적인 개념들을 다루어야만 하는데, 이는 철학자들이 이런 개념들에 대해 가장 오랫동안 깊이 사유했기 때문이다.

22. 온톨로지 에 대한 설명으로 적절하지 않은 것은?

① 지식의 공유와 재사용을 위해 설계된 인공물이다.

② 대상 체계의 개념 구조를 명시적으로 드러내고자 한다.

③ 실제 사용되려면 기계가 처리할 수 있는 형태로 표현되어야 한다.

④ 개념과 그 개념에 속한 개체들은 상속 관계에 의해 서로 연결된다.

⑤ 동일한 영역에서도 종사자들의 관심과 필요에 따라 서로 다른 온톨로지가 구축될 수 있다.

23. 온톨로지 표현 언어에 대해 추론한 내용으로 적절한 것만을 〈보기〉에서 있는 대로 고른 것은?

─────〈보 기〉─────

ㄱ. 동일한 온톨로지를 서로 다른 두 개의 언어로 각각 표현하기 위해서는 이들 언어의 표현력이 동등해야 한다.

ㄴ. 일차 술어 논리 표현 "모든 x에 대해, x가 빵이면 x는 장미이다."는 '빵'이 상위 개념, '장미'가 하위 개념인 상속 관계를 나타낸다.

ㄷ. 계산학적 완전성에 대한 보장 없이 최대의 표현력을 활용하여 온톨로지 구축을 원하는 사용자는 OWL Lite보다는 OWL Full을 사용할 것이다.

① ㄱ   ② ㄴ   ③ ㄷ

④ ㄱ, ㄴ   ⑤ ㄴ, ㄷ

24. 윗글과 〈보기〉를 바탕으로 소와의 상위 수준 온톨로지에 대해 이해한 것으로 적절하지 않은 것은?

─────〈보 기〉─────

소와의 상위 수준 온톨로지를 그림으로 나타내면 다음과 같다.

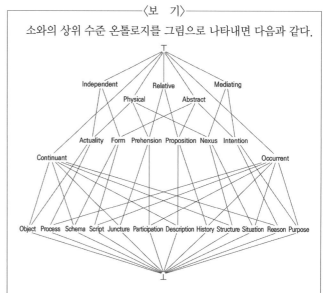

⊤는 세상에 존재하는 모든 것들의 집합을, ⊥는 공집합을 뜻한다. ⊤ 바로 아래 원초적 개념으로 'Independent'와 'Relative'와 'Mediating', 'Physical'과 'Abstract', 'Continuant'와 'Occurrent' 이렇게 7가지가 있다. 하나의 선으로 연결된 두 개념 중 위쪽이 상위 개념, 아래쪽이 하위 개념이다.

한편 상속 관계는 추이성(transitivity)을 갖는 대표적인 관계다. 즉 A, B, C가 각각 개념이라 할 때, 하위 개념 A가 상위 개념 B와 상속 관계를 맺고 하위 개념 B가 상위 개념 C와 상속 관계를 맺으면, 하위 개념 A는 상위 개념 C와 상속 관계를 맺는다.

① 상위 개념으로 원초적 개념을 단 한 개만 갖는 개념은 없고, 오직 2개의 원초적 개념을 갖는 개념은 모두 6개다.

② ⊤는 세상에 존재하는 모든 것들이므로 이 개념은 존재하는 모든 속성을 다 가지고 있고, ⊥에는 어떠한 개체도 속하지 않으므로 이 개념은 어떠한 속성도 갖지 않는다.

③ 'Continuant'와 'Occurrent'의 공통 하위 개념은 오직 ⊥뿐이므로, 'Continuant'의 속성과 'Occurrent'의 속성을 모두 갖는 개체는 존재하지 않는다.

④ 'Object'는 'Actuality'의 하위 개념이고 또한 'Continuant'의 하위 개념이기도 하므로, 'Actuality'의 속성과 'Continuant'의 속성을 모두 물려받는다.

⑤ 'Process'는 'Actuality'의 하위 개념이고 'Actuality'는 'Physical'의 하위 개념인데, 상속 관계는 추이성을 가지므로, 'Process'는 'Physical'의 하위 개념이다.

최근 프랑스 극우민족주의 세력인 국민연합은 과거의 인종주의적 경향에서 탈피하여 프랑스 공화주의의 수호자로 자처하기 시작했다. 국민연합은 공화주의의 핵심적 원칙이라고 할 수 있는 '라이시테', 즉 정치와 종교의 엄격한 분리라는 세속화를 새롭게 강조하고 있다. 1905년 법률로 확정된 라이시테 원칙은 당시 보수적 가톨릭이 정치 및 교육에 개입하는 것을 제어하기 위해 제시된 것이다. 그런데 최근 프랑스 사회에서는 이 원칙에 의거하여 공공장소에서 종교적 표지를 드러내는 것을 금지하여 결과적으로 무슬림에 대한 억압이 이루어지고 있다. 이와 더불어 시민권 획득에서 프랑스어 및 프랑스 법과 가치에 대한 의무가 강조됨으로써 통합을 위한 국가의 역할보다는 통합되는 자의 책임과 의지가 중시되기 시작했다.

원래 국민국가 시기에 인민은 동일성에 기반한 '네이션(nation)', 즉 '민족/국민'이라는 틀을 통해 권리를 부여받으면서 민주주의적 주체로서 구성되었다. 네이션의 동일성은 문화적 기반을 강조하는 폐쇄적 '민족' 개념과 정치적 원칙에 대한 동의만을 조건으로 하는 개방적 '국민' 개념으로 구분되어 형성되어 왔다. 후자가 전자보다 공화주의적 논리에 기반하고 있다는 점 때문에 바람직한 것으로 여겨져 왔다. 하지만 최근의 극우민족주의에서 제시하는 네이션은 문화적 개념과 시민적 개념 사이의 차이를 없애고 경계를 갖는 포섭과 배제의 논리로만 작동하고 있다. 극우민족주의는 네이션을 새로운 상징, 가치 등을 중심으로 재구성하면서 네이션에 대한 호명을 시도한다. 네이션의 구성에서 극우민족주의자들은 과거처럼 종교, 문화 등의 기준을 통한 적극적 방식이 아니라 소극적 방식, 즉 이러저러한 것은 네이션의 특성이 될 수 없으며, 그렇기 때문에 네이션의 구성원이 아니라는 방식으로 네이션을 재구성한다. 그들에게 네이션은 존재하지 않는 '망령'일 뿐이다.

또한 그렇게 구성된 네이션은 시민들의 집합체, 연대와 삶의 공동체로서 국민국가의 주권자라는 위상을 잃고, 정치적 주체로서보다는 치안과 통치의 대상으로 전락하고 있다. 오늘날 국가는 시장이 야기한 삶의 불확실성과 불안에 대한 개입을 중단하고, 비경제적 유형의 개인 안전에 대한 책임을 수행함으로써 자신의 정당성을 확보하고자 한다. 결국 정치(politics)는 사라지고 치안(police)만이 남는다. 국민국가 수준에서 '사회적인 것'을 해결하기 위해 밑바탕이 되었던 공화주의와 케인즈주의의 사회적 국민국가는 후퇴하고, 이민 노동자 등 잉여 노동력의 공급을 통한 노동 유연성 확대와 그 관리를 위한 방편으로 사회적 배제의 정치 전략이 작동한다. 즉 극우민족주의는 신자유주의와의 동거를 통하여 국민/비국민 혹은 시민/비시민의 구분 전략을 구사하고 있다. 극우민족주의자들은 신자유주의적 세계에 '잉여'로서 존재하는 이민 노동자나 '위험한 외국인'을 통합 불가능한 자들로 여겨 배제의 대상으로 삼았다. 신자유주의 속에서 유색인종 노동자들은 사회의 안전을 위협할 수 있는 잠재적 범죄자이자 위험한 계급으로서 국가 권력이 수행하는 '안전의 정치'의 대상으로 확정된다. 안전의 위협이라는 비상 상황이 일상적인 것이라고 강조되면서 '위험한 계급'으로서 이주 노동자에 대한 권력의 예외적인 행사 역시 일상화된다.

극우민족주의는 기존 좌우 정당의 틀을 넘어서 특정 집단을 공동의 적으로 만들면서 세력화를 추구한다. 극우민족주의 정당에 대한 지지 세력의 30~40%가 과거 좌파 정당을 지지했던 노동자 계급이라는 사실에서도 그것을 알 수 있다. 또한 극우민족

주의는 포퓰리즘의 한 유형으로 볼 수 있는데, 이는 포퓰리즘의 출발이 근대 대의제의 거부와 인민의 직접적 정치 실천에 대한 욕망의 발현이기 때문이다. 하지만 극우민족주의자들은 여전히 근대 대의제 정치가 '상징적'으로 전제하는 대표되는 자의 단일성을 위해 내부의 타자를 부정하고 있다. 하지만 국가가 구성하는 주권적 인민의 배치 안에는 국민과 같은 형태의 공식적 인민으로 실존하지 않는 많은 인민이 존재한다. 두 차례 세계 대전 전후에 등장했던 전체주의적 권력은 단일성을 위한 상징적 권력과 사회적, 계급적 분할에 의해 단일화될 수 없는 실재적 권력을 동일시함으로써 인류 역사에 불행한 결과를 초래하였다.

25. 윗글의 내용과 일치하지 <u>않는</u> 것은?

① 최근 프랑스 극우민족주의는 공화주의 원칙을 무슬림에 대한 배제의 기준으로 활용하고 있다.

② 최근 프랑스 시민권 획득의 조건에서 통합을 위한 국가의 역할보다는 이주자의 책임이 강조되고 있다.

③ 최근 극우민족주의는 기존에 좌파 정당을 지지했던 노동자 계급을 흡수하면서 세력을 확장하고 있다.

④ 국민국가 시기에 정치적 원칙에 기반한 국민 개념은 문화적 민족 개념보다 개방적인 것으로 간주되었다.

⑤ 신자유주의 시대에 들어와 네이션은 주권자로서의 위상을 강화하면서 직접적 정치 실천을 확대하고 있다.

26. 윗글을 바탕으로 최근의 극우민족주의 를 이해한 내용으로 가장 적절한 것은?

① 문화적 민족 개념과 시민적 국민 개념의 차이를 없애면서 국민적 동일성에 기반한 정치를 제거하려고 시도하고 있다.

② 위험한 계급에 대한 새로운 호명을 통해 치안을 위한 장치이자 연대의 공동체로서 국민국가의 위상을 강조하고 있다.

③ 네이션을 재구성하여 근대의 대의제 정치를 폐기하고 직접적 정치를 통해 민주주의의 위기를 극복하고자 한다.

④ 이주 노동자 등을 공동의 '적'으로 호명하여 사회의 안전에 대한 위협을 강조함으로써 국가 권력의 예외적 행사를 정당화하려 한다.

⑤ '사회적인 것'을 해결하기 위해 시민들의 경제적 삶의 안정성을 확보하고 실종된 정치를 회복함으로써 안전의 정치를 확대하고자 한다.

27. 윗글을 바탕으로 〈보기〉의 ⓐ를 평가할 때, 가장 적절한 것은?

〈보 기〉

근대 정치에 대해 문제 제기하면서 인민을 정치의 전면에 등장시킨 포퓰리즘은 대중 영합적 정치로의 변질 가능성뿐만 아니라 ⓐ 민주주의적 정치의 확장 가능성도 지닌다. 신자유주의 시대에 새롭게 출현하는 '사회적인 것', 예를 들어 비정규직 노동자, 불법 체류자 등의 문제를 해결하고 편협한 동일성의 정치를 극복하기 위해 정치에 대한 새로운 사유와 실천이 필요하다. 국민국가라는 경계를 가로질러 새로운 민주주의를 실천할 주체를 모색하고 민주주의를 재구성할 수 있어야 한다. 이 과정에서 포퓰리즘은 편협한 국가주의 이념을 극복하고 신자유주의에 대항하는 새로운 공동체와 국제적 연대를 이끌어 낼 가능성을 함축하고 있다.

① 국민과 계급, 인종의 경계를 넘어서는 새로운 대중이 정치의 전면에 등장한다면, 대중의 안전을 최우선하는 치안의 정치가 실현될 수 있다.

② 정치적·경제적 동기에 의해 생겨나는 이주민을 포용하는 통합의 장치를 작동시킨다면, 국민적 단일성을 강화하는 새로운 형태의 전체주의가 등장할 위험이 있다.

③ 대중이 정치체의 단일성을 확보하기 위한 상징적 권력과 단일화될 수 없는 실재적 권력을 구별한다면, 동일화될 수 없는 인민을 배제하는 동일성의 정치가 구현될 가능성이 높아질 것이다.

④ 공화주의의 정치적 원칙을 기반으로 네이션을 적극적으로 구성하여 새로운 국민국가의 민주주의 정치를 위한 주체로 삼는다면, 신자유주의로 인해 훼손된 국민국가의 이념과 민주주의의 가치가 복원될 것이다.

⑤ 비정규직, 난민, 이주 노동자 등에 의해 생겨난 '사회적인 것'의 해결을 위해 사회적 국민국 방식의 해결을 넘어서는 민주주의적 실천을 모색한다면, 경계 구분을 통한 배제의 정치를 극복하고 새로운 공동체와 세계 질서가 도래할 수 있다.

[28~30] 다음 글을 읽고 물음에 답하시오.

프랑스 혁명 이후에는 법관의 자의적 해석의 여지를 없애기 위하여 법률을 명확히 기술하여야 한다는 생각이 자리 잡았다. 이러한 근대법의 기획에서 법은 그 적용을 받는 국민 개개인이 이해할 수 있게끔 제정되어야 한다. 법이 정하고 있는 바가 무엇인지를 국민이 이해할 수 있어야 법을 통한 행위의 지도와 평가도 가능하기 때문이다. 이에 따라 형사법 분야에서는 형벌 법규의 내용을 사전에 명확히 정해야 하고, 법문이 의미하는 한계를 넘어선 해석을 금지한다. 법치국가라는 헌법 이념에서도 자의적인 법 집행을 막기 위하여 ㉠법률의 내용은 명확해야 한다는 원리가 정립되었다. 여기서 법률의 내용이 명확해야 한다는 것은 법문이 절대적으로 명확한 상태여야만 한다는 것까지 뜻하지는 않는다. 입법 당시에는 미처 예상치 못했던 사태가 언제든지 생길 수 있을 뿐 아니라, 바로 그러한 이유 때문에라도 법률은 일반적이고 추상적인 형식을 띨 수밖에 없는 탓이다. 따라서 법률의 명확성이란 일정한 해석의 필요성을 배제하지 않는 개념이다.

일반적으로 해석을 통하여 법문의 의미를 구체화할 때에는 입법자의 의사나 법률 그 자체의 객관적 목적까지 참조하기도 한다. 그러나 이러한 해석 방법은 언뜻 타당한 것처럼 보이지만, 실제로 이에 대해서는 많은 비판이 제기되고 있다. 우선 입법자의 의사나 법률 그 자체의 객관적 목적이 과연 무엇인지를 확정하는 작업부터 녹록하지 않을 것이다. 더욱 심각한 문제는 그것까지 고려해서 법이 요구하는 바가 무엇인지 파악할 것을 법의 전문가가 아닌 여느 국민에게 기대할 수는 없다는 점이다. 법률의 명확성이 말하고 있는 바는 법문의 의미를 구체화하는 작업이 국민의 이해 수준의 한계 내에서 이루어져야 한다는 것이지, 구체화한 만큼 실제로 국민이 이해할 것이라고 추정할 수 있다는 것은 아니기 때문이다. 나아가 입법자의 의사나 법률 그 자체의 객관적 목적을 고려한 해석은 법문의 의미를 구체화하는 데 머물지 않고 종종 법문의 한계를 넘어서는 방편으로 활용되며 남용의 위험에 놓이기도 한다.

한편 법의 적용을 위한 해석을 이미 주어져 있는 대상에 대한 인식에 지나지 않는 것으로 여기는 시각이 아니라, 법문의 의미를 구성해 내는 활동으로 보는 시각에서는 근본적인 문제를 제기한다. 입법자가 법률을 제정할 때 그 규율 내용이 불분명하여 다의적으로 해석될 수 있게 해서는 안 되는데, 이러한 기대와 달리 법률의 규율 내용이 실제로는 법관의 해석을 거친 이후에야 비로소 그 의미가 구성되는 것이라면 국민이 행위 당시에 그것을 알고 자신의 행동 지침으로 삼는다는 것은 원천적으로 불가능하기 때문이다. 이뿐만 아니라 법률의 제정과 그 적용은 각각 입법기관과 사법기관의 영역이라는 권력 분립 원칙 또한 처음부터 실현 불가능하다.

그렇다면 근대법의 기획은 그 자체가 허구적이거나 불가능한 것으로 포기되어야 하는가? 이 물음에 대해서는 다음과 같이 대답할 수 있다. 첫째, 법의 해석이 의미를 구성하는 기능을 갖는다는 통찰로부터 곧바로 그와 같은 구성적 활동이 해석자의 자의와 주관적 판단에 완전히 맡겨져 있다는 결론을 내릴 수는 없다. 단어의 의미는 곧 그 단어가 사용되는 방식에 따라 확정되는 것이지만, 이 경우의 언어 사용은 사적인 것이 아니라 집단적인 것이며, 따라서 언어 사용 그 자체가 사회적 규칙에 의해 지도된다는 사실과 마찬가지로 법의 해석과 관련한 다양한 방법론적 규칙들 또한 해석자의 자유를 적절히 제한하기 때문이다.

둘째, 해석의 한계나 법률의 명확성 원칙은 법의 해석을 담당하는 법관과 같은 전문가를 겨냥한 것으로 파악함으로써 문제를 감축하거나 해소할 수 있다. 다시 말해서 법률이 다소 모호하게 제정되어 평균적인 일반인이 직접 그 의미 내용을 정확히 파악할 수 없다 하더라도 법관의 보충적인 해석을 통해서 그 의미 내용을 확인할 수 있다면 크게 문제되지 않는다는 것이다.

[A] 다만 이와 같은 대답에 대하여는 여전히 의문이 생긴다. 국민 각자가 법이 요구하는 바를 이해할 수 있어야 된다는 이념은 사실 '일반인'이라는 추상화된 개념의 도입을 통해 한 차례 타협을 겪은 것이었다. 그런데 '전문가'라는 기준을 도입함으로써 입법자의 부담을 재차 줄이면 근대법의 기획이 제기한 문제의 본질로부터 너무 멀어져 버릴 수도 있는 것이다.

28. 근대법의 기획 에 관한 설명으로 가장 적절한 것은?

① 사법 권력으로 입법 권력의 통제를 꾀하였다.

② 금지된 행위임을 알고도 그 행위를 했다는 점을 형사 처벌의 기본 근거로 삼는다.

③ 법관의 해석 없이도 잘 작동하는 법률을 만들고자 했던 기획은 마침내 성공하였다.

④ 이해 가능성이 없는 법률에 대한 해석의 부담을 법관이 아니라 국민에게 전가하고 있다.

⑤ 자의적 해석 가능성만 없다면 국민이 이해할 수 없는 법률로도 국민의 행위를 평가할 수 있다고 본다.

29. 윗글을 바탕으로 ㉠을 비판할 때, 논거로 사용하기에 적절하지 않은 것은?

① 전문가인 법관에 의해 법문의 의미가 구성되지 않으면 자의적 법문 해석에서 벗어나기 어렵다.

② 법관의 해석을 통해서야 비로소 법의 의미가 구성될 경우에는 권력 분립 원칙이 훼손될 수 있다.

③ 법의 객관적 목적을 고려한 법문 해석은 법문 의미의 한계를 넘어서는 방편으로 남용되기도 한다.

④ 법관의 해석을 통해서야 비로소 법의 의미가 구성된다고 하면 법을 국민의 행동 지침으로 삼기 어렵다.

⑤ 국민이 입법자의 의사까지 일일이 확인하여 법문의 의미를 이해한다는 것은 현실적으로 기대하기 어렵다.

30. [A]로부터 추론한 내용으로 가장 적절한 것은?

① 가장 이상적인 법은 '일반인'이 이해할 수 있는 법일 것이다.

② 법치국가의 이념을 구현하기 위해서는 법률 전문가의 역할이 확대되어야 할 것이다.

③ '일반인'이 이해할 수 있는 입법은 국민 각자가 이해할 수 있는 입법보다 입법자의 부담을 경감시킬 것이다.

④ 입법 과정에서 일상적인 의미와는 다른 법률 전문 용어의 도입을 확대하여 법문의 의미를 명확히 해야 할 것이다.

⑤ 행위가 법률로 금지되는 것인지 여부를 행위 당시에 알 수 있었는지에 대하여 법관은 입법자의 입장에서 판단해야 할 것이다.

정답 및 해설 p.46

해커스로스쿨

2023학년도 기출문제

성명

수험번호

⓪	⓪	⓪	⓪	⓪	⓪	⓪
①	①	①	①	①	①	①
②	②	②	②	②	②	②
③	③	③	③	③	③	③
④	④	④	④	④	④	④
⑤	⑤	⑤	⑤	⑤	⑤	⑤
⑥	⑥	⑥	⑥	⑥	⑥	⑥
⑦	⑦	⑦	⑦	⑦	⑦	⑦
⑧	⑧	⑧	⑧	⑧	⑧	⑧
⑨	⑨	⑨	⑨	⑨	⑨	⑨

문제유형 ○ 홀수형 ○ 짝수형

감독관 확인

답란

문항	1	2	3	4	5	문항	1	2	3	4	5	문항	1	2	3	4	5
1	①	②	③	④	⑤	11	①	②	③	④	⑤	21	①	②	③	④	⑤
2	①	②	③	④	⑤	12	①	②	③	④	⑤	22	①	②	③	④	⑤
3	①	②	③	④	⑤	13	①	②	③	④	⑤	23	①	②	③	④	⑤
4	①	②	③	④	⑤	14	①	②	③	④	⑤	24	①	②	③	④	⑤
5	①	②	③	④	⑤	15	①	②	③	④	⑤	25	①	②	③	④	⑤
6	①	②	③	④	⑤	16	①	②	③	④	⑤	26	①	②	③	④	⑤
7	①	②	③	④	⑤	17	①	②	③	④	⑤	27	①	②	③	④	⑤
8	①	②	③	④	⑤	18	①	②	③	④	⑤	28	①	②	③	④	⑤
9	①	②	③	④	⑤	19	①	②	③	④	⑤	29	①	②	③	④	⑤
10	①	②	③	④	⑤	20	①	②	③	④	⑤	30	①	②	③	④	⑤

※ 필적 확인란에 다음의 문구를 정자로 기재하시오.

해커스로스쿨에서 눈부시게 빛날 여러분의 내일을 응원합니다.

필적 확인란

해커스로스쿨

2022학년도 기출문제

성명

수험번호

⓪	⓪	⓪	⓪	⓪	⓪	⓪	⓪
①	①	①	①	①	①	①	①
②	②	②	②	②	②	②	②
③	③	③	③	③	③	③	③
④	④	④	④	④	④	④	④
⑤	⑤	⑤	⑤	⑤	⑤	⑤	⑤
⑥	⑥	⑥	⑥	⑥	⑥	⑥	⑥
⑦	⑦	⑦	⑦	⑦	⑦	⑦	⑦
⑧	⑧	⑧	⑧	⑧	⑧	⑧	⑧
⑨	⑨	⑨	⑨	⑨	⑨	⑨	⑨

문제유형 ○ 홀수형   ○ 짝수형

감독관 확인

답란

문항						문항						문항					
1	①	②	③	④	⑤	11	①	②	③	④	⑤	21	①	②	③	④	⑤
2	①	②	③	④	⑤	12	①	②	③	④	⑤	22	①	②	③	④	⑤
3	①	②	③	④	⑤	13	①	②	③	④	⑤	23	①	②	③	④	⑤
4	①	②	③	④	⑤	14	①	②	③	④	⑤	24	①	②	③	④	⑤
5	①	②	③	④	⑤	15	①	②	③	④	⑤	25	①	②	③	④	⑤
6	①	②	③	④	⑤	16	①	②	③	④	⑤	26	①	②	③	④	⑤
7	①	②	③	④	⑤	17	①	②	③	④	⑤	27	①	②	③	④	⑤
8	①	②	③	④	⑤	18	①	②	③	④	⑤	28	①	②	③	④	⑤
9	①	②	③	④	⑤	19	①	②	③	④	⑤	29	①	②	③	④	⑤
10	①	②	③	④	⑤	20	①	②	③	④	⑤	30	①	②	③	④	⑤

※ 필적 확인란에 다음의 문구를 정자로 기재하시오.

해커스로스쿨에서 눈부시게 빛날 여러분의 내일을 응원합니다.

**필적
확인란**

해커스로스쿨

2021학년도 기출문제

성명

수험번호

⓪	⓪	⓪	⓪	⓪	⓪	⓪
①	①	①	①	①	①	①
②	②	②	②	②	②	②
③	③	③	③	③	③	③
④	④	④	④	④	④	④
⑤	⑤	⑤	⑤	⑤	⑤	⑤
⑥	⑥	⑥	⑥	⑥	⑥	⑥
⑦	⑦	⑦	⑦	⑦	⑦	⑦
⑧	⑧	⑧	⑧	⑧	⑧	⑧
⑨	⑨	⑨	⑨	⑨	⑨	⑨

문제유형

◯ 홀수형   ◯ 짝수형

감독관 확인

답란

1	① ② ③ ④ ⑤	11	① ② ③ ④ ⑤	21	① ② ③ ④ ⑤
2	① ② ③ ④ ⑤	12	① ② ③ ④ ⑤	22	① ② ③ ④ ⑤
3	① ② ③ ④ ⑤	13	① ② ③ ④ ⑤	23	① ② ③ ④ ⑤
4	① ② ③ ④ ⑤	14	① ② ③ ④ ⑤	24	① ② ③ ④ ⑤
5	① ② ③ ④ ⑤	15	① ② ③ ④ ⑤	25	① ② ③ ④ ⑤
6	① ② ③ ④ ⑤	16	① ② ③ ④ ⑤	26	① ② ③ ④ ⑤
7	① ② ③ ④ ⑤	17	① ② ③ ④ ⑤	27	① ② ③ ④ ⑤
8	① ② ③ ④ ⑤	18	① ② ③ ④ ⑤	28	① ② ③ ④ ⑤
9	① ② ③ ④ ⑤	19	① ② ③ ④ ⑤	29	① ② ③ ④ ⑤
10	① ② ③ ④ ⑤	20	① ② ③ ④ ⑤	30	① ② ③ ④ ⑤

※ 필적 확인란에 다음의 문구를 정자로 기재하시오.

해커스로스쿨에서 눈부시게 빛날 여러분의 내일을 응원합니다.

필적
확인란

✂ 자르는 선

해커스로스쿨

2020학년도 기출문제

성명

수험번호

⓪	⓪	⓪	⓪	⓪	⓪	⓪
①	①	①	①	①	①	①
②	②	②	②	②	②	②
③	③	③	③	③	③	③
④	④	④	④	④	④	④
⑤	⑤	⑤	⑤	⑤	⑤	⑤
⑥	⑥	⑥	⑥	⑥	⑥	⑥
⑦	⑦	⑦	⑦	⑦	⑦	⑦
⑧	⑧	⑧	⑧	⑧	⑧	⑧
⑨	⑨	⑨	⑨	⑨	⑨	⑨

문제유형

○ 홀수형   ○ 짝수형

감독관 확인

답란

문번	답란				
1	①	②	③	④	⑤
2	①	②	③	④	⑤
3	①	②	③	④	⑤
4	①	②	③	④	⑤
5	①	②	③	④	⑤
6	①	②	③	④	⑤
7	①	②	③	④	⑤
8	①	②	③	④	⑤
9	①	②	③	④	⑤
10	①	②	③	④	⑤
11	①	②	③	④	⑤
12	①	②	③	④	⑤
13	①	②	③	④	⑤
14	①	②	③	④	⑤
15	①	②	③	④	⑤
16	①	②	③	④	⑤
17	①	②	③	④	⑤
18	①	②	③	④	⑤
19	①	②	③	④	⑤
20	①	②	③	④	⑤
21	①	②	③	④	⑤
22	①	②	③	④	⑤
23	①	②	③	④	⑤
24	①	②	③	④	⑤
25	①	②	③	④	⑤
26	①	②	③	④	⑤
27	①	②	③	④	⑤
28	①	②	③	④	⑤
29	①	②	③	④	⑤
30	①	②	③	④	⑤

※ 필적 확인란에 다음의 문구를 정자로 기재하시오.

해커스로스쿨에서 눈부시게 빛날 여러분의 내일을 응원합니다.

필적 확인란

해커스로스쿨

2019학년도 기출문제

성명

수험번호

⓪	⓪	⓪	⓪	⓪	⓪	⓪
①	①	①	①	①	①	①
②	②	②	②	②	②	②
③	③	③	③	③	③	③
④	④	④	④	④	④	④
⑤	⑤	⑤	⑤	⑤	⑤	⑤
⑥	⑥	⑥	⑥	⑥	⑥	⑥
⑦	⑦	⑦	⑦	⑦	⑦	⑦
⑧	⑧	⑧	⑧	⑧	⑧	⑧
⑨	⑨	⑨	⑨	⑨	⑨	⑨

문제유형

○ 홀수형 ○ 짝수형

감독관 확인

답란

1	① ② ③ ④ ⑤
2	① ② ③ ④ ⑤
3	① ② ③ ④ ⑤
4	① ② ③ ④ ⑤
5	① ② ③ ④ ⑤
6	① ② ③ ④ ⑤
7	① ② ③ ④ ⑤
8	① ② ③ ④ ⑤
9	① ② ③ ④ ⑤
10	① ② ③ ④ ⑤

11	① ② ③ ④ ⑤
12	① ② ③ ④ ⑤
13	① ② ③ ④ ⑤
14	① ② ③ ④ ⑤
15	① ② ③ ④ ⑤
16	① ② ③ ④ ⑤
17	① ② ③ ④ ⑤
18	① ② ③ ④ ⑤
19	① ② ③ ④ ⑤
20	① ② ③ ④ ⑤

21	① ② ③ ④ ⑤
22	① ② ③ ④ ⑤
23	① ② ③ ④ ⑤
24	① ② ③ ④ ⑤
25	① ② ③ ④ ⑤
26	① ② ③ ④ ⑤
27	① ② ③ ④ ⑤
28	① ② ③ ④ ⑤
29	① ② ③ ④ ⑤
30	① ② ③ ④ ⑤

※ 필적 확인란에 다음의 문구를 정자로 기재하시오.

해커스로스쿨에서 누부시게 빛날 여러분의 내일을 응원합니다.

필적 확인란

자르는 선

해커스 LEET

이재빈

언어이해 기출문제+해설집

초판 1쇄 발행 2023년 1월 2일

지은이	이재빈
펴낸곳	해커스패스
펴낸이	해커스로스쿨 출판팀

주소	서울특별시 강남구 강남대로 428 해커스로스쿨
고객센터	1588-4055
교재 관련 문의	gosi@hackerspass.com
동영상강의	lawschool.Hackers.com

ISBN	979-11-6880-862-1 (13360)
Serial Number	01-01-01

합격을 꿈꾼다면,
해커스로스쿨 lawschool.Hackers.com

해커스로스쿨

• 해커스로스쿨 스타강사 이재빈 교수님의 **본 교재 인강**(교재 내 할인쿠폰 수록)

로스쿨로 향하는 **첫 시작,**

해커스**LEET**

최신판

이재빈

언어이해

기출문제+해설집

정답 및 해설

해커스**LEET**

이재빈
언어이해

기출문제+해설집

정답 및 해설

解 해커스로스쿨

LEET 전문가의 총평

지문	제재	세부 제재	난이도
판사의 진솔 의무	법학	법철학	중
도덕적 고려 대상의 범위	철학	현대철학	중
단백질의 세포 내 합성 장소	과학	생명과학	중
19세기 말 이후 미국사학의 사상적 조류	인문학	역사학	하
나이의 정치적 효과	사회과학	정치학	상
김자림의 <이민선>과 그에 대한 비평	인문학	문학	중
제도가능곡선 모델	사회과학	경제학	중
낭만주의와 낭만적인 것	철학	근대철학	하
중력파의 검출 방법	과학	물리학	상
법과 폭력의 관계	법학	법철학	중

2023학년도 언어이해 시험은 2022학년도 시험과 2021학년도 시험에 비해 난이도가 하락하였다. 난이도 하락의 가장 큰 원인은 2022학년도 시험에서 출제되었던 [망막의 메커니즘], [칸트의 외면성 명제]와 같은 극상 난이도의 킬러 지문이 출제되지 않았다는 점이다.

그러나 열 지문을 시간 내에 모두 푸는 전략을 구사하는 상위권 학생이 아니라, 두세 개의 지문을 포기하는 전략을 구사하는 중위권 학생의 경우 시험의 난이도 하락을 현장에서 체감하지 못하였을 것이다. 왜냐하면 보통 가장 어려운 지문을 학생들이 버리게 되는데, 가장 어려운 지문의 난이도가 2023학년도 시험에서는 크게 높지 않았기 때문이다.

각 학문 분야에서 출제되는 지문의 구성은 변함없이 그대로 유지되었다. 특기할만한 점은 법제사학 1지문, 법철학 1지문이 법학 제재에서 출제되어오던 몇 년간의 경향을 깨고, 법철학에서만 2지문이 출제되었다는 점이다. 이는 앞으로 법철학이 언어이해에서 차지하는 비중이 증가할 것이므로 법철학에 대한 배경지식 학습을 탄탄히 해두어야 한다는 점을 의미한다. 법철학은 그 학문 범위가 비교적 좁은 편이기 때문에, 기초적인 법철학 배경지식을 공부해두는 방식으로 대비해 둔다면 시험 준비에 매우 유리한 고지를 점할 수 있을 것이다.

철학 제재에서는 2022학년도 수능 국어 비문학 출제 지문과 유사하게도 헤겔 미학을 소재로 하는 지문이 출제되었다. 한동안 철학 분야에서 미학 파트가 출제되지 않았었는데, 오랜만에 미학 파트가 출제되었다. 또한 2013학년도 LEET 언어이해에서 출제되었던 헤겔 미학 지문이나, 작년 수능에서의 헤겔 미학 지문을 학습한 수험생이라면 훨씬 더 쉽고 빠르게 읽을 수 있는 소재가 출제된 것이다. 이는 LEET 언어이해 시험 준비에 있어서 기출 지문 학습의 중요성을 더욱 체감하게 해주는 대목이라고 할 수 있다.

문학 제재에서 문학 작품 감상 비중이 매우 크게 출제된 점도 수험생들을 당황하게 한 요소였다. 2019학년도에 LEET 언어이해 시험이 개편된 이후, 문학 제재에서 출제된 지문은 문학비평을 중심으로 출제가 되어왔다. 그런데 2023학년도에는 문학비평 글을 (가), 문학작품을 (나)로 나누어 구성하는 신유형의 지문이 출제되었고, 문제에서도 작품 감상을 물어보는 문제가 출제되어 수험생들을 당황하게 하였다. 문학 제재 지문을 대비하는 데 있어서 문학 작품 감상 문제에 대한 대비도 소홀히 해서는 안 될 것이라는 점을 수험생들은 명심하여야 한다.

정답 및 해설

01	02	03	04	05	06	07	08	09	10
③	①	⑤	②	④	③	⑤	⑤	③	④

11	12	13	14	15	16	17	18	19	20
①	②	②	⑤	④	①	①	⑤	②	③

21	22	23	24	25	26	27	28	29	30
①	②	②	④	③	⑤	③	⑤	⑤	③

[01~03] 판사의 진술 의무

01
정답 ③

분석 및 접근

지문이 '주장-반박-재반박'으로 구성되어 있기 때문에 지문에서 최종적으로 동의되는 입장과 그렇지 않은 입장을 잘 구별하여 지문을 독해하여야 혼동하지 않고 해결할 수 있는 문제이다.

① (O) 첫 번째 단락에서 "현대의 민주국가는 (중략) 사법권의 행사에 민주적 통제가 미치도록 판결에 이유를 밝힐 것을 요구한다. 이때 판사는 판결의 핵심적인 근거에 관해 허위나 감춤 없이 자신이 믿는 바와 판단 과정을 분명히 드러내야 한다."라는 부분을 통해 민주주의 원리가 판사의 진술 의무를 요구한다는 점을 확인할 수 있다. 또한 두 번째와 세 번째 단락에서 법이 요구하는 판결과 판사의 양심이 요구하는 판결 사이의 괴리, 즉 '법-도덕 딜레마'로 인해 판사가 진술 의무를 회피하게 되는 경우가 발생한다는 점이 제시되어 있다. 따라서 판사의 진술 의무는 민주주의와 법-도덕 딜레마를 서로 연결 짓는다고 볼 수 있다.

② (O) 두 번째 단락에서 판사가 법 외부의 도덕적 양심에 따라 판결에 이를 수 있는 가능성이 제시되었으며, 이에 대해 세 번째 단락에서 "(판사가 판결에 이르는 과정에서 법 외적인 도덕적 요소들을 고려한다고 하더라도) 판사의 진술 의무를 부정하지는 못한다."라는 입장이 제시되었다. 이를 종합하여 볼 때, 판사의 진술 의무를 지지하는 견해는 판사의 판결 과정에서 법 외적인 요소들이 고려되는 것을 허용한다는 점을 추론할 수 있다.

③ (X) 마지막 단락에서 "(법-도덕 딜레마 상황에서) 판사의 거짓말은 국민을 자율적 판단 능력을 갖춘 시민으로 존중하지 않음을 의미하며, 사법적 판단 과정의 실상이 드러나는 순간 사법의 권위와 정당성은 실추될 것이다."라는 부분을 통해, 판사가 자신의 도덕적 양심에 따라 판결한 뒤, 그것을 감추는 거짓말 행위가 궁극적으로 법에 충실한 선택이 될 수 없다는 점을 확인할 수 있다.

④ (O) 마지막 단락에 제시된 것처럼, 판사의 진술함이 사법의 정당성을 뒷받침한다는 견해는 "거짓으로 이룰 수 있는 것은 진술함으로도 이룰 수 있다."는 것을 근거로 어떠한 경우에서도 판사의 거짓말은 정당화될 수 없으며 판사의 진술 의무가 이루어져야 한다는 입장을 내세우고 있다.

⑤ (O) 첫 번째 단락에서 "사법권의 행사에 민주적 통제가 미치도록 판결에 이유를 밝힐 것을 요구한다."라는 부분을 통해 판사가 판결 이유를 밝혀야 한다는 요구가 민주주의의 원리에서 비롯된다는 점을 확인할 수 있다. 또한 첫 번째 단락에서 "(판사의 진술 의무에 대한) 이런 반대론은 시민들이 진실을 다룰 능력이 부족하다고 전제하고 있어 민주주의 원리에 반하므로 동의하

기 어렵다."라는 부분을 통해 판사의 진술 의무에 대한 찬성론이 민주주의 원리를 근거로 하고 있음을 확인할 수 있다. 판사가 판결 이유를 제시하여야 하지만, 반드시 진술하게 이유를 제시하여야 하는 것은 아니다는 입장도 존재하므로, 양자가 별개라는 점도 타당하다.

02
정답 ①

분석 및 접근

지문은 '법-도덕 딜레마 상황에서 판사의 거짓말이 정당화될 수 있는가?'라는 질문에 대한 검토로 구성되어 있으며, ㉠은 판사가 거짓말을 하게 되는 상황을 제시한 것이다.

① (O) 판사의 판결이 온전히 법적 체계에 따라 이루어진 것이 아니라 판사의 재량에 이루어진 것임에도 불구하고, 판사가 사법 체계의 정당성 확립을 위해 판결 이유를 진술하게 밝히지 않고 거짓말을 하는 경우에 대한 설명이므로, ①의 설명이 가장 적절하다. → 절대적 정답

② (X) ㉠은 판사가 기존 판례가 아닌 새로운 해석을 통한 법해석을 해놓은 경우에 해당하는 것은 맞지만, 판사가 공식적으로 그 사실을 밝히는 경우가 아니라 거짓말을 하는 상황을 말하는 것이다.

③ (X) ㉠에서 이루어진 판사의 법해석이 합법적인 해석 권한을 벗어난 것이라고 단언할 근거는 없다.

④ (X) ㉠에서 이루어진 판사의 법해석이 충분히 가능한 법 발견이었다고 단언할 근거는 없으며, 설령 그렇다고 하더라도 ㉠은 판사가 그 과정을 사실대로 밝히는 것이 아니라 은폐하는 경우를 가정한 상황이다.

⑤ (X) ㉠은 판사의 법해석이 법률을 기계적으로 적용한 결과가 아닌 상황에서, 판사가 마치 법해석이 법률을 기계적으로 적용한 결과인 것처럼 거짓말을 함으로써 공식적으로 판시하는 경우를 의미한다.

03
정답 ⑤

분석 및 접근

<보기>에 제시된 추가적인 배경지식을 바탕으로 지문의 내용이 의미하는 바를 보다 구체적으로 해석할 것을 요구하는 문제이다. 지문의 입장이 <보기>에 제시된 '비판론자'의 입장에 해당한다는 점을 알아차릴 수 있어야 한다. 법철학에 대한 배경지식이 갖추어져 있다면 매우 쉽게 해결할 수 있는 문제이다.

① (O) <보기>에 따르면, 판사에게 진술 의무를 부여해야 한다는 입장은 이를 통해 판사의 권력 남용을 예방하려고 한다. 이는 지문에서 판사가 판결 이유를 진술하게 밝히는 것이 민주주의의 원리에 부합한다는 입장과 대응된다. 따라서 사법적 판단 과정도 민주적 통제의 대상이 된다고 보는 입장에서는 판사의 진술 의무를 통해 대중이 사법적 판단 과정의 실제를 정확하게 알아야 한다고 볼 것이다.

② (O) <보기>에 제시된 '법현실주의'의 입장은 판사도 한 명의 개인으로서 정치적인 입장을 지니고 있기 때문에, 그러한 정치적인 입장에 따라 판결하는 것이 문제가 되지 않는다는 입장이다. 따라서 '법현실주의'의 관점에 따르면, 정치적 성향이 밝혀진 판사가 특정한 정치적 성향의 판결을 내리는 것은 예상될 수 있으며, 이는 문제가 되는 사항도 아니다.

③ (O) <보기>에 제시된 '법형식주의'의 입장은, 판사는 개인의 정치적 입장이나 도덕적 양심에 따라 판결하는 것이 아니라 오로지 법에 의거하여 판결해야 한다는 입장이므로, 판사의 기본적 역할이자 임무를 도덕의 지배가 아니라 법의 지배를 관철하는 것이라고 여길 것이다.

④ (O) <보기>에 제시된 '비판론자'의 관점은 지문의 관점에 대응된다. 따라서 지문의 네 번째 단락에 제시된 '결과를 먼저 선택한 다음 이를 지지하는 법해석을 찾아내는 판사'의 경우에 대해, <보기>의 비판론자는 '고상한 거짓말'이라고 비판할 것이다.

⑤ (X) <보기>의 '비판론자'는 어떤 경우에도 판사가 거짓으로 판결 이유를 밝히는 것은 허용될 수 없다는 입장이다. 따라서 타당한 결과를 도출하더라도 이를 감추기 위해 거짓을 선택하는 것에 대해 '비판론자'는 결코 수긍하지 않을 것이다.

[04~06] 도덕적 고려 대상의 범위

04 정답 ②

분석 및 접근
도덕적 고려의 대상이 도덕 행위자와 도덕 피동자로 구분되며, 도덕 피동자의 범위를 획정하는 데 있어, 현상적 의식과 감응력의 개념이 구분되어 사용되고 있다는 점에 유의하여야 한다. 즉 **개념 분할**과 **개념 획정**에 유의하여 독해하여야 깔끔하게 해결할 수 있는 문제이다.

① (O) 첫 번째 단락에 따르면, 도덕 공동체의 구성원은 도덕 행위자와 도덕 피동자로 이루어진다. 이 중 도덕 피동자는 도덕적 행동을 할 수 없는 존재이므로, 주어진 선지의 서술은 적절하다.

② (X) 첫 번째 단락에 따르면, 도덕 피동자는 도덕적 행동을 할 수 있는 능동적 능력은 없으나, 감응력을 가지고 있다. 세 번째 단락에 따르면, "감응력"은 "능동적인 측면"인 반면에 "현상적 의식"은 "수동적 질적 느낌"에 해당하며, "감응력"을 가진 존재는 "현상적 의식"을 가지고 있다고 제시되었다. 따라서 도덕 피동자는 능동적인 주의력과 수동적인 의식적 상태를 모두 가지고 있다고 볼 수 있다.

③ (O) 네 번째 단락에서 "관계론적 접근은 우리와 더 밀접한 관계를 갖는 인종이나 성별을 우선해서 대우하는 차별주의를 옹호할 수 있다."라고 제시되었으므로, 구체적 관계에 따라 관계론적 접근은 동물을 도덕적 고려의 대상에서 배제할 가능성도 있다.

④ (O) 세 번째 단락에서 "식물인간을 흔히 의식이 없는 상태라고 판단하는 것은 식물인간이 어떤 자극에도 반응하지 못한다는 행동주의적 관찰 때문이다. 이런 관찰은 식물인간이 그 자극에 대한 질적 느낌, 곧 현상적 의식을 가지지 않는다고 결론 내린다."라는 부분을 통해, 식물인간이 고통을 느끼지 못한다는 판단, 즉 식물인간이 현상적 의식을 가지지 않는다는 판단은 식물인간이 자극에 반응하지 않는다는 관찰에서 비롯된 것임을 확인할 수 있다.

⑤ (O) 마지막 단락에서 제시된, 식물인간을 도덕적 고려 대상으로 삼을 수 있다는 입장은 식물인간을 도덕 행위자(스스로 행위에 책임을 질 수 있는 존재)로 간주하기 때문에 식물인간이 도덕 공동체의 구성원이 될 수 있다고 여기는 것이 아니다.

05 정답 ④

분석 및 접근
현상적 의식과 감응력 사이의 논리적 관계가 지문에서 명확하게 제시되었기 때문에 일종의 **논리게임 문제**라고 생각하고 해결하여야 한다.

· 현상적 의식이 없으면 감응력이 없다.
  = 감응력이 있으면 현상적 의식이 있다.
· 감응력이 없다고 해서 현상적 의식을 가지지 못하는 것은 아니다.
  = 현상적 의식을 가지고 있다고 해서 감응력이 있는 것은 아니다.

① (X) 감응력이 없다고 해서 현상적 의식을 가지지 못하는 것은 아니므로, '감응력 마비자'도 현상적 의식을 가지고 있을 수 있다.

② (X) 세 번째 단락에서 "(감응력이 없이 현상적 의식만 가지고 있는 경우에) 외부 자극에 좋고 싶은 적극적인 의미가 없어도 어떠한 감각 정보가 접수된다는 수동적인 질적 느낌을 가질 수 있기 때문이다."라고 제시된 부분을 통해, 감응력이 외부 자극에 대해 좋고 싶은 적극적인 의미를 접수하는 능력이라는 점을 확인할 수 있다. 따라서 감응력은 정보 접수적 측면도 가지고 있다는 점을 추론할 수 있다.

③ (X) 세 번째 단락에서 식물인간에 대한 행동주의적 관찰은 감응력이 없는 것으로 관찰된 식물인간에 대해 현상적 의식도 없는 것으로 결론 내린다고 제시되었다. 따라서 감응력은 행동주의적 기준으로 포착되지만 현상적 의식은 행동주의적 기준으로 포착되지 않는다는 점을 추론할 수 있다.

④ (O) 두 번째 단락에서 "커루더스는 고차원적 의식을 감응력의 기준으로" 간주한다는 점이 제시되었다. 따라서 커루더스는 감응력이 없는 존재를 고차원적 의식이 없다고 생각할 것이다.

⑤ (X) 두 번째 단락에 따르면, 싱어는 감응력을 도덕적 고려의 기준으로 삼으므로, 싱어는 감응력이 없는 대상에게 위해를 가하는 것이 비윤리적이라고 간주하지 않을 것이다.

06 정답 ③

분석 및 접근
철학 제재의 논증형 지문에서 빈번히 출제되는 **적절한 비판 찾기 문제**이다. 형식논리학으로 접근하여 해결하는 풀이와, 내용적으로 접근하여 해결하는 풀이가 모두 가능하다.

Tip) 적절한 비판 찾기 (형식논리학)
  "P → Q"라는 주장에 대한 논리적으로 적절한 비판은 "P → Not Q"라는 형태로 이루어져야 한다.

㉠ 주장의 핵심은 '현상적 의식을 가진다면 도덕적 고려의 대상이 될 수 있다.'라는 것이므로, ㉠에 대한 가장 적절한 논리적 비판은 '현상적 의식을 가지면서 도덕적 고려의 대상이 될 수 없는 경우를 제시하는 것'이 된다. → **절대적 정답**

① (X) ㉠은 현상적 의식을 가진다면 도덕적 고려의 대상이 될 수 있다는 주장이므로, 현상적 의식과 감응력을 모두 가진 존재만을 도덕적 고려의 대상으로 삼는다는 주장이 야기할 문제점을 지적하는 ①의 비판은 **허수아비 공격의 오류**에 해당한다.

② (X) 도덕 행위자와 도덕 피동자 사이의 도덕적 의무에 대한 내용은 ㉠을 비판하는 것과 무관하다.

③ (O) 주어진 선지는 현상적 의식을 갖는다 하더라도 감응력이 없다면 자신이 어떻게 취급받는지에 대해 신경 쓰지 않는다는 뜻이므로 도덕적 고려를 할 필요가 없다는 내용을 담고 있다. 이는 현상적 의식이 있어도 감응력이 없는 경우를 반박으로써 제시하는 것이므로 논리적으로나 내용적으로나 ㉠에 대한 가장 적절한 비판이 된다.

④ (X) 주어진 선지의 내용은 도덕적 고려 대상에 대한 관계론적 접근에 대한 비판에 해당하므로 ㉠을 비판하는 것과 무관하다.

⑤ (X) 주어진 선지의 내용은 ㉠이 도출되기 위해 성립되어야 하는 전제에 해당하므로 ㉠을 비판하는 것이 아니라 오히려 ㉠이 성립되기 위해 요구되는 전제에 해당한다.

[07~09] 단백질의 세포 내 합성 장소

07
정답 ⑤

분석 및 접근
단백질의 합성 장소와 합성된 단백질의 역할 사이의 관계에 대한 정보를 바탕으로 출제된 일종의 **논리 게임** 문제이다.

단백질의 합성 장소	합성된 단백질의 역할
세포질 내 리보솜	- 세포질, 세포핵, 미토콘드리아로 이동
소포체 위 리보솜	- 세포 밖 분비 - 세포막 위치 - 소포체, 골지체, 리소솜으로 이동

① (O) 두 번째 단락에서 "세포막에 고정되어 위치하는 단백질은 외부의 신호를 안테나처럼 받아들이는 수용체 역할"을 한다고 제시되었다. 세포막에 위치하는 단백질은 소포체 위 리보솜에서 합성된 것이므로 주어진 선지는 타당하다.

② (O) 두 번째 단락에서 "세포질에 존재하는 단백질은 각각 세포 내 소기관 또는 세포질에서 수행되는 생화학 반응을 빠르게 진행하도록 하는 촉매 역할을 주로 수행한다."라고 제시되었다. 세포질 안에서 사용되는 단백질은 세포질에 존재하는 단백질이고, 이는 세포질 내 독립적으로 존재하는 리보솜에서 합성된다고 제시되었다.

③ (O) 네 번째 단락에서 "소포체 위의 리보솜에서 완성된 단백질은 소포체와 근접한 거리에 있는 또 다른 세포 내 소기관인 골지체로 이동하여 골지체에서 추가로 변형된 후 최종 목적지로 향하기도 한다."라는 부분을 통해 확인할 수 있다.

④ (O) 세 번째 단락에 따르면, 세포핵으로 수송되는 단백질은 세포질 내 리보솜에서 합성된 것이고, 세포 밖으로 분비되는 단백질은 소포체 위의 리보솜에서 합성된 것이다.

⑤ (X) 세 번째 단락에 따르면, 미토콘드리아로 수송되는 단백질은 세포질 내 리보솜에서 합성된 것이고, 세포막에 위치하는 단백질은 소포체 위의 리보솜에서 합성된 것이다.

08
정답 ⑤

분석 및 접근
단백질의 합성 장소와 합성된 단백질의 역할 사이의 관계에 대해 주어진 정보를 바탕으로 신호서열 이론에서 생략된 결론을 추론해 볼 것을 요구하는 **추론형 문제**이다.

① (O) KDEL 신호서열을 가진 단백질은 소포체 위의 리보솜에서 합성된 단백질이고, NLS 신호서열을 가진 단백질은 세포질에 존재하는 리보솜에서 합성된 단백질이므로, KDEL 신호서열을 가진 단백질은 NLS가 없을 것이다.

② (O) KDEL 신호서열을 가진 단백질은 골지체를 거쳐 추가 변형을 거친 후 소포체로 되돌아온다고 제시되었으므로 타당한 설명이다.

③ (O) 지문에서 세포핵 안으로 최종적으로 위치하기 위한 신호서열은 NLS만이 제시되었으므로, NLS가 없는 단백질이 세포핵 안에 최종적으로 위치하였다면, NLS가 있는 단백질에 결합하여 함께 수송되었을 것이라고 추론할 수 있다.

④ (O) NLS가 있고 NES가 없는 단백질은 세포질에서 세포핵으로 이동할 것이고, 그 후에 NES가 있는 단백질과 결합한다면 다시 세포핵에서 세포질로 이동할 것이다.

⑤ (X) 세포질 내에 독립적으로 존재하는 리보솜에서 합성된 단백질은 세포질, 세포핵, 미토콘드리아와 같은 세포 내 소기관으로 수송된다고 제시되었으므로, 어떤 단백질이 세포질 내에 독립적으로 존재하는 리보솜에서 합성된 단백질과 결합한 결과로 인해 세포 외부로 이동할 수는 없을 것이다. 따라서 어떤 단백질이 세포 외부에서 발견되었을 때, 그 이동 원인이 세포질 내 리보솜에서 합성된 단백질과 결합하였기 때문이라고 추론하는 것은 적절하지 않다.

09
정답 ③

분석 및 접근
신호서열 이론을 입증하기 위해 제시된 실험에 대한 **강화약화 문제**이다. LEET 언어이해에서도 강화약화 문제가 출제되는 경우가 있으므로 주의하여야 한다.

a. (O) ㉠의 결론은 KDEL 신호서열이 있는 단백질은 소포체에 위치한다는 것이므로, KDEL 신호서열이 제거된 단백질이 소포체에 위치하지 않는다는 a의 실험 결과는 ㉠의 결론을 **강화**한다.

b. (X) ㉡의 결론은 소포체 위의 리보솜에서 합성된 단백질이 세포 밖으로 분비되는 기전이 세포의 종류에 따라 다르다는 결론이다. NLS가 제거된 단백질이 세포 밖으로 분비된다는 b의 실험 결과는 오히려 모든 세포에서 신호서열을 전혀 가지고 있지 않은 단백질이 세포 밖으로 분비된다는 결론을 강화하므로, 이와 상반된 입장인 ㉡의 결론을 **약화**한다.

c. (O) MTS는 단백질을 미토콘드리아로 수송하는 신호서열이므로 MTS가 없는 단백질이 MTS가 있는 단백질과 결합한 형태로 미토콘드리아에서 발견되었다는 c의 실험 결과는 ㉢의 결론을 **강화**한다.

10
정답 ④

분석 및 접근
기본적인 사실 확인 문제에 해당하지만, 정보량의 밀도가 높은 **학설비교형 지문**이기 때문에 까다로울 수 있으므로 세세한 정보에 주의를 기울이면서 꼼꼼하게 풀어야 한다.

① (O) 첫 번째 단락에서 "농업 중심의 사회를 벗어나면서 급속한 산업화와 도시화에 따른 갈등이 나타나고 있던 19세기 말 미국"이라는 부분을 통해 확인된다.

② (O) 세 번째 단락에서 "1898년 식민지를 둘러싼 미국-스페인 전쟁을 (제국주의적 팽창정책으로부터 거리를 두려는 흐름이) "거대한 일탈"이라고 규정했다."라는 부분을 통해 미국 내 제국주의적 팽창정책을 주장하는 세력들이 외부 식민지를 확보하려는 정책을 추진함에 따라 미국과 스페인 사이에 전쟁이 19세기 말에 발발하였음을 확인할 수 있다.

③ (O) 두 번째 단락에서 "제2차 세계대전 이후에 (중략) 보수적 미국인들은 혁신주의 역사학이 비판했던 미국적 가치, 즉 사유재산의 신성시, 개인주의, 경제적 자유주의에 대해 재평가하기 시작했다."라는 부분을 통해 확인된다.

④ (X) 세 번째 단락에서 "1960년대 중반 이후 미국은 베트남전쟁과 민권운동으로 대변되는 이념적 격동기를 맞이했다."라고 제시되었으며, 그 구체적 내용이 "미국의 밝은 과거상과 현재상에 대해 회의심을 갖게 했다."라고 제시되었다. 따라서 두 번째 단락에서 미국의 보편적 가치로 제시된 경제적 자유주의가 1960년대 중반 베트남전쟁 이후에는 회의의 대상이 되었음을 유추할 수 있다.

⑤ (O) 세 번째 단락에서 "흑인들의 민권운동과 소수민족인 아메리카 원주민, 여성, 빈민들의 운동을 배경으로 태동했던 신좌파 역사학은 이러한 피지배 집단이 혁명전쟁과 헌법 제정 과정에서 행한 능동적인 행위를 복원하는 데 주의를 기울였다."라는 부분을 통해 확인된다.

11
정답 ①

분석 및 접근
학설비교형 지문에서 반드시 출제되는 **학설비교 문제**이다. '~와 달리' 혹은 '~와 마찬가지로'와 같은 선지는 정보를 이중으로 확인하여야 한다는 점에 유의하면서 문제를 해결하여야 한다.

① (O) 첫 번째 단락에서 "야만과 문명이 공존하는 프런티어야말로 미국 발전의 근원이라고 주장한 터너"라는 부분과 두 번째 단락에서 "부어스틴은 미국인의 관대함과 타협의 정신을 프런티어에서 찾기도 했다."라는 부분을 통해 터너와 부어스틴이 모두 미국사에서 프런티어를 긍정적으로 평가했음을 확인할 수 있다. 터너와 부어스틴이 각각 혁신주의 역사학과 합의사학이라는 대립되는 범주에 속하면서도, 세부적인 내용에서 공통적인 입장이 존재한다는 점에 유의하여야 한다.

② (X) 첫 번째 단락에서 "혁신주의 역사가 베커는 미국혁명이 과세를 둘러싼 아메리카 식민지와 모국 간의 투쟁임과 동시에 상층 상인과 지주를 비롯한 보수적이고 봉건적인 식민지 유력자와 하층 수공업자 및 노동자 사이에서 벌어진 권력 다툼이었다는 사실을 밝혀냄으로써 이중혁명론을 제시했다."라는 부분에서, 베커가 미국사의 원동력을 **합의**가 아닌 **갈등**으로 간주하였다는 점이 확인된다.

③ (X) 두 번째 단락에서 "합의사학을 대변하는 호프스태터는 미국적 가치를 공동이념으로 삼은 미국인들은 사회적 동질성을 유지하면서 갈등을 극소화

했다고 주장했다."라는 부분을 통해 호프스태터의 입장은 특정 세력이 갈등에서 승리함으로써가 아니라 공동 가치에 기반한 합의로써 갈등이 극소화되었다고 보는 것임을 확인할 수 있다.

④ (X) 세 번째 단락에서 "윌리엄스는 이런 해석(미국의 국제적 영향력 행사가 예외적 현상이라는 합의사학의 주장)을 비판하며 정치인들이 국내의 분열을 호도하기 위해 혹은 자본의 이익을 위해 문호개방이라는 이름으로 해외 팽창정책을 주도했다고 주장했다."라는 부분을 통해 확인할 수 있다.

⑤ (X) 세 번째 단락에서 "하워드 진과 같은 신좌파 역사가는 혁신주의 역사학에 동조하면서 역사학을 이데올로기적 요구에도 부응해야 하는 학문으로 보았다."라는 부분을 통해 하워드 진이 역사학의 정치화를 경계한 것이 아니라 오히려 적극 동조하였다는 점을 확인할 수 있다.

12
정답 ②

분석 및 접근
혁신주의 역사학, 합의사학, 신좌파 역사학이라는 세 개의 범주를 대표하는 주장의 핵심을 이해한다면 지문의 다른 문항에 비해 오히려 더 쉽게 해결할 수 있는 문제이다.

① (O) 첫 번째 단락에서 "혁신주의 역사학은 헌법을 금융업자, 상인 등으로 구성된 동산소유집단과 채무에 시달리던 소농 출신의 부동산 소유집단 사이의 싸움에서 전자가 승리하면서 만들어진 비민주적 문서로 파악하였다."라는 부분을 통해, 혁신주의 역사학이 헌법을 특정 세력의 경제적 이익을 대변하는 문서로 간주하고 있음을 확인할 수 있다.

② (X) 두 번째 단락에서 합의사학이 "미국적 가치를 공동이념으로 삼은 미국인들"이 "사회적 동질성을 유지하면서" 이루어낸 "국민적 합의"를 통해 미국 혁명이 완수되었다고 평가한다는 점을 확인할 수 있다.

③ (O) 두 번째 단락에서 "혁신주의 역사가가 헌법의 제정을 계급적인 갈등으로 파악했다면, 합의사학은 헌법 제정이 중산층의 합의를 통해 이루어졌다"라고 간주하였음을 확인할 수 있다. 따라서 합의사학은 <보기>에서 제시된 연방주의자와 반연방주의자 사이의 갈등에 주목하기보다는, 그들 사이에 공유하는 공통된 가치를 바탕으로 합의를 이루어낸 지점에 주목하여 미국 혁명을 해석할 것이다.

④ (O) 세 번째 단락에서 "흑인들의 민권운동과 소수민족인 아메리카 원주민, 여성, 빈민들의 운동을 배경으로 태동했던 신좌파 역사학은 이러한 피지배 집단이 혁명전쟁과 헌법 제정 과정에서 행한 능동적인 행위를 복원하는 데 주의를 기울였다."라는 부분을 통해 확인할 수 있다.

⑤ (O) 세 번째 단락에서 "합의사학과는 달리, 하지만 혁신주의 역사학과 마찬가지로 갈등과 빈곤에 주목한 경향이 등장했는데, 이를 신좌파 역사학이라고 한다."라는 부분을 통해, 신좌파 역사학과 혁신주의 역사학이 공통적으로 계급 갈등을 미국 혁명의 주된 요소로 간주한다는 점을 추론할 수 있다.

13
정답 ②

분석 및 접근
APC 효과의 한계가 발생하는 지점이 마지막 단락에 집중적으로 서술되어 있는데, 이 부분의 독해가 까다롭기 때문에 관련 선지에 유의하여서 문제를 해결하여야 한다.

① (O) 마지막 단락에서 "일반적으로 연령 집단은 조사 당시 나이, 기간 효과는 조사 연도, 코호트는 출생 연도와 같은 변수들로 측정된다."라고 제시되었으며, "셋 중 두 정보로부터 다른 항의 값이 자동 도출"된다고 제시되었다. 조사 시기와 조사 당시 연령이라는 정보가 주어진 경우 셋 중 두 정보가 주어진 것이므로 나머지 하나의 정보인 출생 연도가 자동으로 도출될 것이며, 이에 따라 코호트 집단을 특정할 수 있을 것이다. → 매력적 오답

② (X) 두 번째 단락에서 "그(트루엣)에 따르면 성별, 거주지별, 교육수준별로 약간의 차이는 있다"라고 제시된 부분을 통해 사회경제적 배경이 생애주기 효과의 크기에 영향을 미친다는 점을 확인할 수 있다.

③ (O) 마지막 단락에서 "대부분 추정 모형에 일정한 제약을 가해서 (식별) 문제를 피해 갔다."라는 부분을 통해 확인할 수 있다.

④ (O) 마지막 단락에서 "그 밖에도 세 변수 중 하나를 다른 대리변수로 대체하는 방법도 있다."라는 부분을 통해 확인할 수 있다.

⑤ (O) 마지막 단락에서 제시된 최종적인 결론은 나이의 정치적 효과에 대한 연구에서 APC의 개별 효과를 각각 구분해 내는 것은 이론적으로 불가능하다는 것이다.

14
정답 ⑤

분석 및 접근
APC 효과의 구체적인 내용을 이해하고 있는지 확인하는 문제이다.

ㄱ. (O) 네 번째 단락에 따르면 한국 전후 세대는 권위주의적 성향이 다른 코호트에 비해 강하다고 제시되었으며, "X세대의 경우 나이가 들어서도 보수화되는 경향이 상대적으로 완만"하다고 제시되었다. 이를 종합하여 볼 때, 2022년 7월 24일 시점에서도 X세대의 권위주의 성향 점수가 한국 전후 세대보다 평균적으로 낮게 나올 것임을 추론할 수 있다.

ㄴ. (O) 두 집단은 조사 당시의 연령이 동일하므로 두 집단의 정치 성향 차이에서 연령 효과는 배제되어야 한다. 또한 네 번째 단락에 따르면 영국 전후 세대는 진보적인 성향을 띠고, 대처 세대는 보수적인 성향을 띠는 코호트 효과가 존재한다고 제시되었다. 그런데 ㄴ은 오히려 영국 전후 세대보다 대처 세대가 더 진보적인 성향을 띤다는 것이므로 코호트 효과와 상반된 결과가 나타난 것이다. 따라서 이는 APC 효과 중 남은 하나의 효과인 기간 효과, 즉 조사한 시점에 의한 영향으로 인한 차이로 해석될 수밖에 없다.

ㄷ. (O) 일반적으로 나이가 들수록 보수화되는 경향이 나타난다는 생애주기 효과에 따르면, 영국의 대처 세대는 30대일 때보다 50대일 때 더 보수적인 성향이 나타났어야 한다. 또한 코호트 효과에 의하면 영국의 대처 세대는 젊은 시절 형성된 정치적 성향을 그대로 유지하는 경향이 나타났어야 한다. ㄷ은 영국의 대처 세대가 생애주기 효과와 코호트 효과로 설명되지 않는 정치적 성향 변화를 제시한 것이므로, 이는 APC 효과 중 남은 하나의 효과인 기관 효과, 즉 조사한 시점인 2010년대의 영향으로 인한 차이로 해석될 수밖에 없다. 따라서 2010년대의 진보적 분위기의 영향이라는 기간 효과는 대처 세대뿐만 아니라 다른 코호트에도 영향을 끼쳤으리라고 추론할 수 있다.

15
정답 ④

분석 및 접근
정치학 제재 지문에서 빈번하게 출제되는 **모델링 문제**이다. 주어진 선지에서 각각 어떤 변수가 통제되는 상황을 모델링하고 있는 것인지를 파악한다면, 어렵지 않게 해결할 수 있는 문제이다.

① (X) A(t1)와 A(t2)는 동일한 코호트에 대하여 조사 시기와 생애 연령을 다르게 하여 정치적 성향의 차이를 비교한 것이므로, 코호트를 고정한 채 도출해 낸, 생애주기 효과와 기간 효과의 합성 효과이다.

② (X) 종단면 디자인은 동일 코호트의 시간 흐름에 따른 태도 차이를 측정하기 위한 연구이므로 A(t1)와 B(t1)의 차이에 대한 연구로 적절하지 않다. A(t1)와 B(t1)의 차이에 대한 연구는 동일 시점에서 정치 세대 간의 태도 차이 측정이므로 횡단면 디자인으로 이루어져야 한다.

③ (X) A(t2)와 B(t2)의 차이는 조사 시점이 고정되었으므로 생애주기 효과의 개입이 아니라 기간 효과의 개입이 통제되고 있는 상황이다.

④ (O) B(t1)와 A(t2)의 차이는 다른 시점의 동일 연령대 집단의 태도 차이이므로 시차 연구 디자인을 적용하는 것이 적절하다. B(t1)와 A(t2)에서 생애주기 효과는 통제되고 있으나, 코호트 효과와 기간 효과의 합성 효과가 발생하고 있으므로, 이 둘을 구분하는 것은 불가능하다.

⑤ (X) B(t1)와 B(t2)의 차이는 동일 코호트의 시간 흐름에 따른 태도 차이이므로 시차 연구 디자인이 아닌 종단면 디자인을 적용하는 것이 적절하다.

[16~18] 김자림의 <이민선>과 그에 대한 비평

16
정답 ①

분석 및 접근
(가)에 제시된 작품 해설에서 각 인물들의 설정이 요약적으로 제시되었으므로, (가)를 중심으로 해결할 수 있는 **기본적인 사실 확인 문제**이다. 다만, 이중으로 정보가 구성되어 있음에 유의하여야 한다.

① (X) (가)의 세 번째 단락에서 "(소라의 투신 사건 이후) 이민을 포기하려 했던 만세는 이상을 포기하지 말라는 보비의 독려로 의지를 회복한다"라는 부분을 통해 만세가 이민을 향한 의지를 포기하였다가 회복한다는 점을 확인할 수 있다. 따라서 만세가 "적극적인 이민 의지로 일관"하였다는 서술은 타당하지 않다.

② (O) (가)의 두 번째 단락에서 "창수에게 브라질은 사탕무를 심어 부를 일구는 미래"로 인식된다는 점이 제시되었으며, (나)에서 "바다 깊이 때 묻은 과거를 수장해 버리란 말요. 새로운 옷을 입으려거든 낡은 것을 미련 없이 벗어버려야 하는 거야."라는 창수의 대사를 통해 창수가 이민에 대한 환상을 가진 인물임을 확인할 수 있다. 반면에 (나)에서 "유쾌한 거지 떼"라고 자조하는 덕보의 대사를 통해 덕보가 이민의 현실을 비판적으로 인식한다는 점을 확인할 수 있다.

③ (O) (가)의 두 번째 단락에서 "덕보는 제대 후 실업자로 있다가 속이고 미워하는 아수라장 같은 이 땅에 지쳐 이민을 결심한다."라는 부분을 통해 덕보의 이민 동기가 확인된다. 또한 (가)의 두 번째 단락에서 "딸 소라는 성인임에도 원숭이 인형을 들고 다니며 유년기의 감상에서 벗어나지 못한 인물로, 이민을 '속일 줄도 속을 줄도 모르는 그대로의' 존재인 인형의 고향에 가는 여정으로 생각한다."는 부분을 통해 소라의 이민 동기가 확인된다.

④ (O) (가)의 두 번째 단락에서 "창수에게 브라질은 사탕무를 심어 부를 일구는 미래다."라는 부분을 통해 경제적 성공이 창수의 이민 동기임이 확인된다. 또한 (가)의 두 번째 단락에서 만세는 "이민을 통해 예술로 "세계 속에 한국을 이해시키는 정신적 지주"가 되기를 바란다."라는 부분을 통해 만세의 이민 동기를 확인할 수 있다.

⑤ (O) (가)의 두 번째 단락에서 "피양댁은 이민을 위해 깡패 물개와 복덕방 영감을 끌어들여 가족을 급조"한다는 부분을 통해 피양댁이 이민을 위해 가족을 새로 구성하였다는 점이 확인된다. 또한 (가)의 두 번째 단락에서 "득찬은 실업 상태를 견디다 못해 아내와 자식, 아버지와 동생까지 데리고 왔다."라는 부분을 통해 득찬이 기존의 가족을 유지하여 이민을 떠났음을 확인할 수 있다.

17

분석 및 접근

(가)에서 제시된 작품 해석의 방향에 주의를 기울이면서 남성중심적 근대화에 대한 은유로서 이민이라는 소재가 사용되었음을 이해하여야 한다.

① (X) (가)의 두 번째 단락에서 '피양댁'은 돈으로 모든 것을 좌지우지하는 인물이며, (가)의 세 번째 단락에서 창수의 땅을 헐값에 사드리려고 한다는 정보가 제시된다. 이 점에 비추어 볼 때, '피양댁'은 (가)의 마지막 단락에서 제시된 "이익을 좇다 파멸하는 '나쁜' 여성의 상'에 가깝다는 사실을 추론할 수 있다.

②, ③ (O) (가)의 세 번째 단락에서 "소라는 그녀를 백치로 여겼던 물개에게 겁탈당한 뒤 바다에 투신한다."라는 서사가 제시된다. 또한 (가)의 마지막 단락에서 "소라의 인형 등이 얼룩처럼 남지만 이민선은 가족을 태우고 출항한다."라는 해석이 제시된다. 이를 종합하여 볼 때, 남성 물개에 의한 폭력으로 이민 과정에서 희생된 '소라'의 존재는, 이민으로 은유되는 남성중심적이고 성장 지향적인 근대화 과정에서 희생당한 전후 여성의 존재를 대변한다고 해석할 수 있다.

④ (O) (가)의 두 번째 단락에서 '만세'는 이민을 통해 예술로 국위선양을 하려는 민족적 열망을 지닌 캐릭터라는 점이 제시된다. 또한 (가)의 세 번째 단락에서 "보비는 만세의 포부에 감동하고 그의 연인이자 이민의 지지자가 된다."라는 서사 정보가 제시된다. 이민이 근대화 과정을 은유한다는 점을 고려해 볼 때, '보비'는 민족적 열정을 지닌 남성 주체인 '만세'와의 관계를 통해 근대화의 논리에 젖어드는 여성을 대변한다고 해석할 수 있다.

⑤ (O) (가)의 세 번째 단락에서 "창수댁은 이민선 탑승 직전 소라의 버려진 인형을 발견하고 착란을 일으켜 지금을 해방 후 귀국하던 날로 안다. 애국가의 주악 소리를 배경으로 창수 일가는 착란 상태의 창수댁을 부축하여 승선한다."라는 부분을 통해 창수댁이 근대화 과정에 강제로 참여하게 된 여성의 모습을 대변한다고 추론해 볼 수 있다.

18

분석 및 접근

문학 지문의 세번째 문제로 등장하는 문학 작품 적용 문제이다. 지문에서 문학 작품이 차지하는 비중이 매우 크기 때문에, (나)를 꼼꼼히 읽고 문학 작품에 대한 감상과 해석에 주의를 기울여야 한다.

① (X) (나)에서 '한쪽이 터진 트렁크'를 두고 '창수'는 "인젠 제예발 그 구질구질한 짐짝을 끌구 다니지 말자구 했잖소."라며 부정적인 태도를 보이는 반면에, '창수댁'은 "안 돼요. 하나두 버릴 수 없어요. 이것들은 지난 세월을 말해 주는 웃음과 울음과 한숨이 섞여 부서진 감정의 파편들이에요."라며 애착을 보이고 있다. 즉, '한쪽이 터진 트렁크'가 상징하는 이민 이전의 삶에 대해 등장인물들이 서로 상반된 태도를 보여주고 있는 것이다.

② (X) (나)에서 '창수'는 "예수가 죽음에서 부활하듯이 우리도 다시 사는 거야. (돌아보며) 그러니 그 구질구질한 과거는 저 바다에 처넣으란 말이야."라고 말한다. 그러나 (가)에서 '창수'는 이민을 통한 경제적 성공과 부의 획득을 목적하는 인물이라는 정보가 제시되었으므로, 위 대사가 정신의 재생을 꿈꾸는 태도를 보여주는 것이라고 해석되는 것은 적합하지 않다. → 매력적 오답

③ (X) '신천지'는 과거의 격정적인 기억으로부터 해방된 공간에 해당하며, 과거의 격정적인 기억 속에 얽매인 공간에 해당하지 않는다.

④ (X) (나)에서 '노끈'은 '창수댁'이 '한쪽이 터진 트렁크'를 얽어매기 위하여 동원하는 수단이다. 따라서 '노끈'은 과거에 대한 회한과 추억을 잊지 않기 위한 의지가 반영된 소재라고 해석하는 것이 타당하다. (가)에서 '창수댁'이

정신 착란을 겪는 인물이라는 정보가 등장했다고 해서, '노끈'이 '창수댁'의 **파편화된 정신 상태(정신 착란 상태)**를 복원하려는 의지로 오독하지 않도록 주의하여야 한다. → 매력적 오답

⑤ (O) (나)에서 '장타령'은 "동냥하는 사람이 돌아다니며 구걸을 할 때 부르는 노래"라고 제시되었으며, 이민에 대한 낙관과 희망에 젖은 등장인물들이 흥에 겨워 추는 춤인 동시에, 덕보에게 등장인물들의 처지가 "유쾌한 거지 떼"와 다름 없음을 인식하게 해주는 계기가 된다. 따라서 '장타령'은 등장인물들의 낙관적인 기대가 현재의 비참한 처지에 대한 자각으로 전환되도록 하는 계기가 되는 소재라고 해석할 수 있다.

[19~21] 제도가능곡선 모델

19

분석 및 접근

제도가능곡선 모델이라는 단일한 이론이 제시된 **이론제시형 지문**이므로, **이론의 목적성**을 물어보는 문제가 빈번하게 출제된다.

① (O) 두 번째 단락에 따르면 "바람직한 제도에 대한 전통적인 생각은 시장과 정부 가운데 어느 것을 선택해야 할 것인가를 중심으로 이루어"진 반면에, 제도가능곡선 모델은 총비용을 최소화하려는 목적으로 시장 중심 제도와 정부 중심 제도의 정도를 양적으로 조절하여 최적화한다고 제시되었다. 즉 이는 시장과 정부를 양자택일하여 제도가 결정된다는 전통적인 시각에서 탈피하는 새로운 시각을 제도가능곡선 모델이 제시하였다는 의미이다.

② (X) 첫번째 단락에 따르면, 제도가능곡선 모델은 "동일한 사회에서 다른 제도가 채택"되는 경우도 설명하는 이론이므로, 효율적인 제도에 대한 채택이 사회의 특성에 의해 결정된다고 간주하지 않는 것이다.

③ (X) 마지막 단락에서 "제도가능곡선 모델의 제안자들은 효율적 제도가 선택되지 않는 경우도 많다는 것을 인정한다."라는 부분을 통해 확인할 수 있다.

④ (X) 마지막 단락에서 제시되었듯이, 제도가능곡선 모델은 "효율성 시각에서 제도의 선택에 대해 체계적인 설명"을 제시하는 모델로 제도가 채택되는 일반적인 체계에 대한 설명을 제시하는 모델이라고 할 수 있다.

⑤ (X) 두 번째 단락에서 제시되듯이, 제도가능곡선 모델은 사회적 총비용을 최소화하는 제도가 채택된다고 설명한다는 점에서, 사회 전체적으로 가장 이익이 되는 제도가 선택된다고 설명하는 관점이라고 볼 수 있다.

20

분석 및 접근

지문 내 그래프가 등장하는 **그래프형 지문**의 경우 그래프의 구체적인 의미를 해석하는 문제가 반드시 출제된다.

① (O) 민사소송과 정부 규제가 혼합된 제도가 가장 효율적 제도라는 것은 혼합된 제도가 민사소송과 정부 규제 각각만이 존재하는 경우에 비해 사회적 총비용을 더 작게 소요한다는 의미이다.

② (O) 다섯 번째 단락에 따르면, 시민적 자본이란 제도가능곡선의 위치를 결정하는 제약 조건으로 작용한다. 따라서 시민적 자본이 풍부한 경우라면 제도에 따라 사회적 비용을 최소화하는 폭이 훨씬 더 크고 다양할 수 있다. 따라서 시민적 자본이 풍부한 사회에서 비효율적인 제도 선택이 시민적 자본이 부족한 사회에서의 가장 효율적인 제도 선택에 비해 오히려 더 효율적인 경우도 가능할 것이다.

8 합격을 꿈꾼다면, 해커스로스쿨 lawschool.Hackers.com

③ (X) 다섯 번째 단락에 따르면, 국가 개입이 동일한 정도로 증가했을 때, 개입의 효과가 큰 정부를 가진 국가가 그렇지 않은 국가에 비해 곡선상의 더 오른쪽에서 접점이 형성된다. 이는 개인의 자유에 대한 침해 가능성이 낮은 사회는 그렇지 않은 사회보다 곡선상의 더 오른쪽에 위치한 제도가 효율적인 제도라는 의미이다.

④ (O) 교도소 운영을 민간이 맡았을 때 위험이 너무 커지는 사회는 국가 개입 감소로 인한 손해가 매우 큰 사회이며, 이는 곧 국가 개입 증가로 인한 효과가 큰 사회임을 의미하는 것이다. 따라서 곡선의 기울기가 가팔라서 접점이 오른쪽에 형성될 것이다.

⑤ (O) 경제주체들이 스스로 바람직한 행위를 선택할 가능성이 큰 산업의 경우에는 국가 개입 증가로 인한 효과가 매우 작은 산업이라고 볼 수 있다. 따라서 곡선의 기울기가 완만해서 접점이 왼쪽에 형성될 것이다.

21
정답 ①

분석 및 접근
<보기>는 국가 개입이 증가하게 된 상황을 나타내고 있으며, 제도가능곡선 모델을 적용해볼 때, 이는 국가 개입을 증가시킴으로써 사회적 총비용을 감소시키기 위한 효율적 선택으로 해석될 것이다.

① (X) 다섯 번째 단락에서 "불평등이 강화되거나 갈등 해결 능력이 약화되는 역사적 변화를 경험하면 이 곡선(제도가능곡선)이 원점에서 멀어지는 방향으로 이동한다."라고 제시되었다. <보기>에서 철도회사와 대기업이 발달하면서 갈등 해결 능력이 약화되는 상황이 나타났으므로, 원점에 더 가까워지는 방향으로 이동했다고 추론하기는 어렵다.

② (O) <보기>에서 "소송 당사자들 사이에 불평등이 심하지 않았던 때에는 (문제 해결을) 민사소송이 담당"하였다고 제시된 부분을 통해 확인할 수 있다.

③ (O) 제도가능곡선 모델은 한 사회가 선택하는 제도가 변화한 것은 새로운 제도가 사회적 총비용의 측면에서 더 효율적이기 때문이라고 가정한다. 따라서 19세기 후반 이후 규제국가가 탄생한 상황 역시 사회적 총비용을 감소하는 방향으로 변화가 이루어진 것으로 해석할 것이다.

④ (O) 철도회사와 대기업이 발달하면서 소송 당사자들 사이의 불평등이 강화되고 이에 따라 갈등 해결이 어려워진 상황은 제도가능곡선의 모양이 변화한 것이라고 볼 수 있으며, 변화한 곡선의 모양에 따라 사회적 최적점도 변화하게 되므로 제도가능곡선의 위치도 변화했을 것이다. 이에 따라 사회가 채택하는 제도가 변화하였을 것이며, 그 결과가 미국이 규제국가로 변모한 현상이다.

⑤ (O) 철도회사와 대기업이 발달한 이후에 국가 개입이 가져오는 효과의 정도가 증가하였으므로 제도가능곡선의 모양이 이전보다 더 가팔라진 것으로 해석할 수 있다.

[22~24] 낭만주의와 낭만적인 것

22
정답 ②

분석 및 접근
'낭만적인 것'과 '낭만주의'를 **개념 분할**하고, '기독교적인 것'과 '기독교'를 **개념 분할**하는 헤겔의 논지를 정확히 이해하여야 해결할 수 있는 문제이다.

① (X) 세 번째 단락에서 "그(헤겔)가 몇몇 지점에서 '낭만적인 것'을 '기독교적인 것'과 같은 의미로 사용하고 있다"라고 제시되었다. 그러나 이는 '낭만적인 것'과 '기독교적인 것'이 등치라는 의미이지, '낭만주의'와 '기독교'가 등치라는 의미가 아니다.

② (O) 세 번째 단락에서 "기독교는 자연적 대상의 숭배 또는 매개를 넘어섰다는 점에서 '기독교적인 것'이기는 하지만, (중략) '기독교적인 것'의 불완전한 단계로 평가된다."라고 서술되었다. 헤겔은 '기독교적인 것'을 '낭만적인 것'과 같은 의미로 사용하고 있으므로, '기독교'가 정신적 작동 방식의 측면에서 '기독교적인 것'에 속한다는 것은, '기독교'가 정신적 작동 방식의 측면에서 '낭만적인 것'에 속한다는 의미이다.

③ (X) '낭만주의'와 '기독교'는 모두 정신의 작동 단계에서 완전한 순수한 내면성의 단계에는 도달하지 못한 불완전한 것으로 헤겔에 의해 간주되고 있다.

④ (X) 세 번째 단락에서 "'기독교적인 것'은 순수한 개념적 반성을 통해 진리를 인식하는 철학에서 달성된다."라고 서술되었다. 즉, '기독교적인 것'은 철학에 비해 불완전한 단계라고 간주되는 예술의 영역인 '낭만주의'를 통해서가 아니라, 이성의 영역인 철학을 통해서 달성되는 경지인 것이다. 따라서 '기독교적인 것'이 '낭만주의'를 통해 달성된다는 서술은 타당하지 않다.

⑤ (X) 두 번째 단락에 따르면, '낭만주의'는 이성이 아닌 "상상력과 감수성"을 핵심으로 하는 지적 미성숙의 단계이다. 그런데 "엄밀한 개념에 의거하여 최고도의 사유를 수행하는 사변적 이성 및 그러한 이성의 활동장인 철학까지도 (헤겔은) 종종 '낭만적'이라고 부를 뿐 아니라"라고 주장되므로, 사변적 이성의 완전한 형태조차도 일부 단계에서는 상상력과 감수성에 의존하는 단계를 거친다는 것을 의미한다. 따라서 사변적 이성의 완전한 형태인 '낭만적인 것'과 '기독교적인 것'조차도 **모든 단계에서** 순수한 개념적 반성을 통해 수행되는 것은 아니다. → 매력적 오답

23
정답 ②

분석 및 접근
헤겔의 예술 철학이 '낭만주의'와 '기독교'를 불완전한 단계로 간주하고, 사변적 이성에 의거한 '낭만적인 것'과 '기독교적인 것'을 완전한 단계로 간주한다는 점을 이해한다면, 어렵지 않게 해결할 수 있는 문제이다.

① (X) 헤겔은 정신의 재귀적 작동이 신앙('기독교')과 예술('낭만주의')의 영역이 아니라 사변적 이성에 의거한 철학('낭만적인 것', '기독교적인 것')에서 최고도로 이루어진다고 생각하고 있다.

② (O) 세 번째 단락에서 "절대자 그 자체가 완전한 이성적 구조, 즉 개념의 엄밀하고도 완전한 자기 운동 체계이므로, 그것에 호응하는 인간 지성의 형식 역시 개념적 사유 능력인 이성이어야 한다는 것"이라는 부분을 통해 확인할 수 있다.

③ (X) 두 번째 단락에서 헤겔은 구체적인 현실에 대한 직접적인 체험이 아니라 "엄밀한 개념에 의거하여 최고도의 사유를 수행하는 사변적 이성 및 그러한 이성의 활동장인 철학"을 인식의 출처라고 간주함을 알 수 있다.

④ (X) 세 번째 단락에서 "이('기독교적인 것')는 절대자, 곧 '신'이 어떤 인격체가 아니라 세계의 근본적 존재 구조 내지 원리로서의 '이성'이라고 보는 그의 절대적 관념론"이라는 부분을 통해서, 헤겔에게 절대적 진리에 대한 최고의 인식은 인격화된 절대자의 존재를 증명하는 것이 아니라는 점을 확인할 수 있다.

⑤ (X) 헤겔은 "상상력과 감수성"을 핵심으로 하는 '낭만주의'를 지적 미성숙의 단계로 간주하고 있으므로 정신 내면의 자유로운 상상력의 작동은 지적 탁월성이 최고에 달성된 단계가 아니라고 여길 것이다.

24

정답 ④

분석 및 접근
예술사의 통념적인 '낭만적인 것'의 개념과 다르게 '낭만적인 것'을 독자적으로 개념 획정하고 있는 헤겔의 논지를 이해한다면, <보기>에서 추가된 정보의 의미를 이해할 수 있을 것이다.

① (X) 헤겔에 따르면, 어떤 예술 장르가 '낭만적인 것'으로 분류된다는 것은 예술이 철학적 사변의 단계를 넘어섰다는 의미가 아니라, 예술이 철학적 사변의 단계에 도달하였다는 의미이다.
② (X) <보기>에서 '인간적인 것 그 자체'는 '낭만적인 것'과 등치되는 의미로 사용되고 있으며, 이는 지문에서 제시되었듯이 철학적 사변의 단계에 도달하였음을 의미하는 것이지, 세속의 미시적 현실에 대한 탐구를 초래하는 인식의 전환과는 전혀 무관하다.
③ (X) 헤겔은 '기독교'와 '기독교적인 것'을 구분함으로써, '낭만적인 것'과 '기독교적인 것'을 등치시킨다. 즉, <보기>에 제시된 장르화가 '낭만적인 것'으로 헤겔에 의해 분류되는 것은, 그것이 '기독교적인 것'을 함축하고 있기 때문이지, '기독교'의 교리를 함축하고 있기 때문이 아니다.
④ (O) 헤겔에게 '낭만적인 것'으로 네덜란드 장르화를 분류하는 이유는 그것이 주체의 정신적 내면성에 의거한다고 간주했기 때문일 것이다. 이는 <보기>에서 제시된 것처럼, 헤겔이 네덜란드 장르화를 건축, 조각보다는 음악, 시문학에 더 가까운 것으로 분류하는 이유이기도 할 것이다.
⑤ (X) 헤겔은 상상력에 의존하는 '낭만주의'와 사변적 이성에 의거하는 '낭만적인 것'을 개념적으로 분리하여 사용하고 있다. 따라서 네덜란드 장르화가 '낭만주의'가 아니라 '낭만적인 것'으로 설명되는 것은, 헤겔이 보기에 네덜란드 장르화가 상상력의 무제한적 발산을 추구하기 때문이 아니라 개념적이고 내면적인 이성적 사고를 형상화한다고 여겨졌기 때문이었을 것이다.

[25~27] 중력파의 검출 방법

25

정답 ③

분석 및 접근
기본적인 사실 확인 문제이며, 독해 과정에서 계량적 인과 정보에 밑줄을 그어 놓았다면 더욱 효율적인 풀이가 가능하다.

① (O) 두 번째 단락에 따르면, "(레이저) 간섭계가 놓인 면을 중력파가 통과하며 (중략) 빛이 지나는 두 경로의 길이 차가 시간에 따라 변화"하게 되고 이로 인해 광검출기에서 측정되는 빛의 세기 변화를 측정함으로써 중력파가 측정된다. 따라서 중력파는 레이저 간섭계의 경로 길이 변화로 감지된다고 말할 수 있다.
② (O) 두 번째 단락에 따르면, 간섭계 내부의 빛의 경로 길이에 따라 광검출기에서 측정되는 빛의 세기가 변화한다. 또한 세 번째 단락에 따르면, 공진기는 간섭계 내부에서 빛의 경로 길이를 증가시키는 기능을 수행한다고 제시되었다. 이를 종합하여 보면, 공진기는 간섭계 내부에서 빛의 세기를 증가시키는 역할을 한다는 것을 추론할 수 있다.
③ (X) 네 번째 단락에 따르면, 빛의 세기가 증가할수록 산탄 잡음에 의한 신호대잡음비는 증가한다. 따라서 레이저 출력이 클수록 산탄 잡음에 의한 신호대잡음비는 증가할 것이다.
④ (O) 마지막 단락에서 "빛의 입자적 성질은 간섭신호에 '복사압 잡음'이라고 불리는 또 다른 잡음을 일으키는데, 광자가 거울에 충돌하며 '복사압'이라는 힘을 작용하여 거울이 미세하게 움직이기 때문이다."라는 부분을 통해 확인할 수 있다.

⑤ (O) 마지막 단락에서 "복사압 잡음에 의한 신호대잡음비는 진동수가 작을수록 급격히 감소"한다고 제시되었다. 따라서 복사압 잡음에 의한 신호대잡음비는 진동수가 클수록 증가할 것이다.

26

정답 ⑤

분석 및 접근
물리학 제재 지문에서는 계량적 인과 정보를 활용한 계량적 추론 문제가 반드시 출제된다.

ㄱ. (X) 두 번째 단락에 따르면, 광검출기에서 측정되는 빛의 세기 변화량을 통해 중력파를 검출한다. 따라서 광검출기에서 측정되는 빛의 세기가 일정하다면 중력파를 검출할 수 없을 것이다.
ㄴ. (O) 마지막 단락에 따르면, 출력 재활용 거울의 반사율을 감소시키면, 광자가 거울에 충돌하는 정도가 감소하여 거울의 요동이 작아질 것이고, 이에 따라 간섭신호에서 복사압 잡음이 감소할 것이다.
ㄷ. (O) 세 번째 단락에서 "중력파는 공간을 일정한 비율로 변형시키므로 간섭계의 경로 길이를 되도록 크게 하는 것이 길이의 변화량을 크게 할 수 있어 유리"하다고 제시되었다. 따라서 각 공진기를 구성하는 두 거울 사이의 거리를 늘리면 중력파에 의한 경로 길이 변화량이 증가할 것이다.

27

정답 ③

분석 및 접근
점선그래프는 실선그래프에 비해 원점에 가까우므로 점선그래프의 신호대잡음비가 실선그래프의 신호대잡음비보다 크다는 의미이다. 따라서 주어진 물리량 중 신호대잡음비를 증가시키는 물리량을 고르면 된다.

ㄱ. (O) 마지막 단락에 따르면, 거울의 질량이 증가하면 복사압 잡음에 의한 신호대잡음비가 증가한다.
ㄴ. (O) 네 번째 단락에 따르면, 광자의 개수가 증가하면 산탄 잡음에 의한 신호대잡음비가 증가한다. 따라서 레이저의 출력을 증가시키면 신호대잡음비가 증가할 것이다.
ㄷ. (X) 출력 재활용 거울의 투과율을 증가시키면, 출력 재활용 거울과 광자가 충돌하는 정도가 감소할 것이며, 이에 따라 거울의 요동이 감소할 것이다. 거울의 요동이 감소하면 복사압 잡음에 의한 신호대잡음비는 감소한다.

[28~30] 법과 폭력의 관계

28

정답 ⑤

분석 및 접근
벤야민과 데리다가 '폭력'을 어떻게 개념 분할하여 논의를 전개하고 있는지에 유의하여 지문을 독해하여야 한다.

① (X) 네 번째 단락에서 "그(벤야민)는 법 정립과 법 보존의 이러한 순환 회로를 신화적 폭력이라 명명하면서 그것을 신적 폭력과 구별 짓는다. 신적 폭력은 법을 허물어뜨리는 순수하고 직접적인 폭력이다."라는 부분을 통해, 법 정립적 폭력과 법보존적 폭력의 순환 회로가 신화적 폭력이며, 신적 폭력은 이와 별개의 개념으로 규정되고 있음이 확인된다.

② (X) 네 번째 단락에서 "벤야민은 이것(신적 폭력)이 신화적 폭력의 순환 회로를 폭파하고 새로운 질서로 나아가게끔 하는 적극적 동력임을 주장한다."라는 부분을 통해 신적 폭력이 법 정립과 법 보존의 순환 회로를 강화하는 역할이 아니라 파괴하는 역할을 한다는 점을 확인할 수 있다.

③ (X) 네 번째 단락에서 "여기서 폭력은 법 제정의 수단으로 복무하지만, 목적한 바가 법으로 정립되는 순간 퇴각하는 것이 아니라 자신의 도구적 성격을 넘어서 힘 자체가 된다."라는 부분을 통해 법의 수단으로 복무하는 폭력이 그 목적을 달성한 이후에도 힘을 상실하지 않는다는 점이 확인된다.

④ (X) 마지막 단락에서 "그(데리다)는 법 언어 행위를 통해 적법한 권력과 부정의한 폭력 사이의 경계가 비로소 그어진다고 설명했다."라는 부분을 통해 확인할 수 있다.

⑤ (O) 마지막 단락에서 "또한 (데리다에 따르면) 법보존적 폭력은 법정립적 폭력에 이미 내재되어 있다고 보았다."라는 부분을 통해 데리다가 법보존적 폭력이 법정립적 폭력에 내포되어 있다고 이해하고 있다는 점을 확인할 수 있다.

29
정답 ⑤

분석 및 접근

ⓐ 자연법론과 ⓑ 법실증주의는 법철학에서 매우 기초적인 배경지식에 해당하므로, 기본적인 배경지식을 공부해 두어야, 수월하고 효율적으로 법철학 지문을 독해할 수 있다.

① (O) 두 번째 단락에서 "고전적인 자연법론은 법 창출과 존속의 근거를 신이나 자연, 혹은 이성과 같은 형이상학적이고 외부적인 실체의 권위로부터 구한다."라는 부분을 통해, 자연법론이 법적 권위를 법의 외부에서 구한다는 점이 확인된다.

②, ③ (O) 세 번째 단락에서 "벤야민은 법실증주의가 목적과 수단의 관계에 대한 잘못된 전제를 자연법론과 공유한다고 보았다. **정당화된 수단이 목적의 정당성을 보증한다고 보는 경우**(법실증주의)든 **정당한 목적을 통해 수단이 정당화될 수 있다고 보는 경우**(자연법론)든, 목적과 수단의 상호지지적 관계를 전제로 폭력의 정당성을 판단한다."라는 부분을 통해 법실증주의가 수단의 정당화 여부에 따라 법의 폭력성이 정당화 여부가 결정된다는 관점을 취한다는 것이 확인된다. 또한 자연법론과 법실증주의가 목적 혹은 수단이 정당화되면, 다른 한 쪽이 정당화된다고 간주한다는 점도 확인할 수 있다.

④ (O) 두 번째 단락에서 "벤야민은 자연법론보다는 법실증주의가 폭력 비판의 가설적 토대로 더 적합하다고 판단했다."라는 부분을 통해 확인할 수 있다.

⑤ (X) 세 번째 단락에서 "또한 법이 스스로 저지르는 폭력만을 정당한 '강제력'으로 상정하고 다른 모든 형태의 폭력적인 것들은 '폭력'으로 치부하는 문제에 관해 양편 모두 충분한 관심을 두지 않아 왔음을 지적했다."라는 부분을 통해 자연법론과 법실증주의 양자가 모두 법에 의해 승인된 폭력이 법 바깥의 폭력을 차등화하는 문제에 주목하지 않는다는 점을 확인할 수 있다.

30
정답 ③

분석 및 접근

<보기>에 제시된 A와 B의 입장이 지문에 제시된 법철학적 논의 중 어느 관점에 대응되는 지를 파악할 수 있어야 한다.

①, ② (X) A는 법이 제정되는 과정의 정당성이 확보된다면 법이 제정되고 유지되는 과정에서 폭력이 난입될 여지는 없다고 간주하고 있다. 이는 법의 내재적 폭력성을 간과하고 있는 관점이므로, 벤야민이나 데리다의 관점이 아닌, 법실증주의의 관점에 가깝다고 평가될 수 있다. ①의 서술과 달리 벤야민은 법 정립 과정에 폭력이 개입한다고 간주하였다. ②의 서술과 달리, 데리다는 적법적 권력과 적법하지 않은 폭력 사이의 경계는 처음부터 다른 기원에서 유래하는 것이 아니라 법 언어 행위를 통해 그어진다고 주장하였다.

③ (O) B는 법 보존과 법 정립의 무한한 순환 회로를 '뫼비우스의 띠'에 비유하면서, 이러한 순환 회로를 탈정립할 신적 폭력의 필요성을 요구하고 있다. 이는 네 번째 단락에서 제시된 벤야민의 관점과 일치하는 것이다.

④ (X) B가 신적 폭력과 신화적 폭력의 구분을 전제하였다는 서술은 타당하나, 이는 벤야민과 견해를 달리하는 지점이 아니라 벤야민과 견해를 같이하는 지점이다.

⑤ (X) A와 달리 B는 법 정립 권력을 입법 권력에만 한정 짓지 않고 있다. 이 점에서 A가 아닌 B만이 벤야민과 입장을 같이한다고 평가될 수 있다.

LEET 전문가의 총평

지문	제재	세부 제재	난이도
1960년대 한국의 부랑인 정책	법학	법제사학	하
철학적 근대의 딜레마와 객관적 관념론	철학	근대철학	중
소설 속 화자에 대한 다양한 학술적 관점	인문학	문학	중
망막의 메커니즘	과학	생명과학	극상
파시즘에 대한 다양한 학술적 관점	사회과학	정치학	중
K-민즈 클러스터링	과학	데이터과학	상
벌리의 소유와 지배 개념	사회과학	경제학	상
민주주의와 민주주의의 규범	사회과학	정치학	하
로봇은 도덕 공동체의 일원이 될 수 있는가?	철학	현대철학	중
칸트의 외면성 명제	법학	법철학	극상

2022학년도 LEET 언어이해 시험은 현재까지 수행된 LEET 언어이해 시험 중 난이도가 두 번째로 높았던 시험이다. 2021학년도 언어이해 시험에 비해 평균이 소폭으로 하락하였으나, 특정 지문의 난이도는 역대 언어이해 시험에 출제된 지문 중 가장 어려운 지문이라고 해도 과언이 아닐 정도의 수준 높은 지문이었다. [망막의 메커니즘]과 [칸트의 외면성 명제]가 극상 난이도의 킬러 지문으로 출제되었으며, [K-민즈 클러스터링], [벌리의 소유와 지배 개념]도 상당한 난이도의 지문이었다. 이에 따라 2022학년도 시험은 쉬운 지문과 어려운 지문의 난이도 격차가 매우 큰 편이었다. 따라서 10개 지문을 모두 해결하는 최상위권 학생과 1개 정도의 지문을 버리는 상위권 학생을 변별하는 데 어려움이 있었던 시험이다. 지문의 난이도 분포가 고른 편이었던 2021학년도 시험이나 2023학년도 시험에 비해, 이는 2022학년도 시험의 출제가 보이는 약점이라고 할 수 있겠다.

지문의 제재 구성에 있어서는, 정치학 2지문, 경제학 1지문으로 총 3지문이 출제되면서 사회과학의 출제 비중이 증가하였다. 또한 2022학년도 시험에서는 경제학과 정치학 지문 모두 계량적 성격이 배제된 지문이 출제된 점에 주목할 만하다. 이와 반대로 2023학년도 시험에서 정치학과 경제학 지문은 모두 계량적 성격이 강한 지문이 출제되었다. 사회과학 지문이 계량적으로 출제되는 경우, 문과적 성향이 강한 학생들이 어려움을 겪는 경우가 많다. 따라서 문과적 성향이 강한 학생들은 2023학년도 시험에서 더 어려움을 겪었을 가능성이 있다.

수많은 학자들이 등장하는 학설비교형 패턴의 지문이 높은 비중으로 출제되는 경향은 2021학년도 시험과 유사하다. [철학적 근대의 딜레마와 객관적 관념론], [소설 속 화자에 대한 다양한 학술적 관점], [파시즘에 대한 다양한 학술적 관점]과 같은 세 지문이 학설비교형 지문인데, 하나의 이론이 등장하는 지문에 비해 학설비교형 패턴의 지문이 등장하는 경우 시험의 난이도가 상승하게 된다. 이러한 점 역시도 2022학년도 언어이해 시험의 난이도를 상승시킨 주된 요인이었으며, 수험생들은 학설비교형 지문을 독해하는 연습에 매진하여야 할 것이다.

p.34

01	02	03	04	05	06	07	08	09	10
③	⑤	⑤	④	①	②	①	④	③	③
11	12	13	14	15	16	17	18	19	20
④	⑤	①	①	②	④	④	②	④	①
21	22	23	24	25	26	27	28	29	30
⑤	⑤	③	③	②	②	⑤	⑤	③	②

[01~03] 1960년대 한국의 부랑인 정책

01
정답 ③

분석 및 접근
중심 소재가 되는 <내무부훈령 제410호>가 어떠한 부분에서 문제시되는지를 중심으로 지문의 내용을 파악한다면, 어렵지 않게 해결할 수 있는 사실 확인 문제이다.

① (X) 세 번째 단락에서 "1950년대 부랑인 정책이 일제 단속과 시설 수용에 그쳤던 것과 달리, 이 시기부터 국가는 부랑인을 과포화 상태의 보호시설에 단순히 수용하기보다는 저렴한 노동력으로 개조하여 국토 개발에 활용하고자 했다."라는 부분을 통해 부랑인 정책이 1950년대의 격리 정책에서 1960년대의 갱생 정책으로 변천되었음이 확인된다.

② (X) 네 번째 단락에서 "규정된 보호 기간이 임의로 연장되기도 했다."라고 서술된 부분을 통해 부랑아들이 시설에 수용되는 기간에 대한 한도 규정 자체는 존재하였다는 점을 추론할 수 있다.

③ (O) 네 번째 단락에서 "국영 또는 사설 복지기관들은 국가보조금과 민간 영역의 후원금으로 운영됨으로써 결국 유사 행정기구로 자리매김했다."라는 부분을 통해 확인할 수 있다.

④ (X) 네 번째 단락에서 제기된 "이 같은 정책 시행의 결과로 부랑인은 과연 '개조'되었는가?"라는 질문에 대해, "부랑인 가운데 상당수는 (중략) 중도에 탈출했다."라고 서술하였으므로, 개척단원이 된 부랑인이 개척지에 안착하지 못했다는 점을 확인할 수 있다.

⑤ (X) 두 번째 단락에서 "위 훈령은 복지 제공을 목적으로 한 <사회복지사업법>을 근거 법률로 하면서도"라는 부분을 통해 부랑인 정책이 사회복지 제공의 성격도 가지고 있었다는 점이 확인된다.

02
정답 ⑤

분석 및 접근
법적인 측면에서 <내무부훈령 제410호>가 문제시되는 논리를 이해함으로써 해결할 수 있는 문제이다.

① (O) 두 번째 단락에서 "이를 통한 인식 구속은 국민의 자유와 권리를 필요한 경우 국회에서 제정한 법률로써 제한하도록 규정한 헌법에 위배되는 것이기도 하다."라는 부분을 통해, 최하위 규범인 행정규칙에 속하는 ㉠ <내무부훈령 제410호>가 최상위의 위계에 놓인 헌법과 상반되는 내용을 포함하고 있다는 점이 확인되며, 이를 통해 ㉠이 상위 규범과 하위 규범 사이의 위계를 교란시켰다는 점이 확인된다.

② (O) 두 번째 단락에서 "위 훈령은 복지 제공을 목적으로 한 <사회복지사업법>을 근거 법률로 하면서도 거기서 위임하고 있지 않은 치안 유지를 내용으로 한 단속 규범이다."라는 부분을 통해 근거 법령의 목적 범위를 벗어나는 사항을 규율하고 있다는 점이 확인된다.

③ (O) 두 번째 단락에서, "이(행정부 훈령)를 통한 인식 구속은 국민의 자유와 권리를 필요한 경우 국회에서 제정한 법률로써 제한하도록 규정한 헌법에 위배되는 것"이라는 부분을 통해, 국회의 입법권에 의거하는 인식 구속을 행정부가 자의적으로 강행함으로써, 국회의 입법권이 행정부에 의해 침범되었다는 점을 확인할 수 있다.

④ (O) 두 번째 단락에서 "이(㉠)는 걸인, 껌팔이, 앵벌이를 비롯하여 '기타 건전한 사회 및 도시 질서를 저해하는 자'를 모두 '부랑인'으로 규정했다."라는 부분을 통해, ㉠에서 규정된 '부랑인'의 법적 범위가 과도하게 포괄적이므로 과잉 단속으로 남용될 소지가 있다는 점을 추론할 수 있다.

⑤ (X) 부랑인 단속을 담당하는 하급 행정기관이 훈령을 발한 행정기관의 지침을 위반하게 만들었다는 내용은 지문에 전혀 등장하지 않는다.

03
정답 ⑤

분석 및 접근
<보기>와 지문은 국가 권력이 피치자를 규율하고 통제하는 과정에 대해 비판적인 시각을 견지하고 있다는 공통점을 띠고 있다.

① (O) <보기>의 "변형된 국가인종주의는 단일 사회가 스스로의 산물과 대립하며 끊임없이 '자기 정화'를 추구한다"라는 부분을 지문의 내용에 적용하면, '스스로의 산물'은 '부랑아'에 해당하며, '자기 정화'는 '부랑아 정책'에 대응될 것이다.

② (O) <보기>에서 "삶을 길들이고 훈련"시키는 과정을 통해 국가 권력은 '순종적인 몸'을 만들어 낸다고 제시된 부분을 지문의 내용에 적용하면, 부랑아 개조 과정이 마찬가지로 삶을 길들이고 훈련시키는 과정이었다고 해석될 수 있다.

③ (O) <보기>에서 국가 권력은 건전 시민과 비건전 시민의 이원화된 위계로 국민을 분할하는 국가인종주의를 구사한다고 서술되었다. 이를 지문의 내용에 적용하면 생산적 주체와 비생산적 주체인 부랑아로 국민을 구획하는 국가인종주의가 부랑아 정책에서 나타났다고 해석될 수 있다.

④ (O) <보기>에서 치안 관리가 건전 시민과 비건전 시민으로 구분하는 명분으로 사용되었다고 서술되었다. 이를 지문의 내용에 적용하면 부랑아의 존재도 치안 관리라는 명분을 이용하는 데 기여하였다고 해석할 수 있다.

⑤ (X) 부랑아의 갱생을 지향하는 법체계에 배제의 기제가 내재되었다는 것은 부랑아를 갱생함으로써 '순종적인 몸'을 만들어 내는 기술이 실은 부랑아를 건전 사회로부터 배제하고자 하는 '안전장치'의 기술과 동일하였다는 점을 의미한다. 따라서 '순종적인 몸'을 만드는 기술과 '안전장치'가 배척 관계라는 해석은 타당하지 않다.

[04~06] 철학적 근대의 딜레마와 객관적 관념론

04
정답 ④

분석 및 접근
기본적인 사실 확인 문제에 해당한다.

① (X) 네 번째 단락에 따르면, 가장 강화된 이성주의는 '객관적 관념론'에 해당하고 이는 자연과 인간이 모두 이성의 발현이라는 점에서 동근원적이라고 여기므로 인간과 자연이 동등하다는 결론을 도출한다. 따라서 가장 강화된 이성주의는 자연에 대한 우위를 정초하는 것이 아니라 오히려 자연과 인간의 동등성을 정초한다.

② (X) 첫 번째 단락은 현대의 환경 위기를 해결한다는 것을 명분으로 억압적 정치 체제가 등장할 가능성을 염려하고 있다. 즉, 현대의 환경 위기로 인해 억압적 정치 체제가 등장할 수 있는 것이지, 억압적 정치 체제 때문에 현대의 환경 위기가 나타난 것이 아니다. 원인과 결과의 선후 관계를 뒤바꿈으로써 오답 선지를 만들어 내는 LEET의 오답 선지 구성 원리에 해당한다.

③ (X) 마지막 단락에 따르면, 포스트모더니즘은 현대의 환경 철학 담론에서 (철학적) 근대를 원천적으로 거부하는 입장이므로 철학적 근대의 딜레마를 이성에 근거하여 해소하려는 입장이 아니라, 철학적 근대의 딜레마를 이성을 철저히 배제함으로써 해소하려는 입장에 해당한다.

④ (O) 첫 번째 단락에 따르면, "저 숭고한 인본주의적 가치들은 무엇보다도 인간의 지성적·실천적 자율성을 주장한 철학적 근대를 통해 정초되었다"라고 제시되었으므로 ④는 적절한 설명에 해당한다.

⑤ (X) 인간의 이성적 주체성을 옹호하는 철학사적 흐름은 데카르트주의와 칸트주의를 거쳐 객관적 관념론으로 귀결되는데, 객관적 관념론은 인간과 자연의 동등성을 주장하므로 이성 중심적 철학사적 흐름은 억압적 자연관으로 귀결되지 않는다.

05
정답 ①

분석 및 접근
㉠과 ㉡의 차이는 주로 세 번째 단락에서 집중적으로 제시되어 있으므로, 특정 단락의 독해에 유의한다면 어렵지 않게 해결할 수 있는 문제이다.

① (X) 두 번째 단락에 따르면, ㉠ 데카르트주의는 자연이 그 어떤 자기 목적도 지니는 않는 물질적 실체로 간주하며, 자연의 자기 목적 자체가 존재하지 않는다고 여긴다. 또한 세 번째 단락에서 "(㉡ 칸트주의에서) 자연의 자기 목적이 중요한 화두로 제기되기도 하지만, (중략) 인간의 심적 태도의 차원에서 상정될 뿐이다."라는 부분에서 볼 때, ㉡ 칸트주의에서 자연의 자기 목적이 존재한다는 점은 인정되지만 이를 이성적 인식의 기준으로 설정한다는 점은 지문에서 제시되지 않았다.

② (O) ㉠ 데카르트주의는 자연 법칙이 인간과 무관하게 독립적으로 존재한다고 보는 입장이며, ㉡ 칸트주의는 자연 법칙은 인간의 이성에 의하여 인식될 때 비로소 존재한다는 입장이다. 즉, "진리를 발견되는 것"으로 보는 입장이 ㉠에 해당하며, "진리를 만들어지는 것"으로 보는 입장이 ㉡에 해당하므로 ②의 설명은 적절하다.

③ (O) 세 번째 단락에 따르면, "자연은 '인식'과 '사용'의 대상이던 것(㉠ 데카르트주의)에서 나아가 '제작'의 대상으로까지 여겨지게 된다."라고 제시되었다. ㉡ 칸트주의는 ㉠ 데카르트주의에서 확장된 관점으로 ㉡에 따르면 자연은 '인식'과 '사용'과 '제작'의 대상이 되는 것이다. 따라서 ㉠과 ㉡은 공통적으로 자연을 '인식'과 '사용'의 대상으로 여긴다고 서술될 수 있다.

④ (O) ㉠과 ㉡은 공통적으로 자연을 '인식'과 '사용'의 대상으로 여긴다는 점에서 자연에 대한 인간의 우월성을 정초한 입장에 해당한다.

⑤ (O) 자연에 대한 인간의 우월성을 정초하는 철학적 사상이 환경 위기에 대한 책임이 있다고 제시되었으므로 ㉠과 ㉡은 환경 위기에 대한 책임이 있는 철학적 입장으로 분류될 수 있다.

06
정답 ②

분석 및 접근
객관적 관념론에 대한 서술이 네 번째 단락과 마지막 단락에 집중되어 있으므로, 특정 단락의 독해에 유의한다면 어렵지 않게 해결할 수 있는 문제이다.

① (O) 객관적 관념론에 따르면 인간의 이성은 "의식 양태의 이성"이고 자연은 "사물 양태의 이성"에 해당하므로 인간의 이성이 자연을 탐구하는 자연과학은 "의식 양태의 이성"이 "사물 양태의 이성"을 인식하는 과정으로 해석될 수 있다.

② (X) 객관적 관념론이 이성의 위상을 지고의 형이상학적 차원까지 높이는 사상은 맞으나, '자연 법칙을 인간 의식의 투영을 통해 만들어지는 것'으로 여기는 관점은 객관적 관념론의 시각이 아니라 세 번째 단락에 제시된 ㉡ 칸트주의의 관점에 해당한다. 이는 세 번째 단락에 제시된 "(칸트주의에 따르면) 지성의 대상인 자연 법칙 또한 그 입법권이 자율적 주체인 인간에게 부여되는 것이다."라는 내용을 근거로 판단할 수 있다.

③ (O) 객관적 존재에 따르면 삼라만상이 절대적 이성의 발현이고 이는 모든 존재가 이성의 발현이라는 의미이므로, 겉보기에는 반이성처럼 보이는 존재도 궁극적으로는 이성의 영역에 포섭되는 존재라는 결론이 논리적으로 도출된다.

④ (O) 네 번째 단락에 따르면, 객관적 관념론의 사상관에서 이성은 '최상위의 섭리'이자 '세계의 모든 것에 선행하면서 동시에 그 모든 것을 가능케 하는 조건', '삼라만상의 원리'에 해당하므로 모든 존재를 작동하게 하는 배후 원리에 해당하는 것이다. 따라서 모든 역사적 사건도 삼라만상의 원리이자 섭리인 이성의 법칙에 따라 진행된다는 결론이 도출될 수 있다.

⑤ (O) 객관적 관념론은 인간과 자연이 모두 이성의 발현이라는 점에서 동근원적이라는 일원론적 관점을 경주하며 따라서 인간과 자연 어느 한쪽이 우위에 있는 것이 아니라는 결론을 도출한다. 이에 마지막 단락에 따르면 객관적 관념론의 이러한 일원론적 세계관의 관점에서 현대의 환경 위기라는 철학적 근대의 딜레마에 대한 해결 방향이 제시된다고 서술되었으므로, 이는 현대의 환경 위기에 대한 책임이 이성주의에 있다는 주장을 반박할 수 있는 근거가 된다.

[07~09] 소설 속 화자에 대한 다양한 학술적 관점

07

분석 및 접근

소설 속 화자의 개념에 대한 명확한 이해에 주의하면서 문제를 해결하여야 한다.

① (O) 첫 번째 단락에서 "독자는 화자가 자신의 말로 바꾸었는가 혹은 그렇지 않았는가 상관없이 언제나 그의 목소리를 들을 뿐이다."라는 부분을 통해 확인할 수 있다.

② (X) 다섯 번째 단락에서 "개별 작품의 경우에도 하나의 시점을 처음부터 끝까지 유지한 작품을 찾는 것이 쉽지 않다. 우리가 훌륭하다고 손꼽는 작품들 또한 그러하다."라는 부분을 통해 확인할 수 있다.

③ (X) 첫 번째 단락에 따르면, 드라마뿐만 아니라 소설에서 직접화법으로 대사가 전달될 때에도 독자에게 대사를 전달하는 대상은 등장인물이 아니라 화자이므로, 주어진 선지는 적절하지 않다. → **매력적 오답**

④ (X) 첫 번째 단락에 따르면, 드라마는 화자 없이 등장인물의 대사가 독자에게 직접 전달된다. 따라서 말하는 주체, 즉, 화자의 개념이 드라마에는 존재하지 않는다. → **매력적 오답**

⑤ (X) 다섯 번째 단락에서 "동일한 사건이라도 누가 (등장인물, 화자, 독자 중) 정보를 더 많이 갖느냐에 따라 다른 이야기로 변주될 수 있다."라고 제시된 부분을 통해 확인할 수 있다.

08

분석 및 접근

위 지문은 **문학 제재 지문**이면서 동시에 **학설비교형 지문**이므로, 소설 속 화자에 대한 여러 학자들의 다양한 관점을 비교하여 이해하는 것이 매우 중요하며 까다로운 문제가 될 수 있다.

① (O) 두 번째 단락에 따르면, ㉠은 삼인칭에 대한 논의에서 화자의 시점과 작가의 시점을 구분하고 있지 않으므로 주어진 선지는 적절하다.

② (O) 세 번째 단락에서 "랜서는 화자를 작가가 창조한 세계를 보여주는 인식 틀이라고 언급했다."라고 제시되었으므로 주어진 선지는 적절하다.

③ (O) 네 번째 문단에 따르면, ㉢은 실재와 가상을 착각하게 할수록 진정성이 결여된다고 간주하였으므로 주어진 선지는 적절하다.

④ (X) ㉠은 화자가 보는 위치를 우선적으로 기준으로 삼아 일인칭과 삼인칭을 구분했으므로 보는 주체로서의 화자의 역할을 말하는 주체에 선행하는 것으로 보고 있다는 설명에 해당한다. 그러나 ㉡은 ㉠을 비판하면서 '(㉠에 의한) 기존 논의가 사건을 보는 위치에 치중했던 것을 반성하고, 사건을 보는 입장도 고려해야 한다.'고 주장했고, 이에 대한 연속선상에서 화자의 보는 입장이 독자에게 이야기로 전달되면서 인식의 틀을 형성한다고 주장하였다. 따라서 '보는 주체'가 '말하는 주체'에 선행된다고 간주하는 입장을 견지하고 있는 것이 아니므로 주어진 선지는 적절하지 않다.

⑤ (O) 세 번째 단락에서 "랜서는 화자를 작가가 창조한 세계를 보여주는 인식 틀이라고 언급했다."라고 제시되었으므로 ㉢에 대한 주어진 선지의 서술은 적절하다고 추론할 수 있다. 또한 ㉢의 경우 화자의 존재가 작가의 주관적인 논평을 제시하는 것이라고 했으므로 화자는 작가의 주관성을 드러내 주는 매개라고 볼 수 있다. 따라서 ㉢에 대한 주어진 선지의 서술도 적절하다고 추론할 수 있다.

09

분석 및 접근

문학 제재 지문에서 세 번째 문제로 빈번하게 등장하는 문학 작품 적용 문제이다. 특히 <보기>에 제시된 소설에서의 화자가 지문에서 제시된 '믿을 수 없는 화자'에 해당한다는 점을 빠르게 파악하여야 한다.

① (O) <보기>의 소설에서 화자는 주인공과 동일한 인물이며, 따라서 내면의 상황을 파악할 수 있을 것이다.

② (O) <보기>의 소설에서 화자는 허구세계 외부에 위치하는 것이 아니라 허구세계 내부에 위치하기 때문에, 사건의 전모를 완전히 파악하지 못한 채로 사건을 독자에게 전달할 것이고 이에 따라 긴장감이 유발될 수 있다.

③ (X) <보기>의 소설 속 내용에서 화자는 주인공과 일치하며, 소설의 설정은 지문의 마지막 단락에서 "등장인물과 독자가 동일한 정보를 공유하는 경우, 독자는 인물과 같은 수준으로 작중의 상황을 이해하고 함께 퍼즐을 풀어나가는 기분으로 사건을 경험할 것이다."라고 서술된 상황에 해당한다. 그런데 사건의 전모가 미궁에 빠져 있는 이유는 화자이자 주인공인 인물의 인지적 능력에 결함이 있는 것이 명확하게 드러나 있기 때문이다. 따라서 독자들은 인지적 결함이 있는 것이 분명한 화자의 정보를 객관적 사실로 받아들이지 못하며, 그 사실을 의심하는 과정에서 소설의 재미가 발생하게 된다. 따라서 독자는 소설 속 화자가 믿을 수 없는 화자라는 것을 이미 인지하고 있기 때문에 화자가 제공한 정보를 객관적 사실로 받아들이지 않을 것이다.

④ (O) <보기>의 소설 속 화자는 본인의 인지 능력에 한계가 있다는 점을 파악하지 못하고 있는 것으로 묘사되어 있다. 따라서 독자는 이러한 상황에 놓여 있는 화자이자 주인공을 안타깝게 느낄 수 있을 것이다.

⑤ (O) <보기>의 소설 속 화자가 등장인물에 대한 정보를 완전히 파악하지 못하고 있는 상황이기 때문에, 독자는 추후에 등장인물의 진실이 뒤늦게 알려지는 상황이 이야기의 흐름을 뒤바꾸리라고 기대할 수 있을 것이다.

[10~12] 망막의 메커니즘

10

분석 및 접근

기본적인 사실 확인 문제이다.

① (X) 다섯 번째 단락에 따르면, 망막이 빠르게 운동하는 물체를 지각하는 핵심적인 메커니즘은 광수용체세포가 전달한 신호를 신경절세포가 그대로 전달하는 것이 아니라, 신경절세포가 비대칭적으로 신호를 전달함으로써 신호를 전달하는 과정에서 발생한 시간 지연을 보상하여 물체의 빠른 움직임을 따라잡는 것이었다. 따라서 광수용체에서 발생한 전기적 신호를 원래 세기대로 신경절세포가 출력한다는 ①의 설명은 다섯 번째 단락에서 제시된 망막의 지각 메커니즘의 가장 핵심적인 원리와 모순되는 서술이다.

② (X) 첫 번째 단락에서 "실제로는 가만히 한곳을 응시하더라도 안구가 끊임없이 움직이고 있어 망막에 맺히는 이미지 전체가 시간에 따라 변하므로"라고 서술되었으므로 한곳을 가만히 응시할 때도 망막에 형성된 이미지가 반복적으로 떨리고 있을 것임을 유추할 수 있다.

③ (O) 두 번째 단락에서 '특정 신경절세포'는 배경 이미지의 이동 방향과 물체의 이동 방향이 일치하지 않을 때에만 전기 신호를 발생한다고 하였으므로, 배경 이미지와 물체가 동시에 정지해 있을 경우에 '특정 신경절세포'는 전기 신호를 발생하지 않을 것이다. 따라서 ③의 설명에 부합하는 사례가 존재하므로 ③의 설명은 타당하다.

④ (X) 첫 번째 단락에서 "최근 (중략) 마이크로칩을 이용하여 망막에서 발생하는 전기적 신호를 실시간으로 관찰할 수 있게 되면서"라고 서술되었으므로 마이크로칩은 빛을 전기적 신호로 전환하여 감지하는 것이 아니라 망막의 전기적 신호를 전기적 신호 그대로 감지하는 장치임을 확인할 수 있다.

⑤ (X) 다섯 번째 단락에 따르면, 신경절세포가 시간 지연을 보상할 수 있도록 전기 신호 발생의 비대칭성을 만들어내는 원리는 크게 두 가지이다. 첫째는 '신경절세포 반응의 시간 의존성'으로 밝기가 변화한 직후에 출력을 최대로 올리는 것이다. 둘째는 '신경절세포 신호증폭률의 동적 조절'로 물체의 이동 방향으로 먼저 자극되는 신호를 크게 증폭시키는 것이다. 빛의 밝기가 일정한 경우에 첫 번째 원리에 의한 신호 증폭은 발생하지 않겠지만, 두 번째 원리에 의한 신호 증폭은 발생할 것이므로, 빛의 밝기가 일정하다고 해도 하나의 신경절세포에서 발생하는 신호의 세기는 일정하지 않다.

11
정답 ④

분석 및 접근
그래프형 지문에서 반드시 출제되는 그래프 해석 문제로 지문을 독해하는 단계에서부터 문제에 주어진 그래프를 적극적으로 활용한다면 더욱 효율적인 독해와 문제 풀이를 할 수 있다.

ㄱ. (O) 반응이 완료된 경우에 신호 출력이 최대가 되는 지점은 물체가 이동하는 앞 경계면 혹은 앞 경계면보다 조금 더 앞에 위치한다고 하였으므로, 막대의 상에서 왼쪽 경계면이 앞 경계면이 되어야 한다. 따라서 막대는 오른쪽에서 왼쪽으로 이동하였음을 유추할 수 있다.

ㄴ. (O) 다섯 번째 단락에 따르면, 밝기가 변화한 직후에 출력이 최대가 되고 이후 곧바로 출력을 감소시켜 상의 앞쪽 경계면 지점에서 신호가 최대가 되는 비대칭적 모양이 된다고 서술되었다. a, b, c의 신호 세기 형태를 비교해 볼 때, b와 c의 그래프는 **비대칭적**이나 a의 그래프는 **대칭적**이다. 이는 b와 c의 그래프는 망막의 메커니즘이 정상적으로 작동한 상황인 반면, a는 정상적으로 작동하지 못한 상황임을 의미한다. 속력을 제외하고는 a, b, c의 모든 조건이 동일하므로 a는 b와 c보다 물체의 이동 속력이 빨라 망막의 메커니즘이 정상적으로 작동하지 못하였음을 유추할 수 있다.

ㄷ. (X) 배경과 물체의 밝기 차가 클수록 신호 출력의 비대칭성을 통한 시간 지연 보상의 메커니즘이 더 원활하게 작동한다고 하였는데, b와 c 중에서 신호 출력의 비대칭성이 더 크고 신호의 세기의 최댓값도 더 높은 것은 b이므로 b가 c보다 망막의 지각 메커니즘이 더 원활하게 작동하는 상황임을 추론할 수 있다. 따라서 상과 주변의 밝기 차는 b가 c보다 클 것이다.

12
정답 ⑤

분석 및 접근
시간 지연을 보상함으로써 이루어지는 망막 메커니즘의 핵심 기제를 완전히 이해하여야 해결할 수 있는 고난도 문제이다.

① (X) '시간 지연'은 광수용체에서 전기 신호가 발생하고 여러 신경세포를 거치는 과정에서 발생하는 것이므로 신경절세포의 반응과 관계없이 일정할 것이다. 물체의 속력 감소가 영향을 주는 것은 '시간 지연'이 아니라 '신경절세포의 시간 지연에 대한 보상'이다.

② (X) 주어진 상황에서 배경 이미지는 수직으로 움직이고, 파리는 수평으로 움직인다. 망막은 배경이미지와 물체이미지의 운동 방향이 일치하느냐 여부를 기준으로 전기 신호를 발생하여 운동을 감지하므로 배경이미지와 물체이미지의 운동 방향이 일치하지 않은 상황에서 망막이 지각 기능을 발휘

하는 데 아무런 문제가 없으므로 도롱뇽은 파리의 움직임을 정확히 감지할 것이다.

③ (X) 배경이 밝고 파리의 색이 어두울수록 밝기 차이가 크게 되고, 밝기 차이가 클수록 신경절세포의 시간 지연 보상 메커니즘은 더 원활하게 작동하므로, 신경절세포의 출력 신호가 최대가 되는 위치와 상의 위치 사이의 오차는 줄어들 것이다.

④ (X) 신호의 증폭률이 최대가 되는 지점은 물체의 운동 방향의 앞 경계면과 일치한다고 하였으므로, 신호의 증폭률은 파리의 상에서 머리 부분이 몸통 부분에 비해 더 크게 될 것이다.

⑤ (O) 지문에 따르면 신호의 전달 속도로 인해 1/20초의 시간 지연이 발생한다. 이는 정지한 파리의 상이 사라졌다는 정보가 신경절세포에 전달되기까지 1/20초의 시간이 소요된다는 의미이므로 파리의 상이 있던 위치의 신경절세포에서는 1/20초 동안 신호가 지속될 것이다. 1/20은 분모를 통분하면 3/60초이므로 1/60초보다 큰 값이므로 ⑤의 설명은 타당하다.

[13~15] 파시즘에 대한 다양한 학술적 관점

13
정답 ①

분석 및 접근
기본적인 사실 확인 문제이지만, 지문의 정보량 밀도가 높은 **학설비교형 지문**이기에 까다로울 수 있는 문제이다.

① (X) 두 번째 단락에서 마르크스주의적 해석은 "기본적으로 계급투쟁 개념에 바탕을 둔다"고 제시되었다. 따라서 마르크스주의자들의 해석 중 계급 간 대립을 부인하면서 파시즘을 해석하는 경우는 존재하지 않을 것이다. 가령 탈하이머와 바이다의 경우도 파시즘이 계급 간 대립으로부터 자유롭다고 본 것이지, 계급 간 대립이 존재하지 않는다고 부인한 시각이 아니다. 또한 탈하이머와 바이다는 '마르크스주의적 해석'에 포함되는 학설이기 때문에, 계급투쟁 개념에서 벗어날 수 없다.

② (O) 세 번째 단락에서 "한편 2차 대전 이후에는 냉전의 분위기 속에서 이탈리아의 파시즘, 독일의 나치즘, 소련의 스탈린주의를 뭉뚱그려 전체주의로 범주화하는 경향이 나타났다."라는 부분을 통해 확인할 수 있다.

③ (O) 첫 번째 단락을 통해 파시즘이라는 용어가 이탈리아에서 나타난 특정 정치 현상을 가리키는 개념으로 등장하였으며, 그 범위가 확장되어 갔다는 점을 확인할 수 있다.

④ (O) 세 번째 단락에서 "(전체주의 이론에 대해) 파시즘과 스탈린주의는 전혀 다른 계급적 토대 위에서 서로 다른 목표를 추구하므로 동일한 범주로 묶일 수 없다는 비판이 제기되었다."라는 부분을 통해 확인할 수 있다.

⑤ (O) 두 번째 단락에서 "이(마르크스주의)에 따르면, 파시즘이란 "금융 자본의 가장 반동적이고 국수주의적이며 제국주의적인 분파의 공공연한 테러 독재"이다."라고 제시된 부분을 통해 확인할 수 있다.

14
정답 ①

분석 및 접근
㉠ 그리핀과 ㉡ 팩스턴에 표시가 되어 있었으므로, 독해를 진행하는 과정에서 문제를 함께 해결하는 방식으로 효율적으로 풀이할 수 있다.

① (X) 그리핀에 따르면, 파시즘은 신화가 실현되기 위한 '필요조건'으로 민족 구성원들이 '파시즘적 인간'으로 거듭날 것을 요구한다. 따라서 그리핀의 이론에서 '파시즘적 인간'은 궁극적 목표가 아니라 수단일 뿐이다.

② (O) 네 번째 단락에서 "'신화'를 수단으로 삼아 내적 응집력과 대중의 지지라는 추동력을 얻어낸다. 그 '신화'란 자유주의 몰락 이후의 질서라는 고난 속에서 쇠퇴의 위기에 처한 민족공동체가 새로운 엘리트의 지도 아래 부활한다는 것이다."라는 부분을 통해 확인할 수 있다.

③ (O) 마지막 단락에서 "특권 국가가 결국 우위를 점한 나치와 달리 무솔리니는 표준 국가의 영역에 더 큰 권력을 허용하였다는 점이다."라고 제시된 부분을 통해 확인할 수 있다.

④ (O) 팩스턴은 이중적 권력 기구가 갈등을 빚으면서도 공존하는 과정을 통해 권위주의적 독재가 파시즘 하에서 이루어진다고 주장하였다.

⑤ (O) 그리핀은 파시즘을 '근대적 혁명'이라고 평가한 반면에 팩스턴은 파시즘이 '근대적 혁명'이 아닌 전통적 엘리트 계층과 연합하여 이루어진 독재의 변종으로 간주하였다.

15   정답 ②

분석 및 접근
2022학년도 LEET 언어이해에서 새롭게 등장한 **신유형**의 문항으로 <보기>에 제시된 (가), (나), (다)의 입장이 지문에 제시된 특정 학자와 직접적으로 대응되는 것이 아니기 때문에, 상대적인 스펙트럼 하에서 (가), (나), (다)의 입장이 어느 곳에 배치되는지 고려하면서 문제를 해결하여야 한다.

① (X) (가)는 '소유 관계'와 '계급 구조'에 주목하는 입장을 반영하기보다는, 파시즘 치하에서 오히려 '소유 관계'와 '계급 구조'가 변하지 않았음을 지적하며, 파시즘은 '소유 관계'와 '계급 구조'와의 관련성이 미약하다고 보고 있다. 따라서 계급 구조의 측면에서 파시즘을 이해하는 마르크스주의적 시각에 속하는 탈하이머와 바이다의 주장에 (가)가 동의하는 입장을 보일 것이라고 추론하기는 어렵다.

② (O) (가)는 파시즘을 '혁명'으로 간주하기 어렵다는 입장을 보이고 있으므로, 파시즘을 '근대적 혁명'으로 간주하는 그리핀의 주장에 비판적인 입장을 보이리라고 추론할 수 있다.

③ (X) (나)는 파시즘은 통상의 다른 행정부와 같은 사례가 아니라 이탈리아 고유의 현상이라고 주장하고 있는 반면에, 그리핀은 파시즘에 대한 일반화된 개념을 제시하였으므로, (나)가 그리핀의 주장에 동의하는 입장을 보일 것이라고 추론하기는 어렵다.

④ (X) (다)는 파시즘이 의회와 부르주아 국가를 파괴한다는 입장인 반면에, 팩스턴은 파시즘이 기성 제도 및 전통적 엘리트 계층과 연합한다고 간주하고 있으므로, (다)는 팩스턴의 주장에 동조하기 보다는 비판적인 입장을 취할 것이라고 추론된다.

⑤ (X) (다)는 소부르주아에 의한 정치적 현상으로 파시즘을 바라보고 있으며, 톨리아티 또한 이와 마찬가지로 파시즘이 소부르주아적 성격의 대중적 기반 위에 있다고 파악하고 있다. 따라서 (다)는 톨리아티의 주장을 비판하기 보다는 동조하는 입장을 취할 것이라고 추론된다.

[16~18] K-민즈 클러스터링

16   정답 ④

분석 및 접근
사례와 반례를 기준으로 참과 거짓을 판명하면 쉽게 해결할 수 있는 문제이다.

① (X) 클러스터링 중 계층법은 하나의 클러스터링으로 개체를 묶는 방법에 해당하지만, 클러스터링 중 분할법은 하나의 클러스터링으로 개체를 묶는 방법에 해당하지 않는다. 가령 K-민즈 클러스터링은 K개의 클러스터로 개체를 묶는 방법에 해당하므로 ①에 대한 반례가 된다.

② (X) 세 번째 단락에서 제시된 K-민즈 클러스터링의 알고리즘에서 "1) 사전에 K개로 정한 클러스터 중심점을 임의의 위치에 배치하여 초기화한다."라고 제시되었으므로 분할법에서는 클러스터링 수행자가 정확한 계산을 통해 중심점을 찾아내는 것이 아니라, 임의의 중심점을 배치한 후 클러스터링 알고리즘의 수행을 반복하여 종료된 중심점에 도달하는 것이다.

③ (X) 분할법은 하나의 클러스터를 여러 개의 클러스터로 쪼개는 방식이 아니므로 '하향식'이라고 정의되기도 어렵고, 한 개체는 가장 가까운 거리에 중심점이 있는 클러스터에 포함되므로 한 개체가 여러 클러스터에 속하는 것도 불가능하다. 한 개체가 여러 클러스터에 속하는 것은 계층법의 방식이다.

④ (O) 마지막 단락에서 "계층법은 클러스터 개수를 사전에 정하지 않아도 되는 장점이 있다."라고 서술된 부분에서 확인된다.

⑤ (X) 마지막 단락에서 "(계층법은) 모든 개체가 하나로 묶일 때까지 추상화 수준을 높여가는 상향식"이라고 제시되었다. 따라서 계층법의 계통도에서는 수평선을 위로 올릴 경우 추상화 수준이 높아진다.

17   정답 ④

분석 및 접근
데이터과학 제재 지문이므로 **계량적 인과 관계**에 대한 정보가 선지에 까다롭게 반영되어 출제될 수 있다는 점에 유의하여야 한다.

① (O) 네 번째 단락의 마지막 부분에서 "두 개체가 인접해 있더라도 가장 가까운 중심점이 서로 다르면 두 개체는 상이한 클러스터에 배정된다."라고 서술된 부분에서 확인된다.

② (O) 다섯 번째 단락에서 "(K-민즈 클러스터링의) 알고리즘의 첫 번째 단계인 초기화를 어떻게 하느냐에 따라 클러스터링 결과가 달라질 수 있다"라고 제시되었다. 클러스터링의 결과에 따라 클러스터링의 품질이 결정되므로, 초기 중심점의 배치 위치에 따라 클러스터링의 품질이 달라질 수 있다는 점이 추론된다.

③ (O) 다섯 번째 단락에 따르면 'K-민즈 클러스터링의 품질 지표'는 "개체와 그 개체가 해당하는 클러스터의 중심점 간 거리의 평균이다."라고 제시되었다. 또한 "K가 커질수록 각 개체와 해당 중심점 간 거리의 평균은 감소한다."라고 제시되었다. 이를 종합하면 'K가 커질수록 K-민즈 클러스터링의 품질 지표는 감소한다.'는 결론이 도출되며, K와 K-민즈 클러스터링의 품질 지표 사이의 관계는 계량적 인과 관계이므로 K가 감소하면 품질 지표 값은 증가한다는 점도 도출된다.

④ (X) 다섯 번째 단락에서 "K-민즈 클러스터링에서 K가 정해졌을 때 개체와 해당 중심점 간 거리의 평균을 최소화하는 '전체 최적해'는 확정적으로 보장되지 않는다."라고 서술되었으므로 전체 최적해는 도출될 수도 있고 도출되지 않을 수도 있다는 점이 제시된 것이다. 따라서 이러한 '가능성 명제'를 근거로 알고리즘을 여러 번 수행하면 전체 최적해가 결정된다는 '단언 명제'를 추론하는 것은 논리적 오류에 해당한다.

⑤ (O) 세 번째 단락에서 알고리즘의 마지막 단계는 "과정을 반복해서 수행하여 더 이상 변화가 없는 상태에 도달하면 알고리즘이 종료된다."라고 제시되었다. 만약 K를 정하여 알고리즘을 진행하였을 때 각 클러스터의 중심점이 고정된 점에 도달하지 않는 경우가 존재한다면, 이는 K-민즈 클러스터링의 알고리즘이 클러스터링 값을 도출하지 않고 무한히 반복되는 것을 의미하며 K-민즈 클러스터링이 정상적으로 작동하지 않는다는 것을 의미한다. 따라서 K-민즈 클러스터링이 정상적으로 작동하는 알고리즘이라면 ⑤는 참이어야 한다.

분석 및 접근
클러스터링을 실제 사례에 적용하는 문제로, <보기>에 적용하기 가장 적합한 클러스터링에 대한 추론과, 그 클러스터링 메커니즘에 대한 계량적 이해가 요구된다.

① (O) <보기>에 제시된 고객 정보 중 '성별'은 수치형이 아닌 범주형 데이터에 해당하므로 수치형으로의 유형 변환이 요구된다.

② (X) 마지막 단락에서 "계층법은 개체들 간에 위계 관계가 있는 경우에 효과적으로 적용될 수 있다."라고 제시되었는데, <보기>에 제시된 고객 정보는 개체들 간에 위계 관계가 있는 데이터에 해당하지 않으므로 계층법을 적용하기에 효과적이라는 결론이 도출되기 어렵다.

③ (O) K-민즈 클러스터링의 알고리즘을 실행하기 위해서는 먼저 분할할 클러스터의 개수인 K 값을 정하여야 한다. <보기>에서 클러스터는 세분화한 시장에 해당하므로, 세분화할 시장의 개수가 먼저 정해져야 K-민즈 클러스터링의 알고리즘이 실행될 수 있을 것이다.

④ (O) 나이와 소득수준은 그 단위가 다른 수치형 데이터에 해당한다. 두 번째 단락에서 "특성들의 단위가 서로 다른 경우가 많은데, 이런 경우 특성 값을 정규화할 필요가 있다."라고 제시되었으므로 나이와 소득수준의 데이터는 정규화가 우선되어야 한다.

⑤ (O) 모든 고객을 별도의 세분화된 시장들로 구분한다는 것은 하나의 개체가 하나의 클러스터에 배정된다는 것이고, 그렇다면 하나의 클러스터의 중심점은 하나의 개체의 위치가 될 것이므로 모든 클러스터에서 개체와 중심점 사이의 거리는 0이 될 것이다. 따라서 개체와 개체가 해당하는 클러스터의 중심점 간 거리의 평균에 해당하는 K-민즈 클러스터링의 품질 지표 값도 0이 될 것이다.

[19~21] 벌리의 소유와 지배 개념

19 정답 ④

분석 및 접근
소유와 지배 개념에 대한 다양한 학설들이 제시된 **학설비교형 지문**이다. 여러 학설들과 비교하여 벌리의 입장을 정확하게 파악하는 것이 무엇보다 중요하다.

① (O) 첫 번째 단락에 따르면 "오늘날 교과서적 견해에서 '소유와 지배의 분리'라는 개념은 전문 경영인 체제의 확립을 가리킨다"라고 제시되는데, 이는 곧 "주식 소유의 분산으로 인해 (중략) 경영자들이 회사 이윤에 대한 유일한 청구권자인 주주의 이익보다 자신들의 이익을 앞세우는 문제의 심각성을 강조하는 개념"을 의미한다. 세 번째 단락에 제시된 전통적인 법학 논리도 이와 마찬가지로 "회사가 오로지 주주의 이익을 위해서만 운영되어야 한다"라는 입장이며 이는 "(소유자가) 이익의 유일한 청구권자"라는 논리에 해당한다. 따라서 소유와 지배에 대한 오늘날 교과서적 견해는 전통적인 법학 논리에 입각한 견해에 기초한 것이라는 점이 추론될 수 있다.

② (O) 마지막 단락에 따르면 "회사법에서 주주 이외에 주인을 인정하지 않아야 한다고 그(벌리)가 주장한 이유는 주인이 여럿이면 경영자들이 누구도 섬기지 않게 되고 회사가 경제적 내전에 빠지게 될 것이며 경제력이 집중된 회사 지배자들의 사회적 권력을 키워주는 결과를 낳을 것이라고 보았기 때문"이라고 서술되었다. 즉 회사법 내의 영역에서 사회적 책임이 강조될 경우 회사 지배자들에게 권력이 집중될 것을 우려하였기 때문에, 회사법 외부의 영역에 제한하여 사회적 책임을 강조한 것이 벌리의 관점에 해당한다.

③ (O) 네 번째 단락에서 경제학이 재산권을 옹호하는 이유는 "경제학은 전통적인 법학과 달리 재산권의 보호 자체를 목적으로 보는 것이 아니라 재산권의 보호를 사회적으로 바람직한 목적을 위한 수단으로 보기 때문"이라고 제시되었다. 따라서 전통적인 경제학의 관점에 따르면 사회적으로 가장 좋은 결과를 내도록 재산권이 인정되어야 하며, 이에 경제학의 논리는 회사가 지배자의 이익을 위해 운영되어야 한다는 주장으로 귀결된다.

④ (X) 세 번째 단락에서 "(벌리의 관점에 따르면) 자신의 재산에 대한 지배를 포기한 소유자도 마찬가지로 이익의 유일한 청구권자가 되어야 한다는 결론을 도출하는 것은 잘못이다."라고 서술되었다. 그러나 ④에서 서술된 것처럼 주주가 회사 이윤에 대한 유일한 청구권자가 아니기 때문에, "경영자의 신인의무 대상을 주주로 한정해서는 안 된다."라고 벌리가 주장한 것은 아니다. 마지막 단락에 따르면 "신인의무의 대상, 즉 회사를 자신에게 믿고 맡긴 사람의 이익을 자신의 이익보다 우선해야 하는 의무의 대상을 주주가 아닌 다른 이해 관계자들로 확장해서는 안 된다고 벌리는 주장했다."라고 서술된다. 즉 벌리가 "회사는 공동체의 이익을 위해 운영되어야 한다"라는 결론을 내린 것은 회사법 바깥의 영역에 대한 것이지, 회사법 내부의 영역에서는 경영자의 신인의무 대상이 주주 이외의 집단으로 확장되어서는 안 된다고 벌리는 주장하였다.

⑤ (O) 첫 번째 단락에서 "오늘날 교과서적 견해에서 (중략) 대주주의 영향력이 약해져 경영자들이 회사 이윤에 대한 유일한 청구권자인 주주의 이익보다 자신들의 이익을 앞세우는 문제의 심각성"이 제시되며 이에 대해 회사가 주주의 이익을 위해서만 운영되어야 한다는 결론이 해결책으로 도출된다. 따라서 ⑤에서 오늘날 교과서적 견해가 "대주주의 영향력이 강해지는 것이 소유와 지배의 분리에 따른 문제를 해결하는 데 도움이 될 수 있다."고 본다는 점은 타당하다. 또한 세 번째 단락에서 "(벌리의 관점에 따르면) 자신의 재산에 대한 지배를 포기한 소유자도 마찬가지로 이익의 유일한 청구권자가 되어야 한다는 결론을 도출하는 것은 잘못이다."라고 서술되었다. 따라서 ⑤에서 "대주주의 영향력이 강해지는 것이 소유와 지배의 분리에 따른 문제를 해결하는 데 도움이 될 수 있다."는 견해에 대해 벌리가 동의하지 않는다는 서술 또한 타당하다.

20 정답 ①

분석 및 접근
LEET 언어이해에서 '당위적 명제'와 '사실 기술 명제'를 논리적으로 구분하는 것은 매우 중요하다.

① (X) 다섯 번째 단락에서 "회사체제에서 회사(준공공회사)는 공동체의 이익을 위해 운영되어야 한다는 것이 벌리의 결론이다."라고 서술된 부분을 근거로 ①이 타당하다고 오해할 수 있다. 그러나 벌리의 주장은 '준공공회사에서 지배가 공동체의 이익을 위해 수행되어야 한다.'는 **당위적 명제**를 기술한 것이지, '준공공회사에서는 지배가 공동체의 이익을 위해 수행되고 있다.'는 **사실 기술 명제**를 주장한 것이 아니다.

② (O) 두 번째 단락에서 "산업혁명 이전에는 이 세 기능(소유, 지배, 경영)이 통합된 경우가 일반적이었는데 19세기에 많은 사업체들에서 소유자가 (1)(소유)과 (2)(지배)를 수행하고 고용된 경영자들이 (3)(경영)을 수행하는 방식으로 분리가 일어났다."라고 제시되었으므로, 전통적인 회사체제에서는 소유자들이 지배를 수행하였음을 확인할 수 있다.

③ (O) 네 번째 단락에서 회사는 지배자를 위해 운영되어야 한다는 경제학의 논리에 대해 벌리는 "위험을 부담하지 않는 지배자를 위해 회사가 운영되는 것은 최악의 결과를 낳는다."라고 평가하고 있으므로, 지배의 기능을 담당하는 지배자는 위험을 부담하지 않는다고 간주되고 있음을 확인할 수 있다.

④ (O) 두 번째 단락에서 "(2)(지배)는 물적 자산과 사람들로 조직된 살아 움직이는 사업체를 어떻게 사용할 지를 결정하는 것, 즉 활동적 재산의 점유

가 되었다."라고 제시되었으므로 '소유'가 비활동적 재산의 점유라면 '지배'는 활동적 재산의 점유에 해당한다는 점이 확인된다.

⑤ (O) 두 번째 단락에서 "(2)(지배)는 창업자나 그 후손, 대주주, 경영자, 혹은 모회사나 지주회사의 지배자 등 이사를 선출할 힘을 가진 다양한 주체에 의해 수행될 수 있다."라고 서술된 부분에서, 지배를 수행할 수 있는 다양한 주체 중 '경영자'도 포함된다는 사실이 명시되었다. 즉 지배는 경영자에 의해서도 수행될 수 있으나 19세기 이후에 '경영'은 '소유'와 '지배'로부터 분리되었으므로 '지배'는 '경영'과 동일시되지는 않는다.

21 　　　　　　　　　　　　　　　　　정답 ⑤

분석 및 접근
<보기>에 제시된 1차 뉴딜과 2차 뉴딜이 지문에서 제시된 '회사법 영역의 개혁'과 '회사법 바깥 영역의 개혁' 중 어느 것에 각각 대응되는지만 확인하면 어렵지 않게 해결할 수 있는 문제이다.

① (O) 1차 뉴딜은 경영자들과 지배자들에게 주주에 대한 신인의무를 부과함으로써 회사의 이익에 대한 유일한 청구권자인 주주의 재산권이 약탈되는 것을 예방하는 조치이므로, 벌리의 관점에서 회사법 내의 영역에서 이루어져 하는 합당한 개혁으로 평가될 수 있다.

② (O) 1차 뉴딜의 핵심적인 내용은 경영자들과 지배자들의 주주에 대한 신인의무를 부과하는 것이므로 이는 주주의 이익을 위해 회사가 운영되어야 한다는 원칙을 확립하는 것이다.

③, ④ (O) 2차 뉴딜은 노동자들과 실업자들의 권익을 위해 회사의 이익이 양보되는 내용의 개혁에 해당하므로 이는 벌리의 관점에서 회사법 외부의 영역에서 회사의 이익을 공동체의 이익을 위해 운영되도록 하는 개혁에 해당한다.

⑤ (X) 준공공회사는 소유와 지배가 분리된 현대 회사를 의미하는 개념으로 1차 뉴딜은 소유와 지배의 분리에 따른 주주와 경영자 사이의 이해 상충 문제를 해결하기 위한 개혁이라는 점에서 준공공회사로의 확립을 추구한다고 평가될 수 있으나, 2차 뉴딜은 회사법 외부의 영역에서 회사가 공동체의 이익을 위해 운영되도록 하기 위한 개혁이므로 준공공회사로의 변화를 추구하는 개혁과는 관련이 없다. 따라서 1차 뉴딜과 2차 뉴딜은 일관성이 있었다고 평가될 수 없다.

[22~24] 민주주의와 민주주의의 규범

22 　　　　　　　　　　　　　　　　　정답 ⑤

분석 및 접근
기본적인 사실 확인 문제이지만, 민주주의의 개념이 두 가지로 분리되어 서술되었다는 점에 유의하지 않으면 자칫 혼동할 수 있으므로 주의하여야 한다.

① (X) 세 번째 단락에서 상호 관용과 제도적 자제가 순환 관계에 있다고 서술되었으므로, 상호 관용이 강화되면 제도적 자제는 강화될 것이고, 상호 관용이 약화되면 제도적 자제는 약화될 것이다.

② (X) 두 번째 단락에서 제도적 자제가 민주주의의 유지에 핵심적 역할을 수행하며, 이는 "제도적으로 허용된 권력을 신중하게 행사하는 태도"라고 서술된 부분을 통해, 합법적인 권력 행사가 제도적으로 자제될 때, 민주주의의 유지에 긍정적인 역할을 할 수 있다는 점을 확인할 수 있다. 따라서 대통령과 입법부의 합법적인 권력 행사가 민주주의에 부정적으로 작용하는 경우가 존재한다는 점을 추론할 수 있다.

③ (X) 두 번째 단락에서 "민주주의 유지에 핵심적 역할을 하는 규범은 민주주의보다 **오랜 전통**을 가진 '상호 관용'과 '제도적 자제'이다."라는 부분에서 민주주의 규범이 민주주의 이념보다 오래되었다는 점을 확인할 수 있다. 따라서 민주주의 규범이 민주주의 이념으로부터 탄생하였다는 추론은 타당하지 않다.

④ (X) 첫 번째 단락에서 "여기(민주주의를 지키는 것)에는 헌법이나 법률에 명문화되지 않은 민주주의 규범도 중요한 역할을 해왔다."라는 부분을 통해 민주주의 규범이 성문화되는 것이 민주주의 정치 체제를 보호하는 효과와 무관하다는 점을 추론할 수 있다.

⑤ (O) 첫 번째 단락에서 "여기(권력 기관 간 견제와 균형의 원리를 유지함으로써 민주주의를 지키는 것)에는 헌법이나 법률에 명문화되지 않은 민주주의 규범도 중요한 역할을 해왔다."라는 부분에서 확인할 수 있다.

23 　　　　　　　　　　　　　　　　　정답 ③

분석 및 접근
㉠ 첫 번째 위기와 ㉡ 두 번째 위기에서 모두 '민주주의'라는 개념이 분리되어 서로 다른 의미로 사용되고 있음에 유의하여야 한다.

① (X) 다섯 번째 단락에서 "민주주의 규범이 **다시** 형성되기 시작한 것은"이라는 부분에서 ㉠ 이전에도 민주주의의 규범이 형성되었음을 확인할 수 있다. 따라서 주어진 선지에서 '㉠을 거치면서 민주주의의 규범이 **건국 이후 처음으로** 형성되었다.'는 부분은 타당하지 않다.

② (X) 다섯 번째 단락에서 "역설적이게도 남북 전쟁 이후의 민주주의 규범은 인종 차별을 묵인한 비민주적인 타협의 산물이었다."라는 부분에서 ㉠ 이후 형성된 민주주의 규범은 인종 차별적 특성으로 인해 정치 체제를 안정시키는 역할을 수행해냈다는 점을 확인할 수 있다.

③ (O) 마지막 단락에서 ㉡은 "1960년대 이후 민주주의의 확대"로 인해 '당파적 양극화'가 심화되면서 발생하였다고 서술된 부분을 통해 확인할 수 있다.

④ (X) 마지막 단락에서 ㉡은 다양한 집단의 정치 참여를 제도적으로 보장하는 방향으로 민주주의가 확대되면서 완화된 것이 아니라 심화되었다고 서술되었으므로 주어진 선지는 타당하지 않다.

⑤ (X) 마지막 단락에 따르면 ㉡에서는 "공화당과 민주당은 각기 다른 집단의 이익과 가치를 대변"하는 현상이 확대되었다고 서술되었으므로, 주어진 선지와 달리 ㉡에서도 "정당별 지지 집단이 뚜렷이 구분되는 현상"이 나타났음을 확인할 수 있다.

24 　　　　　　　　　　　　　　　　　정답 ③

분석 및 접근
<보기>에 제시된 추가적인 사례에 지문의 핵심 개념을 정확히 대응시키면 어렵지 않게 해결할 수 있는 문제이다.

① (O) 마지막 단락에서 1960년대 이후 미국에서 발생한 '당파적 양극화'는 "인종과 종교, 삶의 방식을 기준으로 첨예하게 나뉘었다"라고 서술되었으므로 <보기>에 제시된 당파적 양극화와 성격이 다르다는 점을 확인할 수 있다.

② (O) 세 번째 단락에서 "서로를 적으로 간주할 때 상호 관용의 규범은 무너진다."라고 서술되었으므로 좌파와 우파가 서로를 적으로 간주한 <보기>의 상황에서 상호 관용의 규범이 붕괴되었으리라는 점을 추론할 수 있다.

③ (X) 두 번째 단락에서 '제도적 자제'란 합법적으로 허용된 권력이라도 이를 활용하지 않고 자제하는 것이라고 서술되었다. ⓒ에서 아옌데 대통령이 의회를 우회하여 국민투표를 실시하고자 한 것은 권력을 법의 테두리 내에서 행사하였다고 하더라도, 야당이 장악한 의회를 합법적 권력을 최대한 활용하여 억누르려고 한 시도이므로 제도적 자제 규범을 실천하고자 한 것이라고 보기 어렵다.

④ (O) 네 번째 단락에서 야당이 입법부를 장악한 상황에서는 "야당은 대통령을 공격하기 위해 헌법에서 부여한 권력을 최대로 휘두른다."라고 서술되었고, ⓓ에서 제시된 상황은 이러한 서술에 부합하므로, 주어진 선지는 타당하다.

⑤ (O) 1970년 이전의 칠레 의회가 불신임 결의를 사용하지 않은 것은, 그것이 헌법에 보장된 권한임에도 제도적으로 자제한 것이므로 민주주의 규범을 존중함으로써 민주주의 정착에 기여했었을 것이라고 추론할 수 있다.

[25~27] 로봇은 도덕 공동체의 일원이 될 수 있는가?

25 정답 ②

분석 및 접근
'인공 감정'이라는 생소한 개념을 설명하기 위해 '인공 지능'이라는 친숙한 개념에 대유하여 설명을 전개하고 있으므로, 대응되는 요소를 연결하여 지문을 이해한다면 문제를 쉽게 해결할 수 있다.

구분	인공 지능	인공 감정
입력	인지적 과제	입력 자극
출력 (인간과 동일한 부분)	문제 해결	외부 감정 출력
(인간과 동일하지 않은 부분)	문제 의미에 대한 이해	내적인 감정

① (O) 두 번째 단락에 따르면, 인공 지능의 연구와 마찬가지로 "인공 감정의 연구도 인간의 감정을 닮은 기계를 만들려는 시도이면서 동시에 감정 과정에 대한 계산 모형을 통해 인간의 감정을 더 깊이 이해하는 과정"이기도 하다.

② (X) 인공 지능이 문제를 해결하는 행동은 인공 감정이 외부로 감정을 출력하는 행동에 해당하므로 거짓이다.

③ (O) 네 번째 단락에 따르면, 인공 지능에 회의적인 철학자는 인공 지능이 문제를 해결한다고 해도, 그 문제의 의미를 이해하지 못한 채로 해결하는 것이므로 인공 지능과 인간과 동등하지 않다고 간주한다.

④ (O) '로봇은 인간성이 없으므로, 로봇은 도덕적 고려의 대상이 아니다.'이라는 결론에는 '어떤 존재든지 인간성이 있다면, 도덕적 고려의 대상이 되어야 한다.'라는 전제 조건이 생략되어 있는 것으로 추론할 수 있다.

⑤ (O) 다섯 번째 단락에서 인공 감정을 제작하기 어려운 난점들과, 설령 제작된다고 하여도 철학적으로 인간의 감정과 동일하다고 간주될 수 없는 이유가 제시되었다.

26 정답 ②

분석 및 접근
논증형 지문이므로 지문에 제시된 전제와 그로부터 도출된 결론들을 파악하여 주어진 상황에 적용하여야 한다.

① (O) 다섯 번째 단락에 따르면, 로봇이 '성취욕'과 같은 기본적인 충동이나 욕구를 가진다면 진정한 감정을 가지고 있다고 추론될 수 있다고 하였으므로, A가 누군가를 이기려는 본능이 있다면 A의 기쁨이 진정한 감정일 가능성이 있다고 추론된다.

② (X) 네 번째 단락에 따르면, 인공 감정이 외부 자극에 의해 적절한 감정을 외부에 표출한다고 해도, 내적 감정이 존재하는 지는 확인할 수 없다. 따라서 진정한 감정일 가능성이라고 말할 수 없다.

③ (O) 다섯 번째 단락에서, 로봇에게 예측 불가능한 복잡한 환경에 적응하는 능력이 갖추어져 있다면, 그 로봇에게 진정한 감정이 존재할 가능성이 있다고 제시되었다.

④ (O) 네 번째 단락에서 '인간이든 로봇이든, 행동의 동등성은 심성의 동등성을 의미하지 않는다.'라고 제시되었으므로, A와 B의 내적 감정은 표출되는 감정과 다를 수 있다.

⑤ (O) 세 번째 단락에서, 인간은 외부에 표출된 감정 표현을 통해 상대의 내적 감정을 추론할 수 있다고 제시되었다.

27 정답 ⑤

분석 및 접근
철학 제재의 논증형 지문에서 빈번히 출제되는 적절한 비판 찾기 문제이다. 형식논리학으로 접근하여 해결하는 풀이와, 내용적으로 접근하여 해결하는 풀이가 모두 가능하다.

Tip) 적절한 비판 찾기 (형식논리학)
"P → Q"라는 주장에 대한 논리적으로 적절한 비판은 "P → Not Q"라는 형태로 이루어져야 한다.

① (X) 로봇이 진정한 감정을 갖기는 어렵다는 주장에 대해 로봇이 진정한 감정을 갖게 될 경우 예상될 문제점을 제시하고 있으므로, 주어진 선지는 적절한 비판이라고 보기 어렵다.

② (X) 지문에서 인공 감정 연구가 맞닥뜨린 난점이 이미 제시되었으므로, 지문에서 이미 반박이 된 비판이라고 볼 수 있다.

③ (X) 지문의 쟁점은 인공 지능이 도덕적 고려의 대상이 될 수 있느냐 여부인데, 주어진 선지는 인공 지능이 도덕적 고려의 주체가 될 수 있는지 여부에 대한 의견을 표명하고 있으므로, 지문의 주장과 관련없는 주장을 제기하고 있는 것이다.

④ (X) 내적 감정을 갖는다면 도덕 공동체에 포함할 수 있다는 전제 하에서 지문은 로봇이 내적 감정을 가질 수 있는지 여부를 논하고 있는데, 주어진 선지는 그 전제 자체를 부정하고 있으므로 주장에 대한 적절한 비판이라고 볼 수 없다.

⑤ (O) ㉠은 로봇의 인공 감정이 인간의 감정과 동일하지 않기 때문에, 로봇은 진정한 감정을 가지고 있다고 보기 어렵다는 것이다. 이에 대해 주어진 선지는 로봇의 인공 감정이 인간의 감정과 동일하지 않다고 하더라도, 로봇은 진정한 감정을 가지고 있다고 간주될 수 있다고 주장하는 것이므로 논리적으로 적절한 비판에 해당한다고 볼 수 있다.

[28~30] 칸트의 외면성 명제

28

분석 및 접근

외면성 명제의 개념을 이해하였는지 확인하는 문제로, 지문의 논증 구조가 까다롭기 때문에 고난도 문항이 될 수 있다.

① (O) 외면성 명제는 칸트의 이론 체계에서 윤리규범과 법규범의 차이를 나타내는 가장 핵심적인 분류 기준에 해당한다.

② (O) 첫 번째 단락에서 윤리규범과 법규범은 공통적으로 기술적 성격에 그치는 것이 아니라, 규정적 성격을 지닌다고 제시되었다. 또한, 법규범이 외면성 명제를 내포하여 역설이 발생한다고 하더라도, 그것은 규정적 성격을 지니지 못하는 것을 의미하는 것이지, 기술적 성격에 그치는 것을 의미하는 것은 아니다. 이 부분은 여섯 번째 단락에서 "다시 말해서 (중략) 어떤 행위가 금지되는지를 단순히 기술하는 수준에 머물지는 않는다 하더라도"라는 서술에 분명하게 명시되어 있다.

③ (O) 외면성 명제가 정언 명령으로 표현되는 한 외면성 명제와 규정성 명제는 동시에 내포될 수 없다. 따라서 외면성 명제가 가언 명령으로 표현되어야 하고, 이 경우에는 무조건성 명제를 내포할 수 없다.
따라서 ③과 같이 "외면성 명제와 규정성 명제를 유지하는" 조건 하에서 법규범은 무조건성 명제를 내포할 수 없다는 결론에 도달한다.

④ (O) 법규범이 무조건성 명제를 유지하는 한, 법규범은 가언 명령으로 표현될 수 없으므로 정언 명령으로 표현되어야 한다. 정언 명령으로 표현되면 외면성 명제와 규정성 명제를 동시에 내포할 수 없는 역설이 발생하므로, 외면성 명제를 유지하는 한 규정성 명제를 유지할 수 없다는 결론에 도달한다.

⑤ (X) 외면성 명제는 법규범에 내포되는 명제에 해당하므로, 윤리규범에 대하여 어떠한 논리적 결론을 도출하도록 작용할 수 없다. 따라서 타당하지 않은 선지에 해당한다.

29

분석 및 접근

정언 명령의 개념에 대해서만 명확하게 인지하고 있어도 쉽게 해결할 수 있는 문항이기 때문에, 칸트 철학의 기본적인 내용에 대한 배경지식은 갖추어져 있어야 한다.

① (O) 첫 번째 단락에 따르면, 법규범과 윤리규범은 규정적 성격과 기술적 성격을 동시에 지닌다는 점에서 공통적이다. 그러나 규정적 성격의 구체적인 측면에서 법규범과 윤리규범은 차이가 있다. 따라서 기술적 성격에 해당하는 부분, 즉 규범의 내용이 어떻게 기술되었는지에 대한 부분은 법규범과 윤리규범이 동일할 가능성이 충분히 존재한다.

② (O) 첫 번째 단락에 따르면, '규정적 성격'이란 "그러한 행위로 나아갈 것을 지시"하는 속성을 의미하므로 명령의 형태로 표현되어야 함이 추론 가능하다.

③ (X) 정언 명령은 그 개념상 '아무 이유 없이 명령이라는 이유만으로 그 명령에 복종하는 것'을 의미한다. 이는 네 번째 단락에서 "명령이기 때문에 하는 행위"로 설명되었다. 따라서 ③의 내용은 정언 명령의 개념적 정의에 모순되는 서술이므로 타당하지 않다.

④ (O) 마지막 단락에 따르면, 칸트의 이론체계가 성립하기 위해서는 윤리규범과 다른 법규범만의 복종 동기가 요구된다. 이는 "따라서 법규범은 윤리규범과 달리 누가 스스로 그것을 지키지 않을 때 그것을 지키도록 다른 사람이 강제할 수 있게 되는 것이다."로 서술되었다. 즉, 윤리적 이유가 아닌 법적 이유에 따라 법규범에 복종하여야 하고, 그 법적 이유는 바로 '타율적 강제'에 해당한다.

⑤ (O) "공동체의 모든 구성원에 대하여 효력을 지닐 것이다."라는 부분은 무조건성 명제에 대한 설명에 해당한다. 그런데 윤리규범이 무조건성 명제를 내포하는지 여부에 대한 직접적 서술은 지문에 제시되지 않았기 때문에, 자칫 잘못 생각하면 ⑤를 오답으로 고를 가능성이 있다. 그러나 마지막 단락에서 "윤리규범과 법규범의 차이를 오로지 법칙 수립 형식 내지 의무 강제 방식에서의 자율성과 타율성에서 찾는 칸트의 설명 체계에서 외면성 명제의 도입을 포기하기도 쉽지 않다."라고 서술되었으므로 법규범과 윤리규범의 유일한 차이가 외면성 명제를 내포하는지 여부임을 확인할 수 있다. 즉, 외면성 명제 이외에 법규범이 내포한다고 제시된 '규정성 명제'와 '무조건성 명제'는 윤리규범에도 내포되는 것으로 추론적 서술이 제시된 것이다. 따라서 ⑤는 타당한 설명에 해당한다. → **매력적 오답**

30

분석 및 접근

"법규범이 외면성 명제를 내포한다"라는 주장이 칸트에게는 자연주의적 주장이었음을 의미한다. 반면에 "법규범이 외면성 명제를 내포한다"라는 주장은 전체주의 체제의 사례에 비추어 볼 때 당위적 주장임을 의미한다.

① (X) 외면성 명제가 초래한 법적 명령의 역설은 칸트의 설명 체계의 정합성 기반만을 약화시켰을 뿐이지 국가 권력의 정당성 기반 약화와는 관련이 없다.

② (O) 법규범이 외면성 명제를 당위적으로 내포하지 않으면 전체주의 체제가 도래하는 위험성이 존재할 것이라는 점이 <보기>에서 추론될 수 있다. 즉, 법규범에 대한 복종을 외면적인 것이 아니라 내면적인 것, 즉 법에 부합하는 행위에 대한 결과적인 복종뿐만이 아니라 마음의 동기까지도 법에 복종하도록 요구하게 되면 전체주의 체제가 도래할 수 있다는 것이 <보기>가 함의하고 있는 설명의 핵심에 해당한다. 주어진 선지 중 ②의 서술이 이에 유일하게 부합한다. → **절대적 정답**

③ (X) 칸트는 윤리규범과 구분되는 법규범의 독자성을 인정하였으나, 이는 국가 권력의 정당성을 확보하기 위한 것이 아니었다.

④ (X) 칸트와 <보기>에 따르면, 법에 부합하는 행위만을 하는 것이 아니라, 법에 대한 심정적인 지지까지 요구될 때 전체주의 체제가 등장할 위험성이 있다. 따라서 ④는 <보기>의 설명을 정반대로 서술하였다.

⑤ (X) 법규범의 외면성 조건에 대한 설명에 해당하나, <보기>의 내용과는 아무런 관련이 없다.

2021학년도 기출문제 정답 및 해설

LEET 전문가의 총평

지문	제재	세부 제제	난이도
프로세스 마이닝	과학	데이터과학	상
가라타니 고진의 풍경론	인문학	문학	상
롤스와 싱어의 평등 개념	철학	현대철학	하
윤기의 「논형법(論形法)」	법학	법제사학	극상
르포르의 자유와 권리 개념	사회과학	정치학	중
이슬람 수피즘의 종파적 조류	인문학	역사학	중
한국 유교의 귀신 개념	철학	동양철학	중
빈곤 퇴치와 경제성장에 대한 다양한 견해	사회과학	경제학	상
바르부르크 효과	과학	생명과학	상
문언을 넘는 해석과 문언에 반하는 해석	법학	법철학	상

2021학년도 언어이해 시험은 역대 언어이해 시험 중 가장 난이도가 어려웠던 시험이다. [롤스와 싱어의 평등 개념] 지문을 제외하고는 전체적으로 만만한 지문이 단 하나도 없었다. 2021학년도 시험은 시험의 난도를 높이기 위하여 출제진들이 여러 면에서 노력했던 흔적들을 찾아볼 수 있다.

우선 언어이해의 첫 번째 지문과 마지막 지문이 법학에서 출제된다는 경향성을 깨고, 첫 번째 지문으로 [프로세스 마이닝]이라는 과학 제재의 고난도 지문이 출제되었다. 따라서 시험지의 첫 페이지에서부터 고난도 지문을 맞닥뜨린 수험생들이 자신의 페이스를 잃어버리게 된 경우가 많았다.

또한 굉장히 낯선 소재를 지문에 사용하여 학생들을 당황하게 만든 부분들이 많았다. [이슬람 수피즘의 종파적 조류], [한국 유교의 귀신 개념]과 같은 지문은 일반적으로 잘 다루어지지 않는 낯선 소재를 사용하였기에 독해가 어려울 수 있었다. 또한 [윤기의 「논형법(論形法)」]과 같은 지문은 고전지문을 그대로 사용하여 출제하였는데, 이와 같은 경향도 굉장히 낯설 수 있는 부분이었다.

수많은 학자들이 등장하는 학설비교형 패턴의 지문의 출제 비중도 역대 시험 중에 가장 높았다. [빈곤 퇴치와 경제성장에 대한 다양한 견해], [문언을 넘는 해석과 문언에 반하는 해석]과 같은 지문은 내용적으로도 어렵지만, 구성적으로도 난이도를 기술적으로 높인 지문이라고 할 수 있다. 특히 생명과학 제재의 [바르부르크 효과] 지문과 함께 높은 난도의 지문이 후반부에 대거 배치되어 많은 수험생들에게 어려움을 주었을 것이다.

2021학년도 시험은 계량적 성격이 강한 지문의 출제 비중이 매우 낮았다. 특히 과학 분야에서 [프로세스 마이닝]은 과학 제재임에도 불구하고 계량적 성격이 낮았다. 따라서 2021학년도 시험은 문과 성향 학생들에게 매우 유리한 시험이었고, 이과 성향 학생들에게 매우 어려운 시험이었다고 볼 수 있다. 다만 경제학 지문에서 그래프의 비중이 매우 크게 출제됨으로써, 매 시험마다 그래프가 등장하는 지문을 최소한 한 개씩은 배치하려는 경향성은 유지하였다. 2022학년도와 2023학년도에도 그래프가 등장하는 지문은 반드시 한 개 이상씩 포함되어 있으므로, 이에 대한 대비도 수험생들은 반드시 해두어야 한다.

정답 및 해설

01	02	03	04	05	06	07	08	09	10
①	④	⑤	⑤	⑤	③	④	①	④	①
11	**12**	**13**	**14**	**15**	**16**	**17**	**18**	**19**	**20**
②	⑤	③	②	④	⑤	⑤	①	④	①
21	**22**	**23**	**24**	**25**	**26**	**27**	**28**	**29**	**30**
①	②	②	②	④	⑤	③	②	②	③

[01~03] 프로세스 마이닝

01
정답 ①

분석 및 접근

데이터과학 제재 지문의 특성상 알고리즘을 설명하는 성격을 띠는 글이기 때문에, 각 단계가 지니는 의미가 무엇인지를 파악하는 것이 가장 중요하다.

① (O) 두 번째 단락에서 "이벤트 로그는 사용자에게 도움이 되는 정보를 직접 제공할 수 없는 원데이터이므로, 그것을 우리가 사용할 수 있는 정보로 변환해 주어야 한다."라는 부분을 통해 확인된다.

②, ③ (X) 세 번째 단락에서 "**프로세스 발견**이란 프로세스 분석가가 알고리즘을 통해 **이벤트 로그로부터 프로세스 모델을 도출하는 것**을 말하는데, 이때 분석가는 별다른 업무 지식 없이도 작업을 수행할 수 있다."라는 부분을 통해, 이벤트 로그로부터 프로세스 모델을 도출하는 '프로세스 발견'은 전문가가 아니더라도 수행할 수 있다는 점이 확인된다. 또한 프로세스 발견이 이벤트 로그로부터 내재된 업무 관련 규정을 도출하는 과정이 아니라, 프로세스 모델을 도출하는 과정이라는 점도 확인할 수 있다.

④ (X) 세 번째 단락에 따르면, 클러스터링은 프로세스 모델을 여러 개의 세부 프로세스 모델로 구분하는 기법이 아니라, '이벤트 로그를 여러 개로 나누는 기법'이라는 점을 확인할 수 있다.

⑤ (X) 다섯 번째 단락에서 "이벤트 로그 분석에서 얻은 부가적 정보를 추가하여 발견된 프로세스 모델을 '확장'하는 것"이란 부분을 통해, '기존의 프로세스 모델에 활동과 경로를 추가하는 것'은 '프로세스 수정'이 아니라 '프로세스 확장'에 해당한다는 점을 확인할 수 있다.

02
정답 ④

분석 및 접근

지문에 제시된 개별 단계들은 '프로세스 마이닝'의 하위 항목이다. 따라서 선지에서 제시된 서술 항목에 해당하는 하위 항목이 존재한다면, '프로세스 마이닝'에 대한 추론으로 적절한 것이라고 판정할 수 있다.

① (O) 네 번째 단락에서 '적합성 검증'을 통해 "기존의 프로세스 모델이 적절함에도 불구하고 업무 담당자가 이를 준수하지 않는 경우"를 확인할 수 있다는 점이 제시되었다. 따라서 ①은 프로세스 마이닝의 적합성 검증에 대한 설명이다.

② (O) 첫 번째 단락에서 "프로세스 모델이 효율적으로 작동하고 있는지를 **확인**, 분석, 수정·보완, 개선하는 작업이 필요한데, 프로세스 마이닝은 그중 한 기법이다."라는 부분을 통해 프로세스 마이닝으로 기존 프로세스 모델이 어떻게 수행되는지를 확인할 수 있다는 점이 추론된다.

③ (O) 세 번째 단락에 따르면, 도출된 프로세스 모델이 단순하지 않고 복잡하다면, "퍼지 마이닝이나 클러스터링 기법을 활용"함으로써 "프로세스 모델을 단순화"할 수 있다고 제시되었으므로, 단순한 업무가 아닌 비정형적인 업무 처리 과정도 '퍼지 마이닝이나 클러스터링 기법'을 통해 단순화하여 분석할 수 있을 것이다.

④ (X) 첫 번째 단락에서 "프로세스 마이닝은, 시뮬레이션처럼 실제 이벤트 로그 수집 이전에 정립한 프로세스 모델 중심 분석기법과, 데이터 마이닝처럼 프로세스를 고려하지 않는 데이터 중심 분석기법을 연결하는 역할을 한다."라고 제시된 부분을 통해, 예상된 이벤트 로그에 적용할 프로세스 모델 중심 분석기법과 프로세스 마이닝이 동등한 개념이 아니라는 것을 확인할 수 있다. 또한, 두번째 단락에서 "프로세스 마이닝은 정보시스템을 통해 **확보한 이벤트 로그**에서 프로세스에 관련된 가치 있는 정보를 추출하는 것이다."라는 부분을 통해 프로세스 마이닝은 예상된 이벤트 로그가 아니라 실제 이벤트 로그를 대상으로 수행된다는 점을 확인할 수 있다.

⑤ (O) 다섯 번째 단락에서 "프로세스 향상에는 두 유형이 있다. (중략) 다른 하나는 업무 수행 시간 및 담당자 등 이벤트 로그 분석에서 얻은 부가적 정보를 추가하여 **발견된 프로세스 모델을 '확장'하는 것**이다."라는 부분을 통해, ⑤는 프로세스 향상 중 프로세스 모델 확장에 해당하는 설명임을 확인할 수 있다.

03
정답 ⑤

분석 및 접근

프로세스 마이닝을 구체적인 사례에 적용하는 문제이다. <보기>에 제시된 문제 상황 중에 지문에서 제시된 내용을 근거로 해결할 수 있는 문제와 그렇지 못 한 문제를 구분하는 것이 포인트이다.

① (X) 두 번째 단락에 따르면 '필수적 속성'은 "사례 ID, 활동명, 발생 시점"에 해당한다. 해결하려는 문제가 "외래 환자의 과도한 대기 시간"이므로 '필수적 속성' 외에도 '외래 환자 유무', '대기 시간' 등의 추가 속성이 필요할 것이므로 '필수적 속성'만 이벤트 로그에 있어도 된다는 추론은 타당하지 않다.

② (X) 네 번째 단락에 따르면, '적합성 검증'을 수행하였을 때는 두 가지 가능성이 있다. 첫 번째 가능성은 '기존의 프로세스 모델이 적절함에도 불구하고 그 프로세스 모델에 따라 실행되지 않은 경우'이고, 두 번째 가능성은 '이벤

트 로그의 분석 결과물이 더 적절하여 프로세스 모델이 수정되어야 하는 경우'이다. <보기>에 주어진 정보만으로는 프로세스 마이닝을 실시한 결과 첫 번째 가능성과 두 번째 가능성 중 어느 상황에 부합한지를 알 수 없으므로, 첫 번째 가능성일 경우에만 해당하는 "의료진에 대한 제재 조치나 지침 재교육이 필수적"이라는 결론을 추론하기는 불충분하다.

③ (X) 지문에서 "이벤트 속성의 임곗값"에 대한 정보가 언급된 부분은 존재하지 않는다. 세 번째 단락에서 "(퍼지 마이닝의 과정에서) 프로세스 모델에 나타난 활동과 경로에 대한 임곗값을 설정하여 모델의 복잡도를 조절할 수 있다."라고 제시된 부분에서 임곗값이 언급되기는 하나, 이는 프로세스 모델의 활동과 경로에 대한 임곗값이지 이벤트 속성에 대한 임곗값이 아니다.

④ (X) <보기>에서 프로세스 마이닝을 적용함에 따라 발생하는 문제 중 "정보 보호 및 프라이버시 이슈"의 해결 방안에 대해서는 지문에서 제시된 바가 없다. 따라서 "사례 ID를 제외하고 이벤트 로그를 작성해야 한다"라는 결론을 도출할 근거가 충분하지 않다. 오히려 지문에 따르면 "사례 ID"는 이벤트 로그의 필수적 속성에 해당한다.

⑤ (O) 다섯 번째 단락에서 "(프로세스) 확장의 예로는 이벤트 로그로부터 도출된 프로세스 모델에 프로세스 내 병목지점과 재작업 흐름을 시각화하는 것을 들 수 있다."라고 제시되었다. 외래 환자의 과도한 대기 시간이 발생하는 문제는 특정 시간대에 환자가 몰리는 현상이라는 점에서 '병목 현상'에 해당하고, 따라서 병목지점에 대한 재작업을 실행하는 "프로세스 확장"이 그에 대한 해결책이 될 수 있을 것이다.

[04~06] 가라타니 고진의 풍경론

04
정답 ⑤

분석 및 접근
기본적인 사실 확인 문제에 해당한다.

① (O) 첫 번째 단락에서, "15세기 초 브루넬레스키가 제안한 선원근법"의 도입으로 "인간의 눈에 보이는 대로 자연을 화폭에 담을 수 있게 된 것"이라고 서술되었고, 선원근법으로 그려진 풍경화의 원리가 문학에 도입되면서 문학이 마치 사실을 그대로 재현한다고 착각하게 되었다는 것이 고진의 '풍경론'의 핵심 논지에 해당하므로, 브루넬레스키의 선원근법은 풍경화에 사실감을 부여했다고 추론할 수 있다.

② (O) 네 번째 단락에 따르면, 러시아 형식주의자들은 리얼리즘의 핵심은 '낯설게 하기'라고 주장하였고, 이미 익숙한 세계를 낯설게 하여 다시 인식하게 하는 것이 리얼리즘 문학의 목적이라고 주장하였다.

③ (O) 마지막 단락에서, "만일 선원근법에 의존하지 않는 풍경화, 예컨대 서양의 풍경화가 아닌 동양의 산수화"라고 서술되었으므로, 산수화가 기하학적 투시도법이 적용되지 않았음을 확인할 수 있고, 자연이 있는 그대로 재현된 것처럼 보이는 (서양의) 풍경화와 달리, 산수화는 특정 시공간에 실재하는 대상을 묘사한 것이 아니라 관념을 묘사한 것이라고 제시되므로, ③의 설명은 적절하다.

④ (O) 다섯 번째 단락에서 나쓰메 소세키는 "자신이 참고해 온 문학책들이 자신의 통념을 만들고 강화했을 뿐이라는 사실을 깨닫고는 책들을 전부 가방에 넣어 버렸다."라고 서술된 부분에서 확인할 수 있다.

⑤ (X) 구니키다 돗포 소설의 주인공이 기피한 대상은 이웃인데, 이웃과의 관계는 공적 관계가 아니라 사적 관계에 해당하므로 주어진 선지의 서술은 적절하지 않다.

05
정답 ⑤

분석 및 접근
고진의 풍경론에서 핵심적인 개념인 '전도된 시선'의 의미를 정확하게 이해하고 있는지를 확인하는 간단한 문제이다.

① (X) "앞뒷면을 동시에 살피는 것"이라는 서술은 주관과 객관의 관계를 동전의 앞뒷면이라고 서술한 비유적인 표현을 그대로 옮겨 적은 것이므로 '전도된 시선' 개념의 핵심을 서술한 것이라고 보기 어렵다.

② (X) '전도된 시선'은 내면이 투영된 세계를 객관화된 세계라고 믿는 것이지, "내면의 세계를 외부자의 시선으로 발견"한다는 개념이 아니다.

③ (X) '전도된 시선'은 현실을 취사선택하는 것이 아니라 현실을 내면의 풍경으로 바라보는 것이다.

④ (X) '전도된 시선'은 "아무도 보지 못했던 풍경을 보는 것"이 아니라 내면이 투영된 풍경을 바라보는 것이다.

⑤ (O) '전도된 시선'은 구니키다 돗포의 소설에서 자신의 내면을 투영하여 관찰된 풍경을 객관적 풍경이라고 생각하는 소설 속 주인공의 시선에 대한 설명이다. 따라서 "주관적 시각을 통해 구성된 세계를 객관적 현실이라 믿는 것"이라는 내용은 전도된 시선을 설명한 것으로 가장 적절하다.
→ 절대적 정답

06
정답 ③

분석 및 접근
고진의 풍경론이 내포하고 있는 핵심적인 주장은 소설 텍스트가 객관적이면서 동시에 주관적일 수 있다는 역설적인 결론이다.
이는 <보기>의 최재서가 주관을 다룬 이상의 소설이 객관적인 텍스트가 될 수 있다고 파악한 관점과 일맥상통한다.

① (X) 서양 풍경화의 방식은 하나의 고정된 관점에 의해 풍경이 재현되는 것이므로, "대상에 따라 관점이 이동할 수 있는 의견"이 서양 풍경화의 방식으로 재현되는 것을 말한다고 보기 어렵다.

② (X) 고진은 소설을 쓰는 작가는 결코 풍경 속의 불안에서 벗어날 수 없으며, 풍경 안에 갇혀 있음을 자각하는 것이 중요하다고 강조하고 있다. 따라서 "미리 확정된 범주가 없다는 의견"이 풍경 속의 불안을 벗어난 것이라고 해석되지는 않을 것이다.

③ (O) 고진은 소설 텍스트의 객관성과 주관성이 동전의 앞뒷면과 같이 공존하는 것이라는 점을 깨달을 때, 풍경 안에 갇혀 있다는 사실을 자각하게 된다고 주장하였다. <보기>의 최재서는 자아의 내면을 기술하는 작품이 객관성을 추구하는 리얼리즘이 될 수 있다고 주장하고 있으므로, 이는 풍경 안에 갇혀 있음을 자각한 시각에 해당한다.

④ (X) <보기>의 최재서는 대상의 주관적인 내면을 다룬 작품이 객관적인 카메라를 들이댄 작품이 될 수 있다고 주장하고 있다. 이는 주관의 재현과 객관의 재현이 대립하는 것이 아니라 공존할 수 있음을 전제로 한 시각이다.

⑤ (X) 이상의 <날개>에서 자폐적으로 자기 세계에 갇혀 지내는 사내는 "친구를 사귀지도 않으며 자신의 작은 방을 벗어나지 않는다"라고 제시되었다. 이는 얼핏 보기에 지문에서 다루어진 구니키다 돗포의 소설에서 주인공이 "자기 주변의 이웃과 사귀지도 않고", "이웃과의 관계 맺기를 기피"하는 삶의 방식과 유사해 보인다. 그러나 구니키다 돗포 소설의 주인공은 주관의 풍경을 객관의 풍경으로 착각하고 있는 상태에 머물러 있기 때문에 "'내적 인간'의 전형"이라고 고진에게 평가된 것이다. 반면에 이상의 <날개>의 주인공은 풍경 안에 갇혀 있음을 자각하고 있는 인물이므로 "'내적 인간'의 전형"이라고 평가되기 어렵다. → 매력적 오답

[07~09] 롤스와 싱어의 평등 개념

07
정답 ④

분석 및 접근
순차적으로 조건들을 추가해나가면서 개념을 확정해나가고 있는 대상이 '평등'이기 때문에, '평등'에 대한 개념적 정의를 다양한 조건에서 비교하는 문제가 출제될 것이라는 점을 예측하면서 독해하여야 한다.

① (X) 첫 번째 단락에서 "(평등의 개념을) 모든 측면에서 똑같이 대우하는 절대적 평등으로 생각하는 이는 없다."라고 전제한 뒤에, 세 번째 단락에서 "어떤 규칙이 공평하고 일관되게 운영되며, 그 규칙에 따라 유사한 경우는 유사하게 취급된다면 형식적 정의는 실현된다"라고 제시되었다. 따라서 형식적 정의 하에서는 공평하고 일관된 규칙에 의거하지 않는 차별적 대우가 허용되지 않는 것이지, 일체의 차별적 대우가 허용되지 않는 것이 아니다.

②, ⑤ (X) 첫 번째 단락에서 "인간은 저마다 다르게 가지고 태어난 능력과 소질을 똑같게 만들 수 없기 때문이다."라는 부분에서 "모든 인간을 모든 측면에서 똑같이 대우하는 절대적 평등"이 불가능하다는 점을 암시하고 있다. 따라서 절대적 평등이라고 할지라도 결과인 평등을 가져온다고 볼 수 없다. 또한 인간의 능력은 절대적으로 평등하게 만드는 것 자체가 불가능하다는 점도 확인할 수 있다.

③ (X) 두 번째 단락에서 "평등에 대한 요구는 (중략) 충분한 이유가 제시되지 않은 불평등을 제거하는 데 목표를 두고 있다."라고 서술되었으므로, 충분한 이유가 제시된 불평등은 평등의 이념에 부합한다는 점을 확인할 수 있다.

④ (O) 세 번째 단락에서 "규칙에 따라 유사한 경우는 유사하게 취급된다면 형식적 정의는 실현"되지만, "형식적 정의에 따라 규칙을 준수하는 것만으로는 (평등에 대한) 정의를 담보할 수 없다"라고 제시되었다. 따라서 규칙에 따라 유사한 경우는 유사하게 취급한다 하더라도 그 결과는 불평등할 수 있다는 점을 추론할 수 있다.

08
정답 ①

분석 및 접근
롤스와 싱어가 각기 다르게 '평등'이라는 개념을 확정한 방식을 명확하게 비교할 수 있어야 한다.

① (X) 네 번째 단락에 따르면, 롤스는 "평등한 대우를 받기 위한 영역 성질로서 '도덕적 인격'을 제시"한다. 또한 "도덕적 인격이라고 해서 도덕적으로 훌륭하다는 뜻이 아니라 도덕과 무관하다는 말과 대비되는 뜻으로 쓰고 있다."라고 제시되었다. 주어진 선지에서 "부도덕하다"는 것은 도덕적으로 훌륭하지 않다는 의미이므로, 도덕평등의 근거가 되는 특성인 도덕적 인격을 가지지 못한 존재가 롤스에서 부도덕하다는 서술은 타당하지 않다.
   · 부도덕하다: 도덕적으로 훌륭하지 않다.
   · 몰도덕하다: 도덕과 무관하다.

② (O) 네 번째 단락에 따르면, 도덕적 인격을 가지고 있는 대상은 원의 경계선 내부에 위치하며, 원의 내부에 있는 대상들은 동일한 영역 성질을 갖는다고 롤스는 주장하였다. 따라서 롤스에게 영역 성질이란 정도의 차를 고려하지 않는 동일함을 의미한다고 해석할 수 있다.

③ (O) 마지막 단락에 따르면, 싱어는 고통과 쾌락을 느끼는 능력을 갖고 있기만 한다면, 평등한 도덕적 고려의 대상이 된다고 간주한다. 즉, 쾌고 감수 능력을 도덕적 고려의 대상이 되기 위한 충분 조건으로 간주하는 것이므로, 설령 인간이 아닌 존재라 할지라도 쾌고 감수 능력을 갖추고 있다면 도덕적 고려의 대상이 되어야 한다고 싱어는 간주할 것이다.

④ (O) 마지막 단락에 따르면, 싱어는 "이해관계가 강한 존재를 더 대우하는 것이 가능하다."라고 간주한다. 이는 도덕적으로 평등한 권리를 받을 수 있는 경계선 내부의 사람들 간에도 도덕적 고려를 받는 정도가 차등화될 수 있음을 의미하는 것이다.

⑤ (O) 네 번째 단락에 따르면, 롤스는 도덕적 호소에 관심을 기울이는 능력이 있는 사람에 한하여 평등한 대우를 받을 도덕적 자격이 주어진다고 여기므로 도덕에 대한 민감성이 사람마다 다르다는 점을 인정하는 것이다. 또한 마지막 단락에서, "(싱어에 따르면) 도덕에 대한 민감성의 수준은 사람에 따라 다르다."라는 부분에서, 싱어 역시 마찬가지로 도덕에 대한 민감성이 사람마다 다르다고 간주한다는 점이 직접적으로 제시되어 있다.

09
정답 ④

분석 및 접근
법조항을 케이스에 적용하는 것처럼, 지문에서 제시된 윤리철학적 개념을 <보기>의 케이스에 적용하는 문제가 LEET 언어이해에서 빈번하게 출제된다.

① (O) 싱어는 쾌고 감수 능력이 갖추어진 대상이 도덕적 고려의 대상이 된다고 간주하므로, 고통을 느끼는 능력을 상실한 갑은 싱어에게 도덕적 고려의 대상이 아니다.

② (O) 싱어에게 도덕적 능력은 도덕적 대우를 결정하는 요인이 아니다. 또한 싱어에게 쾌고 감수 능력은 그 정도에 따라 도덕적 대우의 정도를 차등화할 수 있는 요인으로 간주된다. 따라서 을이 도덕적 능력이 선천적으로 결여되었다고 하더라도, 도덕적 능력이 있는 사람보다 더 고통을 느낀다면 싱어는 더 대우를 받아야 한다고 생각할 것이다.

③ (O) 마지막 단락에서 "롤스에서는 도덕적인 능력을 태어날 때부터 가지고 있지 않거나 영구적으로 상실한 사람은 도덕적 지위를 가지고 있지 못하게 되는데, 이는 통상적인 평등 개념과 어긋난다."라는 부분을 통해 확인할 수 있다.

④ (X) 네 번째 단락에서 "롤스는 도덕적 인격을 규정하는 최소한의 요구 조건은 **잠재적 (도덕적) 능력**이지 그것의 실현 여부가 아니다"라고 서술되었다. 병은 일시적으로 도덕적 능력을 상실한 것이므로, 도덕적 능력을 회복할 가능성을 내포하고 있으며 잠재적인 도덕적 능력을 지니고 있다고 볼 수 있다. 따라서 롤스는 병의 경우를 질병에 걸리지 않은 사람과 평등하게 생각할 것이다.

⑤ (O) 갑과 을은 도덕적 능력을 영구적으로 상실한 경우에 해당하므로 잠재적인 도덕적 능력조차도 갖추고 있지 않다. 따라서 갑과 을은 롤스에 의하면 도덕적 인격으로 간주되지 않을 것이며, 이는 싱어가 롤스의 주장을 비판하는 근거가 된다.

[10~12] 윤기의 「논형법(論刑法)」

10
정답 ①

분석 및 접근
고전(古典) 지문은 지문의 논의가 현대 지문처럼 체계적으로 제시되는 것이 아니라, 주장이 산발적이고 비체계적으로 제시되기 때문에 사실 확인 문제를 해결하기가 쉽지 않다. 따라서 반드시 지문에 선지의 근거가 명시되었는지를 하나하나 체크해가며 선지의 옳고 그름을 따져야 한다.

① (O) 두 번째 단락에서 형법은 "교화를 돕는 수단"이었음이 제시되며 "더 무거운 형벌로 과도하게 적용하면 죽지 않아도 될 범죄자를 죽일 수 있어 적당하지 않다."라고 명시되어 있으므로 타당한 선지에 해당한다. 지문의 저자가 형벌을 무자비하게 처벌해야 한다는 주장을 하고 있다고 오해하면 ①을 선택하지 못하고 그냥 넘어갈 가능성이 높으므로 주의해야 한다.

② (X) 세 번째 단락에서, 저자는 살인에 대해 속죄할 수 있게 하는 형법 적용에 대해 비판하며, 살인을 저지른 자에 대해 유배를 보내는 것이 "양쪽을 모두 보전하는 일이다."라고 제시하고 있으므로 ②는 타당하지 않다. 여섯 번째 단락에서 "반드시 목숨으로 갚도록 해야 한다."라고 주장한 대상은 무고한 사람을 살해한 경우에 해당하므로 오해하지 않도록 주의해야 한다. 지문의 배경이 되는 시대에는 도덕적 규범에 부합한 살인도 존재한다는 현대와 상이한 법관념이 존재하였음을 법제사학에 대한 배경지식으로 기억해 두어야 한다.

③ (X) 여섯 번째 단락에서, 저자는 무고한 사람을 살해한 자는 반드시 사형으로 처벌해야 한다고 주장하였으므로 지문의 저자가 사형의 폐지에 찬성하였다는 ③의 서술은 타당하지 않다.

④ (X) 세 번째 단락에서 "선왕들이 중죄인에 대하여 (중략) 조금도 용서하지 않은 것은 그 죄인도 또한 피해자에게 잔혹히 했기 때문"이라고 명시되어 있으며 "눈에는 눈, 이에는 이'의 방식으로 피해를 준 만큼 형벌로 대갚음해줘야 한다는 응보적 법관념이 명시되어 있다. 또한 여섯 번째 단락에도 무고한 사람을 살해한 자는 반드시 사형에 처하여야 하는 이유가 "원수 갚고자 하는 마음을 위로할 수 있다"라고 제시되므로 형벌로 보복을 대신하려는 태도가 드러난다. 지문이 서술된 시대의 법관념은 오늘날과 상이하다는 점을 명심하도록 해야 한다.

⑤ (X) 여섯 번째 단락에서 무고한 사람을 살해한 자는 사형해야 한다고 제시되었으므로 이는 오형에서 "의형"이 아닌 "대벽"이 합당한 처벌이라고 보는 시각에 해당한다.

11

정답 ②

분석 및 접근

㉠ 상고 시대 법과 ㉡ 지금의 법에 대한 정보가 첫 번째 단락과 두 번째 단락에만 제시된 것이 아니라, 지문 전반에 걸쳐 제시되고 있다는 점에 유의하여 문제를 해결하여야 한다.

① (X) 첫 번째 단락에 따르면, 상고 시대의 법에서 오형은 중죄인에 대해서 적용되는 것이 원칙이었고, 경죄는 채찍이나 회초리를 치는 것이 원칙이었다. 따라서 경미한 죄에는 오형을 적용하도록 되어 있었던 것이 아니다.

② (O) 첫 번째 단락에 따르면, 상고 시대의 법에서 오형은 중죄인에 대해서 적용되는 것이 원칙이었고, 경죄는 채찍이나 회초리를 치는 것이 원칙이었다. 따라서 중죄에 대한 형벌은 육형으로 하는 것이 원칙이었다.

③ (X) 세 번째 단락에서 유배형에 대해 속전을 허락했다는 점이 분명하게 지문에서 명시되지는 않았지만, 세 번째 단락에서 "살인과 상해에 대하여도 속전할 수 있도록 하여"라고 제시되었으므로 살인과 상해에 대해 유배형이 적용되었을 경우에 속전을 할 수 있었음을 유추해볼 수 있다.

④ (X) 다섯 번째 단락에서 오형에 해당하지 않은 형벌인 유배, 노역, 곤장, 회초리 등이 이루어지고 있음이 확인된다.

⑤ (X) 다섯 번째 단락에 따르면, 오형에 해당하는 형벌 중에 대벽(사형)이 ㉡에서도 남아 있으나 흠휼의 과정을 거쳐서 덜 가혹한 형벌로 감형되는 것일 뿐이다. 이는 다섯 번째 단락에서 "참형에 해당하는 것이 유배형이 되고"라는 서술에서 확인할 수 있다.

12

정답 ⑤

분석 및 접근

<보기>는 윤기와 동시대 인물인 정약용이 저술한 법학서인 <흠흠신서>에서 주자가 형법에 대해 서술한 내용을 인용한 것이다. 지문과 <보기> 사이에 공통적으로 동의하는 사항과 인식에 차이를 보이는 사항이 무엇인지를 정확히 구분하여 <보기>를 꼼꼼하게 독해하여야 한다.

1) 상고 시대에 유배형은 육형을 가해서는 안 되는 관료에게 베푸는 관용의 수단으로서 공식적인 형벌이 아니라 임시방편과 같은 것이었다. 또 속전은 의심스러운 경우에 적용한 것이지 꼭 가벼운 형벌에만 해당했던 것도 아니었다. 여기서 속은 잇는다[續]는 데서 따다가 대속한다[贖]는 의미로 된 것이니, 육형으로 끊어진 팔꿈치를 다시 붙일 수 없는 참혹함을 받아들이지 못하는 어진 정치에서 비롯한 것임을 알 수 있다.
→ **지문과 의견이 상반되는 부분**

2) 지금의 법에서 속전은 정황이 의심스럽거나 사면에 해당하는 경우에만 비로소 허용된다. 그에 해당하는 경우가 아니라면 부유함으로 처벌을 요행히 면해서는 안 되며, 해당하는 경우이면 가난뱅이는 속전도 필요 없다. 죽여야 할 사람을 끝없이 살리려고만 한다면 어찌 덕이 되겠는가. 흠휼은 한 사람이라도 죄 없는 자를 죽이지 않으려는 것이지 살리기만 좋아하는 것이 아니다.
→ **지문과 의견이 일치하는 부분**

① (O) 지문의 다섯 번째 단락에서 불필요한 감형에 대한 비판이 제기되고 있으므로 지문은 법을 엄격하게 집행하여야 함을 촉구한다. <보기>도 마찬가지로 "죽여야 할 사람을 끝없이 살리려고만 한다면 어찌 덕이 되겠는가."라고 서술한다는 점에서 법 집행을 엄격하게 할 것을 강조하는 태도를 확인할 수 있다.

② (O) 지문의 다섯 번째 단락에서 흠휼은 "사람의 죄를 관대하게 다루어 법 적용을 벗어나도록 해주는 것"이 아니라고 주장된다. 따라서 중죄를 속전하게 하도록 허락하는 것은 죄를 관대하게 다루어 법 적용을 벗어나도록 해주는 것이므로 저자에 의해서 흠휼의 개념을 오해한 것이라고 비판될 것이다. 마찬가지로 <보기>에서도 "부유함으로 처벌을 요행히 면해서는 안 되며, 가난뱅이는 속전도 필요 없다."라는 서술에서 속전이 흠휼 개념의 오해에서 비롯된 것임에 대해 비판적인 태도가 드러난다.

③ (O) 지문의 첫 번째 단락에서는 상고 시대의 법에서 속전은 경죄에 대해서만 적용될 수 있었다는 점이 제시된다. 반면 <보기>에서는 "속전은 의심스러운 경우에 적용한 것이지 꼭 가벼운 형벌에만 해당했던 것도 아니었다."고 제시되므로 경죄에만 속전이 가능했던 것은 아니라는 시각이 제시된다. 따라서 상고 시대에 중죄가 속전될 가능성이 있었느냐는 질문에 대해 윗글은 절대로 불가능하다고 답할 것이고 <보기>는 가능하다고 답할 것이다.

④ (O) 지문의 네 번째 단락에서 "의심스럽다든가 해서 중죄를 속전할 수 있도록 한다면, 부자들은 처벌을 면하고 가난한 이들만 형벌을 받을 것이다."라는 점이 제시되었고, <보기>에서도 "부유함으로 처벌을 요행히 면해서는 안 된다"라고 제시되었다.

⑤ (X) <보기>는 속전의 도입이 정당한 이유를 "육형으로 끊어진 팔꿈치를 다시 붙일 수 없는 참혹함을 받아들이지 못하는 어진 정치에서 비롯한 것"이라고 제시한다는 점에서 참혹한 육형을 반대하는 태도를 견지하고 있음을 유추할 수 있다. 따라서 <보기>는 의형이나 비형을 되살릴 수 있다는 것에 대해 반대할 것이다. 반면 지문은 두 번째 단락에서 "예전처럼 의형, 비형을 적용한다면, 신체는 다쳐도 목숨은 보전될 뿐만 아니라 뒷사람에게 경계도 되니 선왕의 뜻과 시의에 알맞은 일이다."라고 제시하고 있으므로 '유배형이 간악한 이를 효과적으로 막지 못하는 경우'에 의형과 비형이 부활되어 적용되어야 한다는 입장을 취하고 있다.

⑤ (O) 두 번째 단락에서 르포르가 권리를 '개인적 자유'가 아닌 '(사회적) 관계의 자유'로 이해한다는 점이 제시되며, 다섯 번째 단락에서 "(르포르에 따르면) 공적 영역에서 실현되는 정치적 자유는, 시민들의 관계를 표현하는 장치이자 권력에 대한 통제 수단으로서 정치적인 것의 활성화를 통해 공론장과 같은 민주적 공간을 구성한다."라는 부분을 통해 확인할 수 있다.

[13~15] 르포르의 자유와 권리 개념

13
정답 ③

분석 및 접근
기본적인 사실 확인 문제이지만, 지문의 정보량 밀도가 높은 편이기에, 까다로울 수 있는 문제이다.

① (O) 첫 번째 단락에서 "아렌트가 고대 아테네의 시민적 덕성의 복원을 통한 정치적인 것의 활성화를 제기했다면, 르포르는 근대 민주주의 자체의 긴장에 주목하면서 '인권의 정치'를 통한 정치적인 것의 부활을 시도하였다."라는 부분을 통해 확인된다.

② (O) 다섯 번째 단락에서 르포르의 전체주의자들에 대한 비판에서 권력의 단일성이란 상징적인 개념이라는 르포르의 관점이 소개되고 있다. 또한 첫 번째 단락에서 르포르는 자유주의자들이 개인과 국가 권력 사이의 표상 관계에서 개인들의 이익의 총합으로서 국가 권력의 단일성을 이해하고 있다고 비판하므로 주어진 선지는 적절하다. → 매력적 오답

③ (X) 주어진 선지에서 자유주의자들이 자연권 또는 소유권적 관점에서 개인의 권리를 파악한다는 부분은 타당하나, "민주주의를 개인의 권리들의 관계가 만들어 내는 쟁의의 공간으로 이해한다."는 부분은 자유주의자들이 아니라 르포르의 관점이다. 관계들이 만들어 내는 정치공동체를 이론적 틀로 다루는 것이 누구의 관점인지를 생각하면, 명쾌하게 정답을 고를 수 있다.

④ (O) 네 번째 단락에서 "근대 민주주의의 속성인 인민과 대표의 동일시에 따른 대표의 절대화를 통해 '하나로서의 인민'과 '사회적인 것의 총체로서의 당'에 대한 표상의 일치, 당과 국가의 일치, 결국 '일인' 통치로 귀결된 전체주의"라는 부분을 통해 확인된다.

⑤ (O) 마지막 단락에서 "나아가 '권리들을 가질 수 있는 권리'라는 관념은 인간의 권리의 실현 조건으로서 국가권력이라는 틀 자체를 거부하면서, 자신이 거주하는 곳에서 권리의 실현을 요구하는 급진적 흐름으로서 세계시민주의의 가능성을 보여준다."라는 부분을 통해 확인된다.

15
정답 ④

분석 및 접근
르포르는 자유와 권리에 대한 근대적 관점을 계승하고 있는 반면에, 푸코는 권리에 대한 근대적 관점을 비판하고 있는 대표적인 포스트모더니즘 철학자에 해당한다.

① (X) 르포르는 권리에 대한 권력의 종속을 비판한 것이 아니라 권력에 대한 권리의 종속을 비판한 것이므로 주어진 선지는 적절하지 않다.

② (X) 푸코는 개인의 권리 요구가 오히려 권력의 개인에 대한 통제를 강화하는 생체 권력의 개념을 제시했으므로 푸코가 권리에 대한 요구를 주장하였다는 서술은 적절하지 않다.

③ (X) 권리의 확대에 따른 권력의 비대화를 우려한 것은 르포르를 비판한 자유주의자의 관점이며, 푸코는 권리의 확대가 주체를 권력에 종속시키는 측면을 비판했으므로 주어진 선지는 적절하지 않다.

④ (O) 르포르는 권력의 허락이 전제되지 않는 권리 개념을 제시했고, 국가권력의 통제에서 벗어난 영역에서의 권리를 정당화했으므로 르포르에 대한 설명은 적절하다. 또한 푸코에 대해서도 국가권력이 개인에게 권력의 시선을 내면화하여 통제를 강화한다는 생체 권력의 개념을 정확하게 요약하고 있으므로 주어진 선지는 적절하다.

⑤ (X) 르포르는 근대 민주주의를 근거로 극복하려고 했던 대상은 전체주의가 아니라 자유주의이며, 푸코는 개인의 안전을 위해 권력이 개인에게 권력의 시선을 내면화시키는 현상에 비판적이었다. 따라서 르포르와 푸코에 대한 설명 모두 적절하지 않다.

14
정답 ②

분석 및 접근
르포르의 주장은 우리에게 익숙한 자유주의의 패러다임과 상반된다는 점에서 상당히 낯설게 느껴질 수 있다는 점에 주의하여, 르포르의 주장을 정확하게 이해하여야 한다.

① (O) 세 번째 단락에서 "(르포르가 제기하는 것은) 권력에 대한 권리의 선차성이며, 권력이 권리에 어떤 영향도 미칠 수 없다는 것을 의미한다."라는 부분을 통해 르포르는 국가권력이 보장하지 않아도 그 자체로 시민 고유의 권리가 선차적으로 존재한다고 간주한다는 점을 확인할 수 있다.

② (X) 다섯 번째 단락에서 르포르는 권력의 단일성은 **상징적**인 것이지 **실제적**인 것이 아니므로 민주적으로 공유되어야 한다고 주장했으므로 "실제적 권력의 단일성"은 르포르의 주장에 해당하지 않는다. 르포르의 주장이 실제적 권력의 단일성에 근거한다는 주장은 르포르의 비판자들이 제기하는 주장에 해당하며, 이는 지문에서 르포르의 주장에 대한 정확한 평가가 아니라고 반박되고 있음에 유의하여야 한다.

③ (O) 세 번째 단락에서 "(르포르에 따르면) 인간은 특정 국민국가의 성원으로서 국가권력에 의해 인정될 때, (중략) 비로소 권리를 향유할 수 있다."라고 서술된 부분을 통해 확인된다.

④ (O) 마지막 단락에서 "(르포르는) 역사적으로 다양한 권리들이 권력이 정한 경계를 넘어서 생성되어 왔다는 점을 강조한다."라는 부분을 통해 확인된다.

[16~18] 이슬람 수피즘의 종파적 조류

16
정답 ⑤

분석 및 접근
사실 확인 문제에 해당하지만, 다양한 학자들과 학설들이 시간순-공간순으로 배열되어 정보량의 밀도가 매우 높고, 낯선 소재이기에 매우 까다로울 수 있으므로 주의해서 풀어야 한다.

① (O) 첫 번째 단락에서 "수피 종단들이 여러 지역에서 군사적 저항을 주도했다"라는 점이 제시되었고, "대표적인 것이 알제리, 리비아, 수단에서의 항쟁이었다."라고 제시되었다. 따라서 수피 종단들이 알제리, 리비아, 수단의 지역에서 벌였던 선교 활동이 성공을 거두었음을 추론할 수 있다.

② (O) 네 번째 단락에 따르면, "와하비즘은 성인을 인정하지 않고, 심지어 은사를 받기 위해 예언자 무하마드의 묘소에서 기도하는 것도 알라 외의 신성을 인정하는 것이라고 보아 배격했다."라고 서술되었으므로, 와하비즘 신봉자들은 예언자 무하마드를 특별한 존재로 받드는 것조차 알라만이 유일한 신성이라는 일신교적 원칙을 어긴다고 보았음을 추론할 수 있다.

③ (O) 마지막 단락에 따르면, "수피즘의 의식에 참여한 이들 간에 생기는 형제애는 초국가적 조직망의 형성과 상호 협조를 가능하게 했다."라고 서술되었으므로 ③의 설명은 타당하다.

④ (O) 두 번째 단락에서 "수피즘을 따르는 이들인 수피는 속세의 욕심에서 벗어나 모든 것을 신께 의탁하며, 금욕적으로 살고자 했다."라는 부분에서 ④의 "수피즘은 세속을 떠나 신에게 모든 것을 맡기는 삶을 추구하였다"라는 부분을 확인할 수 있다. 또한, 세 번째 단락에서 "수피 종단들은 (중략) 지역 밀착을 통해 생활 공동체를 형성하는 구심점이 되면서 항쟁에 필요한 기반을 이미 갖추고 있었다."라고 서술된 부분에서 ④의 수피즘은 "지역 공동체와의 협조를 중시했다."라는 부분을 확인할 수 있다.

⑤ (X) 두 번째 단락과 세 번째 단락에서 수피 종단이 "지역과 시기에 따라 성쇠를 거듭했고", "한동안 쇠락"하였다는 사실은 명시되지만, "18세기 이후 강력하게 재조직되었다"라고 덧붙여지므로, ⑤에서 "결과적 쇠락을 초래하였다"라는 부분은 타당하지 않다. 또한 개인적 구원의 희구와 지도자에 대한 추종을 동시에 추구한 것이 상호모순적이었다는 부분도 지문에서 언급되지 않는다.

17   정답 ⑤

분석 및 접근
지문에서 주어진 정보를 바탕으로 새로운 사실을 논리적으로 추론하는 문제이다.

① (X) 수단의 수피즘에서 마흐디가 무하마드의 후손으로 받아들여졌다는 내용은 지문에서 언급되지 않는다.

② (X) 마흐디가 신비주의적 의식을 통해 알라와 하나의 경지에 이르렀을 때 완성된다는 내용은 지문에서 언급되지 않는다.

③ (X) 마흐디가 탁월한 군사적 능력을 지닌 국가 지도자라는 내용은 지문에서 언급되지 않는다.

④ (X) 여섯 번째 단락에 "마흐디는 (중략) 신정주의 국가를 건설하는 개혁적 지도자이기도 하다."라는 마흐디의 개념이 서술되었으므로 ④의 설명에서 "마흐디가 신정주의 국가를 건설할 것이라는 개혁적 개념"에 대한 부분은 타당하나, 그 개념이 "이슬람 경전에서 그 기원을 찾을 수 있다."라는 내용에 대한 근거는 지문에서 제시된 바가 없다. 오히려 "마흐디 사상은 민간 신앙에서 출발하여 퍼진 것이었고, 특히 토속 신앙의 영향을 많이 받았던 수피들은 종단 지도자를 마흐디로 쉽게 받아들였다."라는 서술에서 볼 때, 마흐디 개념의 기원은 문헌적이라기보다는 토속 신앙의 구술적이고 전래적인 것이었음을 유추해 볼 수 있다. → 매력적 오답

⑤ (O) 여섯 번째 단락에 따르면 "마흐디란 종말의 순간 인류를 올바른 길로 인도하고 정의와 평화의 시대를 가져오는 구원자"라고 서술되었는데, 당시 북동 아프리카에서 무함마드 아흐마드가 마흐디로 받아들여졌다는 것은, 당시가 종말의 시대로 여겨지고 있었기 때문임을 유추해 볼 수 있다.

18   정답 ①

분석 및 접근
<보기>에서 추가된 정보가 원래 지문의 정보와 어떤 관계를 이루고 있는지를 빠르게 파악하여야 한다.

다섯 번째 단락에 "무라비트는 (중략) 이 지역(북서 아프리카)에서는 특정 수피 종단을 이끄는 왈리를 가리킨다."라고 서술되었으므로 <보기>는 무라비트에 대한 보충 설명에 해당한다.

① (X) 다섯 번째 단락에 따르면, "무라비트는 신의 은총인 바라카를 가졌다고 여겨져 존경을 받았다."라고 서술되었고, "특정 가문 출신 중 영적으로 선택된 소수만이 될 수 있었다"라고 서술되면서 그 사례로서 "무하마드의 후손

인 샤리프 가문"이 제시되었다. 그런데 ①은 "초월적 능력은 지니지 않아도 무라비트가 될 수 있는 것은 예언자 무하마드의 혈통을 지녔기 때문일 것이다."라고 서술되었는데, 가문 출신 중에서도 "영적으로 선택된"이라는 조건이 있어야 하므로, 가문 출신인 것만으로는 무라비트가 되기에 충분한 조건이 아님을 확인할 수 있다. 또한, 무하마드의 후손인 샤리프 가문은 사례일 뿐이지, 꼭 무하마드의 후손 가문이어야만 무라비트가 될 수 있다는 내용이 제시된 것은 아니다.

② (O) 다섯 번째 단락에서 무라비트, 즉 왈리가 신의 은총인 바라카를 가졌다고 간주된 이유에 대한 보충 설명을 <보기>에서 확인할 수 있다. <보기>에 따르면 왈라는 인류와 알라 사이의 중재자이며, 따라서 "중재자로서 권능을 지닌다"라고 서술되었다. 이를 종합해 볼 때, 왈리가 특별한 영적 능력을 지닌다고 간주된 것은, 그가 신과 인간 사이의 중재자라고 여겨졌기 때문이고, 이러한 믿음이 바로 '월라야'에 해당한다고 추론할 수 있다. 따라서 ②는 타당한 설명에 해당한다.

③ (O) 네 번째 단락에 따르면, 수피즘에서 성인은 왈리라고 불리었으며, "성인(=왈리)들의 묘소는 순례의 대상이 되었고, 이를 중심으로 설립된 수피즘 수도원은 지역 공동체의 중심이 되는 경우가 많았다."라고 제시되었다. 이에 대한 보충 설명은 <보기>에서 "(왈리는) 사후에도 권위가 남아 있었다. 묘소는 중립 지대였으며, 적대적 부족들도 함께 모이는 장터 역할도 했다."라고 제시된 부분에서 확인된다. 즉, 왈리가 사후에도 지니는 권위로 인해서, 왈리를 중심으로 설립된 수피즘 수도원이 지역 공동체의 중심이 되었음을 추론할 수 있는 것이다.

④ (O) 세 번째 단락에서, 압드 알 카디르는 성인으로 존경받았던 수피즘의 지도자라고 서술된다. 수피즘에서의 성인이 바로 <보기>의 왈리이므로, <보기>에서 '왈리가 욕망에서 초탈한 인물로 여겨졌기에 권능을 지닌다고 여겨졌다'라고 서술된 부분을 통해서 압드 알 카디르도 욕망에서 초탈한 인물로 여겨졌기에 '외세에 맞서 부족들 간 이견을 봉합하고 결집시킬 수 있었음'을 연결지어 추론해 볼 수 있다.

⑤ (O) 다섯 번째 단락에서 제시된 샤리프 가문은 예언자 무하마드의 후손에 해당하며, 이들 가문 출신이 인류의 중재자인 왈리의 역할을 할 수 있다고 여겨지는 것은, <보기>에서 제시된 것처럼 최후의 심판일에 무하마드도 마찬가지로 인류의 중재자의 역할을 한다고 믿어졌다는 것과 관련이 있음을 추론해 볼 수 있다.

[19~21] 한국 유교의 귀신 개념

19   정답 ④

분석 및 접근
기본적인 사실 확인 문제이다.

① (O) 두 번째 단락에 따르면, 성리학의 논의가 시작되기 전에 귀신은 인간의 화복과 관련된 신령한 존재로 여겨졌으며, 성리학적 귀신론은 이러한 신령한 존재로서의 귀신 이해를 대체하는 것이었다.

② (O) 제사의 과정에서 실제로 조상과 마음이 소통한다고 간주하였기에, 귀신의 존재를 철학적으로 규명하는 것이 성리학자들에게 중요한 문제였던 것이다.

③ (O) 네 번째 단락에 따르면, 서경덕과 달리 이이가 기의 유한성을 강조한 이유는 기의 유한성은 불교의 윤회설을 반박하는 근거가 될 수 있기 때문이었다.

④ (X) 이이와 낙론계 유학자들은 '기'에서 귀신의 유한성의 근거를, '리'에서 제사의 정당성의 근거를 찾았다. 따라서 성리학의 귀신 개념에서 '기'가 아니라 '리'가 제사의 근거가 된다.

⑤ (O) 첫 번째 단락에 따르면, 성리학의 일반론은 귀신을 자연철학적 존재로 인식하였다.

20 정답 ①

분석 및 접근
서경덕과 이이의 주장에서 대립되는 쟁점이 무엇인지를 파악한다면 양자의 주장을 명확하게 비교할 수 있다.

① (O) 서경덕은 기의 구성 요소 중 담일청허는 영원하기에, 유와 무를 관통한다고 주장하였다.
② (X) 서경덕이 기의 개념을 유한한 형백과 영원한 담일청허로 이원화한 것은 맞으나, 그 역시도 인간과 자연을 이기론의 이원적 관점에서 해석한 이기론자에 해당한다.
③ (X) 이이는 기가 흩어지거나 사라지더라도 리의 존재로 인해 제사를 통한 자손과의 감통이 가능하다고 주장했다.
④ (X) 이이가 인간의 지각을 리에 근거한 기로 파악한 것은 사실이나, 기가 흩어지면 더 이상 지각 작용은 불가능하다는 논거로 불교의 윤회설을 반박하였다. 그러나 귀신의 경우에는 기가 흩어지더라도 리의 존재로 자손과 소통할 수 있다고 주장함으로써 제사를 정당화하였다.
⑤ (X) 주어진 선지의 서술은 서경덕의 귀신 관념에만 해당한다. 이이도 기의 취산으로 삶과 죽음을 설명하기는 하였으나, 이이는 귀신의 영원성을 주장하지 않았다.

21 정답 ①

분석 및 접근
낙론계 유학자들의 주장이 이이의 주장에서 어떤 맹점을 어떠한 논리로서 보완하고 있는지를 이해하는 것이 핵심이다.

ㄱ. (O) 낙론계 유학자들은 귀신이 형이상학적이기도 하고 동시에 형이하학적이기도 한 이중적 존재로 인식하였으므로 ㄱ은 낙론계 유학자들의 입장에 부합한다.
ㄴ. (O) ㄴ의 서술은 기와 리가 분리될 수 없도록 하나의 존재로 합일된 상태로서 귀신이 존재한다는 김원행의 묘처 개념에 해당한다. 따라서 ㄴ은 낙론계 유학자들의 입장에 부합한다.
ㄷ. (X) 귀신이 존재하지 않는다는 ㄷ의 서술은 낙론계 유학자들의 입장과는 전혀 관련이 없는 내용이므로 ㄷ은 낙론계 유학자들의 입장과 무관하다.
ㄹ. (X) 낙론계 유학자들은 제사 때 귀신이 강림할 수 있게 하는 것은 '리'가 아니라 '기' 때문이고, 자손과 감통하는 주체는 '리'라고 주장하였다. 따라서 ㄹ은 낙론계 유학자들의 입장에 부합하지 않는다.

[22~24] 빈곤 퇴치와 경제성장에 대한 다양한 견해

22 정답 ③

분석 및 접근
각 학자들을 "지리적 요인 강조 입장", "제도의 역할 강조 입장", "개별적 접근 강조 입장"으로 분류하여 파악하여야 한다.

[지리적 요인 강조 입장: 삭스]
① (O) 첫 번째 단락에 따르면, 빈곤의 원인이 지리적 요인이라고 보는 삭스는, "가난한 나라는 초기 지원과 투자를 위한 자금을 조달할 능력이 없기 때문에 외국의 원조가 필요하다"라는 결론을 내놓는다. 따라서 ①은 타당하다.
[제도의 역할 강조 입장: 이스털리, 애쓰모글루, 로머, 콜리어]
② (O) 제도의 역할을 강조하면서 자유로운 시장의 역할을 중시하는 경제학자로는 이스털리가 있다.
③ (X) 제도의 역할을 강조하는 네 명의 경제학자 (이스털리, 애쓰모글루, 로머, 콜리어) 중에 정치제도 변화를 경제성장의 전제조건으로 간주하는 경제학자는 애쓰모글루 한 명뿐이므로, ③은 타당하지 않다.
④ (O) 제도의 역할을 강조하는 네 명의 경제학자 (이스털리, 애쓰모글루, 로머, 콜리어) 중에 외국의 개입을 경제성장의 중요한 요소로 간주하는 경제학자는 로머와 콜리어 두 명뿐이고, 이스털리와 애쓰모글루는 공통적으로 외국의 원조에 대해서 회의적인 입장이다. 따라서 ④는 타당하다.
[개별적 접근 강조 입장: 배너지와 뒤플로]
⑤ (O) 배너지와 뒤플로는 지리적 요인의 역할을 강조하는 경제학자는 아니지만, 소득수준이 낮은 영역에 속하는 사람은 시간이 갈수록 소득수준이 '낮은 균형'으로 수렴하므로 지원이 필요하다고 주장한다. 따라서 ⑤는 타당하다.

23 정답 ②

분석 및 접근
학설비교형 지문에서 빈번하게 출제되는 학설비교 문제이다. 이중으로 정보가 제시되고 있다는 점에 유의하여야 한다.

① (X) 애쓰모글루는 정치체도가 변화하여야, 경제성장에 적합한 경제제도가 채택되어 빈곤에서 벗어날 수 있다고 보는 입장이다. 따라서 애쓰모글루가 제도보다 정책을 중시하는 입장이라고 간주한 ①은 타당하지 않다.
② (O) 이스털리는 "가난한 사람들이 필요를 느끼지 않는 상태에서 교육이나 의료에 정부가 지원한다고 해서 결과가 달라지지 않는다"라고 간주하므로, 가난한 사람들의 수요를 중시하는 입장에 해당한다. 마찬가지로 배너지와 뒤플로도 "처방에 대한 이들(가난한 이들)의 수요는 어떠한지 등을 파악해야 빈곤 퇴치에 도움이 되는 지식을 얻을 수 있다고 본다."라고 간주한다는 점에서 가난한 사람들의 수요를 중시한다. 따라서 ②는 타당하다.
③ (X) 배너지와 뒤플로는 구체적인 현실에 대한 올바른 이해에 기초한 정책을 통해서 거대한 문제를 해결하자는 입장이지, 거대한 문제를 우선해서는 안 된다는 입장에 해당하는 것이 아니다. 또한, 콜리어도 외국이 군사 개입을 해서라도 거대한 빈곤 문제를 해결해야 된다는 입장이지, 거대한 문제를 우선해서는 안 된다는 입장이 아니다.
④ (X) 삭스는 "초기 지원과 투자로 가난한 사람들이 빈곤의 덫"에서 벗어날 수 있다고 주장하였고, 배너지와 뒤플로는 "나쁜 제도가 존재하는 상황에서도 제도와 정책을 개선할 여지는 많다고 본다."라고 주장하였으므로 "정부가 부패해도 정책이 성과를 낼 수 있다"고 보는 입장에 동의한다.
따라서 ④는 타당하지 않다.
⑤ (X) 배너지와 뒤플로는 빈곤 문제에 대한 일반적인 해답이란 존재하지 않으며, 개별 국가와 특정한 상황을 구체적으로 분석하는 개별적인 접근을 강조하는 입장이다.

분석 및 접근

[Point 1. 그래프를 적극적으로 활용하는 독해 전략]
네 번째 단락을 처음 읽을 때부터 문제에 제시된 그래프를 적극적으로 참고해 가면서 읽는 것이 효율적인 독해이다.

[Point 2. 수열의 수렴]
수1에서 배웠던 점화식의 해를 찾아가는 과정을 떠올리면서 그래프를 해석해보자.

[그래프에 대한 해석]

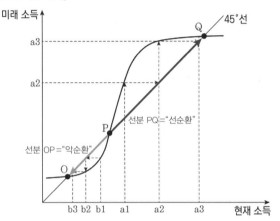

1. 선순환: 곡선 PQ 위에 있는 점은 시간이 흐름에 따라 a1 → a2 → a3로 이동하므로, 특별한 조치가 취해지지 않더라도 자연스럽게 소득이 상승하게 되어, 점 Q라는 균형점으로 수렴한다.
2. 악순환(빈곤의 덫): 곡선 OP 위에 있는 점은 시간이 흐름에 따라 b1 → b2 → b3로 이동하므로, 특별한 조치가 취해지지 않는 이상 자연스럽게 소득이 점점 하락하게 되어 점 O라는 균형점으로 수렴한다. 이는 '빈곤의 덫'에 빠져 있는 상황을 그래프로 수식화한 것이다.
① (O) 배너지와 뒤플로에 따르면, "소득수준이 낮은 영역에 속하는 사람은 시간이 갈수록 소득수준이 '낮은 균형'으로 수렴한다."라고 서술되어 있다. 주어진 그래프에서 b1은 매 시기가 지남에 따라 b2, b3로의 이동을 반복하며 소득이 지속적으로 하락하다가 점 O에 도달하여야 소득의 하락을 멈추게 될 것이므로, 점 O가 지문에서 제시된 '낮은 균형'에 해당한다.
② (X) 삭스에 따르면 외국의 원조와 같은 외부적 힘의 도움이 없이는 가난한 나라는 '빈곤의 덫'을 빠져나올 수 없다. 즉, 삭스는 주어진 그래프에서 선분 PQ에 해당하는 부분이 지워진 세계를 가정하는 것이다. 그런데 그래프에서 소득을 b3에서 b1으로 이동시키는 외부 지원의 경우, 시간이 흐름에 따라 다시 b3로 되돌아 오고, 결국 O로 수렴할 것이므로 '빈곤의 덫'을 빠져나오기에 충분한 양의 지원에 해당하지 않는다. 따라서 삭스가 주장한 것처럼 '빈곤의 덫'을 빠져나올 정도로 외부의 지원이 이루어지려면 b3를 곡선 PQ 위에 놓인 점으로 이동시켜야 '빈곤의 덫'에서 빠져나와 경제성장이 이루어질 수 있는 것이다. 따라서 삭스가 소득을 b3에서 b1으로 이동하도록 해야 한다고 볼 것이라는 ②의 설명은 타당하지 않다.
③ (O) 그래프 상에서 b3는 외부 지원이 없을 경우 매 기수가 흐름에 따라 소득이 낮아지는 방향으로 이동하여 점 O로 수렴하게 되는 상황이다. 삭스의 입장에서 이는 외부의 지원 없이는 '빈곤의 덫'에서 빠져나올 수 없어 생산성의 향상이 가난한 국가의 독자적인 힘만으로는 불가능한 상황으로 해석된다.
④ (O) ②에 대한 설명에서 서술된 것처럼, P 왼쪽의 영역은 외부의 지원을 통한 소득 증가 없이는 '빈곤의 덫'에서 빠져나올 수 없는 상황이다. 그런데 이스털리는 '빈곤의 덫' 같은 것은 존재하지 않는다고 간주하므로, 이스털리의 관점에서는 P 왼쪽의 상황은 그의 세계관에서 존재하지 않는다. 이스털리

에 따르면 자유로운 시장이 잘 작동하게 되면 경제가 성장할 것이므로, 이러한 이스털리에 세계관에 부합하는 부분은 그래프에서 점 P 오른쪽 부분에 해당한다. 따라서 이스털리는 점 P를 원점이라고 간주하고 점 P의 영역이 없는 세계를 상정할 것이라는 ④의 설명은 타당하다.
⑤ (O) 그래프 상의 a1에서 소득 지원이 이루어져 a2로 옮겨진다고 하더라도, a1이나 a2나 매 기수를 거쳐 종국에는 동일한 균형인 점 Q에 수렴하게 된다. 이는 지원이 이루어진다고 해도 균형 상태의 소득수준은 동일하다는 것을 의미하며, 이는 이스털리가 외국의 원조가 성장에 도움이 되지 않는다고 보는 입장에 부합하므로, ⑤의 설명은 타당하다.

[25~27] 바르부르크 효과

분석 및 접근

화학 반응이 발생하는 회로에 대한 이해를 바탕으로 선지의 설명들이 지칭하는 물질이 무엇인지를 정확하게 파악하여야 한다.

① (X) 세 번째 단락에서 "NADH 1개당 3개의 ATP를 산화적 인산화를 통해서 만들 수 있다"라고 제시되었고, 산화적 인산화는 미토콘드리아에서 일어나는 화학 반응이므로 NADH가 미토콘드리아에서 ATP를 추가적으로 생산하는 데 사용된다는 사실을 확인할 수 있다.
② (X) 세 번째 단락에서 "포도당 1개가 2개의 피루브산으로 분해될 때 NADH가 2개 만들어지고"라고 제시되었으므로, NADH는 해당과정 중 소비되는 물질이 아니라 생산되는 물질이라는 점을 확인할 수 있다.
③ (X) 세 번째 단락에서 "젖산 발효를 하는 세포는 NADH를 에너지가 낮은 상태인 NAD$^+$로 전환하는 손해를 감수한다."라고 제시되었다. 심폐기능에 비해 과격한 운동을 할 때 근육에서 젖산 발효가 이루어지므로, NAD$^+$는 줄어드는 것이 아니라 오히려 증가할 것이다.
④ (O) 두 번째 단락에서 '동화작용'이란 "ATP와 같은 고에너지 분자의 에너지를 이용하여 (중략) 거대 분자를 합성하는 과정"이라고 제시되었다. ATP는 해당과정의 중간 생성물 중 하나이므로, 동화작용에서 해당작용의 중간 생성물이 사용된다는 서술은 타당하다.
⑤ (X) 마지막 단락에서 "바르부르크 효과는 암의 원인이라기보다는 그러한 돌연변이에 의한 결과로 발생하는 것으로 밝혀졌다."라고 제시되었으므로, 바르부르크 효과에 의해 암 억제 유전자의 돌연변이가 유발되는 것이 아니라, 암 억제 유전자의 돌연변이가 유발됨으로 인해 바르부르크 효과가 발생한다고 서술되는 것이 타당하다. 원인과 결과를 뒤바꾸어 서술하여 오답 선지를 만들어 내는 LEET 오답 선지의 구성 원리에 속지 않도록 주의해야 한다.

분석 및 접근

주어진 지문의 내용을 바탕으로 NADH, NAD$^+$, ATP와 같은 화학 물질이 합성되는 양을 구체적으로 계산할 수 있어야 해결되는 문제이다.

① (O) 세 번째 단락에서 "NADH 1개당 3개의 ATP를 산화적 인산화를 통해 만들 수 있는데"라고 제시되었다. 산화적 인산화는 미토콘드리아에서 발생하는 과정이므로, 미토콘드리아의 기능이 상실되면 NADH로 ATP를 만들지 못한다는 점이 추론된다.
② (O) 네 번째 단락에서 "바르부르크 효과는 산소가 있어도 해당작용을 산화적 인산화에 비해 선호하는 암세포 특이적 대사 과정인 '유산소 해당작용'을

뜻한다."라고 제시되었다. 즉 암세포는 산소가 충분히 존재함에도 산화적 인산화가 아닌 해당작용에만 의존하여 ATP를 생산한다는 것이다. 따라서 이러한 암세포는 NADH를 산화적 인산화를 통해 ATP로 만드는 것이 아니라, 마치 젖산 발효를 하는 세포처럼 "NADH를 에너지가 낮은 상태인 NAD$^+$로 전환하는 손해를 감수"할 것이다.

③ (O) 두 번째 단락에서 "포도당 1개가 가지고 있는 에너지가 전부 ATP로 전환될 경우 36개 또는 38개의 ATP가 만들어진다."라고 제시되었다. 또한 "이 중 2개의 ATP는 세포질에서 일어나는 해당작용을 통해, 나머지는 미토콘드리아에서 대부분 산화적 인산화를 통해 만들어진다."라고 제시되었다. 전체 과정에서 36개 또는 38개의 ATP가 만들어지는데, 이 중 세포질에서 만들어지는 것이 2개의 ATP라면 미토콘드리아에서 만들어지는 ATP는 34개 또는 36개일 것이라는 점을 계산을 통해 추론할 수 있다.

④ (O) 세 번째 단락에서 "포도당 1개가 2개의 피루브산으로 분해될 때 NADH가 2개 만들어지고, NADH 1개당 3개의 ATP를 산화적 인산화를 통해 만들 수 있는데"라고 제시되었다. 이를 계산해 보면 포도당 1개가 2개의 피루브산으로 분해될 때, 산화적 인산화를 통해 6개의 ATP가 만들어진 것이다. 또한 세포질에서 발생하는 해당작용의 과정에서 이미 2개의 ATP가 만들어졌을 것이므로, 종합해 보면 총 8개의 ATP가 만들어졌음이 계산된다.

⑤ (X) 암세포의 유산소 해당과정 중 포도당 1개당 생산되는 ATP의 개수는 2개이다. 정상세포의 산소가 있을 때 수행되는 해당작용의 과정 중 포도당 1개당 생산되는 NADH의 개수는 2개이다. 따라서 암세포의 유산소 해당과정 중 포도당 1개당 생산되는 ATP의 개수와 정상세포의 산소가 있을 때 수행되는 해당과정의 과정 중 포도당 1개당 생산되는 NADH의 개수는 동일하다.

27
정답 ③

분석 및 접근
방사성 포도당 유도체의 축적이 암 진단에 사용된다는 점을 이용하여, 인과 관계를 해석하면 문제를 빠르게 해결할 수 있다.

① (X) 피루브산이 젖산으로 전환되는 양이 증가하였다는 것은, 세포가 해당과정에 의존하는 비중이 증가하였다는 의미이고, 해당과정에 의존하는 비중이 높을수록 에너지 대사 과정이 비효율적으로 이루어지므로 더 많은 포도당을 필요로 하게 되고, 따라서 방사성 포도당 유도체의 축적이 증가할 것이다.

② (X) 포도당이 피루브산으로 전환되는 양이 감소하였다는 것은, 에너지 대사 과정에서 포도당에 대한 수요가 감소하였다는 의미이고, 따라서 방사성 포도당 유도체의 축적이 감소할 것이다.

③ (O) 세포 내부의 산소가 줄어들어도 동일한 양의 ATP를 생성하려면, 산소가 없이도 화학 반응이 이루어질 수 있는 해당과정에 의존하는 비중이 높은 에너지 대사가 이루어져야 한다. 해당과정에 의존하는 비중이 높은 에너지 대사 과정은 비효율적이므로 더 많은 양의 포도당을 필요로 하게 될 것이고, 따라서 방사성 포도당 유도체의 축적이 늘어날 것이다.

④ (X) ATP의 생성을 해당과정에 좀 더 의존하도록 대사 변화가 일어난다는 것은, 에너지 대사 과정이 비효율적으로 진행된다는 것이므로, 더 많은 포도당을 필요로 하게 될 것이고, 따라서 방사성 포도당 유도체의 축적이 늘어날 것이다.

⑤ (X) ATP의 생성을 산화적 인산화에 좀 더 의존하도록 대사 변화가 일어난다는 것은, 에너지 대사 과정이 보다 효율적으로 진행된다는 것이므로, 더 적은 양의 포도당을 필요로 하게 될 것이고, 따라서 방사성 포도당 유도체의 축적이 줄어들 것이다.

[28~30] 문언을 넘는 해석과 문언에 반하는 해석

28
정답 ②

분석 및 접근
위 지문은 문언을 넘는 해석과 문언에 반하는 해석(판단하기 어려운 사안)에 대한 다양한 법해석학적 입장들이 제시되고 있는 **학설비교형 지문**이다. 따라서 여러 관점들의 관계를 정확히 연결하여 독해하는 것이 중요한 포인트이다.

① (X) 두 번째 단락에 따르면 "전통적인 법학방법론은 (중략) '법률의 문언을 넘은 해석'이나 '법률의 문언에 반하는 해석'을 인정할지 여부와 관련지어 다루고 있다."라고 제시되었으므로 '문언을 넘은 해석'과 '문언에 반하는 해석'을 구분하여 논의를 전개하고 있는 것이다.

② (O) 세 번째 단락에 따르면 '종래 법철학적 논의' 중 언어의 불확정성에 주목하여 주변부와 중심부를 구별을 강조하는 입장은 "중심부의 사안에서는 문언에 엄격히 구속되어야 하지만 주변부의 사안에서는 해석자의 재량이 인정될 수밖에 없다"라고 판단하고 있다. 즉, '문언'과 '해석자의 재량'을 해석에 있어서 가장 중요한 두 요소로 주목하는 것이므로, 주어진 내용에서 '목적'보다는 '문언'에 더 주목하였다는 결론을 도출해 내기에 충분하다.

③ (X) 마지막 단락에 따르면, "뻔히 부적절한 결과가 예상되는 경우에도" 문언에 구속될 것을 요구할 수 있는데, 이는 "법률의 문언 그 자체만이 민주적으로 결정된 것"이라는 점에서 그 근거를 둔다. 즉, 민주주의를 중시하는 관점에서는 문언에 종속된 법률 해석이 부적절한 결과를 낳는 경우에도 문언만이 민주적으로 형성된 유일한 결과물이기에 부적절한 결과라도 인정되어야 한다고 주장할 것이다.

④ (X) 마지막 단락에 따르면, 문언에의 종속이 부적절한 결과를 낳는지와 상관없이 문언에 따를 것을 주장하는 입장, 즉 문언을 중시하는 입장에서는 법률 적용의 결과가 부적절하다고 결정할 수 있는 권한을 가진 해석자에 따라 부적절성에 대한 판단이 달라질 수 있다고 주장한다. 즉, ④에서 "문언이 제공하는 답이 부적절한지는 해석자의 주관에 따라 달라질 수 있다"라는 주장은 법률 적용 결과의 합당성과 무관하게 문언을 중시하는 입장에서 제시되는 것이지, 법률 적용 결과의 합당성을 강조하는 입장에서 제시된 것이 아니다. → 매력적 오답

⑤ (X) 다섯 번째 단락에 따르면, '기존의 법학방법론적 논의와 법철학적 논의를 하나의 연결된 구성으로 제시하는 입장'에서는 '법률이 표준적 사안 외에 답을 제공하지 않는 경우'를 '문언을 넘은 해석'이 발생한 것으로, '부적절한 답을 제공하는 경우'를 '문언에 반하는 해석'이 발생한 경우로 간주한다. 그리고 '문언을 넘는 해석'이 발생하는 원인은 '언어적 불확정성' 때문이지만, '문언에 반하는 해석'이 발생한 원인은 언어적 확정성에도 불구하고 문언의 답을 받아들이지 않기 때문이라고 주장한다. 따라서 ⑤에서 "법률이 부적절한 답을 제공하는 사안"이 '언어적 불확정성으로 인해서'라고 서술한 부분은 원인이 잘못 연결된 것이다. → 매력적 오답

29
정답 ②

분석 및 접근
위 지문은 판단하기 어려운 사안에 대한 다양한 관점들을 소개한 뒤, 지문의 저자가 생각하는 최종적인 결론을 마지막 단락에 종합하여 제시하고 있다. 따라서 마지막 단락에 제시된 저자의 관점을 정확히 이해하는 것이 무엇보다 중요하다.

① (X) 다섯 번째 단락에 따르면, "전자(문언을 넘은 해석)를 판단하기 어려운 까닭은 문언의 언어적 불확정성에 기인하는 것인 반면, 후자(문언에 반하는 해석)는 문언이 언어적 확정성을 갖추었음에도 불구하고 발생한다고 제시되었다. 따라서 법률의 문언이 극도로 명확한 경우에는 '문언을 넘은 해석'은 발생하지 않을 것이지만, '문언에 반하는 해석'은 발생할 수 있다.

② (O) 마지막 단락에 따르면, "입법 의도나 법률의 목적이라도 해도 (법률의 문언과) 동등한 권위를 인정할 수 없다."라고 제시됨으로써 "판단하기 어려운 사안"을 다루는 데 있어서 문언보다 법률의 목적이 더 우선시되어야 하는 것은 아니라는 내용이 서술되었으므로 ②는 적절한 설명에 해당한다.

③ (X) 마지막 단락에 따르면, "문언이 답을 제공하지 않기 때문에 해석을 통한 보충이 필요한 경우라 하더라도 규칙의 언어 그 자체가 해석자로 하여금 규칙의 목적을 가늠하도록 인도해 줄 수 있다"라고 제시되었다. 또한 다섯 번째 단락에서는 문언이 답을 제공하지 않는 경우에 문언을 넘은 해석이 발생할 수 있다고 제시되었다. 이를 종합하면, 문언이 답을 제공하지 않는 경우에 문언은 여전히 해석자를 이끌어 주는 역할을 수행할 수 있음에도, 문언을 넘은 해석이 발생하는 경우가 존재할 수 있으며, 그러한 경우에 대해서 지문의 글쓴이는 비판적인 입장이라는 점까지 추론할 수 있다. 따라서 문언이 해석자를 이끌어 주는 역할을 수행하지 못할 때 '비로소' 문언을 넘은 해석이 발생할 수 있다는 ③의 서술은 논리적으로 적합하지 않다.

→ 매력적 오답

④ (X) 마지막 단락에 따르면, "문언이 제공하는 답이 부적절하고 어리석게 느껴질 경우라 하더라도 그러한 평가 자체가 어디까지나 해석자의 주관이라는 한계 속에서 이루어지는 것임을 부정할 수 없기 때문이다."라는 내용을 근거로 삼아, 부적절한 답을 제공하는 문언에도 종속되어야 한다는 당위성이 주장된다. 따라서 지문의 입장에 따르면, 법률의 흠결이 있어 이를 보충하기 위한 경우라 할지라도 문언에 반하는 해석은 정당화될 수 없음이 추론된다.

⑤ (X) 두 번째 단락에 따르면, 형식상 드러나지 않는 법률적 결함에 대한 대처를 '문언을 넘은 해석'으로, 형식상 드러나는 법률적 결함에 대한 대처를 '문언에 반하는 해석'으로 분류하고 있으며, '문언에 반하는 해석'은 "전체 법질서 및 그 지도 원리의 관점에서 수행되는 것"이라고 제시하고 있다. 그리고 지문의 논의를 거쳐 마지막 단락에서 '문언에 반하는 해석'은 문언이 부적절한 결과를 낳는 경우라도 정당성이 없다는 주장으로 귀결된다. 이를 종합하면 형식상 드러나 있는 법률의 흠결을 보충하기 위해서라는 이유라 할지라도 '해당 법률의 본래적 구상', 즉 '문언'이 '전체 법질서를 고려한 해석' 보다 우선되어야 한다.

하다. 그러나 [A]에서 회귀한 개구리의 연구·보호를 위해 주택에 둘 수 있다는 입장에 대해서는 긍정할 수도 있다는 '가능성 결론'만 제시되었을 뿐 긍정되어야 한다는 '단언 결론'은 지문에서 제시되지 않았으므로, 이를 바탕으로 ①을 해석해 볼 때, ①의 사안 역시도 목적을 고려하더라도 주택에 고양이를 두는 것에 대해 단언적으로 긍정하는 결론이 도출되기는 어렵다고 판단할 수 있다.

③ (O) 야수의 공격성을 지닌 들개를 중심부의 사안으로 보느냐, 주변부의 사안으로 보느냐에 관련 없이 규칙의 목적성에 부합하느냐가 판단의 기준이 되기 때문에, 규칙의 목적이 주민의 안전을 보호하는 것이라면 금지되는 것으로 판단하는 것이 [A]의 관점에서는 적합하다.

②, ④, ⑤ (X) [A]는 야생 동물을 주택가에 기르는 것을 허용하고 금지하고의 여부는 야생 동물의 개념적 범주에 포함되느냐 마느냐에 따른 문제보다는 규칙의 목적에 부합하느냐 여부에 따라 판단되어야 한다고 보는 입장이다. 따라서 [A]가 허용되거나 금지된 결과에 대한 근거를 야생 동물의 범주적 판단에서 파악할 것이라는 추론은 적절하지 않다.

30 정답 ③

분석 및 접근

[A]의 입장을 이해한 뒤, 답이 될 수 있는 선지만을 남기는 소거법으로 접근한다면 쉽게 해결할 수 있다.

[A]의 입장을 정리하면 다음과 같다.
· 주변부의 사안(ex) 유전자 조합 동물): 해석자의 재량에 맡기기보다는 규칙의 목적에 구속되어야 한다.
· 중심부의 사안(ex) 사자, 개구리): 규칙의 목적에 대한 조회 없이는 문언이 해석자를 온전히 구속할 수 없다.
주변부와 중심부의 개념적 분류보다 규칙의 목적에 대한 구속이 더 중요한 문언 해석의 근거가 된다.

① (X) ①은 지문의 네 번째 단락에 제시된 개구리에 대한 사안과 대응되는 내용이다. 즉 [A]에 따르면 회귀한 개구리가 '야생 동물'로 분류되는 것은 확실하므로 ①의 멸종 위기의 고양이가 '야생 동물'로 분류되는 것 또한 확실

2020학년도 기출문제 정답 및 해설

LEET 전문가의 총평

지문	제재	세부 제재	난이도
형태소 '-물(物)'의 법률적 의미 변화	법학	법제사학	중
조선 초기 중혼 규제에 대한 논의	인문학	역사학	상
오믹스 단백질	과학	생명과학	상
채만식의 소설 「탁류」에 대한 비평	인문학	문학	하
헨리 조지의 토지가치세	사회과학	경제학	중
지식인상에 대한 다양한 관점	사회과학	사회학	중
시간여행	철학	현대철학	상
선의지 개념에 근거한 칸트의 도덕 철학	철학	근대철학	하
랑데부에 숨겨진 뉴턴의 역학 법칙	과학	물리학	극상
연륜연대학의 사법적 역할	법학	법제사학	중

2020학년도 언어이해 시험은 2019학년도 시험에 비해 시험의 난도를 높이기 위한 출제진의 노력이 여러모로 느껴지는 시험이다. 특히 난도가 높은 지문이 앞부분에 주로 배치되어 있어서 현장에서 문제를 푸는 학생들을 당황하게 하였을 것이다. [랑데부에 숨겨진 뉴턴의 역학 법칙]과 같은 지문은 그 높은 난도로 인해 아직도 회자가 되는 킬러 지문이며, [시간여행] 지문도 매우 낯선 소재를 사용함으로써 학생들을 당황하게 하였다. [조선 초기 중혼 규제에 대한 논의]와 같은 지문은 고전 지문이라는 점에서 상당히 까다로운 지문이었으며, [지식인상에 대한 다양한 관점]과 같은 지문은 학설 비교형 지문의 특성을 이용하여 기술적으로 지문의 난이도를 끌어올린 지문이라고 볼 수 있다.

그럼에도 [채만식의 소설 「탁류」에 대한 비평], [선의지 개념에 근거한 칸트의 도덕 철학]과 같은 지문은 매우 익숙하고 평이한 소재로 구성되어 그 난도가 매우 낮았기 때문에, 이러한 지문을 통해서 시간을 단축할 수 있는 여유가 충분했다고 볼 수 있다. 또한 법학 영역에서 상대적으로 난도가 높은 법철학 영역이 출제된 것이 아니라, 법제사학에서만 두 지문이 출제되었다는 점도 시험의 난도를 하락하게 만든 요인이라고 볼 수 있겠다.

2020학년도 시험은 당시 출제되었던 시점에서는 역대 언어이해 시험 중에 가장 어려웠던 시험이었으나 현재 기준으로 보면 상대적으로 쉬운 시험이 되었다. 따라서 2020학년도 이전 시험을 푸는 학생들은 최근 기출에 비해 높은 점수가 나오는 것에 만족하기보다는, 높은 난도의 지문까지도 완벽하게 소화하는 것에 욕심을 내는 방식으로 시험에 접근하여야 한다. 또한 출제진들은 시험의 공정성을 위하여 배경지식의 관여도가 낮은 방향으로 시험을 출제하기 위해 낯선 소재를 찾느라 골몰한다는 점을 명심하여야 한다. 아무리 배경지식적으로 시험에 대비하고자 매진한다고 하더라도 현장에서는 생전 처음 접한 소재가 나올 수 있다는 점을 명심하고, 이에 대해 대비할 수 있는 기술적인 훈련이 필수적으로 요구된다고 할 것이다.

p.70

01	02	03	04	05	06	07	08	09	10
④	④	②	②	⑤	⑤	⑤	②	③	③
11	**12**	**13**	**14**	**15**	**16**	**17**	**18**	**19**	**20**
②	⑤	①	⑤	④	③	①	⑤	③	③
21	**22**	**23**	**24**	**25**	**26**	**27**	**28**	**29**	**30**
④	⑤	①	②	②	③	④	①	③	③

[01~03] 형태소 '–물(物)'의 법률적 의미 변화

01
정답 ④

분석 및 접근

'–물'이라는 형태소를 **과거의 법개념**으로 해석하는 조항인지, 아니면 **현재의 법개념**으로 해석하는 조항인지에 대한 개별적인 판단을 바탕으로 해결하는 사실 확인 문제이다.

① (X) 두 번째 단락에서 "그리하여 정보 그 자체를 압수해야 한다는 인식이 생겨났고, 마침내 출력이나 복사도 압수 방식으로 형사소송법에 규정되었다."라는 부분을 통해, 디지털 정보 그 자체가 압수물로 인정된다는 점이 확인된다.

② (X) 두 번째 단락에서 "최근에 제정된 법률에서는 위 조항에 대한 특칙을 두어 정보 자체를 문서로서 증거조사할 수 있는 근거도 마련되었다."라는 부분을 통해, 전자적 형태의 문자 정보도 정보 자체만을 증거조사의 대상으로 삼을 수 있다는 점이 확인된다.

③ (X) 세 번째 단락에서 "아동 포르노그래피의 유포를 차단하기 위해 신설된 법령에서는 필름·비디오물·게임물 외에 통신망 내의 음란 영상에 대하여도 '아동·청소년 이용 음란물'로 규제한다."라는 부분을 통해 아동·청소년 이용 음란물은 무체물에 제한된 것이 아니라, 무체물과 유체물을 모두 포함한다는 점을 확인할 수 있다.

④ (O) 세 번째 단락에서 "하지만 곧이어 관련 법령이 정비되어 이(비디오물) 또한 "연속적인 영상이 디지털 매체나 장치에 담긴 저작물"이라 정의하게 되었다."라고 서술된 부분을 통해서, 비디오물이 더 이상 유체물에 고정되지 않게 되었다는 점을 확인할 수 있다.

⑤ (X) 세 번째 단락에서 "이후에 게임 산업이 발전하면서 새로운 법률을 제정하여 게임물에 대한 독자적 정의를 마련할 때, 유체물에 고정되어 있는지를 따지지 않는 영상물로 규정하기 시작하였다."라는 부분을 통해, 게임물에 관한 입법이 유체물인 '매체' 중심에서 무체물인 '콘텐츠' 중심으로 변천되었다는 점을 확인할 수 있다.

02
정답 ④

분석 및 접근

앞뒤 문맥을 통해 ㉠ 비판이 반박하고자 하는 주장을 정확히 찾아내는 문제이다.

④ (O) 마지막 단락에서 "또한 물건이 아닌 재산상 가치인 것을 취득했다고 해도 그 역시 장물은 아니라고 보았는데, 이에 대해서는 ㉠ 비판이 있다."라고 서술된 부분을 통해 ㉠ 비판이 반박하고자 하는 주장은 '물건이 아니지만 재산상 가치를 갖는 것이 장물이 아니다.'에 해당한다. ④에서 "은행 계정에 기록된 자산 가치"는 '물건이 아니지만 재산상 가치를 갖는 것'에 해당하며, 따라서 이에 대하여 "장물죄의 규정을 적용하지 않는다는 태도"는 ㉠ 비판이 반박하고자 하는 주장에 대한 사례에 해당한다. → 절대적 정답

03
정답 ②

분석 및 접근

'–물'이라는 형태소가 유체물에 한정적으로 적용되는 사전적 의미로 해석되는 법조항이 있고, 이 의미가 확장되어 무체물도 포섭하는 법조항이 있다. <보기>에서 추가적으로 주어진 '뇌물'에 대한 법개념은 전자와 후자 중 어느 쪽에 해당하는지를 판단한다면 어렵지 않게 해결할 수 있는 문제이다.

① (X) <보기>에서 '뇌물의 내용'에 대해 "일체의 유형·무형의 이익을 포함"하는 것으로 정의된다고 서술되었다. '–물'의 사전적 의미는 '–물'을 유체물에 한정 지어 해석하는 것이므로, '뇌물'에서의 '물'은 사전적 의미보다 확대된 개념으로 해석되는 문법 단위이다.

② (O) '뇌–'와 '장–'은 독자적으로 쓰일 수 있는 자립형태소가 아닌 반면 '증거'는 독자적으로 쓰일 수 있는 자립형태소에 해당한다.

③ (X) 세 번째 단락에서 "이후에 게임 산업이 발전하면서 새로운 법률을 제정하여 게임물에 대한 독자적 정의를 마련할 때, 유체물에 고정되어 있는지를 따지지 않는 영상물로 규정하기 시작하였다."라는 부분을 통해, '게임물'에서 '물'이 물건에 한정되지 않는 개념으로 확장되었음을 확인할 수 있다.

④ (X) 마지막 단락에서 "물건이 아닌 재산상 가치인 것을 취득했다고 해도 그 역시 장물이 아니라고 보았는데"라는 부분을 통해, '장물'에서 '물'의 개념은, '뇌물'에서 '물'의 개념과 달리 무체물을 포괄하는 개념으로 아직 확장되지 않았다는 점을 확인할 수 있다.

⑤ (X) <보기>에 따르면, '뇌물'에서 '물'의 의미 변화는 형법 조항이 새롭게 입법된 결과로 인한 것이 아니라 "근래의 판결"에서 기존 법조항을 새롭게 해석한 결과에 의한 것이다.

[04~06] 조선 초기 중혼 규제에 대한 논의

04

분석 및 접근
이중적인 정보 확인과 시간 순서에 따른 정보 차이에 유의하여야 하는 고난도의 사실 확인 문제이다.

① (X) ㉠에서는 당사자가 이미 죽어 이혼을 할 수 없는 경우를 따로 명시한 것일 뿐이지, 처와 첩을 구분하는 기준 자체를 생사 여부로 상정한 것이 아니다. ㉠에서는 혼서의 유무와 혼례식 여부로 처와 첩을 구분하였다.

② (O) ㉡에 대한 서술 중 "처인지 첩인지에 따라 그 자식에게 노비를 차등 분급하게 하고"라는 내용을 통해 확인할 수 있다.

③ (X) ㉠에서 "처가 있는데도 다시 처를 취한 자는 처벌 후 후처를 이혼시키십시오."라고 했으므로 "처를 첩으로 바꾸거나 첩을 처로 바꾸면 처벌"을 받은 것은 ㉡이 아닌 ㉠에 해당한다.

④ (X) ㉠에서 다처일 경우에는 후처와 이혼하는 것이지, 모든 처와 이혼하는 것이 아니다. → **매력적 오답**

⑤ (X) 영락 11년 3월 11일 이후부터 "은의와 동거 여부를 중혼 허용의 기준으로"삼은 것은 ㉡에만 해당한다.

05

분석 및 접근
위 지문은 학설비교형 지문이므로 각 주장들의 입장을 스펙트럼화하여 기억한다면 문제를 더 효율적으로 해결할 수 있다.

① (O) ⓐ의 논리는 여러 처의 존재를 인정하고, 아버지의 다른 처를 위해서도 상복을 3년 입어야 한다는 논리이므로, 이성손도 마찬가지로 자신의 친모가 아닌 백 씨를 위해 상복을 3년 입어야 한다.

② (O) ⓑ는 「육전등록」이 여러 처의 존재를 인정하였음에도 처에 대한 대우를 차등적으로 했음을 근거로 하여 동일한 적처라도 어머니로서의 대우에 대한 판단이 달라야 한다고 주장하고 있으므로 주어진 선지의 서술은 적절하다.

③ (O) ⓒ는 여러 처를 두는 것을 합법화한 「육전등록」의 정당성을 부인하고 두 명의 처를 두는 법식이 영원히 유지될 수 없다고 주장하고는 있으나, 현행법으로서의 합법성마저 부인하고 있는 것은 아니다. 또한 각자의 어머니에 대해서만 상복을 입게 한다는 주장에서, 이효손의 어머니가 한 명으로 인정된다는 것이지, 이담의 처가 한 명으로 인정된다는 것은 아니므로 ⓒ도 ⓑ와 마찬가지로 백 씨와 이 씨를 모두 적처로 인정하고 있음을 유추할 수 있다. → **매력적 오답**

④ (O) ⓒ의 논리에 따르면 이효손은 자신의 어머니인 백 씨에 대해서만 상복을 입으면 되지만, ⓓ의 논리에 따르면 이효손은 백 씨와 이 씨 모두를 위해서 상복을 입어야 한다.

⑤ (X) ⓓ의 논리에 따르면 이효손은 이 씨를 계모에 견주어 상복을 3년 입어야 하고, ⓔ의 논리에 따르면 이효손은 이 씨를 첩모로 간주하여 상복을 입어야 한다. 따라서 어느 입장의 논리를 따르더라도 이효손은 상복을 입어야 하므로 이효손이 "이 씨를 위해 상복을 입지 않아도 된다."는 주어진 선지의 서술은 적절하지 않다.

06

분석 및 접근
역사학 제재 지문에서 세 번째 문제로 흔히 출제되는 사료 적용 문제이다. 시기에 따라 제도가 달라지기 때문에, 각 시기에 맞는 사건을 명확히 파악하는 것이 중요하다.

1413년	사헌부의 건의에 의한 ㉠ 규제
	박길동의 사망 시점 (5월)
1414년	대사헌 유헌 등에 의한 규제 ㉡ 수정 보완 기준
1415년	박일룡이 소를 제기한 시점

- 노 씨(첩) - 박일룡
- 김 씨(선처) - 박이룡
- 허 씨(후처) - 박삼룡

① (O) 박길동 사망 직후의 시점은 ㉠에 의해서 영향을 받는 시점이다. ㉠에 따르면 혼서의 유무와 혼례식 여부로 처와 첩을 구분하고 작첩과 토지는 처에게 지급한다. 박일룡의 어머니인 노 씨는 혼례 없이 결혼을 했으므로 첩으로 구분되고, 혼서 교환과 혼례를 통해 관계를 맺은 김 씨는 처로 구분되므로 박길동 사망 직후의 시점에는 김 씨에게 작첩과 수신전이 주어졌을 것이다.

② (O) 박길동이 소가 제기될 시점인 1415년에 생존해 있었다면 ㉡의 적용을 받는다. ㉡에 따르면 영락 11년(태종 13년=1413년) 3월 11일 이후부터에 한하여 중혼에 대하여 처벌한다. 그러나 박길동이 중혼을 한 시점은 영락 11년 이전이므로 박길동은 중혼에 대해서 처벌받지 않았을 것이다.

③ (O) ㉡에 따르면 은의가 깊고 얕음과 동거 여부만이 고려 대상이 되고, 아들이 집안을 주관하는지 여부는 고려 대상이 되지 않는다. 따라서 판결에 영향을 주지 않았을 것이다.

④ (O) ㉡에 따르면 후처인 경우라도 후처와 종신토록 같이 살았다면 후처에게 작첩과 수신전을 주어야 하므로 동거를 하였던 허 씨에게 작첩과 수신전이 주어졌을 것이다.

⑤ (X) ㉡은 여전히 처와 첩의 구분을 인정하고 있으며, ㉠의 규제에 대한 수정 보완 방안이다. 따라서 ㉡에는 처첩 구분 기준에 대한 특별한 추가적인 명시가 없으므로 여전히 처첩 구분 기준은 ㉠의 기준을 따른다고 봐야 한다. 따라서 혼서와 혼례 없이 관계를 맺었던 노 씨는 첩으로 분류되므로 세 명의 처를 둔 경우가 아니라 한 명의 첩과 두 명의 처를 둔 경우에 적용되어 판결이 진행될 것이다. 따라서 주어진 선지의 서술은 적절하지 않다.

[07~09] 오믹스 단백질

07

분석 및 접근
기본적인 사실 확인 문제이다.

① (X) 두 번째 단락에서 "RNA 중의 일부만이 번역 과정을 통해 단백질로 만들어진다."라고 제시되었으므로 신경 세포의 RNA 중 일부만이 단백질로 번역되었을 것이다.

② (X) 두 번째 단락에서 "전사체는 유전체 정보의 일부분 즉 유전체 정보들 중 현재 수행 중일 가능성이 큰 기능에 대한 정보를 가지고 있고, 단백질체는 전사체의 일부분 즉 실제로 수행 중인 기능에 대한 정보를 담고 있다."라고 제시되었다. 따라서 포함관계는 "유전체 ⊃ 전사체 ⊃ 단백질체"의 관계를

이룬다. ②는 포함 관계의 선후를 뒤바꿔 오류를 만드는 LEET 오답 선지 구성 원리에 따른 오답 선지에 해당한다.

③ (X) 두 번째 단락에서 "인간의 간세포와 생쥐의 간세포의 유전체는 각각 서로 다른 정보를 가지고 있다."라고 제시되었고, 단백질체는 유전체의 일부이므로 유전체의 정보가 다르다면 단백질체의 정보도 다를 것이다.

④ (X) 세 번째 단락에서 "정상 세포가 암세포로 바뀌는 과정도 분화 과정이라 할 수 있다."라고 제시된 부분을 통해 암세포도 정상 세포에서 분화한 것임이 확인된다.

⑤ (O) 세 번째 단락에서 "분화를 통해 다른 세포로 변하게 되면 가지고 있는 단백질의 조합도 달라진다."라고 제시되었으므로 해당 세포의 단백질을 생성하는 단백질체의 정보가 달라졌을 것임을 추론할 수 있다.

08 정답 ②

분석 및 접근
계량적인 추론을 요구하는 문제이다.

① (O) 두 번째 단락에서 "한 인간이라는 시스템과 그 인간의 간(肝)세포라는 또 다른 시스템의 유전체는 동일한 정보를 가지고 있지만"이라고 서술된 부분에서 세포가 분화한다고 하여도 유전체는 변화하지 않을 것임을 추론할 수 있다.

② (X) 다섯 번째 단락에서 "단백질은 20종류의 아미노산이 일렬로 연결된 형태를 가지며, 단백질 하나의 아미노산 개수는 평균 500개 정도이다."라고 제시되었다. 또한 마지막 단락에서 "미지의 단백질에 트립신을 가하여 평균 10개 정도의 아미노산으로 이루어진 조각인 펩타이드로 자른 후 분자량을 측정한다."라고 제시되었다. 따라서 단백질은 평균적으로 500개 정도의 아미노산으로 이루어져 있으므로, 트립신을 가하면 평균 10개 정도의 아미노산으로 구성된 펩타이드 50개로 쪼개질 것이다. 트립신을 첨가한 후에 생성되는 펩타이드들의 아미노산 서열이 동일하려면 50개 가량의 펩타이드의 아미노산 서열이 전부 동일해야 한다. 20종류의 아미노산 중 10개의 아미노산을 뽑아 임의로 배열하였을 때 만들어지는 펩타이드 50여 개가 모두 동일한 아미노산 서열일 확률은 천문학적으로 극소량에 해당하는 확률일 것이므로 ②는 주어진 내용에서 추론되기에 적절하지 않다.

③ (O) 두 번째 단락에서 "단백질체는 전사체의 일부분 즉 실제로 수행 중인 기능에 대한 정보를 담고 있다."라고 제시되었으므로 인간의 신경 세포와 근육 세포의 기능이 다른 이유는 단백질체가 담고 있는 정보가 다르기 때문으로 추론할 수 있다.

④ (O) 마지막 단락에서 어떤 단백질의 아미노산 서열을 알면 트립신을 처리하였을 때 "어떤 아미노산과 아미노산 사이가 잘릴 것인지 예측할 수 있다."라고 제시되었으므로 그 단백질에서 생성될 펩타이드들의 분자량도 충분히 계산하여 예측할 수 있다.

⑤ (O) 네 번째 단락에서 "암세포에서 정상 세포보다 양이 늘어나 있는 단백질은 발암 단백질의 후보가 될 수 있다"라고 제시되었으므로 "어떤 단백질에서 유래한 특정 펩타이드의 양이 정상 세포에서 보다 암세포에서 더 많다면 그 단백질은 발암 단백질의 후보"가 되기에 충분하다.

09 정답 ③

분석 및 접근
제시된 주장에 대한 **강화약화** 문제이다. LEET 언어이해에서도 강화약화 문제가 출제되는 경우가 있으므로 주의하여야 한다.

ㄱ. (O) "㉠ 생명체에서 생화학 반응의 촉매 작용과 같은 필수적인 '일'을 직접 수행하는 물질은 단백질체를 이루는 단백질들이다."라는 명제는 '단백질이 생명 현상의 필수적인 '일'을 수행하는 데 필수적이다.'라는 주장을 함축한다. 따라서 최초의 생명체가 단백질을 가지고 있지 않았다면 ㉠의 설득력은 **약화**된다.

ㄴ. (O) "㉡ 암세포에서 정상 세포보다 양이 늘어나 있는 단백질은 발암 단백질의 후보가 될 수 있고, 암세포에서 정상 세포보다 양이 줄어든 단백질은 암억제 단백질의 후보가 될 수 있다."라는 명제는 '어떤 단백질의 양이 증가하면, 그 단백질은 암 세포로 분화하는 기능을 수행하는 데 기여한다.'라는 주장을 함축한다. 따라서 단백질의 양이 증가할 때, 오히려 기능이 비활성화되는 단백질이 발견된다면 ㉡의 설득력은 **약화**된다.

ㄷ. (X) "암세포 단백질체와 정상 세포 단백질체에 트립신을 가하여 얻은 ㉢ 펩타이드의 분자량 분석을 통해 치료용 표적 후보 단백질을 알아낼 수 있다."라는 명제는 '암세포 단백질체를 구성하는 일부 펩타이드와 정상 세포 단백질체를 구성하는 일부 펩타이드에 차이가 존재한다.'라는 주장을 함축하는 것이지 '암세포 단백질체는 구성하는 모든 펩타이드와 정상 세포 단백질체를 구성하는 모든 펩타이드에 차이가 존재한다.'라는 주장을 함축하는 것이 아니다. 따라서 트립신을 첨가한 서로 다른 단백질에서 같은 분자량을 지닌 펩타이드가 생성되었다고 해도 ㉢의 설득력은 **변하지 않는다.**

[10~12] 채만식의 소설 「탁류」에 대한 비평

10 정답 ①

분석 및 접근
글에서 중점적으로 다루고 있는 서술 대상이 무엇인지를 파악하여야 한다.

① (O) 첫 번째 단락에 따르면, "채만식이 「탁류」에서 현실을 대하는 태도에는 식민지 근대화 과정에 대한 작가의 민감한 시선이 들어 있었다."라고 서술되었다. 서두에서 요약적으로 제시한 것처럼, 위 지문은 식민지 조선의 정치경제적 현실에 따른 소설 속 인물들의 삶의 모습을 통해 채만식의 비판하고자 했던 지점을 집중적으로 서술하고 있으므로 ①이 가장 적절한 설명에 해당한다. → **절대적 정답**

② (X) 인물의 내면 심리에 대해서는 제한된 범위 내에서 서술되어 있다고 간주할 지점도 있으나, "소설가의 내면 심리를 천착한다."에 대한 부분은 글에서 확인될 수 없다.

③ (X) 「탁류」에서 드러나는 채만식의 태도가 궁핍으로 인한 연명의 문제보다 윤리의 문제를 더 중시하였다고 간주되기는 어려우며, 또한 마지막 단락에서 확인되듯이, 글쓴이는 궁핍한 환경에서 인간성을 상실해 가는 인물들 속에서 오히려 '증여의 윤리'의 가능성을 발견하고자 하는 채만식의 역설적인 낙천성을 높게 평가하고 있으므로, "소설가의 인식을 비판한다."라는 ③의 설명은 타당하지 않다.

④ (X) 채만식의 「탁류」에서 드러나는 현실비판적인 태도는 당대의 정치경제적 상황에 대한 비판이지, 일반적인 인간의 삶의 양식에 대해서 허무주의적인 태도를 겸비하는 염세적인 시선이라고 보기 어려우며, 마지막 단락에서 제시되듯이 오히려 '증여의 윤리'를 통해 "타락한 세계를 넘어설 수 있는 길"을 제시하고 있다.

⑤ (X) 지문에서 묘사된 인물들은 돈을 위해서 행동하는 인물들이지 이념을 위해서 행동하는 인물들이 아니므로, "인물들이 표방하는 이념의 분석을 통해 통찰한다."라는 서술은 타당하지 않다.

11

분석 및 접근
밑줄이 그어진 비유적 표현들의 앞에서 설명된 소설의 서사를 기억하면서, 그 비유의 의미를 파악하면 쉽게 해결할 수 있는 문제이다.

① (O) 두 번째 단락에 따르면, "소설의 앞부분에서 **초봉**은 경제적 어려움에 시달리는 가족을 위해서라면 자기희생을 마다하지 않는 순수한 영혼의 소유자로 등장한다."라고 서술되었다. 이는 초봉이 자본주의적 타락의 세계에 빠져들기 전의 삶의 태도를 묘사한 부분으로, **고유한 영토**라는 비유에 집약되어 있다. 이는 가족에 대한 증여자로서의 순수했던 초봉의 삶의 모습을 상징한다.

② (X) 두 번째 단락에서 "태수는 끊임없이 증여하고 선물하면서 초봉의 고유한 모럴, 그러니까 노동을 통해 조금씩 무언가를 축적해 가는 삶의 방식을 회의에 빠뜨린다."라고 서술되었으므로, 이는 초봉이 노동을 통해 삶을 개선해 나갈 수 있다는 의지가 결여되었음을 암시한다. 따라서 ②에서 "'초봉'이 노동에 의해 빈곤에서 벗어날 수 있다는 믿음을 되찾으면서"라는 설명은 적절하지 않은 설명에 해당한다.

③ (O) 네 번째 단락에서 "'초봉의 몰락'은 이렇듯 초봉이 교환의 정치경제학을 자기화함으로써 **영혼이 없는 자동인형**으로 전락하는 것으로 귀결되었다."라고 서술되었으므로, **영혼이 없는 자동인형**이라는 비유는 자본주의적 물신주의를 내면화한 초봉의 모습을 집약적으로 비유한 표현에 해당한다.

④ (O) 네 번째 단락에서 **노회함과 집요함**이라고 묘사된 부분은 특정 인물의 성격에 대한 묘사가 아니라, 자본주의의 기제에 대한 묘사에 해당하므로, 초봉이 경험한 사건이 특정 인물에게 일어난 우연적 일이라기보다는 식민지 조선이 자본주의화 되어 가는 과정에 대한 유비로서 제시된 것임을 유추할 수 있다.

⑤ (O) "위험이 있는 곳에 구원의 힘도 함께 자란다."라는 말이 다섯 번째 단락에서 제시된 이유는 글쓴이가 보기에 「탁류」의 결말 부분은 타락한 삶의 와중에서 오히려 '증여의 윤리'를 회복할 수 있다는 희망이 제시되어 있기 때문이며, 이를 절망적인 상황 속에서 오히려 희망이 발견되는 삶의 역설이라고 표현하고 있다. 따라서 ⑤의 설명은 타당하다.

12

분석 및 접근
문학 지문의 세 번째 문제로 흔히 등장하는 **문학 작품 적용 문제**이다. 수많은 인물들이 소설에서 등장하기 때문에, 인물들의 이름을 혼동하지 않도록 주의하면서 정보를 체크하면 어렵지 않게 해결할 수 있다.

① (O) 마지막 단락에 따르면, **승재**의 삶에서 드러나는 '증여의 윤리'는 저자가 간주하기에 자본주의적 타락을 극복할 수 있는 새로운 희망의 표상으로 기능한다. 따라서 주어진 부분에서 승재가 계봉이에게 돈을 주는 행위는 자본주의적 대가를 바라는 것이 아니라 순수한 증여 행위임을 추론할 수 있고, 이는 두 번째 단락에서 **태수**가 초봉에게 돈을 증여했던 것과는 대비되는 모습이다.

② (O) 세 번째 단락에서 등장하는, **제호**도 마찬가지로 초봉의 육체를 자본주의적 방식으로 거래하고자 하는 속셈에서 초봉에게 접근하는 인물에 해당한다. 따라서 태수와 마찬가지로 승재와 대조되는 인물에 해당하므로 ②의 설명은 타당하다.

③ (O) 세 번째 단락에서 등장하는 형보 또한 마찬가지로 가학적으로 초봉의 성을 착취하는 인물로 묘사가 된다. 반면, <보기>의 내용에서 계봉은 승재가 내미는 돈을 "나는 이 돈 받을 수 없소."라고 대답하며 거절하였다가,

<보기>의 마지막 문장에서 "잠깐 망설이다가 할 수 없이 그(계봉)는 돈을 집어 든다."라는 서술에서처럼 돈을 받아들이는 양가적인 태도를 보인다. 이는 "얼굴이 꼿꼿하게 들려지지 않을 것같이 무색하기도 했다."라는 묘사에서 드러나듯이, 계봉이 아무런 이유 없이 타인의 증여를 받는 것이 자신의 존엄성을 해칠 수 있다고 인지하기 때문이며, 이는 계봉의 자존심을 드러내는 것이다.

④ (O) 두 번째 단락에서 제시되었듯이, 태수는 '과잉 증여'를 통해 초봉을 자본주의적 타락의 세계로 끌어들이는 인물이다. 반면, 마지막 단락에서 제시되었듯이, 승재는 아무런 대가 없이 타인에게 돈을 증여하는 '증여의 윤리'의 화신과 같은 인물로서 자본주의적 타락을 극복할 수 있는 희망의 표지로서 제시된다.

⑤ (X) 네 번째 단락의 "영혼이 없는 자동인형"이라는 비유가 집약하였듯이 초봉이 자본주의적 정치경제학을 무의식적으로 내면화하였다는 점에 대한 서술은 타당하다. 그러나 <보기>에서 "'입술'을 꽉 다무는 계봉의 모습"은 '증여의 윤리'를 의식적으로 수용하려는 것이 아니라, 승재의 증여를 거절하기 위하여 마음을 다잡는 모습에 해당한다.

[13~15] 헨리 조지의 토지가치세

13

분석 및 접근
헨리 조지가 제안한 토지가치세가 주장하는 바를 명확하게 파악할 것을 요구하는 사실 확인 문제이다.

① (O) 두 번째 단락에서 "그(헨리 조지)는 토지 소유자의 임대소득 중에 자신의 노력이나 기여와는 무관한 불로소득이 많다면, 토지가치세를 통해 이를 환수하는 것이 바람직하다고 주장했다."라는 부분을 통해, 헨리 조지가 모든 임대소득을 불로소득으로 간주한 것이 아니라, 임대소득 중 기여와는 무관한 부분만을 불로소득으로 간주했다는 점을 확인할 수 있다. 또한 "토지 개량의 수익을 제외한 나머지는 정부가 환수하여 사회 전체를 위해 사용하자"라고 주장된 부분을 통해, 헨리 조지가 말하는 불로소득이란 '토지 개량의 수익을 제외한 나머지 임대소득'에 해당함을 확인할 수 있다. 따라서 이를 종합하면 ①의 설명은 타당하다.

② (X) 두 번째 단락에서 "그(헨리 조지)는 토지단일세가 다른 세금들을 대체하여 초과 부담을 제거함으로써 경제 활성화에 크게 기여할 것으로 보았다."라는 부분을 통해, 헨리 조지가 토지가치세가 재정에 필요한 조세 수입을 확보하기에 충분하다고 여겼다는 점을 확인할 수 있다.

③ (X) 두 번째 단락에서 "(헨리 조지는) 사용권과 처분권은 개인의 자유로운 의사에 맡기고 수익권 중 토지 개량의 수익을 제외한 나머지는 정부가 환수"하자고 주장하였다는 점이 확인된다.

④ (X) 세 번째 단락에서 "토지가치세는 불로소득에 대한 과세라는 점에서 공정성에 부합하는 세금"이라는 부분을 볼 때, 토지가치세가 공정성의 측면에서 높게 평가되는 이유는 경제적 효율성을 제고하기 때문이 아니라 불로소득에 대해 과세하기 때문이라는 점을 확인할 수 있다.

⑤ (X) 두 번째 단락에서 "토지단일세는 토지를 제외한 나머지 경제 영역에서는 자유 시장을 옹호했던 조지의 신념에 잘 부합하는 발상이었다."라는 부분을 통해 헨리 조지가 모든 경제 영역에서 시장 원리가 도입되어야 한다고 주장한 것이 아니라, 토지를 제외한 모든 영역에서 시장 원리가 도입되어야 한다고 주장했다는 점을 확인할 수 있다.

분석 및 접근

세금이 초과 부담을 발생시켜 경제적 효율성을 억제하는 메커니즘과, 토지가치세가 다른 세금에 비해 경제적 효율성을 억제하는 정도가 낮게 되는 이유를 이해하여야 해결할 수 있는 문제이다.

① (O) 마지막 단락에서 특정 지역에 인구가 유입되게 되면 토지의 가격이 상승하여 토지 소유자는 이득을 누리지만, 그로 인해 발생하는 **부정적 외부효과**는 지역 주변의 거주자가 부담한다는 점이 제시되었다. 따라서 높은 세율의 토지가치세를 도입하여 해당 부동산 소유자의 이익을 환수함으로써 이러한 외부 효과로 발생한 이익의 사유화를 완화할 수 있을 것이다.

② (O) 세 번째 단락에서 자동차에 대한 과세는 자동차 거래를 감소시켜 자동차세를 통한 세수 증대에 효과적이지 않을 수도 있다는 점이 제시되었다. 따라서 자동차세의 인상으로 인한 거래 감소 효과가 존재하지 않는다면, 거래량에 변동이 없으면서 자동차 한 대당 거두는 세수는 증가하므로, 자동차세를 통한 총 세수도 증가할 것이다.

③ (O) 근로소득세가 누진세인 상황이라면, 고임금 근로자일수록 더 많은 근로소득세를 내는 상황이라는 의미이다. 따라서 토지가치세가 단일세가 되어 근로소득세가 폐지된다면, 더 많은 근로소득세를 내던 고임금 근로자가 더 많은 혜택을 누리게 될 것이다.

④ (O) 두 번째 단락에서, 헨리 조지는 "토지 개량의 수익"을 제외한 나머지 부분에 대해 토지가치세를 부여해야 한다고 주장하였다. 이는 "토지 개량"을 통해 토지의 부가가치를 상승시킨 것에 대한 대가는 세금이 부여되지 않아야 한다는 입장으로 해석될 수 있다.

⑤ (X) 네 번째 단락에 따르면, 조세 저항이 발생하는 이유는 토지가치세가 재산권을 침해하는 행위라고 간주되기 때문이지, 토지와 건물을 구분하여 과세할 수 없기 때문이 아니다. 원인과 결과를 잘못 연결하여 제시한 오답 선지에 해당한다.

분석 및 접근

경제학 제재 지문의 **모델링 문제**에 해당하며, 세금의 효율성 억제 메커니즘을 다른 사례에 적용해 볼 것을 요구한다. **탄력성**의 개념을 이해하여야 명확히 해결할 수 있다.

① (O) 토지가치세는 토지의 공급자에게 부과되는 세금인 반면, X국의 '사치세'는 요트 구매자에게 Y국의 '담배세'는 담배 구매자에게 부과되고 있으므로, 이는 모두 소비자에게 부과되는 세금이다.

② (O) 세금으로 인한 초과 부담은 세금으로 인한 가격 상승이 거래량을 하락시키기 때문에 발생한다. 요트에 부과된 X국의 '사치세'는 요트의 거래량을 감소시켜 초과 부담을 야기하였지만, 담배에 부과된 Y국의 '담배세'는 담배의 거래량에 영향을 주지 못하여 초과 부담을 야기하지 않았다. 마찬가지로 토지의 공급량은 한정되어 있으므로, 토지가치세도 거래량에 영향을 미치지 못한다.

③ (O) X국의 '사치세'로 인해 요트의 수요가 감소하였고, 이로 인해 요트를 공급하던 요트 공장의 근로자가 납세 부담을 지게 되었다. 즉 과세 대상자가 아니었던 요트 공장 근로자에게 납세 부담이 추가된 것이다. 반면에 Y국의 '담배세'로 인한 담배의 수요 감소가 발생하지 않아, '담배세'로 인한 납세 부담은 의도했던 과세 대상인 담배 소비자에게 온전히 부여되었다.

④ (X) 요트에 대한 소비는 다른 사치품에 대한 소비로 쉽게 전환될 수 있으므로, 요트의 수요 탄력성은 높다. 반면에 요트를 생산하던 공장은 단기간 안

에 다른 제품을 생산하도록 공정을 전환할 수 없으므로 요트의 공급 탄력성은 낮다. 따라서 요트에 세금이 부과되어 발생한 부담은 탄력성이 낮은 요트 공장 근로자들이 부과하게 된 상황이다. 또한 담배는 중독성이 있어 가격이 상승한다고 해도 담배 소비를 쉽게 줄일 수가 없기 때문에, 담배의 수요 탄력성은 낮다. 따라서 담배에 세금이 부과되어 발생한 부담은 탄력성이 낮은 담배 소비자들이 부과하게 되었다. 이를 종합하여 보면, X국과 Y국의 사례에서도 토지가치세의 경우와 마찬가지로, 탄력도가 낮은 쪽에서 납세 부담을 지게 된 것이다.

⑤ (O) X국은 부유층의 납세 부담을 늘리려 했던 정책 목표를 달성하지 못했고, Y국은 담배 소비를 줄이려 했던 정책 목표를 달성하지 못했다. 반면에 세 번째 단락에서 "토지가치세 도입에 따른 여타 세금의 축소가 초과 부담을 줄여 경제를 활성화한다는 G7 대상 연구에 따르면, 이러한 세제 개편으로 인한 초과 부담의 감소 정도가 GDP의 14~50%에 이른다."라는 부분을 통해 토지가치세는 경제 활성화 효과를 발생시킨다는 점을 확인할 수 있다.

[16~18] 지식인상에 대한 다양한 관점

분석 및 접근

기본적인 사실 확인 문제에 해당한다.
Point 1. 다양한 학술을 분류하기
Point 2. 단정 명제 vs 가능성 명제

· 근대의 지식인: 만하임, 그람시, 사르트르
· 탈근대의 지식인: 푸코, 부르디외

① (X) 첫 번째 단락에 따르면, "중세에도 아벨라르와 같은 비판적 지식인이 존재했다."라고 서술되었으므로, 비판적 지식인은 근대의 드레퓌스 사건 이전에도 존재하였음을 확인할 수 있다.

② (X) 첫 번째 단락에 따르면, "계몽주의 시대에는 특정 분야를 깊이 파고들지 못하더라도 모든 분야를 두루 섭렵할 수 있는 능력을 지닌 사람을 지식인으로 정의하기도 했다."라고 서술되었으므로, 계몽주의 시대의 지식인은 특정 분야의 전문가라기보다는 다양한 분야에 제한된 지식을 가지고 있는 다능인으로 인식되었음을 확인할 수 있다.

③ (O) 근대의 지식인의 사례로 제시된 만하임, 그람시, 사르트르의 지식인 개념을 각각 확인해 보자. 만하임은 "지식인은 보편성에 입각해 사회의 다양한 계급적 이해들을 종합하여야 한다"라고 서술하였고, 그람시는 소외 계급의 해방이라는 보편적 목표를 달성하기 위해 지식인이 소외 계급에게 자의식을 주입해야 한다고 주장하였다. 또한, 사르트르는 지식인은 "보편성에 입각하여 소외 계급의 해방을 추구해야 한다."라고 주장하였다. 이를 종합하여 볼 때, 세 명의 학자들 각자가 제시한 지식인 개념의 구체적인 양태는 상이하지만, 공통적으로 보편성을 추구해야 할 존재로 지식인을 인식하였음을 추론할 수 있다. 따라서 ③은 타당한 설명에 해당한다.

④ (X) 네 번째 단락에 제시된 푸코의 탈근대 지식인에 대한 개념에 따르면 "자신의 분야에 해당하는 구체적인 사안에 정치적으로 개입하면서 일상적 공간에서 투쟁한다."는 것을 지식인의 역할로 명시하였다. 따라서 탈근대 지식인은 자신의 전문 분야에서 제기되는 문제의 정치적 특성에 적극 대응하는 존재임이 푸코의 논의에서 확인 가능하다.

⑤ (X) LEET 언어이해의 대표적인 오답 유형은 "OO 한다."라는 **단정 명제**와 "OO할 가능성이 있다."라는 **가능성 명제**를 혼동하게 만들어 오답 선지를 만드는 것이다. 세 번째 단락에 따르면, 탈근대적 지식 문화에서 대중의 자율성에 기초한 참여와 협업이 가능하다면 대중은 순응주의에서 벗어나 새로운 민주주의를 구현할 수 있다고 서술되었다. 또한, 대중의 자율성에 기초

한 참여와 협업이 결여되는 경우에는 대중은 순응주의에 전략한다는 명제도 뒤에 덧붙여진다. 이는 "대중은 자율적인 참여와 협업에 기초하여 권력에 대한 순응주의에서 벗어날 수 있다."라는 가능성 명제에 해당하는 지문 서술이지, "대중은 자율적인 참여 및 협업에 기초하여 권력에 대한 순응주의로부터 벗어났다."라는 단정 명제에 대한 서술이 아니다. 따라서 ⑤는 타당하지 않은 서술이다. → 매력적 오답

17 정답 ①

분석 및 접근
세 번째 단락과 네 번째 단락에 한정되어서 문제가 출제되었으므로 해당 단락을 처음 독해하면서 문제도 동시에 같이 해결하면 풀이 시간을 단축할 수 있다.

① (O) 세 번째 단락에 따르면, "하이퍼텍스트와 새로운 독자의 탄생은 집단적이고 감정이입적인 구술 문화가 지녔던 특성들을 지식 문화에서 재활성화한다."라고 서술되었다. 이는 구술 문화의 특성을 지니는 다양한 형식의 텍스트들이 형성되어, 이를 통해 지식이 전파된다는 의미이므로 ①은 **탈근대적 지식 문화**에 대한 적절한 설명에 해당한다.

② (X) 세 번째 단락에 따르면, "지식 생산자에 해당하는 저자의 권위는 사라지고 지식 권력은 탈중심화된다."라고 서술되었다. 따라서 ②에서 "중앙 집중적 지식 권력의 영향력이 커진다."라는 부분은 위의 서술과 상반된 내용이므로 적절하지 않다.

③ (X) 세 번째 단락에 따르면, "지식 생산자에 해당하는 저자의 권위는 사라지고 지식 권력은 탈중심화된다."라고 서술되었다. 따라서 ③에서 "지식을 처음 생산한 자의 권위가 이전 시대보다 강화된다."라는 부분은 위의 서술과 상반된 내용이므로 적절하지 않다.

④ (X) "지식인의 사회적 지위가 부르주아 계급에서 피지배 계급으로 전략한다."라는 ④의 설명은 마지막 단락에서 제시된 **부르디외의 지식인 개념**에 해당한다. 그런데 부르디외는 "탈근대적 모색에 있어 근대론적 시각을 더하려는 시도"를 전개한 학자라고 서술되었으므로, 부르디외의 지식인 개념은 탈근대적 지식 문화에 대한 설명이라기보다는 **근대론적 시각**에 가깝다고 추론될 수 있으므로, 탈근대적 지식 문화에 관한 설명으로는 적절하다고 보기가 어렵다.

⑤ (X) 세 번째 단락에 따르면, "집단 지성은 엘리트 집단으로부터 지식 권력을 회수하고 새로운 민주주의의 가능성을 열어놓기도 한다."라고 서술되어 있다. 따라서 ⑤에서 집단 지성이 "대중의 지식 및 담론을 규제하는 새로운 권력 체계를 형성한다."라는 부분은 위의 서술에서 새로운 민주주의를 구현한다는 부분과 상반된 내용이므로 적절하지 않다.

18 정답 ⑤

분석 및 접근
개별 학자들이 정의한 다양한 지식인 개념의 핵심적인 논지들을 정확히 이해하고 있는지를 확인하는 문제이다.

① (X) 두 번째 단락에 따르면, 만하임은 "지식인을 단일 계급으로 간주할 수 없다"라고 서술하였다. 따라서 ①에서 만하임은 지식인이 "동질적인 계급으로 형성될 수 있는 존재라고 여겼을 것이다."라는 부분은 위의 설명과 상반된 내용이므로 적절하지 않다.

② (X) ②의 설명에서 "계급적 이해관계와 이성적 사유 사이의 모순"을 보이는 존재로서 지식인을 이해한 학자는 그람시가 아니라 **사르트르**에 해당한다.

그람시는 지식인이 자신이 속한 계급의 이해관계로부터 벗어날 수 없는 존재라고 인식하였다는 점에서 차이를 보인다.

③ (X) ③의 설명에서 "지식인이 서로 적대 관계에 있는 계급들 중 어느 쪽과 제휴에 있어도"라는 계급적 이해에 종속되어 당파적인 입장을 띄는 **그람시의 유기적 지식인** 개념에 해당하며, "계급적 이해들을 종합할 수 있는 존재"는 **만하임**의 지식인 개념에 해당한다.

④ (X) 네 번째 단락에 따르면, 푸코는 "보편적 지식인"과 대조되는 개념으로서 "특수적 지식인"의 개념을 제시하면서, "거대한 세계관이 아니라 특정한 분야에서 전문적인 지식을 지니고 있는 존재"라고 정의하였다. 따라서 ④의 설명에서 지식인이 "보편적 지식을 전파하는 운동을 전개해야 하는 존재"라고 서술된 부분은 지문의 내용과 상반되므로 ④의 설명은 적절하지 않다.

⑤ (O) 다섯 번째 단락에 따르면, 부르디외는 문화생산자인 지식인들이 "각자의 특수한 영역에 대한 상징적 권위를 가지고", 이를 바탕으로 "사회 전체에 보편적인 가치를 전파해 나가는 투쟁을 전개"하는 존재로서 지식인 개념을 정의하였다. 따라서 푸코와 달리 부르디외의 지식인 개념은 보편적 지식인과 특수적 지식인의 이분법적인 구분을 거부하고 특수적이면서 보편적인 지식을 추구하는 존재로서 지식인의 개념을 정의하고 있는 것이다. 따라서 ⑤의 설명은 부르디외의 지식인 개념에 대한 서술로 적절하다.

[19~21] 시간여행

19 정답 ③

분석 및 접근
시간여행에 대해 ㉠~㉢이 각각 어떤 입장을 취하고 있는지를 명확히 이해하여야 한다. 무엇보다도 ㉢이 어떠한 논리를 동원하여 현재주의 하에서도 시간여행이 가능하다는 입장을 취하고 있는지를 이해하는 것이 가장 중요하다.

㉠: 영원주의자
㉡: 현재주의자 중에 다수(시간여행이 불가능하다는 입장)

구분	4차원주의자	3차원주의자	
	㉠: 영원주의자	㉡: 현재주의자 중에 다수	㉢: 조건부 결정론자
시간여행에 대한 관점	가능	불가능	가능

① (X) ㉠의 입장에서 미래는 이미 고정되어 있는 실재이므로 미래가 이미 결정되어 있는 시간에 해당한다. 반면에 ㉢은 3차원주의자에 해당하므로 미래는 존재하지 않으며 따라서 결정되어 있지 않다. ㉢이 '조건부 결정론자'라는 의미는 과거로 시간여행을 하였을 때 도착하는 순간에 현재가 되는 미래가 결정되었다는 입장이지, 시간여행이라는 변수가 개입되지 않은 상황에서의 일반론적인 논의에서는 ㉢도 미래는 결정되지 않았다고 볼 것이다.

② (X) ㉠의 입장에서는 현재의 내가 어느 시점에 존재하느냐에 관련 없이 출발지는 독립된 시간 조각으로서 영원히 존재한다. 반면에 ㉡의 입장에서는 과거로 시간여행을 하는 순간 '출발지 비존재'의 문제가 발생한다.

③ (O) ㉠은 영원주의자의 관점에서 시간여행이 가능하다고 볼 것이고, ㉢은 '조건부 결정론'에 따라 현재주의자의 관점에서도 시간여행이 가능하다고 볼 것이므로 ③의 서술은 타당하다.

④ (X) ㉡과 ㉢은 모두 현재주의자이므로 시제가 특별한 의미를 지닌다는 점에 대해서는 모두 동의할 것이다.

⑤ (X) ㉡은 시간여행에 따른 '도착지 비존재'의 문제가 해소되지 않았다는 관점이고, ㉢은 시간여행에 따른 '도착지 비존재'의 문제가 해소되었다는 전제 하에서 제기된 입장이다.

20

분석 및 접근
각 입장에서 가능하다고 여기는 범위가 어디까지인지를 구분하는 문제이다.

① (O) 3차원주의자 중 현재주의자의 대부분은 '도착지 비존재'의 문제가 해결되지 않았다고 간주하므로 과거를 거슬러 올라가는 시간여행은 불가능하다고 볼 것이다.

② (O) 현재주의자는 시간이 흐른다고 간주하므로 누군가의 외모가 변한 것은 시간이 흘렀기 때문이라고 간주할 것이다.

③ (X) 4차원주의자는 시간의 흐름이라는 개념 자체를 받아들이지 않기 때문에 시간여행이란 도래하지 않은 시간으로부터 이미 지나간 시간으로의 이동이 아니라, 미래라는 시점에 존재하는 시간 조각으로부터 과거라는 시점에 존재하는 시간 조각으로의 이동 개념으로 시간여행을 받아들인다. 따라서 ③에서 서술된 시간 관념은 4차원주의자가 제기할 수 있는 시간 관념에 해당하지 않으므로, ③의 설명은 타당하지 않다.

④ (O) 시간여행이 가능하다고 믿는 3차원주의자는 '출발지 비존재'의 문제가 '출발지 미결정'의 문제라면, 시간여행이 가능해진다고 주장한다. 즉, 이는 '출발지 미결정'의 문제가 해소되면 '출발지 비존재'의 문제도 해소된다는 의미와 같다.

⑤ (O) 시간여행이 불가능하다고 보는 3차원주의자의 입장에서는, 미래에 도착하는 순간에 미래가 현재가 되기 때문에 '도착지 비존재'의 문제가 해결된다고 하더라도, 우리가 출발한 현재가 과거가 되고 과거는 존재하지 않는 것이므로 '출발지 비존재'의 문제가 발생하므로 시간여행은 불가능하다고 비판할 것이다.

21

분석 및 접근
시간여행이 논리적으로 불가능하다고 주장하는 입장에서 논리적 불가능성이 구체적으로 어떤 지점에서 발생한다고 주장하는 것인지를 이해하였는지 여부를 확인하는 문제이다.

① (O) 시간여행의 도착지가 존재하지 않는다는 논리에 따르면 시간여행이 이루어질 수 없으므로 ⓐ에 위배되는 사건은 애초에 발생하는 것이 불가능하다.

② (O) 영원주의자의 관점에 따르면 10년 전 무명이고 단발인 존 레논도 존재하고, 10년 후 유명하고 장발인 존 레논도 존재하고 있다. 따라서 둘은 이미 각자의 시간 조각에서 존재하는 두 명의 상이한 인물이므로 시간여행을 통해 둘이 마주한다고 해도 ⓑ의 논리적 모순은 발생하지 않는다. 왜냐하면 영원주의자의 관점에서는 둘은 애초에 상이한 인물이기 때문에 동일성이 주장될 수 없기 때문이다.

③ (O) 조건부 결정론자에 따르면, 시간여행을 통해 미래에 도착하는 바로 그 순간에 출발하였던 현재 시점은 순간 과거 사건이 되고 결정된 사건이 된다. 따라서 출발지는 결정되었고 따라서 존재하므로 '출발지 미결정', 즉 '출발지 비존재'의 문제가 해결되었으므로 10년 후의 존 레논을 보기 이전에 이미 '출발지 비존재'의 문제는 해결된 것이다.

④ (X) 외모가 동일하다고 하더라도 10년 전의 존 레논은 '유명하지 않다'라는 속성을 지니고 있고, 10년 후의 존 레논은 '유명하다'라는 속성을 지니고 있기 때문에 여전히 '동일한 사람이 무명이면서 동시에 스타이다.'라는 문제가 발생하므로 ⓐ는 여전히 위배되는 것이다.

⑤ (O) 조건부 결정론자에 논리에 따라서 시간여행의 문제가 해결된 경우의 설명이 ⑤에 해당한다.

[22~24] 선의지 개념에 근거한 칸트의 도덕 철학

22

분석 및 접근
단일한 이론을 제시하는 **이론제시형 지문**이므로, 세부적인 사실을 하나하나 확인하는 식으로 해결하기보다는 이론의 핵심에 대한 이해를 바탕으로 해결하는 것이 훨씬 더 효율적인 문항이다.

① (X) 지문의 핵심 주장은 행위의 도덕성에 대한 판단 기준은 행위의 결과가 아니라 행위가 도덕적 의무에서 비롯하였는지에 따르므로 ①은 지문의 내용과 일치하지 않는다.

② (X) 두 번째 단락에 따르면, 이웃에 불행을 도우려 드는 박애주의적 품성에서 비롯된 행위라도 그것이 도덕적 의무에서 비롯한 행위가 아니라면 도덕적 가치를 지니지 않는다. 따라서 도덕적 가치 판단은 품성인 덕에 의해서가 아니라, 동기인 의지에 의해서만 이루어진다.

③ (X) 첫 번째 단락에서 의무에 맞는 행위를 유발하는 동인 중 의무에 따르려는 의지가 아닌 다른 요인으로 "행위자의 이해관계"가 제시되었다. "만인의 보편적 이익"은 "(박애주의자인) 행위자의 이해관계"에 포함되는 내용이므로 만인의 보편적 이익을 지향하는 것을 동인으로 삼는 행위라도 의무를 따르려는 의지를 동인으로 삼는 것이 아니라면 도덕적이라고 판단될 수 없다.

④ (X) 첫 번째 단락에서 의무에 맞는 행위를 유발하는 동인 중 의무에 따르려는 의지가 아닌 다른 요인으로 "사랑이나 동정심 등의 감정"이 제시되었다. 따라서 감정에서 우러나는 자발적 행위라 해도 의무를 따르려는 의지를 동인으로 삼는 것이 아니라면 도덕적 가치를 지닌다고 판단될 수 없다.

⑤ (O) 이타적인 동기에서 유발되는 행위는 두 번째 단락에 제시된 박애주의적 품성을 지닌 사람이 남을 돕는 행위에 해당하고, 이에 대해 도덕적 가치를 지니지 않으며 도덕적 존경의 대상이 될 수 없다고 제시되었다. 따라서 ⑤의 내용은 지문과 일치한다.

23

분석 및 접근
'의무에서 비롯하는 행위', '의무에 맞는 행위', '의무에 어긋나는 행위' 사이의 논리적 관계를 명확하게 이해하여야 해결할 수 있는 일종의 **논리 게임** 문제이다.

의무에 어긋나는 행위＝비도덕적 행위≠의무에서 비롯하는 행위
→ 결과적으로 **의무에 어긋나는 행위**가, 의무에서 비롯하는 행위일 수는 없다.
→ **의무에서 비롯하는 행위**는 반드시 의무에 맞는 행위를 낳는다. (숨겨진 결론)

의무에 맞는 행위≠의무에서 비롯하는 행위
→ 의무에 맞는 행위는 의무에서 비롯하는 행위가 아닐 수 있다.

[결론] 의무에서 비롯하는 행위 ⊂ 의무에 맞는 행위

해커스 LEET 이재빈 언어이해 기출문제+해설집

① (X) 첫 번째 단락에 제시된 전제에 따르면, '의무에 맞는 행위'와 '의무에 어긋나는 행위'는 어떠한 행위가 결과적으로 도덕적 의도에 유용하였는지에 대해 배타적인 관계를 갖는다. 즉, '의무에 맞는 행위'와 '의무에 어긋나는 행위'는 행위의 도덕적 결과라는 기준으로 배타적으로 분할된 행위 분류에 해당하므로 '의무에 맞는 행위'의 여집합이 '의무에 어긋나는 행위'인 관계를 갖는다. 따라서 '의무에 맞는 행위'가 '의무에 어긋나는 행위'가 되는 것은 불가능하다.

② (O) '의무에 맞는 행위'가 의무에서 비롯된 것이 아닌 다른 여러 동인에서 비롯하였을 수 있다고 제시되었으므로 ②는 적절하다.

③ (O) 첫 번째 단락에 따르면, "'의무에 어긋나는' 것으로 인식된 모든 비도덕적 행위에 대해서는 (중략) 과연 그 행위들이 '의무에서 비롯하는' 것일 수 있느냐는 물음이 이 행위 자체에서 아예 발생할 수 없다"라고 제시되었다. 즉, '의무에 어긋나는 행위'가 '의무에서 비롯하는 행위'일 수 없다는 주장으로, 이는 '의무에서 비롯하는 행위'는 반드시 '의무에 맞는 행위'가 될 수밖에 없다는 명제를 내포하는 것이다.

④ (O) '의무에 맞는 행위' 중에는 '의무에서 비롯하는 행위'가 존재할 수 있으므로 ④는 적절하다.

⑤ (O) 세 번째 단락과 네 번째 단락에 따르면, '의무에서 비롯하는 행위'는 도덕적 법칙을 주관적 원리로 삼으려는 의무를 따르려는 이성적 존재자의 선의지에 의거한 행위라는 점에서, 행위의 결과의 측면에서 '의무에 어긋나는 행위'와 구별된다.

24

분석 및 접근
기본적인 사실 확인 문제에 해당한다.

① (X) ㉠이 자신의 평판을 높이고자 하는 것을 동인으로 삼은 것은 자신의 이해관계에서 비롯한 행위이므로 의무에서 비롯하는 행위가 아니다. 따라서 탁월한 선이 발현된 것이 아니며, 도덕적으로 정당하다고 평가될 수도 없다.

② (O) 네 번째 단락에 따르면 "어떤 법칙을 준수할 때 의지에서 일어날 수 있는 모든 충동을 의지에서 빼앗는 경우", 즉 법칙에 대한 표상만으로 순수하게 구성된 의지인 경우에 탁월한 선이 발현된다고 논증되었으므로, 이러한 경우에서 이루어진 행위는 도덕적으로 정당하다.

③ (X) 두 번째 단락에서 제시되었듯이, 인격의 탁월성에서 비롯한 행위는 의무에서 비롯하는 행위와 엄밀히 구별된다. 따라서 인격의 탁월성이 극대화된 것에서 비롯된 행위라 할지라도 도덕적으로 정당하다고 판단될 수 없다.

④ (X) ㉡의 주관적 원리는 보편적 법칙과 최고선 사이의 모순을 극복할 수 없으며, 주관적 원리가 보편적 법칙이 될 경우에는 어떠한 약속도 존재할 수 없는 모순이 발생한다는 논증이 세 번째 단락에 제시되었으므로, ④의 주장과 달리 도덕적으로 정당할 수 없다.

⑤ (X) ㉢이 선한 의도에서 자신의 이익에 대한 고려를 완전히 배제하였다고 하더라도, 이는 자신의 주관적 원리에 따라 행동한 것이므로 그 주관적 원리는 거짓 약속에 불과할 수 있으므로, 행위에 대한 보편적 법칙이 될 수 없고, 따라서 그의 행위는 도덕적으로 정당하다고 판단될 수 없다.

[25~27] 랑데부에 숨겨진 뉴턴의 역학 법칙

25

분석 및 접근
물리학 제재 지문에서 가장 중요한 포인트는 **계량적 인과 정보**에서 출제된다.

① (O) 두 번째 단락에서 "뉴턴의 제3법칙"에 해당하는 '작용-반작용의 원리'에 의해 연료가 분사되는 반대쪽으로 추진력을 받는다는 점이 제시되었다.

② (X) 네 번째 단락에서 "원 궤도에서 작용하는 중력의 크기가 클수록 속력이 빨라진다."라고 제시되었다. 중력의 크기는 지구의 중심으로부터의 거리에 반비례하므로 원 궤도의 지름이 클수록 중력의 크기는 작을 것이다. 따라서 원 궤도의 지름이 클수록 우주선의 속력은 더 느려진다.

③ (O) 네 번째 단락에서 "지구의 중력만 작용할 때, 궤도 운동하는 우주선의 역학적 에너지는 크기가 일정하게 보존된다."라고 제시되었고, 타원 궤도 운동도 궤도 운동의 하위 범주에 포함되므로, 타원 궤도 운동 중인 우주선의 역학적 에너지가 보존된다는 점을 추론할 수 있다.

④ (O) 두 번째 단락에서 "뉴턴의 제2법칙"에 의해 "물체의 질량과 가속도는 반비례한다."는 점이 제시되었다. 따라서 우주선이 연료 기체를 분사하는 경우, "뉴턴의 제3법칙"인 '작용-반작용의 원리'에 의해 우주선과 연료 기체는 동일한 크기의 힘을 받지만, 우주선의 질량에 비해 연료 기체의 질량이 훨씬 더 가벼우므로 연료 기체가 우주선보다 가속도가 크게 된다.

⑤ (O) 세 번째 단락에서 "궤도를 한 바퀴 도는 데 걸리는 시간"이 "주기"의 개념이라고 제시되었다. 원 궤도에 있는 우주선이 속력을 늦추면 운동 에너지 K가 감소하게 된다. 그런데 운동 에너지 K와 중력 위치 에너지 U의 합인 역학적 에너지 E는 일정하게 유지되므로, 위치 에너지 U가 증가하게 된다. 위치 에너지가 증가한다는 것은 $U = -\dfrac{GMm}{r}$의 식에서 r의 값이 증가한다는 것이며, 이는 원 궤도의 지름이 증가하게 됨을 의미한다. "궤도를 한 바퀴 도는 데 걸리는 시간인 주기는 궤도의 지름이 클수록 더 길다."라고 제시되었으므로, "원 궤도에 있는 우주선이 속력을 늦추면 회전 주기가 짧아진다."는 점을 확인할 수 있다. → 매력적 오답

26

분석 및 접근
주어진 수식에서 크기가 고정된 항이 무엇인지 파악한 뒤, 변수의 크기 변화에 따라 상대 변수의 크기 변화의 방향이 어떻게 변하는지를 파악함으로써 해결하는 문제이다.

ㄱ. (O) 제미니 4호가 후방 분사를 하게 되면 운동 에너지가 증가하고, 따라서 우주선은 기존의 원 궤도보다 지구로부터 더 멀리 도달할 수 있는 큰 타원 궤도로 진입하게 된다. 따라서 기존의 원 궤도에서 운동할 때보다 큰 타원 궤도에서 운동하는 경우에 지구로부터 더 멀어질 수 있다.

ㄴ. (X) 타원 궤도에서 운동 에너지(K)와 중력 위치 에너지(U)의 합인 역학적 에너지(E)는 일정하게 유지되나, 타원 궤도를 운동할 때는 지구로부터의 거리(r)가 시시각각 변화하기 때문에, 역학적 에너지(E)도 그에 따라 변화하고 따라서 운동 에너지(K)도 그에 따라 변화하게 된다.

ㄷ. (O) 원 궤도에 있는 우주선이 궤도의 접선 방향 분사로 역학적 에너지를 증가시켰다는 것은, 큰 타원 궤도로 진입하였다는 의미이다. 기존의 원 궤도의 반지름을 r이라 하고, 큰 타원 궤도에서 지구로부터 가장 멀리 떨어진 거리(타원의 장축)를 R이라 하면, R>r이 성립한다.

원 궤도에서 중력 위치 에너지는 $U_r = -\dfrac{GMm}{r}$으로 일정하며, 타원 궤도에서는 지구로부터 가장 멀리 떨어졌을 때 중력 위치 에너지가 최대가 되므로, 최대 중력 위치 에너지는 $U_R = -\dfrac{GMm}{R}$이다.

이때, R>r이므로 $U_R = -\dfrac{GMm}{R} > U_r = -\dfrac{GMm}{r}$이 성립한다. 따라서 우주선이 원 궤도에서 큰 타원 궤도로 진입하게 되면, 우주선의 최대 중력 위치 에너지는 증가한다.

27   정답 ④

분석 및 접근

26번 문제의 ㄷ에 대한 이해를 바탕으로 접근한다면 문제의 실마리가 보일 것이다. 특히 대칭 형태를 띠고 있는 타원의 수학적 성질을 이해하는 것이 매우 중요하다.

① (O) 전방 분사한 이후 우주선 X는 궤도 B, 즉 작은 타원 궤도에 진입한다. 타원 궤도 운동 중에 역학적 에너지는 동일하게 유지되므로, 최소 중력 위치 에너지를 가질 때 최대 운동 에너지를 갖게 되고, 따라서 작은 타원 궤도에서 지구로부터 거리가 가장 가까운 단축에 위치할 때 우주선 X는 최대 운동 에너지를 가진다. 이때 속도는 작은 타원 궤도의 장축, 즉 기존 원 궤도의 반지름의 거리만큼 지구와 떨어져 있을 때에 비해 빠를 것이므로, 우주선 X의 최대 운동 에너지가 우주선 Y보다 크다는 점을 유추할 수 있다.

② (O) 중력 위치 에너지 $U = -\dfrac{GMm}{r}$은 r이 최소일 때 그 값이 최소가 된다. 따라서 궤도 A에서 우주선 X와 지구로부터 거리의 최솟값이, 궤도 B에서 우주선 X와 지구로부터 거리의 최솟값보다 더 크기 때문에, 궤도 A에서의 최소 중력 위치 에너지도 궤도 B에서의 최소 중력 위치 에너지보다 더 크다.

③ (O) 후방 분사한 이후 우주선 X는 궤도 A, 즉 큰 타원 궤도에 진입한다. 큰 타원 궤도에서 우주선 X가 지구로부터 가장 가까운 순간은 기존의 원 궤도의 반지름에 해당하는 거리만큼 지구와 떨어져 있을 때이다. 중력 위치 에너지 $U = -\dfrac{GMm}{r}$은 지구로부터의 거리 r에 의존하므로, 후방 분사한 이후 궤도 A에서 운동하는 우주선 X의 중력 위치 에너지의 최솟값은 원 궤도에서 운동하는 우주선 Y의 중력 위치 에너지와 동일하다.

④ (X) 우주선 X가 궤도 A, 즉 큰 타원 궤도로 진입하게 되면 기존의 원 궤도와 만나는 접점에서 지구로부터의 거리가 가장 최소가 되므로, 최소 중력 위치 에너지를 갖게 되고, 따라서 원 궤도와 만나는 접점에서 최대 운동 에너지를 갖게 된다. 우주선 X가 궤도 A로 진입하면서 속도가 증가하였기 때문에 접점에서도 운동 에너지는 우주선 Y의 운동 에너지보다 큰 상태이다. 타원 궤도에서 지구로부터의 거리가 멀어지면 멀어질수록 우주선 X의 운동 에너지는 감소하게 되는데, 이때 타원의 형태가 대칭적이기 때문에 우주선 X의 운동 에너지가 특정 값과 일치하게 되는 지점은 대칭적으로 총 두 번 발생하게 된다.

⑤ (O) 큰 타원 궤도 위의 운동점과 원 궤도 위의 운동점 사이의 거리의 최댓값보다 작은 타원 궤도 위의 운동점과 원 궤도 위의 운동점 사이의 거리의 최댓값이 더 작으므로, 우주선 X가 궤도 B로 진입한 경우가 궤도 A로 진입한 경우에 비해 두 우주선 사이의 거리의 최댓값이 더 작을 것이다.

[28~30] 연륜연대학의 사법적 역할

28   정답 ①

분석 및 접근

지문에 직접 등장하지 않는 결론을 추론하여 해결하는 **추론형 사실 확인 문제**이다.

① (X) 다섯 번째 단락에서 "과학자들은 나이테에 담긴 환경 정보의 종단 연구를 통해 기후 변동의 역사를 고증하고, **미래의 기후 변화**를 예측하는 데 주로 관심을 기울여 왔다."라는 부분을 통해, 나이테 분석이 이미 생성된 나이테를 바탕으로 과거에 대한 정보를 축적하고, 이를 통해 미래의 변동을 예측할 수 있으리라는 점을 확인할 수 있다.

② (O) '성목(이미 어느 정도 자란 나무)'으로 소유지 경계 획정을 하였다면, 그 나무는 경계 획정 시기로부터 현재 시점까지의 연대를 포함한 나이테를 가지고 있을 것이다. 따라서 경계 획정 시기까지 소급한 햇수 이상의 나이테의 개수를 가지고 있을 것이다.

③, ④ (O) 다섯 번째 단락에서 "나이테에 담긴 환경 정보에는 비단 강수량이나 수목 질병 만이 아니라 중금속이나 방사성 오염 물질, 기타 유해 화학 물질에 대한 노출 여부도 포함되므로 이를 분석하면 특정 유해 물질이 어느 지역에 언제부터 배출되었는지를 확인할 수 있을 것이다."라고 제시되었다. 따라서 나이테에 흔적을 남기는 사건이 특정 연도에 발생하였다는 지식을 알고 있다면, 단일한 나무의 나이테에 대한 분석만으로도 수목의 연대를 추정할 수 있을 것이다. 또한, 차로변 가로수의 특정 나이테 층에서 납 성분이 발견된 것을 통해, 특정 시기에 납을 함유한 자동차 연료가 사용되었다는 점도 추정할 수 있을 것이다.

⑤ (O) 수목이 나이테 층뿐만 아니라 심부로도 수분과 양분을 공급받는 종류라면, 유해 화학 물질이 심부를 통해 시기와 상관없이 지속적인 영향을 미칠 수 있을 것이므로, 유해 화학 물질이 영향을 미친 시기를 나이테 분석을 통하여 분석하는 데 오차가 발생할 가능성이 높다.

29   정답 ③

분석 및 접근

나이테를 통한 연대 추산의 원리를 이해하였다면, 어렵지 않게 해결할 수 있다.

① (O) 나이테는 일 년에 한 개씩 축적되므로, 2005년에 베어낸 400개의 나이테를 가진 수목은 1605년경부터 자라기 시작했을 것이라고 추정된다.

② (O) 대들보로 사용한 목재는 1650년경에서 베어졌는데, 가장자리 나이테에서 7개째부터, 다른 수목의 나이테에서 나타난 1643년부터 1628년까지의 나이테와 동일한 흔적이 발견되었다고 제시되었다. 그 흔적은 "(가장자리부터) 넓은 나이테 5개, 좁은 나이테 5개, 넓은 나이테 6개 순"이므로, 대들보 목재의 7개째부터 11개째까지는 넓은 나이테, 12개째부터 16개째까지는 좁은 나이테, 17개째부터 22개째까지는 넓은 나이테가 나타났을 것이다. 따라서 대들보 목재의 10번째 나이테는 넓은 나이테가 나타났을 것이라는 추정은 타당하다.

③ (X) ②에서 설명한 것처럼, 대들보 목재의 17개째부터 22개째까지는 넓은 나이테가 나타났을 것이다. 따라서 대들보 목재의 20번째 나이테는 좁은 폭이었을 것이라는 추정은 타당하지 않다.

④, ⑤ (O) [A]에서 "그 목재로 사용된 나무(대들보 목재)는 1650년경에서 베
어졌고 1318년경부터 자란 것"이라고 결론지어졌으므로, 가장자리에서 15
번째 나이테는 1635년에 생겼을 것이다. 또한 대들보 목재와 기둥 목재의
나이테 패턴 비교 구간은 "1643년부터 거슬러 1628년까지 16년 동안"이
므로 이 구간은 1318년경부터 1650년경 사이의 구간에 포함된다.

30

분석 및 접근
과학적 연구 결과를 법적 증거로 승인하는 것에 대한 서로 다른 입장을
비교하는 문제이다.

①, ② (O) A는 관련 분야의 일반적 승인을 얻은 과학적 연구 결과는 법적 증
거로 인정된다는 입장이다. 지문에 따르면 "나이테를 통한 비교 연대 측정"
과 "연륜화학"은 전문가들의 일방적 승인을 얻은 과학적 연구에 해당한다.

③ (X) B는 "전문가의 편견 개입 가능성"의 사유가 있을 경우에는 사안에 대한
관련성이 인정되더라도 과학 기술 전문가의 견해를 사용하지 않는다는 입
장이다. 따라서 B를 따르는 법원이 방사능 피해 보상 문제에 대한 연구 결
과를 활용하였다면, 그 연구의 수행자는 특정 입장에 기울어지지 않았어야
할 것이다.

④, ⑤ (O) C는 '관련성이 인정되고 일정한 신뢰성 요건을 갖추었다면 과학적
연구 결과는 법적 증거로 인정된다.'는 입장이다. 따라서 만약 나이테를 통
한 수목 연구 결과가 법원에서 유의미하게 활용되었다면, 나이테 분석은 관
련성이 인정되었고 일정한 신뢰성 요건을 갖추었을 것이므로, 사이비 과학
이 아니라고 추정될 수 있다. 만약 나이테를 통한 수목 연구 결과가 법원에
서 유의미하게 활용되지 않았다면, 일정한 신뢰성의 요건을 충족하지 못하
였기 때문일 가능성이 있다.

LEET 전문가의 총평

지문	제재	세부 제제	난이도
법의 기원에 대한 세 가지 이론	법학	법철학	하
로마에 대한 그리스 속주민의 인식 변화	인문학	역사학	중
광학 현미경과 전자 현미경의 원리	과학	물리학	중
근대 문학과 멜랑콜리커	인문학	문학	중
동물감정론과 동물권리론	철학	현대철학	중
심적 회계	사회과학	경제학	중
뒤집힌 감각질 사고 실험	철학	현대철학	상
온톨로지	과학	데이터과학	중
극우민족주의의 새로운 네이션 개념	사회과학	정치학	하
근대법의 기획	법학	법철학	중

2019학년도 언어이해 시험을 기점으로 LEET 언어이해 시험은 10지문 30문제 시스템으로 그 구성이 개편되었다. 2019학년도 이전의 언어이해 시험에 비해 한 지문을 읽는 데 소요되어야 하는 시간이 단축된 것이다. 시험 형식적으로뿐만 아니라, 지문의 내용과 문제의 난이도에서도 2019학년도 개편 이전의 언어이해 시험과 이후의 언어이해 시험은 아예 다른 시험이라고 말할 수 있을 정도로 난도가 급격히 상승하였다. 2019학년도 시험이 치러졌던 당시만 하더라도 시험이 도에 지나치게 어려워진 것이 아니냐는 말들이 나올 정도였으나, 현재 시점에서 최신 기출 문제들과 비교해 본다면 2019학년도 시험은 쉬운 편이라고 볼 수 있다. [뒤집힌 감각질 사고 실험] 정도가 2019학년도 언어이해 시험에서 어려운 지문에 속하는 편이라고 할 수 있는데, 이마저도 심리철학에 대한 배경지식이 갖추어진 학생에게는 매우 쉬운 지문이었다. [온톨로지] 지문도 2019학년도 당시에는 어려운 지문이라고 회자되었으나, 현재 기준에서는 상당히 쉬운 지문이다. 그러나 과학 지문에서 데이터과학 영역이 처음으로 출제되었기에 이 당시에서는 매우 낯선 소재가 출제된 것으로 느껴진 터라 그 부분에서의 어려움이 있었을 것이다.

2019학년도 시험에서 갖추어진 시험의 구성적 특성은 지금까지도 유지되어 오고 있다. 법학 2지문, 사회과학 2지문, 인문학 2지문, 철학 2지문, 과학 2지문의 구성이 바로 그것이다. 따라서 LEET 언어이해 시험을 준비하는 데 있어서, 2019학년도 이후의 5개년 기출문제의 중요성은 더할 나위 없이 높다는 점을 명심하여야 한다. 수험생들은 2019학년도 이후의 5개년 기출문제에 대해서 시험 형식적으로뿐만 아니라 지문의 내용적으로도 그 내용을 완벽히 이해해 두겠다는 마음가짐으로 접근하여야 하며, 이를 본인의 배경지식으로 만들어 놓아야 한다.

정답 및 해설

01	02	03	04	05	06	07	08	09	10
①	①	③	④	⑤	①	⑤	②	④	②

11	12	13	14	15	16	17	18	19	20
②	④	②	②	①	⑤	③	②	③	②

21	22	23	24	25	26	27	28	29	30
④	④	③	②	⑤	④	⑤	②	①	③

[01~03] 법의 기원에 대한 세 가지 이론

01
정답 ①

분석 및 접근
지문에 제시된 세 가지 이론의 개별적인 특징을 명확하게 파악하고 있어야 한다.

① (O) 마지막 단락에서 "관습이론은 비합리적이거나 억압적인 사회·문화적 관행을 합리화해 준다는 공격을 받는다."라는 부분을 통해 확인된다.

② (X) 구조이론은 법이 그런 모습을 띠는 이유가 '사회적 필요에 의한 것'이라는 답변을 제시한다. 법이 발생하는 기원을 알려주는 것은 구조이론이 아니라 '관습이나 문화와 같은 사회적 사실'에서 법의 발생 기원을 제시하는 관습이론이다.

③ (X) 두 번째 단락에서 "이 이론(구조이론)에서는 관습이론이 법을 단순히 관습이나 문화라는 사회적 사실에서 유래한다고 보는 데 대해 규범을 정의하는 개념으로 규범을 설명하는 오류라 지적한다."라고 제시되었다. 즉, "규범을 정의하는 개념으로 규범을 설명하기 때문에 논리적 문제가 있다고 공격을 받는"이론은 구조이론이 아닌 관습이론이다.

④ (X) 네 번째 단락에 따르면, 갈등이론은 법이 오히려 사회적 갈등과 불평등을 심화시킨다고 간주한다.

⑤ (X) 갈등이론이 "법 현상에 대한 비판적 접근"을 하는 것은 맞으나, "전체로서의 사회적 이익을 유지하는 기능적 체계를 설명"하는 관점은 갈등이론보다는 구조이론에 대한 설명에 가깝다.

02
정답 ①

분석 및 접근
세 번째 단락이 다른 단락과 독립적으로 배치되어 있으므로, 특정 단락에 제한하여 정보를 확인하면 되기 때문에, 난이도가 높지 않은 문항이다.

① (X) ㉠은 구조이론의 관점이므로 A의 사법위원회가 A 사회의 필요에 부합하는 역할을 수행한다는 분석을 내놓을 것이다. 주어진 선지는 A의 사법위원회가 오히려 가정 간 빈부 격차를 고착시키는 역할을 수행했다고 분석하고 있으므로, 이는 법이 갈등을 유지하고 심화시키는 역할을 한다고 간주하는 **갈등이론**에 따른 분석에 해당한다.

② (O) 구조이론은 B에서 관습이 법의 사회적 필요를 대신하고 있기 때문에 공식적인 사법 기구가 마련되지 않은 것이라고 분석할 것이다.

③ (O) 두 번째 단락에 따르면, 구조이론은 "교환의 유형, 권력의 상호 관계, 생산과 분배의 방식, 조직의 원리"와 같은 사회의 구조가 법의 모습을 결정하는 인자가 된다고 간주한다. 따라서 A와 B는 사회의 구조가 상이하므로 서로 다른 법체계를 가진다고 설명할 것이다.

④ (O) 구조이론은 독립적인 생활을 영위하는 A 사회의 구조적 특성이 비공식적인 규율과 부합하지 않고 성문화된 규칙에 대한 사회적 필요를 야기하였다고 분석할 것이다.

⑤ (O) 구조이론은 함께 하는 생활을 영위하는 B 사회의 구조적 특성이 명시적인 규범체계와 부합하지 않고 생활 속에서 규범을 체득하는 시스템과 부합하였다고 분석할 것이다.

03
정답 ③

분석 및 접근
관습이론의 주장을 지지하는 사례와 그렇지 않은 사례를 판단할 수 있어야 한다.

① (O) 관습이론은 법이 사회적 관습으로부터 기원하였다고 간주하므로, 법이 자연적으로 발생한 것이 아니라는 주장에 동의할 것이다.

② (O) 구조이론은 서로 다른 사회의 상이한 법체계가 두 사회의 구조적 특성의 차이에서 비롯한다고 간주하는 반면에, 관습이론은 두 사회의 관습이 상이한 것에서 비롯한다고 간주할 것이다.

③ (X) 첫 번째 단락에서 "(관습이론은) 성문법이 관습을 변화시킬 수 없다는 입장을 취하는 것이다."라고 제시되었다. 주어진 선지의 내용은 여성 차별에 대한 성문법의 제정이 여성 차별 관습을 완화시켰다는 내용을 담고 있으므로, 관습이론의 입장과 완전히 상반된다. 따라서 주어진 선지의 사례는 관습이론의 논거를 강화하는 것이 아니라 오히려 **약화**한다.

④ (O) 주어진 선지의 내용은 가족 문화의 변화가 민법의 변화를 추동했다는 것이므로, 법의 역할이 관습의 변화를 재천명하는 것에 불과하다고 간주하는 관습이론의 논거에 부합한다.

⑤ (O) 주어진 선지의 내용은 허례허식에 해당하는 행위를 성문법이 금지하였어도, 그 행위가 관습으로 남아있는 한에는 성문법이 효력을 발휘하지 못하였다는 것이다. 이는 "성문법이 관습을 변화시킬 수 없다"는 관습이론의 입장에 부합한다.

[04~06] 로마에 대한 그리스 속주민의 인식 변화

04

정답 ④

분석 및 접근
시간 순에 따라 지문이 서술되는 **역사학 제재 지문**의 특성에 유의하여, 사실 확인 문제에서 제시된 서술이 제시된 시간 배경과 일치하는지를 체크하여야 한다.

① (X) 다섯 번째 단락에 따르면, 아리스티데스에 의해 페르시아와 달리 전횡성을 극복한 체제로 평가받은 로마의 시기는 서기 2세기 중엽으로 이미 로마가 제정으로 전환된 이후의 시기에 해당하므로 적절하지 않다.

② (X) 두 번째 단락에서 로마 공화정의 지배가 그다지 도덕적으로 정당하지 않았다는 근거로, 속주민들이 로마 지배자들을 고발하는 사건이 빈번하였다는 점이 제시되었다. 따라서 속주민들은 고발을 통해 이견을 표현할 수 있었다는 점이 추론된다.

③ (X) 네 번째 단락에서 서기 2세기 중엽에 동화주의의 입장에 섰던 그리스인들은 과거 공화정 체제를 그리워했던 로마인들과 달리 오히려 더 열렬히 제정 체제를 지지했다고 제시되었다. 따라서 제정 초기에 모든 로마의 상류층이 공화정에서 제정으로의 체제 변화를 환영한 것은 아님을 알 수 있다.

④ (O) 세 번째 단락에서 그리스인들이 타협주의의 입장에 섰던 이유는 황제가 그리스 문화를 존중해 주었기 때문이라고 제시되었다. 따라서 그리스인들이 자신들의 문화를 존중해 준 것을 바탕으로 자존감을 지켰음을 확인할 수 있다.

⑤ (X) 첫 번째 단락에서 아리스티데스가 시민권 개방 정책이 보편 시민을 구현하려는 통치 원리의 산물이라고 추측한 것과 달리 "로마인에게 (중략) 시민권 개방은 분리 통치를 위한 '지배 비결'이었을 뿐이다."라고 서술되었다. 따라서 주어진 선지는 아리스티데스의 잘못된 추론을 반영하고 있으므로 타당하지 않다. → 매력적 오답

05

정답 ⑤

분석 및 접근
역사학 제재 지문에서 출제되는 문제에서는 사건이나 사조가 발생한 시간적 순서 혹은 시간적 배경이 선지를 판단하는 데 중요한 요소로 작용한다는 점에 항상 유의하여야 한다.

① (O) 두 번째 단락에서 "그들의 논리(순응주의의 논리)는 최선자(最善者)의 지배가 약자에게 유익하다는 것이었다. 그로써 그리스인은 로마인에 대해 지배의 도덕적 정당성을 인정"하였다고 제시된 부분을 통해 순응주의가 지배의 정당성과 윤리적 정당성을 일치시키는 논리를 구사했음을 확인할 수 있다.

② (O) 세 번째 단락에 따르면, 타협주의는 그리스인의 정체성을 존중받는 대가로 지배에 타협한다는 관점이다. 따라서 타협주의는 그리스인이라는 정체성에 높은 가치를 부여하였을 것이 추론된다.

③ (O) 네 번째 단락과 마지막 단락에 따르면, 동화주의는 제국 시스템의 우월성으로 인간에 의한 통치가 아닌 행정 시스템에 의한 체계적인 통치라는 점을 높게 평가하였다.

④ (O) 타협주의와 동화주의는 공통적으로 로마의 제정 시스템이 그리스에게 제공하는 평화에 가치를 부여하는 관점이다.

⑤ (X) 순응주의는 로마의 정체 변화 이전에 등장한 관점이므로 로마의 정체 변화를 긍정적으로 파악하였는지 알 수 없다.

06

분석 및 접근
역사학 제재 지문에서 세 번째 문제로 흔히 출제되는 사료 적용 문제이다.

> 정치가는 자신과 출신 도시가 로마 통치자들에게 책잡히지 않도록 해야 함은 물론, 로마의 고위 인사 중에 친구를 가지도록 해야만 한다. 로마인은 친구들의 정치적 이익을 증대시켜 주는 데 열심이기 때문이다. 우리가 거물들과의 우정에서 이득을 보게 되었을 때, 그 이점이 우리 도시의 복지에 이어지도록 하는 것도 좋다. …… ⓐ 우리 그리스 도시들이 누리는 축복들인 평화, 번영, 풍요, 늘어난 인구, 질서, 화합을 생각해 보라. 그리스인이 이민족들과 싸우던 모든 전쟁은 자취를 감추었다. ⓑ 자유에 관한 한, 우리 도시 주민들은 통치자들이 허용해 주는 커다란 몫을 누리고 있다. 아마 그 이상의 자유는 주민들을 위해서도 좋지 않을 것이다.
> – 플루타르코스, 「정치가 지망생을 위한 권고」 –

· ⓐ: 로마의 지배를 평화와 번영을 근거로 긍정적으로 평가한다.
 → 로마의 지배를 "최선자의 지배"라는 철학적 논증으로 정당화하던 순응주의 시기는 정답에서 제외되므로 ⑤는 소거된다.
· ⓑ: 도시 주민들에게 할당된 자유를 긍정적으로 평가한다.
 → 도시들이 각자의 자립성을 잃고 제국의 일원으로 동화되어야 한다고 주장한 동화주의의 시기는 정답에서 제외되므로 ②와 ③은 소거된다.

따라서 타협주의에 해당하는 관점을 반영하는 선지를 선택해야 하는데, 그 시기에 해당하는 인물은 디오니시우스 또는 디오이므로 정답은 ① 또는 ④ 중 하나이다.

디오니시우스의 주장의 핵심 키워드는 '로마인의 뿌리가 그리스인'이다. 그러나 디오의 주장의 핵심 키워드는 '그리스인의 이상으로서 화합의 실현'이므로 <보기>에서 '화합'은 언급되고 있으나, '로마인의 뿌리가 그리스인'이라는 주장은 언급되지 않았다. 따라서 <보기>의 화자와 가장 가까운 시각이며, <보기>의 화자를 가장 지지할 입장은 디오에 해당한다.

따라서 정답은 ①이다.

[07~09] 광학 현미경과 전자 현미경의 원리

07

정답 ⑤

분석 및 접근
기본적인 사실 확인 문제이다.

① (X) 두 번째 단락에서 "일반적으로 현미경에서 얻을 수 있는 최소의 해상도는 사용하는 파동의 파장, 렌즈의 초점 거리에 비례하며 렌즈의 직경에 반비례한다."라고 제시되었으므로 모든 현미경의 해상도가 파동의 파장에 의존함을 확인할 수 있다. 따라서 광학 현미경의 해상도도 시료에 비추는 빛의 파장에 의존할 것이다.

② (X) 네 번째 단락에서 "전자 현미경은 고전압으로 가속된 전자빔을 사용하므로 현미경의 내부는 기압이 대기압의 $1/10^{10}$ 이하인 진공 상태여야 한다."라고 제시되었으므로 전자 현미경에서는 진공 장치 내부의 기압이 낮을수록 선명한 상을 얻을 것이라는 점을 추론할 수 있다.

③ (X) 세 번째 단락에서 "렌즈의 중심과 가장자리를 통과하는 전자가 받는 힘을 적절히 조절하여 한 점에 모이도록 하는 것이 어려우므로 광학 현미경에 비해 초점의 위치가 명확하지 않다."라고 제시되었으므로 렌즈의 중심과 가장자리를 통과한 전자가 동일한 위치에 모이기가 쉽지 않다는 점이 추론된다. 세 번째 단락의 처음 부분에서 "전자 현미경의 렌즈는 (중략) 전자를 모

아 준다."라는 부분을 근거로 ③을 답으로 고르는 오류를 범하지 않도록 주의하여야 한다. → 매력적 오답

④ (X) 네 번째 단락에서 "절연체 시료를 관찰할 때 전자빔의 전자가 시료에 축적되어 전자빔을 밀어내는 역할을 하게 되므로 이미지가 왜곡될 수 있다."라고 제시되었으므로 시료의 표면에 축적되는 전자가 많을수록 상의 왜곡이 증가한다는 점을 추론할 수 있다.

⑤ (O) 두 번째 단락에서 "광학 현미경은 시료에 가시광선을 비추고 시료의 각 점에서 산란된 빛을 렌즈로 집속하여 상(像)을 만드는데"라고 제시된 부분에서 광학 현미경이 시료에서 산란된 파동을 관찰한다는 점을 확인할 수 있다. 또한 마지막 단락에서 "전자 현미경에서는 시료에서 산란된 전자의 물질파를 검출기에 집속하여 상이 맺힌 지점에서 전자의 분포를 측정함으로써" 상을 얻는다고 제시되었으므로 전자 현미경도 시료에서 산란된 파동을 통하여 상을 얻는다는 점을 확인할 수 있다.

08
정답 ②

분석 및 접근
지문에 제시된 **계량적 인과 정보**를 바탕으로 **계량적인 추론**을 요구하는 문제이다.

ㄱ. (X) 두 번째 단락에서 "물질파의 파장은 입자의 질량과 속도의 곱인 운동량에 반비례"함이 제시되었다. 따라서 전자의 물질파의 파장이 길수록 입자의 운동량이 낮을 것이고, 질량은 변하지 않으므로 속도가 낮다는 의미가 된다. 세 번째 단락에서 "전하를 띤 입자가 자기장 영역을 통과할 때 속도와 자기장의 세기에 비례하는 힘을 받는다"라고 제시되었으므로 전자의 속도가 낮을수록 전자 렌즈를 지날 때 더 약한 힘을 받을 것이다. 이를 연결하면 물질파의 파장이 길수록 전자 렌즈를 지날 때 전자가 더 약한 힘을 받는다는 결론이 도출된다.

ㄴ. (O) 세 번째 단락에서 "코일에 흐르는 전류를 증가시키면 코일에서 발생하는 자기장의 세기가 커지고 전자가 받는 힘이 커져 전자빔이 더 많이 휘어지면서 초점 거리가 줄어드는 효과를 얻을 수 있다."라고 제시되었다. 따라서 전자의 가속 전압을 증가시키면 초점 거리는 줄어들 것이다. 또한 두 번째 단락에서 "(에어리 원반 중심 사이의 거리가 더 이상 가까워질 수 없는) 한계점에서 시료 위의 두 점 사이의 거리를 '해상도'라 부른다."라는 점과 "해상도는 (중략) 렌즈의 초점 거리에 비례"한다는 점이 제시되었다. 따라서 초점 거리가 줄어든다는 것은 해상도가 줄어든다는 것이고 이는 에어리 원반 중심 사이의 거리가 가까워진다는 의미이므로 에어리 원반의 크기가 감소한다는 것이다. 따라서 이를 종합하면 전자의 가속 전압을 증가시키면 상에서 에어리 원반의 크기를 더 작게 할 수 있다는 결론이 도출된다.

ㄷ. (X) 전자 렌즈의 코일에 흐르는 전류를 감소시키면 초점 거리가 증가할 것이고 따라서 상의 해상도는 더 커질 것이다.

09
정답 ④

분석 및 접근
지문에 제시된 **계량적 인과 정보**를 수치가 주어진 그림에 적용하는 문제이다.

① (X) '해상도'는 두 에어리 원반을 분리하여 인식할 수 있는 에어리 원반 중심 사이의 거리의 최솟값으로 정의되는데 (가)에서 30nm 거리를 두고 있는 두 점은 분리되어 인식되므로 (가)의 해상도는 30nm보다 작다.

② (X) 네 번째 단락에서 "전자 현미경은 고전압으로 가속된 전자빔을 사용하므로 현미경의 내부는 기압이 대기압의 $1/10^{10}$ 이하인 진공 상태여야 한다."라고 제시되었으므로 (가)에서 전자 현미경 내부의 기압은 대기압에 비해 작을 것이다.

③ (X) 물질파의 파장은 파동에서 주기의 길이에 해당하고 해상도는 상에서 분리되어 인식되는 에어리 원반 중심 사이의 최소 거리에 해당한다. 물질파 파장과 해상도의 단위가 동일하게 나노미터(nm)가 사용된다고 해서 물질파의 파장과 해상도 사이의 직접적인 관계가 존재하는 것은 아니다.

④ (O) (가)에 비해 (나)에서 더 가까운 거리에 있는 에어리 원반이 분리되어 인식되므로 (나)의 해상도가 (가)에 비해 작다. 또한 렌즈의 코일에 흐르는 전류와 상의 해상도는 반비례하므로 (나)에서 렌즈의 코일에 흐르는 전류가 (가)보다 크다는 점을 추론할 수 있다.

⑤ (X) ④에 대한 설명에서 (나)에서 렌즈에 흐르는 전류가 (가)보다 크다는 점이 추론되었고, 전자의 속력은 전류의 세기에 비례하므로 (나)에서 사용된 전자의 속력이 (가)보다 더 클 것이다.

[10~12] 근대 문학과 멜랑콜리커

10
정답 ②

분석 및 접근
학설비교형 지문이기 때문에, 기본적인 사실 확인 문제가 가장 까다로울 수 있다. 지문에 등장한 모든 학자들의 주장을 스펙트럼으로 머리 속에 정리하면서 독해하여야 깔끔하게 해결할 수 있는 문제이다.

① (X) 키르케고르는 멜랑콜리의 본래적 의미였던 부정적 감정을 설명하는 과정에서 인용되는 인물이다. 첫 번째 문단에서 "(멜랑콜리는) 이 시대의 질병이며, 우리로부터 행동과 용기를 앗아 간다."고 했으므로 적절하지 않다.

② (O) 세 번째 단락에 따르면, 벤야민은 "멜랑콜리커의 고독과 침잠, 즉 외면적 부동성(不動性)은 단순한 무기력이 아니라 사물을 꿰뚫어 보는 깊이 있는 사유를 상징"한다고 주장했으므로 적절하다.

③ (X) 세 번째 단락에 따르면, 프로이트는 상실된 대상과 통합되어 버리는 감정이 애도가 아니라 멜랑콜리라고 제시했으므로 적절하지 않다.

④ (X) 선택지의 내용은 하이데거의 주장과는 관련성이 없고, 하이데거가 근대에 유일하게 남은 열정은 열정의 소멸에 대한 열정이라고 주장한 부분은 오히려 근대의 반감정적이고 이성주의적인 태도에 대한 비판으로 보아야 하므로 적절하지 않다.

⑤ (X) 네 번째 단락의 사회적 모더니티에 대한 설명 중 베버가 "정신 없는 전문가"를 언급한 부분에서 베버의 비판적인 태도가 유추되므로 베버가 "숙련된 기술을 갖춘 엘리트들로 채워져야 한다"는 주장을 제시하였다는 결론이 도출될 수 없다.

11
정답 ②

분석 및 접근
㉠과 ㉡으로 표시된 부분은 **학설비교형 지문**에서 다른 학자들이 소개된 지문 영역에 비해 보다 꼼꼼하게 독해하여야 하며, 상반된 모더니티 개념이 분할되어 글이 전개된다는 점에 유의하여야 한다.

사회적 모더니티	문화적 모더니티
공적 영역	사적 영역
정신 없는 전문가 가슴 없는 향락가	사회적 부적응자들

① (O) 네 번째 단락에서 "사회적 모더니티는 과학과 기술의 힘으로 외적 자연을 탈신비화하고, (중략) 인간의 내적 자연마저 감정의 횡포로부터 해방시켰다."고 서술하였으므로 외적 자연과 내적 자연의 개념을 분리하여 이를 모두 계산적 합리성의 지배 대상으로 삼았음을 알 수 있다.

② (X) 네 번째 단락에서 "그러나 문화적 모더니티는 이러한 해방의 역설적 결과로 나타난 환멸감 속에서, 도리어 잃어버린 것들을 우울의 감정으로 보존하려고 한다."는 부분을 통해 확인된다. 이때 '해방'은 '감정의 횡포로부터의 해방'이지 '이성으로부터의 해방'이 아니므로 주어진 선지는 적절하지 않다.

③ (O) 네 번째 단락에 따르면, 사회적 모더니티의 주체는 세계의 주인이 되려는 반면에, 문화적 모더니티의 주체는 세계의 주인이 되려고 하지 않으므로 주어진 선지는 적절하다. → 매력적 오답

④ (O) 네 번째 단락에 따르면, 사회적 모더니티는 공적 영역에서 '정신 없는 전문가', '가슴 없는 향락가'를 주체로, 문화적 모더니티는 사적 영역에서 '사회적 부적응자들'을 주체로 하여 대립적으로 전개된다고 하였으므로, 주어진 선지는 적절하다.

⑤ (O) 네 번째 단락에서 "사회적 모더니티는 과학과 기술의 힘으로 외적 자연을 탈신비화하고, 열정을 이해관계로 치환하여 인간의 내적 자연마저 감정의 횡포로부터 해방시켰다. 그러나 문화적 모더니티는 이러한 해방의 역설적 결과로 나타난 환멸감 속에서, 도리어 잃어버린 것들을 우울의 감정으로 보존하려고 한다."는 부분을 통해 확인된다.

12 정답 ④

분석 및 접근

<보기>에 제시된 소설 속 두 인물 병일과 이웃 사내가 각각 지문에서 제시된 사회적 모더니티의 주체와 문화적 모더니티의 주체 중 어느 것에 대응되는지를 확인하면, 간단히 해결할 수 있는 문제이다.

①, ② (O) <보기>에서 묘사된 병일의 태도를 통해, **병일이 문화적 모더니티의 주체**를 대변한다는 점을 확인할 수 있다.

③ (O) <보기>를 통해 **이웃 사내는 사회적 모더니티의 주체**를 대변한다는 점을 확인할 수 있다.

④ (X) 네 번째 단락에서 "(사회적 모더니티는) 인간의 내적 자연마저 감정의 횡포로부터 해방시켰다."라는 부분에서 알 수 있듯이, 근대의 사회적 모더니티는 감정을 배제하고 사회 전 영역을 이성에 대체하려고 한다. 그러나 문화적 모더니티는 이러한 이성에 의한 지배 과정에 환멸을 느끼므로 오히려 우울의 감정을 바탕으로 근대에 사라져 가는 대상들을 보존하려고 한다. 이때 최명익의 소설 속 주인공 병일은 문화적 모더니티를 대변하는 인물이므로, 우울의 감정을 바탕으로 책에 대해서 집착하는 것이므로 오히려 감정을 풍부하게 감각하는 인물에 해당한다. 따라서 "'감정'을 느낄 수 있는 능력이 쇠약해진 상태"라는 설명은 적절하지 않다.

⑤ (O) 작가는 병일이라는 인물을 통해 멜랑콜리커의 모습을 그려내고 있으며, 이는 "(멜랑콜리커를 통해) (근대에서 상실된) 근원적 가치가 부재의 상태로 보존된다는 창작 의도를 드러내려" 한 것으로 추론될 수 있다.

[13~15] 동물감정론과 동물권리론

13 정답 ②

분석 및 접근

세 개의 이론의 차별화된 입장을 정확히 이해하였는지를 확인하는 문제이다.

① (X) 두 번째 단락에 따르면, 동물감정론은 동물의 포식 때문에 생겨나는 야생의 고통을 효용 계산에서 고려해야 하기 때문에, 자연히 야생 동물의 포식을 방지해야 한다는 윤리적 의무를 함축하게 된다.

② (O) 다섯 번째 단락에 따르면, 동물권리론은 인간은 도덕 행위자이므로 도덕적 의무를 지니지만, 동물은 도덕 수동자이므로 도덕적 의무를 지니지 않는다고 간주한다. 따라서, 동물권리론은 인간은 다른 동물을 잡아먹지 의무가 부여되나, 동물은 다른 동물을 잡아먹지 않을 의무가 부여되지 않는다고 논증한다. 따라서 동물권리론은 인간의 도덕 행위자 여부를 고려하여, 인간이 동물에 대한 의무가 있는지를 판단하는 것이다.

③ (X) 포식에 관련한 비판은 동물감정론과 동물권리론이 모두 동물의 동물 포식마저도 방지할 과도한 윤리적 의무를 인간에게 부여한다는 점을 근거로 비판을 전개한다. 따라서 포식에 관련한 비판이 야생 동물의 포식을 방지할 윤리적 의무가 과도하다고 간주한다는 점에서, 야생 동물의 포식을 그르지 않다고 전제하고 있음을 추론 가능하며, 이는 두번째 단락에서 '동물의 포식을 막아야 한다는 주장은 자연 질서를 깨뜨리므로 올바르지 않다.'라고 서술된 부분에서 확인가능하다. 그러나, 포식에 관련한 비판이 인간의 육식을 그르다고 판단하는지는 확인할 수 없다. 포식에 관련한 비판은 인간의 육식을 그르다고 전제하게 되면, 동물의 육식도 그르다는 결론에 이른다는 점을 비판하는 것이지, 인간의 육식이 그르다는 윤리적 판단을 동의하는 것이 아니다. → 매력적 오답

④ (X) 동물감정론과 동물권리론은 인간에게 동물의 포식을 금지할 도덕적 의무가 있다고 보는 것이지, 동물에게 포식 금지의 의무가 있다고 보는 것이 아니다.

⑤ (X) 동물감정론이 포식을 방지하는 행동을 그르다고 보는 까닭은 포식 동물의 제거로 인한 쾌락과 고통의 총량 변화가 감소할 가능성 때문이지, 생명 공동체의 안정성 파괴 때문이 아니다. 단, 포식에 관련한 비판은 생명 공동체의 안정성 파괴를 근거로 제시하고 있다.

14 정답 ②

분석 및 접근

공리주의와 의무론이 도출하게 되는 논리적 결론을 정확히 추론하고 있는지를 확인하는 문제이다.

ㄱ. (O) 공리주의는 행위가 유발하는 쾌락과 고통의 합산량을 유일한 윤리적 판단의 근거로 간주하므로, "포식 동물의 제거로 늘어날 쾌락의 총량이 고통의 총량보다 커지면 포식 동물을 제거해야 할 것"이라는 결론에 도달하게 된다.

ㄴ. (X) 네 번째 단락에 따르면, 인간의 기술이 발전할수록 쾌락의 총량을 극대화하고 고통의 총량을 최소화하는 방식으로 동물의 포식에 개입할 수 있게 된다. 따라서 인간의 기술이 발전할수록 포식 행위를 금지해야 할 의무가 있는 대상들의 범위가 점점 증가하게 되고, 동물에 대한 윤리적 대우의 범위가 증가하게 된다. 그러므로, 인간의 기술 발전 수준에 비례하여 동물에 대한 윤리적 대우의 범위는 증가하게 된다.

ㄷ. (X) 의무론에 따르면, 행위의 도덕성은 의무가 적절히 수행되었는지 여부에 의해서만 결정된다. 따라서 피식 동물을 구출할 능력이 있었다고 하더라도, 피식 동물을 구출하는 행위가 도덕적 의무에 해당하지 않는다면, 인간은 반드시 그렇게 할 의무가 있는 것이 아니다.

ㄹ. (O) 다섯 번째 단락에 따르면, 의무론은 윤리 비결과주의로서 행위의 결과가 아니라 행위 그 자체의 성격에 따라 윤리적 판단이 이루어져야 한다고 간주한다. 따라서 동물을 대하는 인간 행동에 대한 윤리적 판단 역시 마찬가지로 그 결과가 아닌 행동 그 자체의 성질에 의거해서 이루어져야 한다고 볼 것이다.

15
정답 ①

'동물권리론'이 '포식에 관련한 비판'에 대해 재반박을 하는 논증에 존재하는 **논리적 결함**을 찾아내는 문제이다. 여섯 번째 단락을 생략하였어도 충분히 성립하는 문제인데, 여섯 번째 단락에서 자세하게 설명해 줌으로써 문제의 난이도가 감소하게 되었다.

① (O) 다섯 번째 단락에 따르면, 동물권리론이 포식에 관련한 비판에 대하여 제기한 재반박은 다음과 같다.
[전제 1] 도덕 수동자는 자신의 행위를 조절할 능력이 없다.
[전제 2] 도덕 수동자는 도덕적 의무를 지니지 않는다.
[전제 3] 동물은 도덕 수동자에 해당한다.
[결론 1] 따라서 동물은 다른 동물을 잡아먹지 않을 도덕적 의무가 없다.
[결론 2] 따라서 동물이 다른 동물을 잡아먹는 것을 방지할 도덕적 의무도 존재하지 않는다.
[결론 1]이 [결론 2]를 도출한다고 추론한 것이 제시된 **문제점**에 해당한다. [결론 2]의 주체가 누구냐에 따라서 도덕적 의무가 존재하는지 여부가 달라지는데, 만약 [결론 2]의 주체가 도덕 수동자가 아닌 도덕 행위자에 해당한다면, 도덕 수동자의 부도덕한 행위를 방지할 의무를 지니게 된다. 즉, 도덕 수동자가 윤리적 책임이 면책된다고 해서, 도덕 수동자의 비윤리적 행위를 방관할 의무가 도덕 행위자에게 면책되는 것은 아니므로, 논리적 결함이 발생하는 것이다.

동물권리론의 논증	논증을 비판하기 위한 여섯 번째 단락의 예시
동물의 포식	어린아이가 고양이를 괴롭히는 행위
인간이 동물의 포식을 방지할 도덕적 의무	부모가 어린아이의 괴롭힘을 방지할 도덕적 의무

→ 절대적 정답
② (X) 어린 아이는 도덕 수동자에 해당하므로 어린 아이에게 도덕적 책임을 물을 수 없다는 결론을 도출하는 데에는 아무런 논리적 결함이 존재하지 않는다.
③ (X) 여섯 번째 단락에서 제시된 어린 아이는 포식하는 동물에 대한 유비이며, 따라서 동물권리론의 논증에 따르면 어린 아이는 도덕 수동자에 해당한다. 어린 아이는 도덕 수동자이므로 윤리적 의무에서 면책되지만, 어린 아이를 돌보는 부모는 도덕 행위자이므로 윤리적 의무에서 면책되지 않는다는 것이 '문제점'에 대해 지문의 글쓴이가 제기한 재반박의 핵심이다.
④ (X) 권리 침해가 얼마나 잔인했느냐는 행위가 낳은 결과에 따른 판단이므로 윤리 결과주의에 해당한다. 동물권리론은 전형적인 의무론으로 윤리 비결과주의에 해당하고, 따라서 ④의 내용과 아무런 관련이 없다.
⑤ (X) 피식 동물의 쾌락과 고통을 감수하는 능력을 윤리적 판단의 근거로 삼는 것은 동물감정론이지 동물권리론이 아니다. 따라서 아무런 관련이 없는 내용에 해당한다.

[16~18] 심적 회계

16
정답 ⑤

기본적인 사실 확인 문제에 해당한다. 특히, 따옴표가 쳐져 있는 주요 개념들을 정확히 이해하는 것이 중요하다.

① (O) 첫 번째 단락에 따르면, 경제학의 이론에 의거한 예측과 다르게 현상이 나타나는 '이상 현상'을 분석하고 토론하는 과정에서 경제학이 발전하였다고 서술되어 있으므로, ①의 설명은 타당하다.
② (O) 네 번째 단락에 따르면, "심적 회계가 당장의 유혹을 억누르고 현재의 지출을 미래로 미루는 행위, 곧 저축을 스스로 강제하는 기제라면, 퇴직 연금이나 국민 연금 제도는 이런 기제가 사회적 차원에서 구현된 것이다."라고 서술되어 있으므로, ②의 설명은 타당하다.
③ (O) 네 번째 단락에 따르면, "당장의 유혹을 억누르고 현재의 지출을 미래로 미루는 행위"가 곧 "저축"에 해당된다고 제시되어 있으므로, 당장의 소비를 미래의 지출을 위해서 미루는 행위로 저축을 이해하는 것은 타당하다.
④ (O) 네 번째 단락에 따르면 "사람들은 자신과 가족의 장기적 안전을 지키기 위해 행동을 제약하기 위한 속박 장치를 마음속에 만들어 내는데, 이러한 자기 통제 기제가 바로 심적 회계이다."라고 서술되어 있으므로, 현재를 더 선호하는 본능을 억누르기 위한 자기 통제 기제가 '심적 회계'임이 확인된다.
⑤ (X) 세 번째 단락에 따르면, "자산의 피라미드 중 맨 아래층에는 지출이 가장 용이한 형태인 현금이 있다"라고 서술되어 있다. 이처럼 자산 피라미드의 하층부에 있는 자산인 현금은 인출이 용이한 계정에 배치됨에도 불구하고, 심리적으로 인출이 억제된다. 따라서 ⑤의 설명에서 "인출을 하지 않으려는 계정에 배치된다."라는 설명은 타당하지 않으며, "인출을 하기 용이한 계정에 배치됨에도 심리적 기제에 의해 인출이 억제된다."고 서술되어야 타당한 선지가 된다.

17
정답 ③

동일한 현상에 대해서 서로 다른 설명을 제시하고 있는 두 패러다임의 차이를 확인하는 **패러다임 차별성 파악** 문제이다.

① (X) 두 번째 단락에 따르면 "전통적 경제학에서는 사람들이 자신에게 무엇이 최선인지를 잘 알면서 전 생애 차원에서 최적의 소비 계획을 세우고 불굴의 의지로 실행한다고 가정한다."고 서술되었으므로 ㉠은 사람들을 유혹에 취약한 존재로 여기지 않음이 확인된다. 또한, 네 번째 단락에서 "행동경제학에 따르면, (중략) 사람들은 자신과 가족의 장기적 안전을 지키기 위해 행동을 제약하기 위한 속박 장치를 마음속에 만들어 내는데, 이러한 자기 통제 기제가 바로 심적 회계이다."라고 서술되었으므로 ㉡ 또한 사람들을 유혹에 취약한 존재로 여기지 않음이 확인된다.
② (X) ㉠은 연령대별 소비의 특성을 전 생애에 거쳐 최적의 소비 계획을 세우기 위한 개인의 선택의 결과로 이해하므로, ②의 설명에서 "연령대별 소비의 특성을 자발적 선택으로 이해한다"라는 부분은 타당하다. 반면, 행동 경제학의 관점에서 연령대별 소비의 특성을 제약하는 '심적 회계'는 외부적 제약이 아닌 개인이 스스로 내면에 설정한 심리적 제약 요인이자, 내부적 제약 요인에 해당한다. 따라서 ②의 설명에서 "연령대별 소비의 특성을 외부적 제약 요인에서 찾을 것이다."라는 부분은 타당하지 않다.

③ (O) ㉠의 이론에 따르면 연령대별 소득 변화와 독립적으로 연령대별 소비는 일정하게 유지되어야 하지만, 현실에서 연령대별 소득 변화와 비례하게 연령대별 소비가 진행되는 '이상 현상'이 발견된다. 그 원인에 대해서 ㉠은 소득의 차이를 시기별로 조정하는 것을 뒷받침해 줄 수 있는 금융 시장이 제도적으로 불완전하기 때문에, 유동성에 한계가 나타난다고 설명한다. 그 구체적인 근거는 두 번째 단락에서 "금융 시장이 완전치 않아 미래 소득이나 보유 자산 등을 담보로 현재 소비에 충분한 유동성을 조달하는 데 제약이 존재하므로"라는 서술에서도 확인할 수 있다. 반면, 동일한 '이상 현상'을 ㉡은 금융 제도의 문제가 아니라, 개인이 내부에 현금을 소비하지 않고 보관해 두려고 하는 심리적 경향성을 지니고 있기 때문에 유동성의 제약이 발생한다고 설명한다. 이는 세 번째 단락에서 "행동경제학에서는 청년 시절과 노년 시절의 소비가 예측보다 적은 것은 외부 환경의 제약에 따른 어쩔 수 없는 행동이 아니라 자발적 선택의 결과물이라며, 이를 '심적 회계'에 의해 설명한다."라는 서술에서 확인할 수 있다. 따라서 ③의 설명은 타당하다.
④ (X) ㉠의 관점에서 유동성 제약은 소득이 많은 시기의 잉여 소득을 소득이 적은 시기로 옮겨서, 소득이 적은 시기에도 일정 수준 이상의 소비를 실행하도록 못하게 하는 요인으로 작용한다. 따라서 오히려 유동성 제약이 약화되어야 소비가 자유롭고 원활하게 행해질 것이다. 마찬가지로 ㉡의 관점에서 유동성 제약이란 당장 인출가능한 현금이 자산 피라미드의 하부에 존재함에도, 이를 지출하지 않는 심리적 경향성을 의미하므로, 유동성 제약이 약화되어야 소비가 자유롭고 원활하게 행해질 것이다.
⑤ (X) ㉠과 ㉡은 공통적으로 급전이 필요한 상황에서 신용카드 현금 대출 서비스를 받는 대신 저축 예금을 인출하는 선택이 금융적으로 바람직한 방법이라는 점에 대해서는 동의하고 있다. 그럼에도 현실에서 사람들이 저축 예금을 인출하는 대신 신용카드 현금 대출 서비스를 받는 비합리적 선택을 하는 '이상 현상'의 원인을 ㉠은 신용카드 현금 대출 서비스가 완전하지 못하기 때문이라고 설명하는 것이고, ㉡은 개인이 저축 예금의 인출을 부정적으로 평가하는 심리적 경향성을 지니고 있기 때문이라고 설명하는 것이다.

18
정답 ②

분석 및 접근
새로운 패러다임을 구체적인 사례에 적용하는 문제이다. 변수의 이동 방향을 바꾸어 오답 선지를 만들기 쉬운 경제학 제재 지문의 특성에 유의하여 답안을 체크하면 어렵지 않게 해결할 수 있다.

① (O) 1980년대 후반의 새로운 조세 정책이 촉진한 새로운 대출 상품으로 인해, 주택을 담보로 삼으면서 대출을 받는 국민들의 행태가 증가하게 되었다. 기존의 전통적인 행동 양상에서 주택을 최후의 보루로 삼았다는 것은 주택 자산을 어떠한 경우라도 경제적 거래의 대상으로 간주하지 않는 심리적 경향성이 A 국가 국민들에게 존재하였다는 의미이며, 이는 주택이 심적 회계에서 '마음속 가장 신성한 계정'에 배치되었었다는 것으로 해석될 수 있다.
② (X) A 국가에 금융 위기가 발생한 이유는 주택을 담보로 삼으면서 금융을 융통하는 행위가 지나치게 과도해졌기 때문이므로, 금융 위기를 해결하기 위해서는 유동성을 강화하여 주택을 담보로 금융을 융통하는 행위를 억제하여야 한다. 따라서 오히려 주택 소유자들이 '유동성 제약'을 강화하게끔 '심적 회계'의 작동 방식을 전통적인 방식으로 회귀하게끔 유도하는 정책이 요구되는데, ②의 설명은 이와 상반되게 "'유동성 제약'을 완화하게끔 유도하는 정책이 필요하다."고 서술되었으므로 타당하지 않다.

③ (O) 주택을 담보로 현재의 소비를 늘리는 방식의 경제 행위가 증가하도록 A 국가가 세법을 개정한 것은 '자산의 전용 가능성'을 제도적으로 뒷받침함으로써 '자발적 선택 가능성'의 폭을 확대하는 것이었다. <보기>에서 제시된 것처럼 이러한 변화는 경제의 불안정성을 증가시킴으로써 20여 년 후에 금융 위기를 초래하였으므로 ③에서 서술된 것처럼 "장기적으로 경제 활동을 위축시키는 부정적 결과를 낳았다고 평가"될 수 있다.
④ (O) 전통적인 사회적 규범에서 '주택'은 어떠한 경우에도 경제적 거래의 대상으로 간주될 수 없는 '최후의 보루'로 인식되었다고 <보기>에서 제시되었으므로, 주택은 저축의 대상이었음이 확인된다. 그런데 주택을 담보로 하는 금융 대출에 대한 규제가 약화됨에 따라, 주택을 소비 확대의 수단으로 인식하도록 제도적으로 유도되었고, 이는 A 국가에서 미래에 예정된 주택 가격 상승분을 현재의 소비로 전용하는 경제 행위를 초래함으로써, A 국가 국민들의 가계의 재정 안전성을 약화시켰다. 이는 A 국가 국민들이 장래에 대비할 여력을 약화시켰다는 의미와 같으므로, ④의 설명은 타당하다.
⑤ (O) 전통적 경제학에 따르면, 현재 주택만 보유하고 소득이 없는 가계라도, 미래에 예정된 주택 가격 상승분을 금융 시장을 통하여 현재의 자산으로 전환함으로써, 현재와 미래의 소비를 일정하게 유지하도록 행동하는 것이 최적의 전략이다. 따라서 <보기>에서 제시된 것처럼, 현재 소득이 없는 경제 주체들이 2차 주택 담보 대출 상품을 통해 추가적인 지출을 했던 상황은 전통적 경제학이 제시한 소비자의 합리적인 경제 행동 패턴에 부합하게 경제 현상이 나타난 것이므로, 전통적 경제학의 예측이 현실에서 실현된 것이다.

[19~21] 뒤집힌 감각질 사고 실험

19
정답 ③

분석 및 접근
심리 철학에서 제기되는 동일론, 이원론, 기능론 세 가지 관점의 입장을 정확히 이해하여야 해결할 수 있는 문제이다.

① (X) 동일론은 물질 상태와 정신 상태가 일대일 대응으로 동일하다는 주장이다. 따라서 물질 상태가 같으면 정신 상태가 같다는 것을 충분히 설명할 수 있다. 동일론이 설명하지 못하는 것은 물질 상태가 다르면서 정신 상태가 같은 경우이다.
② (X) 이원론에서는 다른 사람에게는 보여줄 수는 없지만 나만이 감각하는 고유의 주관적인 인지 영역이 존재한다고 주장하며 이를 '감각질'이라고 정의한다. 따라서 이원론에서 어떤 사람의 행동과 말을 통해서 그 사람의 감각질을 확인할 수 있다고 보는 것이 아니다.
③ (O) 동일론과 달리, 기능론은 물질 상태가 다르면서 정신 상태가 같은 경우를 설명할 수 있다. 따라서 로봇과 인간이 물질 상태는 다르더라도 정신적 기능이 동일하다면 정신 상태가 동일하다고 간주하는 것이 기능론의 입장에 해당한다.
④ (X) 뒤집힌 감각질 사고 실험은 물질 상태와 구별되는 정신 고유의 영역이 있다는 것을 주장하기 위함이다. 즉 이원론의 입장에서 제기된 뒤집힌 감각질 사고 실험이 반박하고자 하는 명제는 '기능적·인과적 역할만으로 정신 상태가 전부 설명된다'는 기능론의 입장이지, '기능론으로 정신의 인과적 측면을 설명할 수 있다'는 명제를 반박하고자 함이 아니다. → 매력적 오답
⑤ (X) 이원론과 달리, 동일론과 기능론은 모두 정신 상태를 갖는 존재의 물질 상태를 인정한다. 동일론과 기능론의 차이는 정신 상태가 전부 물질로 환원되느냐 여부에 대하여 입장이 갈리는 것이다.

분석 및 접근

제시된 비판은 '뒤집힌 감각질 사고 실험'에 의거한 이원론의 주장에 대한 기능론의 비판이다. 기능론에 따르면, 정신의 영역인 감각질이 뒤집혔다면, 기능적으로도 달라진 부분이 발생해야 한다. 색 경험 공간이 비대칭으로 나타난다면 이는 기능적으로도 달라진 부분이 발생한 것이므로 기능론의 비판에 대한 타당성을 입증해줄 것이다.

① (X) 이원론에 따르면 색 경험 공간은 대칭적이어야 하고, 기능론에 따르면 색 경험 공간은 비대칭적이어야 한다. 따라서 ①은 이원론의 입장에 해당한다.

② (O) 색 경험 공간이 비대칭적이라는 것의 의미는 현상적으로 다르고 기능적으로 동등한 경우가 발생할 수 없다는 의미이므로, 뒤집힌 감각질 사고 실험을 통해 현상적으로 다르고 기능적으로 동등한 경우를 제시할 수 있다는 이원론의 입장을 기능론의 입장에 의거하여 비판하는 내용에 해당한다.
    → 절대적 정답

③ (X) 기능론에 따르면 감각질이 뒤집히지 않은 사람의 경우 정신의 모든 기능이 동일하게 수행될 것이므로 기능을 통해서 감각질이 뒤집히지 않았다는 사실을 확인할 수 있다.

④ (X) 감각질이 뒤집힌 사람이 감각질이 뒤집혔다는 사실을 확인할 수 없다는 주장은 이원론에 부합한다. 기능론에 따르면 감각질이 뒤집힌 사람은 주관적 감각 이외의 정신의 기능적인 측면에서도 상이한 기능이 발휘되므로 감각질이 뒤집혔다는 사실을 확인할 수 있을 것이다.

⑤ (X) 주어진 선지는 이원론의 입장에 해당한다.

분석 및 접근

감각질이 뒤집힌 사람에 대해 지문에서 제시된 사고실험에 비해 더 복잡한 상황을 적용하는 경우에 대한 물음이다. 기능론과 이원론이 각기 다른 해석을 내놓는 지점과 그렇지 않은 지점이 무엇인지를 정확히 파악하여야 해결할 수 있다.

· ㉠이 성공한다는 측: 이원론의 입장 → 색 감각질이 뒤집히되, 색 경험은 대칭성을 유지한다.

· ㉠이 실패한다는 측: 기능론의 입장 → 색 감각질이 뒤집히되, 색 경험은 비대칭성을 유지한다.

①, ⑤ (O) ㉠이 성공한다는 측이든 성공하지 않는다는 측이든 ㉡의 색 감각질이 뒤집힌 경우에 대한 전제를 받아들인다는 가정 하에서 논쟁을 벌이는 것이다. 따라서 ㉡에게 빨간색 꼭지가 초록색으로 보인다는 가정은 받아들여진다.

② (O) ㉠이 성공한다는 측은 이원론의 관점에서 현상적인 기능으로 드러나지 않는 주관적인 감각적 정신의 영역이 독립적으로 존재한다고 주장하며 이를 '감각질'이라고 명명하였다. 따라서 ㉡은 빨간색 꼭지가 자신에게 초록색으로 보인다는 사실을 인지할 수 없으므로 빨간색 꼭지를 보고 "이게 빨간색이구나."라고 생각할 것이다.

③ (O) ㉠이 실패한다는 측은 기능론의 관점에서 색 감각질이 뒤집힌다면 색 경험이 비대칭적일 것이라고 주장한다. 즉 ㉡은 빨간색 꼭지를 보고 빨간색이 내포하는 따뜻한 감정을 지각하지 못할 것이다.

④ (X) i) ㉠이 성공한다는 측은 이원론의 감정에서 색 감각질이 뒤집혔어도 색 경험은 대칭적일 것이라고 주장한다. 즉, 빨간색 꼭지를 초록색으로 인지한다고 하더라도 따뜻한 물을 틀기 위해 빨간색 꼭지를 돌리는 색 경험에 의거한 기능을 수행하는데 아무런 문제가 없을 것이라고 보는 것이다. 따라서 ㉠이 성공한다는 측에 따르면 ㉡은 따뜻한 물을 틀기 위해 빨간색 꼭지를 틀 것이다.

  ii) ㉠이 실패한다는 측은 기능론의 관점에서 색 감각질이 뒤집힌다면 색 경험이 비대칭적일 것이라고 주장한다. 즉, ㉡은 빨간색 꼭지를 보고 빨간색이 내포하는 따뜻한 감정을 지각하지 못할 것이므로 따뜻한 물을 틀기 위해 빨간색 꼭지를 돌리는 색 경험에 의거한 기능을 수행하는데 문제를 빚을 것이다. 따라서 ㉠이 실패한다는 측에 따르면 ㉡은 따뜻한 물을 틀기 위해 빨간색 꼭지를 틀지 않을 것이다.

[22~24] 온톨로지

분석 및 접근

기본적인 사실 확인 문제이다.

① (O) 첫 번째 단락에서 "특정 영역의 지식을 모델링하여 구성원들의 지식 공유 및 재사용을 가능하게 하는 것이 바로 온톨로지인 것이다."라고 서술된 부분에서 확인된다.

② (O) 첫 번째 단락에서 '온톨로지'의 정의가 "관심 영역 내 공유된 개념화에 대한 형식적이고 명시적인 명세"라고 제시되었고 "'명시적인 명세'는 일종의 공학적 구조물로서 다양한 용도로 사용된다."는 목적을 위한 것임이 설명되었다. 즉 접근가능한 공학적 구조물로 기능하기 위해 대상 체계의 개념 구조를 명시적으로 드러낸 것이 온톨로지인 것이다.

③ (O) 세 번째 단락에서 "일차 술어 논리로 정교하고 복잡하게 표현된 온톨로지를 막상 기계는 효율적으로 다룰 수 없는 경우가 발생하기 때문이다."라고 서술된 부분에서 온톨로지가 사용되려면 기계가 처리할 수 있는 형태로 표현되어야 한다는 점이 추론된다.

④ (X) 두 번째 단락에서 '상속 관계'란 개념을 다른 개념들과 연결하는 관계라고 제시되었다. 따라서 개념과 그 개념에 속한 개체들이 상속 관계로 연결되는 것이 아니라, 개념과 다른 개념들이 서로 상속 관계에 의해 연결되는 것이다.

⑤ (O) 네 번째 단락에서 "의료 영역은 일찍부터 여러 그룹에서 각기 목적에 맞는 온톨로지를 발전시켜 왔다. 대표적인 것으로는 UMLS, SNOMED-CT 등이 있다."라고 서술된 부분에서 의료 영역이라는 동일한 영역에서도 관심과 필요에 따라 서로 다른 다양한 온톨로지가 구축될 수 있다는 점을 추론할 수 있다.

분석 및 접근

데이터과학 제재 지문의 핵심은 **계량적 인과 정보**에 담겨있다. **계량적 인과 정보**에 대한 이해를 확인하는 문항이다.

ㄱ. (X) 세 번째 단락에서 '웹 온톨로지 언어' OWL의 세 가지 버전인 Lite, DL, Full의 사례에 대해 "후자로 갈수록 표현력이 커진다."라고 제시되었다. 이는 동일한 온톨로지가 상이한 표현력을 지니는 세 개의 언어로 표현된 사례에 해당하므로 ㄱ의 반례가 된다.

ㄴ. (X) 세 번째 단락에서 '일차 술어 논리'로 제시된 사례인 "진짜 이탈리아 피자는 오직 얇고 바삭한 베이스만을 갖는다."에서 '진짜 이탈리아 피자'는 '오직 얇고 바삭한 베이스만을 갖는다.'라는 속성을 전부 물려받고 있으므로 '진짜 이탈리아 피자'가 하위 개념에 속하는 상속 관계임을 추론할 수 있다. 따라서 ㄴ에 제시된 "모든 x에 대해, x가 빵이면 x는 장미이다."라는 일차 술어 논리에서 '빵'은 '장미'의 속성을 전부 물려받는다는 점에서 '빵'이 하위 개념, '장미'가 상위 개념에 속하는 상속 관계가 나타내진다는 점을 추론할 수 있다.

ㄷ. (O) 세 번째 단락에서 OWL의 세 가지 버전인 Lite, DL, Full에 대해서 "후자로 갈수록 표현력이 커진다."라고 제시되었으므로 OWL Full이 최대의 표현력을 지님을 확인할 수 있다. 또한 온톨로지 표현 언어는 표현력을 줄일수록 취급이 용이해진다고 제시된 부분에서 계산학적 완전성은 표현력이 커지는 과정에서 손실될 수 있으며 이에 OWL DL까지만 계산학적 완전성이 보장된다고 제시되었다. 따라서 계산학적 완전성에 대한 보장 없이 최대의 표현력을 활용하려는 사용자는 OWL Lite보다는 OWL Full을 사용할 것이다.

24
정답 ②

분석 및 접근
온톨로지의 원리를 <보기>에 제시된 그림에 적용할 수 있어야 하며, 선의 개수를 잘못 세거나, 상위 하위 관계를 혼동하는 등의 실수를 범하지 않도록 주의하여야 한다.

① (O) 상위 개념으로 원초적 개념을 단 한 개만 갖는 개념이 존재한다면, 그 개념은 7가지의 원초적 개념 중 단 하나의 개념과만 연결이 되어야 하나, <보기>의 온톨로지에서 그러한 개념은 존재하지 않는다. 또한 7가지의 원초적 개념 중 2개의 원초적 개념과 연결된 개념을 <보기>의 온톨로지에서 찾아보면 'Actuality', 'Form', 'Prehension', 'Proposition', 'Nexus', 'Intention' 6개가 존재함이 확인된다.

② (X) ⊤는 세상에 존재하는 모든 것들에 대한 상위 개념이고 ⊥는 세상에 존재하는 모든 것들에 대한 하위 개념이다. 상속 관계에서 상위 개념의 모든 속성은 하위 개념에게 상속되므로, ⊥는 세상에 존재하는 모든 것들로부터 모든 속성을 상속받는다. 반면 ⊤는 어떠한 상위 개념도 갖지 않으므로 어떠한 속성도 상속받지 못할 것이며 따라서 어떠한 속성도 갖지 않는다.

③ (O) <보기>의 온톨로지에서 'Continuant'와 'Occurrent'의 하위 개념 중 두 개념과 직접적으로 동시에 연결된 하위개념은 존재하지 않는다. 그러나 <보기>에 따르면 상위 개념과 하위 개념 사이의 상속 관계는 '추이성'을 갖기 때문에 ⊥는 'Continuant'와 'Occurrent'의 유일한 공통 하위 개념에 해당한다. 그런데 ⊥는 공집합을 의미하므로 'Continuant'와 'Occurrent'에게서 동시에 속성을 상속받는 개체는 존재하지 않는다.

④ (O) 'Object'는 'Actuality'의 하위 개념이므로 'Actuality'의 모든 속성을 상속받을 것이다. 또한 'Object'는 'Continuant'의 하위 개념이므로 'Continuant'의 모든 속성을 상속받을 것이다. 따라서 'Object'는 'Actuality'의 모든 속성과 'Continuant'의 모든 속성을 갖는다.

⑤ (O) <보기>에 따르면 하위 개념 A가 상위 개념 B와 상속 관계를 맺고, 하위 개념 B와 상위 개념 C가 상속 관계를 맺으면, 하위 개념 A가 상위 개념 C와도 상속 관계를 맺는 추이성이 존재한다고 제시되었다. 따라서 'Actuality'의 하위 개념인 'Process'는 'Actualiy'의 상위 개념인 'Physical'의 하위 개념에 해당한다.

[25~27] 극우민족주의의 새로운 네이션 개념

25
정답 ⑤

분석 및 접근
기본적인 사실 확인 문제에 해당한다.

① (O) 첫 번째 단락에서 "최근 프랑스 사회에서는 이 원칙(공화주의의 원칙)에 의거하여 공공장소에서 종교적 표지를 드러내는 것을 금지하여 결과적으로 무슬림에 대한 억압이 이루어지고 있다."는 부분을 통해 확인된다.

② (O) 첫 번째 단락에서 "시민권 획득에서 프랑스어 및 프랑스 법과 가치에 대한 의무가 강조됨으로써 통합을 위한 국가의 역할보다는 **통합되는 자**(이주민)의 책임과 의지가 중시되기 시작했다."는 부분을 통해 확인된다.

③ (O) 마지막 단락에서 "극우민족주의 정당에 대한 지지 세력의 30~40%가 과거 좌파 정당을 지지했던 노동자 계급이라는 사실에서도 그것을 알 수 있다."는 부분을 통해 확인된다.

④ (O) 두 번째 단락에서 "원래 국민국가 시기에 인민은 동일성에 기반한 '네이션(nation)', 즉 '민족/국민'이라는 틀을 통해 권리를 부여받으면서 민주주의적 주체로서 구성되었다. 네이션의 동일성은 문화적 기반을 강조하는 폐쇄적 '민족' 개념과 정치적 원칙에 대한 동의만을 조건으로 하는 개방적 '국민' 개념으로 구분되어 형성되어 왔다."는 부분을 통해 확인된다.

⑤ (X) 세 번째 단락에 따르면, 신자유주의 시대에 등장한 극우민족주의는 네이션 개념을 재구성함으로써 공동체를 통치하는 국민국가의 주권자인 네이션의 위상을 하락시켰으므로 주어진 선지의 서술은 적절하지 않다.

26
정답 ④

분석 및 접근
기본적인 사실 확인 문제에 해당한다.

① (X) 최근의 극우민족주의가 문화적 민족 개념과 시민적 국민 개념의 차이를 없애면서 네이션을 재구성하고 있다는 서술은 적절하다. 그러나 네 번째 단락에서, 극우민족주의는 단일화될 수 없는 실재적 권력의 단일화를 추구한다고 제시되었으므로 "국민적 동일성에 기반한 정치를 제거하려고 시도하고 있다."는 서술은 적절하지 않다.

② (X) 극우민족주의의 등장으로 국민국가의 위상이 하락하고 '치안 정치'로 전락하였다고 제시되었으므로 주어진 선지는 적절하지 않다.

③ (X) 네 번째 단락에서 극우민족주의가 근대 대의제를 거부한다고 제시되었으므로 민주주의의 위기를 극복하기보다는 오히려 대의제 민주주의의 위기를 초래하고 있다고 보아야 한다.

④ (O) 세 번째 단락에 따르면, 최근의 극우민족주의는 이민 노동자를 통합 불가능한 자들로 여겨 배제의 대상으로 삼은 후, 이들을 잠재적 범죄로 간주함으로써 국가 권력이 수행하는 비일상적인 치안 통치를 정당화한다고 제시되었으므로, 주어진 선지는 최근의 극우민주주의를 이해한 내용으로 적절하다.

⑤ (X) 세 번째 단락에 따르면, 최근의 극우민족주의는 오히려 정치를 사라지게 하고 개인의 삶만 남게 하고 있다.

분석 및 접근

지문과 <보기>의 공통된 부분과 차이가 발생하는 부분을 파악하는 것이 중요하다.

지문의 논지	<보기>의 논지
대중 영합적인 포퓰리즘의 등장	
배타적 민족주의에 기초한 전체주의의 등장 가능성에 대한 염려	민족주의적 정치의 확장 가능성과 새로운 민족주의의 도래 가능성에 대한 기대

① (X) 주어진 선지에서 "대중의 안전을 최우선하는 치안의 정치"는 지문이 비판하는 대상에 해당한다.

② (X) 주어진 선지는 전제(이주민을 포용하는 통합의 장치)와 결론(국민적 단일성을 강화하는 새로운 형태의 전체주의가 등장)이 서로 연결되지 않는다. 전제에 의하면 ⓐ 민주주의적 정치의 확장 가능성이 도출되어야 한다.

③ (X) 주어진 선지는 전제(대중이 정치체의 단일성을 확보하기 위한 상징적 권력과 단일화될 수 없는 실제적 권력을 구별한다면)와 결론(동일화될 수 없는 인민을 배제하는 동일성의 정치가 구현될 가능성이 높아질 것이다.)이 서로 연결되지 않는다. 전제에 의하면 전체주의적 체제가 등장할 가능성이 배격되어야 하는데, 결론은 전체주의적 정치 체제의 등장을 의미한다.

④ (X) 주어진 선지는 <보기>의 ⓐ를 평가한 내용이라고 보기 어렵다. ④의 결론은 "국민국가의 이념과 민주주의의 가치가 복원될 것"이라는 부분인데, ⓐ의 핵심은 기존 국민국가 시대의 민주주의의 가치가 회복되는 것이 아니라, 국민국가 시대의 폐쇄적 민주주의를 확장할 새로운 민주주의가 등장할 수 있을 것이라는 점에 있다. ④는 전제와 결론의 논리적 연결 자체는 문제가 없으므로 ②와 ③과는 오답 유형이 다르다. → 매력적 오답

⑤ (O) 주어진 선지는 지문의 관점에 부합하고, 전제와 결론의 논리적 연결이 적합하며, ⑤에서 도출되는 "배제의 정치를 극복하고 새로운 공동체와 세계 질서가 도래할 수 있다."는 결론이 <보기>의 ⓐ의 핵심 내용과도 부합한다.

[28~30] 근대법의 기획

분석 및 접근

근대법의 기획에 대한 구체적 내용이 특정 단락에 국한된 것이 아니라 지문 전반에 걸쳐 서술되고 있다는 점에 유의해야 한다.

① (X) '근대법의 기획'이란 법관의 자의적 해석이 발생할 여지가 없도록 법률을 명확히 기술하여야 한다는 생각을 의미한다. 세 번째 단락에 제시된 바에 따르면, '법률의 제정'은 입법 기관의 영역이고 '법률의 적용'은 사법 기관의 영역이라는 것이 권력 분립의 원칙이다. 즉 법률은 입법 기관이 국민의 의사를 민주적으로 반영하여 구성하므로, 입법 권력의 의도를 사법 권력이 침해하지 않도록 하는 기획에 해당하는 것이므로 ①의 서술은 '근대법의 기획'과 상반된 내용이다.

② (O) 첫 번째 단락에서 "법이 정하고 있는 바가 무엇인지를 국민이 이해할 수 있어야 법을 통한 행위의 지도와 평가도 가능하기 때문이다."라고 제시되었고, 이러한 원리가 형사법 분야에 적용된 결과가 "형벌 법규의 내용을 사전에 명확히 정해야 한다"라는 원칙으로 제시되었다. 즉 근대법의 기획에

따라 법률이 명확히 기술된다면, 형사법의 법률이 명확하므로 범법 행위를 한 자는 금지된 행위임을 인지하고도 그 범법 행위를 범한 것이므로, 처벌의 근거가 명확해진다고 추론할 수 있다.

③ (X) 두 번째 단락과 세 번째 단락에는 '해석의 한계'와 '법률의 모호성' 등과 같이 '근대법의 기획'이 실현되는 것을 방해하는 난점들이 제기되었고 이에 네 번째 단락에서 "근대법의 기획은 그 자체가 허구적이거나 불가능한 것으로 포기되어야 하는가?"라는 물음까지 제기된다. 이에 대해 네 번째 단락에서 법관의 보충적인 해석을 통해서 위와 같은 난점들을 극복할 수 있는 방안이 제기되나 다시 다섯 번째 단락에서는 이러한 법관의 보충적인 해석을 통한 법률의 모호성 보충은 '근대법의 기획'의 의도를 온전히 충족하지 못한 것이라는 한계가 다시 제기된다. 이를 종합하여 볼 때, 근대법의 기획은 마침내 성공하였다고 평가되기에 불충분하다.

④ (X) 다섯 번째 단락에 따르면, 근대법의 기획은 "국민 각자가 법이 요구하는 바를 이해할 수 있어야 된다"라는 이념에서 '일반인이 법이 요구하는 바를 이해할 수 있어야 된다.'라는 이념으로 타협되었다. 따라서 근대법의 기획에 따르면, 법률에 대한 해석의 부담은 국민이 아니라 '평균적인 일반인'에게 전가되는 것이다.

⑤ (X) 첫 번째 단락에 따르면, 자의적 해석의 여지를 없애기 위하여 법률이 국민 개개인이 이해할 수 있게끔 명확히 기술되어야 한다는 것이 근대법의 기획에 해당한다. 즉 법관에 의한 자의적 해석의 가능성은 국민이 이해할 수 있도록 명확히 서술된다는 전제 하에서만 가능한 것이다. 따라서 자의적 해석의 가능성이 없는 경우에 해당하면서, 국민이 이해할 수 없는 법률이 국민을 평가하는 상황이 존재한다는 것은 근대법의 기획에 따르면 모순적인 상황이 된다.

분석 및 접근

지문에서 그 정당성을 인정받은 비판과 그 정당성을 인정받지 못한 비판을 구분할 수 있어야 한다.

① (X) ㉠ 법률의 내용은 명확해야 한다는 원리는 전문가인 법관에 의한 의미 구성의 가능성을 내포한 개념으로 첫 번째 단락에서 "법률의 명확성이란 일정한 해석의 필요성을 배제하지 않는 개념이다."라는 서술로 명확히 제기되었다. 따라서 법관에 의한 해석을 전제로 하는 원리에 대해서, 법관에 의한 해석이 전제되지 않는다면 발생할 문제점들을 근거로 비판하는 것은 논리적으로 타당하지 않다.

② (O) 세 번째 단락에 따르면, "법률의 규율 내용이 실제로는 법관의 해석을 거친 이후에야 비로소 그 의미가 구성되는 것이라면 (중략) 법률의 제정과 그 적용은 각각 입법기관과 사법기관의 영역이라는 권력 분립 원칙 또한 처음부터 실현 불가능하다."라고 제시되었다. 이는 법의 의미 구성에 법관의 해석이 필수적으로 전제된 경우에 법을 제정하는 입법 권력이 법을 해석하는 사법 권력에 의해서 침해될 수 있다는 우려를 제기한 것이다. 그러므로 ②는 법관에 의한 해석을 전제로 하는 법률의 명확성 원리를 주장하는 ㉠에 대한 비판으로서 지문에 제기된 내용에 해당한다.

③ (O) 두 번째 단락에서 "법률 그 자체의 객관적 목적을 고려한 해석은 (중략) 종종 법문의 한계를 넘어서는 방편으로 활용되며 남용의 위험에 놓이기도 한다."라고 제시되었으므로 ③은 지문에서 제기된 비판에 해당한다.

④ (O) 세 번째 단락에서 "법률의 규율 내용이 실제로는 법관의 해석을 거친 이후에야 비로소 그 의미가 구성되는 것이라면 국민이 행위 당시에 그것을 알고 자신의 행동 지침으로 삼는다는 것은 원천적으로 불가능하기 때문이다."라고 제시되었으므로 ④는 지문에서 제기된 비판에 해당한다.

⑤ (O) 두 번째 단락에 따르면, 입법자의 의사를 참고하여 법률을 해석하자는 주장에 대하여 "그것(입법자의 의사)까지 고려해서 법이 요구하는 바가 무엇인지 파악할 것을 법의 전문가가 아닌 여느 국민에게 기대할 수는 없다는 점이다."라고 제시되었으므로 ⑤는 지문에서 제기된 비판에 해당한다.

30 정답 ③

분석 및 접근
지문에 직접적으로 명시되지 않은 내용도 논리적 추론을 통해 도출될 수 있다면 적절한 선지의 내용이 될 수 있다.

① (X) [A]에서 '근대법의 기획'의 가장 이상적인 형태는 "**국민 각자**가 법이 요구하는 바를 이해할 수 있어야 된다"는 이념이었으나, 현실을 고려하여 '**평균적인 일반인**이 법이 요구하는 바를 이해할 수 있어야 된다'는 이념으로 타협되었다고 서술되었다. 따라서 가장 이상적인 법은 '일반인'이 이해할 수 있는 법이 아니라 '모든 국민'이 이해할 수 있는 법일 것이다.

② (X) [A]의 앞선 단락인 네 번째 단락에서는 '법률의 명확성 원칙'을 전문가인 법관의 보충적인 해석에 의하여 법률이 명확해지는 것만으로도 충분하다는 원칙으로 해석될 수 있다는 관점이 제기된다. 그리고 [A]는 이러한 관점에 대해 '일반인'이 아닌 '전문가'가 의미를 파악할 수 있는 수준으로 법률의 명확성 원칙이 후퇴된다면 근대법의 기획의 본질로부터 과도하게 멀어진 것이라는 비판적인 시각을 제기한다. 따라서 법률 전문가의 역할이 과도하게 확대되는 것은 오히려 법치국가의 이념으로부터 후퇴하는 것임이 [A]로부터 추론될 수 있다.

③ (O) [A]에 따르면, '법률의 명확성 원칙'이 '**일반인**이 이해할 수 있을 정도의 명확성'에서 '**전문가**가 이해할 수 있을 정도의 명확성'으로 후퇴하면서 입법자의 부담이 재차 감소하였다고 제시되었다. 따라서 '법률의 명확성 원칙'이 '**국민**이 이해할 수 있을 정도의 명확성'에서 '**일반인**이 이해할 수 있을 정도의 명확성'으로 후퇴하는 과정에서도 마찬가지로 입법자의 부담이 감소하였을 것이 충분히 추론된다.

④ (X) '근대법의 기획'은 법은 그 적용을 받는 국민 개개인이 이해할 수 있게끔 명확하게 제정되어야 한다는 것이므로, 그에 따르면 법률 전문 용어의 도입을 통해 '법률 전문가'만이 이해할 수 있도록 입법자의 부담을 줄이는 것은 '근대법의 기획'으로부터 벗어난 것이므로, 법률 전문 용어의 불필요한 도입 없이도 일반인이 이해할 수 있도록 법률의 의미를 명확히 하여야 한다.

⑤ (X) 첫 번째 단락에 따르면, 법률로 금지되는 것인지 여부를 개인이 법률을 보고 이미 인지하고 있었어야 함이 개인이 그 법률을 위반하였을 때 처벌할 수 있는 근거가 된다. 설령 입법자는 법률의 내용을 명확하게 인지할 수 있었다고 해도, 입법자가 아닌 국민이나 일반인은 법률의 내용을 명확하게 파악하기 어렵기 때문에 해석의 과정에서 입법자의 의사를 추측하려는 해석 과정이 필연적으로 동반된다. 따라서 법관은 행위가 법률로 금지되는 것인지 여부를 입법자의 입장에서 판단해야 할 것이 아니라, 법률에 대한 국민의 이해 수준을 기준으로 판단해야 한다.

해커스로스쿨